Colegas

Pepe Rei

Colegas

Txalaparta

Izenburua: Colegas
Egilea: Pepe Rei

Azala: Esteban Montorio

Argitaratzea:
Txalaparta Editorial, s.a.
Navaz y Vides 1-1.°
31300 Tafalla
NAFARROA
Txalapartaren lehenengo edizioa
Tafalla, 1998ko ekaina

Fotokonposaketa
arte 4c
Fotomekanika
arte 4c
Inprimaketa
Gráficas Lizarra

I.S.B.N.
84-86597-81-1
Lege gordailua
NA.1150-1998

Orreaga
43

Al atardecer, cuando el olor de los helechos inunda el valle, un irrintzi rebelde y vibrante se deja oír en la cima de Karakate y desciende por las laderas del monte hasta Iturbe Zahar. Es en tu memoria, Ángel Irazabalbeitia. Después, cuando se pone la noche en Plaentxi, una estrella parpadea en lo más alto del firmamento con destellos sonrientes al lado de la majestuosa luna llena. Es en tu honor, Lurdes Txurruka. Este libro, como el irrintzi, la estrella y la luna, quiere sumarse a vuestro homenaje. Por eso va dedicado a vosotros dos con todo mi cariño y agradecimiento, en la certeza absoluta de que, gracias a vuestra lucha y a la de tantos como vosotros, la libertad de Euskal Herria será una realidad esplendorosa algún día no muy lejano.

Prosiguen las ráfagas idiotas de las preguntas de los periodistas. (A propósito, convendría profundizar en el carácter bestial de la ignorancia y de la arrogancia de esta corporación, retomar el discurso, no simplemente sobre la corporación -brutal y mezquina, pero quizá mejor que otras-, sino más bien sobre los periodistas, en singular, quién les paga, relaciones de negocios, corrupción...).

El Tren de Finlandia
Toni Negri

Los periodistas y los txakurras de la pluma

Recibí la carta de Pepe en la que me hablaba de la idea de este libro un día de ésos en los que el correo no llega a primeras horas de la tarde, y entonces ese fascinante momento de recoger las cartas de tu gente se retrasa hasta la hora de la cena. Eso aquí, porque cada cárcel es un mundo dentro del universo. Según fui leyendo la carta me parecía una formidable idea esa de llevar hasta la gente quién es quién dentro del periodismo que se practica en Euskal Herria, o con ella como fundamento.

Muchas veces, o casi siempre diría yo, tendemos a ver a los periodistas como una especie de casta sacerdotal, casi semidivinos. Ellos son quienes llevan hasta nosotros todo ese mundo inmenso al que no tenemos acceso directo por las limitaciones de nuestra condición humana. Los periodistas sí lo tienen, por eso se nos presentan como el nexo de unión entre nosotros y lo que sucede a nuestro alrededor. Ponen a nuestro alcance todo un cosmos que de otra manera nos sería completamente inaccesible; y así nos muestran lo que dicen que sucede aquí y allá, lo que suponen que debiera interesarnos y hasta lo que no, pero que a ellos sí: observan el mundo y nos lo sirven en bandeja.

De unos sólo conocemos su firma y su palabra. De otros sabemos un poco más: distinguimos su voz. Los hay incluso que entran en nuestra intimidad en la plenitud de la imagen. Pero siempre desde un paraíso mediático del que ellos son a la vez dioses y profetas; desde el poder, cuando menos subjetivo, de quienes nos dan para que asimilemos unas porciones de la realidad que ellos mismos nos seleccionan y condimentan.

Así que la idea de Pepe de acercarnos a la distancia de la mano a ésos cuyo halo de poder suele residir precisamente en que se encuentran lejos de ese alcance, me parecía más que interesante.

Iba leyendo su carta y estimé la pretensión encomiable, pero cuando llegué al ofrecimiento de que fuera yo quien hiciera el prólogo me detuve unos segundos y pensé que no, que no tenía mucho que decir al respecto un periodista preso. Y con esa determinación regresé aquella tarde-noche a la celda.

Reconozco que en este tiempo que llevo prisionero me he hecho adicto a los informativos y tertulias, especialmente en la televisión; tal vez por aquello del encantamiento de la imagen. Los que coinciden a la misma hora los veo en un espasmódico galope a lomos del mando a distancia; y los que no, pues con más calma.

La tarde en la que recibí el ofrecimiento de Pepe para escribir este prólogo me senté frente a la televisión con el convencimiento de que declinaría la invitación, de que al día siguiente mismo le escribiría y de la forma más cordial posible le diría que no, que gracias por el ofrecimiento pero que buscara a otro.

Me encontraba en ese pensamiento cuando empezó el informativo de Tele 5, y un individuo que hasta hace cuatro días como quien dice era el último mono de una «autonómica» se arrancó con una retahíla de descalificaciones, insultos y valoraciones en torno a la izquierda abertzale que me pusieron en ignición. Recordé que era el mismo que meses atrás y ante unas imágenes de familiares de detenidos gritando el nombre de sus hijos junto a una furgoneta de la Guardia Civil en la Audiencia Nacional española se permitió el lujo de decir: «Vean ustedes, los terroristas se traen a Madrid a su clan». Omito recordar lo que le deseé en aquellos momentos.

Después fui –como siempre– salteando los informativos; Tele Madrid, Antena 3, TVE, Canal +, y en todos ellos sentí similar náusea ante presuntos informadores que cuando se trata de referirse al contencioso entre Euskal Herria y el Estado español dejan al lado el más mínimo y exigible rigor informativo y se lanzan a una pugna por ver quién se lleva el premio al más ruin.

Lo lamentable es que «profesionalmente» les debe dar resultado toda esa mala baba pues, además de crear escuela, ha catapultado al estrellato a toda una ralea de gacetilleros de medio pelo que no han aprendido a discernir entre la información y su opinión personal al respecto, que confunden permanentemente sus deseos con la realidad.

Cuando Euskal Herria está por medio no hay concepto sin adjetivo ni información sin la correspondiente opinión que centre el foco y predisponga al receptor.

Ya sé que a estas alturas del texto habrá quien esté pensando que no entiende cómo aún me sorprenden estas cosas. La palabra no es sorprender, el término tal vez más aproximado sería encrespar.

Y como no acabo de acostumbrarme a tanta mezquindad y a tanto sicario de la desinformación cambié de opinión y resolví emborronar unos folios al respecto desde esta celda de la prisión de Alcalá-Meco.

A cientos de kilómetros de Euskal Herria y desde una celda, el papel de los medios de comunicación en el conflicto se ve con una especial claridad. Recuerdo que durante el tiempo que trabajé en la sección de Euskadi de *Egin*, en multitud de ocasiones y a la luz de los que vomitaban los teletipos y lo que veíamos en otros medios de comunicación, solíamos preguntarnos qué podía pensar un vecino de Almendralejo –por decir un lugar como otro cualquiera– sobre la situación vasca, qué concepto podría tener de esta realidad.

Pues bien, ahora que por las eventualidades del conflicto uno es ya casi «un vecino de Alcalá» que está obligado a convivir en 900 metros cuadrados de patio con otros genuinos vecinos de Madrid que sólo conocen de Euskal Herria las calles a las que han ido a cambiar pastillas por speed –rentable negocio según dicen– o a atracar algún banco, la respuesta a aquella pregunta se me muestra trágicamente diáfana.

Esta distancia impuesta por la dispersión da una cierta perspectiva a la hora de ver las cosas y de analizar el papel de los medios de comunicación en el desarrollo del contencioso; y así, el rostro, la voz o la palabra de algunos periodistas concretos se te graban en esa parte de la memoria que pide responsabilidades.

Llevando la cuestión al entorno carcelario, por mi doble condición de periodista y prisionero, hay que advertir que la política penitenciaria tiene un frente muy importante en la información.

Fuera de Euskal Herria se omite el elemento clave de un proceso de comunicación informativa: el contraste. Cuando el universo informativo es monocromático se pierde la perspectiva y se bloquea el criterio, quedándose uno indefenso ante la manipulación.

Éste es precisamente uno de los puntos de toque del Estado español contra el colectivo de Prisioneros Políticos Vascos. En general, la idea es que si sólo un tipo de alimento informativo nutre la necesidad de información que genera el alejamiento y la dispersión, la voluntad del prisionero es más fácilmente violable. Controlando la información general a la que tenemos acceso, pretenden provocarnos una contaminación informativa que genere la creación de una imagen tergiversada de la realidad sobre la que después ellos poder trabajar desde su «tratamiento individualizado». No sólo se trata de la retención y absurdo retraso en la entrega diaria de *Egin* y *Egunkaria*, lo que ya de por sí pretende impermeabilizar el panorama informativo, y de la intervención e incluso limitación de las comunicaciones orales y escritas, sino además del permanente lanzamiento de mensajes para que éstos vayan calando en el subconsciente del preso.

Para todo ello es indispensable la colaboración de los medios de comunicación y de los «profesionales» que en ellos trabajan, muchos de los cuales asumen la tarea intoxicadora con ferviente militancia.

Aunque en las cárceles la pretensión sea para ellos más

asequible por la privación de la libertad y de movimientos, a escala de la sociedad el objetivo es el mismo cuando se habla de que los medios de comunicación deben dar un mensaje unívoco y preciso contra ETA y el independentismo vasco. Aunque después cada uno lo decore con los ornamentos propios de su medio, el mensaje debe ser único para que, aunque sea mentira, parezca verdad. Es ya viejo, muy viejo, eso de que una mentira repetida muchas veces y desde diferentes medios de comunicación acaba convirtiéndose en verdad. ¡Y qué decir cuando existe una compartida voluntad de convertir la mentira en realidad!

Es todo un interesante experimento tratar de dialogar durante las horas de patio con los presos sociales y con el personal carcelario y dejarles hablar sobre la idea que tienen de lo que está sucediendo en Euskal Herria. Las conclusiones son reveladoras sobre la perniciosa labor de los medios de comunicación en relación al contexto y los parámetros en los que se desarrolla el conflicto, y cómo van asimilando día a día un concepto absolutamente tergiversado y parcializado de la realidad.

Así, no hay nadie que no haya oído hablar jamás de la Alternativa Democrática, pero no hay ni uno que tenga la más mínima idea de tan siquiera uno de sus puntos; sin embargo, todos tienen interiorizada una idea al respecto y lo expresan en similares términos.

Cuando se les explican los extremos de esa oferta de paz todos coinciden en reconocer que pensaban que era otra cosa.

Hay una experiencia especialmente esclarecedora en este sentido. En relación a la actualidad de la semana pensamos realizar algo parecido a un dossier de prensa con recortes de *Egin* –lógicamente *Egunkaria* quedó al margen por cuestiones idiomáticas–. Al dirigirnos a los funcionarios para entregárselo, lo primero que notamos en sus miradas fue miedo, pero no por nosotros sino ante la posiblidad de descubrir algo sobre lo que sus habituales medios de comunicación les tienen anestesiados o vacunados.

Es terror a la verdad, a descubrir que les están engañando; y los responsables de esta situación no son otros que los profesionales de los medios de comunicación que se ponen al servicio de uno de los lados de la realidad y asumen una militancia profesional contra la otra.

En ese sentido, es una experiencia curiosa vivir los dos lados de la noticia, lo que desgraciadamente a mí me ha sucedido; haber sido informador y después objeto de la información.

Es una vivencia inolvidable para un periodista haber sufrido el significado real de un eufemismo, como ése que oculta la tortura tras la expresión «interrogatorio conveniente». Porque es indescriptible que te duela aún el cuerpo y estar escuchando a tus compañeros de profesión cómo ponen un especial énfasis en que has tenido un trato «escrupulosamente correcto». Y lo triste es que toda esa basura es permanentemente difundida desde los medios de comunicación por personas a quienes se les supone, cuando menos, una especial sensibilidad; personas que deberían tener una considerable amplitud de miras, un sentido crítico y de denuncia de la injusticia; en fin, personas que deberían preocuparse por ver un poco más allá de donde les dicen que miren. Porque todo eso se le supone a un periodista.

No sirve con trasladar la responsabilidad a la empresa y parapetarse tras la cobarde excusa de que son los propietarios de los medios de comunicación quienes marcan las pautas políticas de la información. Si bien eso también es cierto, la responsabilidad del periodista debería exigirle cuando menos no mirar a otro lado y asumir su papel de informador con un mínimo de ética ante los retos de su labor de cara a la sociedad.

El periodista, por principio, debe ser un espejo de lo que acontece; y a ese espejo, cuando menos, hay que exigirle fidelidad a la realidad y no a los intereses de quien le paga, porque eso tiene un nombre: mercenario.

Cuando todo ello se desarrolla en el marco de un enfrentamiento violento como el que se vive en Euskal Herria, la labor de los informadores es particularmente importante, pues de ella puede derivar un recrudecimiento del conflicto o, por el contrario, facilitar un clima de cierta distensión sobre el que poder desarrollar iniciativas hacia la paz. No está en las manos de los periodistas en particular el fin del conflicto, pero desde sus tribunas sí que pueden ayudar a alisar el camino a la paz; al menos, no poniendo en él obstáculos insalvables.

Desgraciadamente, desde los poderes del Estado español se subraya igualmente este importante papel de los periodistas y los medios de comunicación en el desarrollo del conflicto, pero para todo lo contrario. Se apela a su militancia activa contra la insurgencia vasca mientras se les insiste en su responsabilidad en la lucha contra ETA, convirtiéndoles implícitamente en un destacado pilar de la estrategia represiva y de su óptica de guerra contra el independentismo.

En estos temas –como en todos– no es bueno generalizar y, aunque se hable de la responsabilidad de los medios de comunicación en el discurrir del conflicto, no se puede meter a todos los periodistas en el mismo saco, y por eso es bueno que se nos acerque la hoja de servicios de los más conspicuos militantes de la desinformación contra el Movimiento de Liberación Nacional Vasco para ver, en la medida de lo posible, que sus púlpitos mediáticos son de barro.

Es bueno saber quién es quién para distinguir a los periodistas –con sus fallos y aciertos, afinidades o beligerancias– de los que no son más que txakurras de la pluma.

Fernando Alonso
Marzo de 1998, en la cárcel de Alcalá-Meco

Euskal Herria y los media

A finales de los ochenta, éste era el panorama político en Euskal Herria: en Hegoalde, Iñigo Iruin, el jefe de ETA, solía entrar encorbatado para las nueve de la mañana en su bufete donostiarra de la calle Ramón María Lili, frente por frente al teatro Victoria Eugenia. En Iparralde, mientras, Francisco Mujika Garmendia, el otro jefe, distraía las horas en cualquier ignoto y tenebroso lugar dedicado a una de sus pasiones favoritas: mimar a uno de sus muchos gatos. El minino, acolchado en el regazo de su amo, ronroneaba satisfecho y su pelo era una mullida alfombra que Pakito acariciaba plácidamente.

Al atardecer, a unos pocos centenares de metros del despacho de abogados de Iruin, en el teatro Principal, largas colas de descamisados y greñudos personajes, ataviados con vaqueros y zapatillas deportivas, esperaban hacerse con una localidad para asistir al gran acontecimiento cultural del año en el que, por fin, un español carismático donde los hubiera, Sancho Panza, iba a rendir pleitesía y sumisión a la trinidad fáctica vasca (Pakito, Txelis y Fiti) y gritar exaltado en mitad de la representación: «Gora ETA».

Unas horas más tarde, una pareja bien parecida, él, impecablemente trajeado, y ella, con unos andares cadenciosos y provocativos, se acercaba tranquila y plácidamente al portón de una dependencia ministerial en Madrid. Cuando hubo llegado a su altura, el tándem se transmutó y perdió súbitamente su encanto. Sus expresiones, hasta entonces dulces, fueron el vivo reflejo de la fiereza, ella especialmente, y descerrajaron con odio el cargador de sus pistolas sobre los cuerpos de dos confiados agentes del orden que velaban la entrada del edificio.

En ese mismo instante, Iruin consultó su reloj y una sonrisa indefinida asomó a su rostro de apariencia juvenil. Después, guardó unos documentos en su cartera y, como siempre, fue el último en abandonar el despacho.

Una expresión similar a la del abogado iluminó entonces la cara de Pakito, aunque quizá de su mirada trascendiera un punto de perturbación. Quien primero presintió la enajenación fue el gato, que hizo ademán de arquear su lomo. Pero no tuvo tiempo tan siquiera. En un brusco movimiento, Mujika Garmendia le había retorcido el cuello y acabado con su vida. Era uno más de los innumerables felinos víctimas de su sadismo.

La noticia del atentado de Madrid se extendió de inmediato por todo Euskal Herria y en Hernani, una localidad fanatizada donde las hubiera, se puso en marcha el ritual de estos casos: en la plaza del pueblo, llegada la noche, un mozo barbudo procedió a degollar un cordero en medio de la algarabía de una multitud exaltada. Acto seguido, uno tras otro, hombres y mujeres se dedicaron a embadurnar sus rostros y sus manos con la sangre del macho cabrío para, después, contorsionar alocada y desenfrenadamente sus cuerpos en medio de una macabra danza tribal.

El hecho fue también recibido con agrado en los más insospechados lugares del mundo y, desde Venezuela a Portugal, pasando por la Libia de Muammar el Gaddafi, la internacional del terror había aplaudido entusiasmada la ejecución de los dos esbirros del amo capitalista.

Algunos años después, con Iruin cesado en su cargo y con Pakito entre rejas, la situación política se había radicalizado todavía más: ETA tenía siete ministros que, a cara descubierta y sin ningún tipo de problemas, ejercían sus funciones en el sur de Euskal Herria, en medio de la apatía e indiferencia policial. Más aún, Xabier Alegria, un ex profesor de euskera aupado al rango de primer ministro, se preparaba para cesar en su puesto de secretario general del poderoso sindicato LAB a Rafa Díez, hasta ese entonces portavoz plenipotenciario de ETA en los más diversos escenarios del mundo.

Tanta impunidad no podía dejar de pasar factura a las fuerzas democráticas, especialmente a sus portavoces mediáticos, los periodistas. Quizá eso explicase su trastorno y pérdida de papeles generalizado. Sólo así se comprende que, desde los estudios de ETB en Iurreta, José María Calleja le preguntase directamente a una estupefacta Josefina Txurruka si ella había secuestrado al empresario Aldaya. O que un enviado especial de una revista de Madrid se desplazase al norte de Euskal Herria y le hiciera una entrevista memorable al portero automático del edificio donde vivía Unai Parot. O, mismamente, que desde las páginas de *El Mundo*, Álvaro Sánchez afirmase tajantamente que Juan Carlos Hernando, *Peli*, se había suicidado tras haber sido sometido a sevicias sexuales por presos comunes.

Lo de Calleja es auténticamente verídico. La alusión a Aldaya, fue su respuesta a Josefina Txurruka cuando ella protestaba por el tratamiento informativo que la televisión autonómica le estaba dando a un lamentable suceso en que se había visto involuntariamente envuelto su hijo Zuhaitz. Lo del portero automático de Unai, aunque suene a chiste, también está publicado. Y con lo de Peli, lamentablemente, sucede tres cuartos de lo mismo, pese a que al día siguiente el propio Mayor Oreja desmintiese tajantemente la información de *El Mundo*.

Pero, ¿y lo de Iruin y Artapalo como pareja dirigente de ETA? ¿Y lo del mismo Pakito y su afición por destripar gatos? ¿Y lo de Sancho Panza dando goras a ETA? ¿Y los atuendos y modos del *comando Madrid*? ¿Y lo del cordero degollado de Hernani? ¿Y lo de Gaddafi conectado con el independentismo vasco? ¿Y lo de los siete ministros de ETA paseando tan campantes por Hegoalde? ¿Y lo de Alegria y Rafa Díez? No, no es producto de mi imaginación. Por increíble que parezca, todo eso está publicado.

Lo de colocar simultáneamente a Iruin y Artapalo al frente de los destinos de ETA lo escribió Federico Abascal en *El Siglo* y ocupó la portada de la revista, auténtica escuela de exégetas del GAL. El sadismo de Pakito para con los gatos fue pormenorizadamente descrito por Santi Etxauz en *Tiempo*. A Aurora Intxausti corresponde la responsabilidad de poner a Sancho Panza alabando a la organización vasca. En cuanto al *modus vivendi* y *operandi* del *comando Madrid*, la pregunta sería: ¿qué periódico o revista no ha escrito sobre el tema? Tan sólo por lo que concierne a *Tiempo*, le han dedicado al asunto decenas de páginas elementos tan significados de este semanario como Carlos Fonseca, Julio Trujillo, Santiago Aroca y Luis Reyes. Lo del cordero de Hernani lo publicó un «prestigioso» semanario como *Le Nouvel Observateur*. En cuanto a las conexiones libias-abertzales, es de la cosecha de *Cambio* 16 y de *Interviú* a través de las firmas de Ahmad Rafat y Carlos Bello. Y sería Carmen Gurruchaga quien le otorgaría el máximo rango ministerial a Xabier Alegria, al que también, de paso, puso a segarle la hierba al responsable de LAB.

Éstos son tan sólo algunos de los miles de ejemplos posibles de la agresión y distorsión que a lo largo de las últimas décadas se ha hecho del indepentismo vasco. La manipulación de la realidad de Euskal Herria se pierde en la noche de los tiempos y, ya desde los primeros albores del franquismo, la mentira ha sido el arma favorita con la que se ha tratado de ocultar y sepultar la lucha de este pueblo por su libertad.

El periodismo ha sido el principal ariete de esta continua embestida manipuladora y a los redactores de los media corresponde la gran responsabilidad de, como fieles altavoces de sus amos, inventar tantas patrañas, sólo comparables con la machacona deformación de la realidad. Por eso el primer capítulo del libro, precisamente el titulado *Colegas*, se lo dedico a aquellos profesionales de los medios de comunicación que han hecho de la mentira sobre Euskal Herria su razón de existir. Se trata de pinceladas profesionales en las que, desde los tiempos mismos que siguieron al golpe militar fascista de 1936 hasta llegar a nuestros días, voy recogiendo los principales episodios protagonizados por estos personajes. Es muy probable que falten nombres y hechos, pero lo que resulta seguro es que están todos los que son.

En las páginas y capítulos siguientes trato de recoger las agresiones mediáticas más sonadas que, desde los diversos medios de comunicación, pero especialmente en los impresos, se han perpetrado contra la izquierda abertzale. Es una selección muy esquemática realizada intencionadamente. De otra forma, el trabajo desbordaría ampliamente las pretensiones de este libro y habría que enfocarlo desde, cuando menos, la perspectiva de una enciclopedia. Y aun así, sus textos tendrían que ser también forzosamente resumidos, dados los océanos de tinta que se han escrito sobre el tema.

También he sido parcial a la hora de seleccionar las personas que, desde la izquierda abertzale, han tenido la desgracia de ser objeto de atención preferente por parte de los periodistas. En ese capítulo, junto a casos y nombres conocidos, hay otros que no lo son tanto. Pero el testimonio de todos ellos es suficientemente elocuente a la hora de comprobar cómo se las gastan los media a la hora de criminalizar a sus objetivos. Quizá como compendio de este capítulo valgan las palabras de Aitor García, condenado a doce años acusado de lanzar en Orereta un cóctel molotov contra una furgoneta de la Ertzaintza, autoría que él sigue negando: «Después de lo que he vivido en carne propia, creo más en la virginidad de una prostituta que en la imparcialidad de algunos medios de comunicación».

En el libro abordo también en dos capítulos otros tantos casos emblemáticos referidos al tratamiento mediático que han tenido sendos vídeos: el de Pedro J. Ramírez y el de Juan Carlos de Borbón. No me interesan para nada las circunstancias personales de ambos personajes, eso ante todo. Pero si en el primero de los asuntos el periodismo en el Estado español dio la verdadera talla moral que anida en sus redacciones, en el segundo mostró la auténtica sumisión a los poderes fácticos que convierten la libertad de expresión en una pura quimera.

El último de los capítulos está dedicado a los amos de los medios de comunicación tanto en Euskal Herria como en el Estado español. En el transcurso de sus páginas, trato no tan sólo de desmitificar a esos personajes tan poderosos como engreídos, sino que, con datos que lo avalan, mi última pretensión es explicar quiénes son los verdaderos dueños del tinglado mediático. Al final de cuentas resulta evidente que todo aquello que leemos, oímos y vemos en prensa, radio y televisión depende de muy pocas manos. Y es que, en definitiva, los media no son más que los relacciones públicas de la gran banca. O, dicho de otra manera, la voz de su amo.

El libro *Colegas* está concebido y redactado desde la subjetividad. Eso es algo obvio, tanto como por lo que concierne a mi caso como por lo que respecta al trabajo de todos los demás periodistas. Pero yo no sólo quiero dejarlo patente, sino que también lo reivindico. Sé que en este libro arremeto contra personajes muy poderosos ahítos de prepotencia y vanidad. Eso me puede originar serias consecuencias. Pero iba a tener problemas más graves con mi conciencia si no llego a escribir lo que sigue a continuación.

Antes de concluir este preámbulo, quiero mostrar explícitamente mi más sincero agradecimiento a Amaia Eraunzetamurgil y Ezozi Ariznabarreta por su valiosa colaboración. Ellas han husmeado concienzudamente en las hemerotecas a la búsqueda de una documentación imprescindible, han transcrito más de cincuenta horas de grabación de las entrevistas mantenidas con diversas fuentes, han ordenado mis notas y, en definitiva, han hecho posible este libro.

Y para todas aquellas personas que de forma tan desinteresada como eficaz me han ofrecido su ayuda, proporcionándome datos u orientándome en la localización de otros, mi recuerdo más emocionado. Ellas y yo sabemos que, dadas las circunstancias, lo mejor es que sus nombres no consten en este glosario. Pero aunque sea algo formalmente intangible, ellas son copartícipes en este nuevo episodio de la larga lucha por la libertad de expresión.

Pepe Rei
En Donostia, primavera de 1998

1
Colegas

Tras el golpe militar de 1936 que había de acabar con la República a nivel de Estado y con las todavía incipientes libertades vascas, Euskal Herria se convirtió en objetivo preferencial para las tropas facciosas. La manipulación informativa y la distorsión de la realidad de este pueblo sería a partir de ese momento asunto prioritario para los milicos sediciosos. Esa tónica distorsionadora habría de prolongarse durante los negros años de la dictadura, que contó para ello con medios de comunicación propios férreamente controlados por el aparato de propaganda franquista y, también, con la colaboración de otras publicaciones bajo la égida de una burguesía complaciente con el nuevo régimen. Hoy, más de sesenta años después de aquella sangrienta asonada, perviven los usos informativos que sobre la realidad vasca había puesto en marcha la maquinaria del Movimiento. En una nación que vota mayoritariamente en clave abertzale, los medios de comunicación con más difusión en el sur de Euskadi prosiguen en manos de poderosos grupos que se oponen frontalmente a que este pueblo alcance los verdaderos derechos democráticos que le corresponden. El trabajo complementario de presión mediática para influir sobre el futuro político de Euskal Herria lo realizan otros medios que, de forma sistemática y contumaz, vienen tratando la cuestión vasca desde unos planteamientos en los que priman por encima de cualquier otra causa los intereses del más acendrado nacionalismo español.

En su afán de influenciar a la opinión pública, tanto del Estado español como de la propia Euskal Herria, los medios de comunicación han empleado sus mejores armas y sus mejores hombres. Eso ya fue así desde el comienzo, contando para esa vergonzosa tarea con el colaboracionismo entusiasta de personas, que, aún siendo vascas de origen, se entregaron de pies y manos a los enemigos de la democracia. Paradójicamente, y con una crueldad sarcástica, los descendientes y continuadores de aquella ominosa labor de manipulación comenzada en 1936 se autoproclaman enfáticamente en nuestros días como «demócratas», mientras que demonizan como «violentos» a los que continúan resistiendo y luchando por un futuro en libertad de la tierra vasca.

Ésta que sigue es una crónica compendiada de todos aquellos escribidores que, permanentemente subidos al carro de los triunfadores, no han tenido empacho alguno en distorsionar la historia y la realidad cotidiana de Euskal Herria con tal de servir fiel y lacayamente a sus amos. Resumir en tan sólo un capítulo tantos años de ignominia y mentiras resulta harto complicado, especialmente cuando existe una larga noche de los tiempos que oculta y difumina la auténtica dimensión de los hechos. Es casi seguro, por tanto, que en este relato falten muchos nombres que hayan ocupado un lugar preeminente en el nada honorable *ranking* de las mentiras, patrañas, calumnias y distorsiones del tema vasco. Pero lo que resulta seguro es que todos los personajes que van a desfilar por estas páginas han hecho méritos más que sobrados para figurar en este vademécum.

Iruñea y Donostia, por este orden, serían en 1936 dos capitales claves para la puesta en marcha el aparato de propaganda franquista. A las tropas golpistas les había fallado Madrid y Barcelona en su intentona, por lo que diseminaron en diversas capitales de la «zona nacional» el incipiente apartado propagandístico, fundamentalmente dirigido hacia los medios de comunicación escritos y radiofónicos. Los falangistas asumieron para sí esa tarea y, adscrita al entonces denominado Ministerio de la Gobernación, encauzaron la Delegación Nacional de Prensa y Propaganda, que sustituía con plenos poderes al rudimentario Servicio de Propaganda que había instaurado el legionario Millán Astray en Salamanca, la primera capital administrativa de los sediciosos.

El primer delegado del nuevo ente de comunicación faccioso fue el sacerdote navarro Fermín Izurdiaga Lorca, accionista del *Diario de Navarra*, que, a su vez, nombraría al escritor falangista Dionisio Ridruejo como jefe de prensa, mientras que reservaba para el carlista Eladio Esparza el apartado de propaganda. La actitud de Izurdiaga sería descrita posteriormente por estudiosos de la asonada militar como una mezcla de reaccionarismo y misticismo, que desembocaba la mayoría de las veces en el más puro ridículo. Su delirante oratoria era una mezcolanza de exaltación militar y de términos evangélicos, con lo que los párrafos de sus textos entremezclaban expresiones religiosas con alocuciones castrenses.

Tan peculiar personaje, que se hacía llamar «Jefe de Escuadra», puso en marcha en Iruñea el 1 de agosto de 1937 el *Arriba España*, que denominó «el primer diario nacionalsindicalista» y cuyo subtítulo era nada menos que «Hoja de combate de FE y de las JONS». Un lema que se haría habitual en la primera página del *Arriba España*, montado con la maquinaria del diario pronacionalista *La Voz de Navarra*, sería el de «Por Dios y por el César». *El cura azul* Izurdiaga se ayudaba en las tareas de dirección de Ángel María Pascual.

Esta publicación fue inmediatamente complementada con *Jerarquía*, a la que esta vez el clérigo rebautizó como «La revista negra de Falange». Únicamente editaría cuatro números y, junto con Izurdiaga y Pascual, completaban su redacción escritores que después tendrían gran renombre en la España franquista como Luis Rosales, Laín Entralgo, Dionisio Ridruejo, Gonzalo Torrente Ballester, Manuel Ballesteros Galborls, Luis Felipe Vivanco, Agustín de Foxá y el navarro Pascual Galindo. *Jerarquía* se convirtió también en editora, hasta que en 1941 le tomó el relevo la *Editora Nacional*. Durante ese tiempo publicó libros de Rosales y Vivanco y también las poesías completas de Manuel Machado. En la «escuadra» de *Jerarquía*, publicación que se autocalificaba como «Guía Nacional-Sindicalista del Imperio, de la Sabiduría, de los Oficios» y que se imprimía en la Editorial Aramburu de Iruñea, figuraban, asimismo, Carlos Foyaca, Rafael García Serrano, Alfonso García Valdecasas, Ernesto Giménez Caballero, Eugenio Montes, Martínez Crispín, José María Pérez Salazar y Víctor de la Serna. La línea editorial de *Jerarquía* era obviamente explícita y, por si quedaba alguna duda, lo aclaraba la propia revista en octubre de 1937 con la prosa al uso de los fascistas: «Lanzar el pensamiento de los intelectuales nacional-sindicalistas de un modo acorde, exaltado y grave, como en los coros de las grandes abadías se levanta el canto de la mañana».

Tras hacerse con el control de Donostia, los franquistas convirtieron la ciudad en su centro neurálgico de propaganda. Previamente, habían eliminado a golpe de sable cualquier vestigio de publicación nacionalista o republicana y, de la noche a la mañana, convirtieron *La Voz de Guipúzcoa* en *La Voz de España*. Los fascistas desplazaron a Donostia a todo su tropel de escribidores y, una tras otra, fueron poniendo en marcha publicaciones como *Fe*, *Vértice*, *Domingo*, *Fotos*, *Y*, *Primer Plano* y *La Ametralladora*.

Fe, que duró 16 números, era la revista mensual teórica en que se recogía la «doctrina nacional sindicalista» y en la que escribían los más acreditados falangistas, como los ya citados Pedro Laín Entralgo, Fermín Izurdiaga y Dionisio Ridruejo, además de Eugenio Montes y Antonio Tovar, entre otros.

Vértice, por su parte, tenía más ínfulas y se dirigía a las elites burguesas del franquismo. Su primer número salió en abril de 1937 y sobrevivió como mensual hasta 1946. Sus directores fueron Samuel Ros, Manuel Halcón y José María Alfaro. A toda la caterva de intectuales orgánicos del franquismo anteriormente citados, hay que sumarles otros colaboradores no menos célebres como Edgar Neville, José Antonio Zunzunegui, José María Salaverría, Tomás Borrás, Rafael Sánchez Mazas, José María Castroviejo o Álvaro Cunqueiro. Sus temas centrales predilectos eran la exaltación de los fastos mussolinianos y grandes reportajes sobre temas de decoración y cine, ilustrados con láminas dibujadas en color.

Por lo que respecta a *Domingo*, se proclamaba «semanario

nacional» y, al igual que *Fotos* («semanario gráfico de reportaje»), comenzó a editarse en febrero de 1937. La primera publicación la dirigía Juan Pujol, mientras que al frente de la segunda figuraba el falangista Manuel Fernández Cuesta. Entre los colaboradores de esta última se hallaban Víctor de la Serna, Alfredo Marquerie y Bobby Deglané.

La Ametralladora había copiado su título de una publicación italiana y se orientaba en un principio a las tropas franquistas. Era una revista «de humor», tosca y que maldita la gracia que tenía. Nacida también en 1937, sería la predecesora de *La Codorniz*, que a partir de 1941 albergaría inicialmente en sus páginas a Miguel Mihura, Antonio Lara, *Tono*, Neville y Álvaro de la Iglesia.

Y se convertiría en el primer semanario «femenino» del franquismo, mientras que *Primer Plano* se especializó en cubrir el ámbito cinematográfico. Así pues, las inquietudes intelectuales de esa chusma quedaban teóricamente cubiertas desde todos los ángulos. Para dar salida a tantas publicaciones, se recurrió a diversas imprentas donostiarras, siendo una de las más utilizadas la Editora Internacional.

Simultáneamente, muchos de los escritores anteriormente citados se convirtieron en redactores o colaboradores habituales de *La Voz de España*, en donde tenía un papel fundamental el donostiarra Juan José Pradera. También asentó sus reales en la capital guipuzcoana la Agencia de Información General, Control y Colaboraciones, que venía a sustituir a la inicial Oficina de Prensa en la Junta de Mando Militar.

El nacimiento de nuevos medios trae consigo que aumente de forma paulatina la relación de individuos agrupados en torno a este incipiente emporio propagandístico. A todos los antedichos, hay que sumarles otros nombres que después ocuparían puestos destacados durante el franquismo: Juan José López Ibor, Bartolomé Mostaza, José Antonio Giménez Arnau, Rafael García Serrano, Luis Moure Mariño y Juan Beneyto.

La peculiar Agencia de Información trasmitiría al diario ABC de Sevilla (el ABC de Madrid era pro republicano) la infame crónica firmada el 19 de mayo de 1937 por Víctor de la Serna en la que, bajo el título *Guernica*, tilda al «separatismo vasco» como «de naturaleza esencialmente rupestre». Y sobre el bombardeo realizado por la aviación alemana de la Legión Cóndor el 26 de abril de 1937, escribe que «son los separatistas los que han incendiado Guernica, con una morosa perversidad de sacrílegos. Yo he visto los hierros retorcidos de las fábricas, las vigas carbonizadas de las estructuras de roble de los hogares artesanos... Aún he alcanzado a ver los cables que unían las minas colocadas por los masoncitos entre sacrílegas bendiciones de los clérigos renegados».

Toda esta cuadrilla fascistoide tendrá el complemento idóneo con una publicación imprescindible para tales personajes, como era el deportivo *Marca*, surgido en Donostia el 21 de diciembre de 1938. Aquel «Semanario Gráfico de los Deportes» tenía doce páginas y, además de fotos de gran tamaño, incluía noticias de los militares nacionales. Su primer director fue Manuel Fernández Cuesta y, junto a él, formaban la redacción César Gea, Bobby Deglané, Víctor de la Serna, Jacinto Miquelarena, Ricardo Zamora y Alberto Martín Fernández, que solía firmar con los seudónimos de «Juan Deportista» y «Spectator». De acuerdo con la farisaica moral del régimen franquista, los boxeadores no podían aparecer en las imágenes con el torso desnudo, lo que obligaba tanto a los reporteros gráficos como a los especialistas de fotograbado a retocar las instantáneas y fotolitos.

A comienzos de 1937 no queda ya en Guipúzcoa, asolada por el fascismo, ni rastro de toda la variada gama de publicaciones que habían nacido antes y durante la etapa republicana. Y junto con *El DiarioVasco*, el panorama informativo lo completan *La Unidad*, con el elocuente subtítulo de «Diario de combate nacional-sindicalista» y *La Voz de España*, proclamado diario tradicionalista y que en primera página incluye la siguiente leyenda: «Una patria, un estado, un caudillo. Una patria, España. Un caudillo, Franco». En ambas publicaciones se hace constar taxativamente que están «visadas por la censura». *La Unidad* cuenta entre sus colaboradores con José Moreno, jefe territorial de Falange, de la que transmite puntualmente todas sus órdenes y cuyos textos concluyen siempre de manera inexcusable con el berrido de «¡Arriba España!». Otros colaboradores son Jaime de Foxá, Eugenio Montes, un tal Sajabán que escribe unas ardorosas «crónicas del frente» y A. S. Larragoiti, titular de la sección *Crónica del País*. En cuanto a *La Voz de España*, uno de sus más conspicuos colaboradores es Francisco Martín Moreno, que entre sus méritos aclara que es el coronel segundo jefe del Estado Mayor, remitiendo desde Salamanca las denominadas «Noticias del Ejército». En esta relación aparecen también, entre otros, Martín de Castilla y Fernando Ors, mientras que el apartado folclórico le corresponde esencialmente a un tal Juan Chapelgorri. Una de las secciones más acreditadas de aquellos falangistas metidos a periodistas era la titulada *Lo que dice la prensa roja*.

Tras la toma de Bilbo, los militares golpistas se incautan del edificio de *El Liberal*, propiedad del líder socialista Indalecio Prieto, en donde instalan la rotativa de la publicación nacionalista *Euzkadi*, del PNV. El periódico que nace de toda esta rapiña se llama *Hierro* y es el portavoz de los falangistas en Bizkaia. *El Liberal* es desguazado a conciencia y sus linotipias van a parar al periódico franquista *Libertad*, de Valladolid, mientras que la estenotipia le fue adjudicada a *El Pensamiento Navarro*, que se proclamaba «Portavoz de la Comunidad Tradicionalista». Simultáneamente, en abril de 1938 surge en Bilbao *El Correo Español-El Pueblo Vasco* totalmente entregado a las tesis de los invasores y fruto de la fusión del falangista *El Correo Español* y el conservador *El Pueblo Vasco*.

La larga noche del franquismo que sigue a continuación será una pesada losa para la libertad de expresión que, durante esos años en Euskal Herria, no tiene más alternativas que unos medios de comunicación absolutamente sometidos y dóciles o, cuando no, controlados directamente por el régimen dictatorial. Así conviven en Iruñea, junto con el *Arriba España*, el *Diario de Navarra* y *El Pensamiento Navarro*. La alternativa en Gipuzkoa a los dos periódicos del Movimiento, *La Voz de España* y *Unidad*, es un no menos derechoso y antinacionalista, *El Diario Vasco*, en tanto que en Bizkaia, junto al diario falangista *Hierro*, se editan los poderosos y conservadores *El Correo Español-El Pueblo Vasco* y *La Gaceta del Norte*.

Sólo el nacimiento de ETA supondrá un punto de inflexión crítica a tanto papanatismo periodístico. Ya en enero de 1966 aparecen en Berriatua, Irun y Billabona pintadas referentes a la manipulación de la prensa. Los eslóganes son claros y concisos: «Prensa=Opio; mentira=a dos pesetas; periodismo=manipulación». Sobre este mismo asunto se distribuyen numerosas octavillas en distintas poblaciones de Bizkaia y Gipuzkoa. Ese mismo año, ETA hace un llamamiento a boicotear la prensa franquista de Gipuzkoa los días 23, 24 y 25 de marzo.

Pero la primera referencia amplia al papel desempeñado por los medios de comunicación la da a conocer ETA en su comunicado *Melitón Manzanas, ejecutado*, que tiene fecha del 13 de octubre de 1968. ETA, que define al célebre comisario de Policía como «peón del capitalismo español», asegura en su comunicado que «Melitón Manzanas estaba condenado a muerte desde hace mucho tiempo. Su apellido (junto con el de Escobar, los de Prieto, Junquera, Criado, Vadillo) era tristemente famoso en nuestro pueblo, que conocía bien en qué consistía su única actividad: tratar de mantener la opresión y la explotación a que estamos sometidos, utilizando para ello todos los medios a su alcance: cientos de vascos detenidos, cientos de vascos torturados salvajemente por sus manos (...); cientos de vascos encarcelados».

En su alusión a los medios de comunicación, ETA recalca que, tras el atentado, el panorama informativo es que «toda la prensa española (está) puesta de acuerdo en pedir ferozmente que todo el peso de la ley caiga sobre esa minoría, sobre esa carroña». La organización vasca añade seguidamente que «no nos extraña la campaña lanzada al unísono por toda la prensa española, campaña basada en dos monótonas zarzuelas. La de la población aterrorizada y la del fanatismo-de-unos-pocos-jóvenes-que-actúan-dirigidos-desde-el-exterior». Ante este estado de cosas, ETA se pregunta: «¿Es que se puede ser periodista sin saber que en comisarías y cuarteles se tortura hasta extremos inconcebibles?». La última alusión de ETA sobre el papel de la prensa se refiere a su papel agitador: «Gritan nerviosamente desde los periódicos: 'Ahora no es momento de pequeñas discusiones; hay que apretar filas; ahora lo importante es destruir a ETA».

Pero es en 1969 cuando ETA decide salir frontalmente al paso de la escalada manipuladora periodística que ya se estaba produciendo sobre la realidad y circunstancias de la organización vasca. En ese entonces ya eran habituales las referencias a los «entresijos» de ETA, especulándose sobre las relaciones de sus militantes con los servicios secretos moscovitas o con alusiones tan concretas como que todos los sacerdotes frustados se afiliaban al nacionalismo vasco. Ante ello, ETA no duda en facilitar nombres y apellidos de aquellos periodistas que están sirviendo descaradamente a los intentos criminalizadores del independentismo vasco por parte de las terminales informativas del Ejército y los cuerpos policiales españoles. «Los prostituidos periodistas que cobran doble sueldo –Landaluce, Amilibia, etc.– corean las hazañas de la Policía y Guardia Civil, esa escoria humana a la que dan licencia para matar. Nosotros, los 'terroristas fanáticos' somos siempre los muertos y heridos, a pesar de nuestro 'innumerable' armamento. Recordemos brevemente: Jokin Garate, tiro en una pierna en Iruñea, primavera del 65; joven portugués detenido a golpes en la frontera, y rematado a golpes en la comisaría. Aberri Eguna de Irun: dos jóvenes heridos a tiros de la Guardia Civil. Sabin Arana, tiroteado en medio de Vitoria. Morris, ametrallado en la calle Briñas de Bilbao por tres ráfagas a pocos metros. Xabi Etxebarrieta, asesinado a quemarropa. Barazar, persecución a tiros de Conchi Rodríguez y de un muchacho. Izko, tiro en el pulmón a bocajarro, cuando estaba caído en el suelo. Ormeñaca, confundido con algún sospechoso, víctima de cuatro tiros de los que dos le alcanzaron. Víctor Arana, herido gravísimo, extirpación del intestino y graves lesiones en huesos. Enrique Gesalaga, disparo en el pecho en Potes. Mikel Etxebarria, herido en algún lugar antes de Orozko».

El documento de ETA tenía seguidamente palabras muy duras para con los medios de comunicación: «La prensa olvida todo lo que le mandan olvidar. Olvida que el franquismo nació entre ríos de sangre del pueblo y que la represión contra las fuerzas revolucionarias ha sido salvaje y sin descanso. Olvida los salarios de hambre, los convenios incumplidos, la falta de sindicatos libres, de libertad política. Olvida las sentencias brutales, los exilios arbitrarios, las torturas. Olvida el documento sobre torturas firmado por cientos de intelectuales hace unos meses, con documentos escalofriantes. ¿Quién no sabe hasta qué extremo se tortura en las comisarías hoy? La prensa olvida demasiado para que creamos en sus sermones sobre 'paz y orden': 'Toda idea –nos dicen– queda públicamente desacreditada cuando se la defiende con una pistola'. ¿Y cuando se la defiende no con una, sino con miles –no sólo pistolas– y con todo un aparato de represión?».

El comunicado de ETA concluye haciendo mención de un asunto que, con el paso del tiempo, terminaría convirtiéndose en monotemático: «Según Policía y prensa, nos han vuelto a 'desarticular'. Es la enésima vez que lo dicen. Tendrán que seguir intentándolo, porque Policía y prensa, como sus amos, olvidan, sobre todo, lo más importante: que nuestra lucha es la lucha de todo el pueblo y que los pueblos no pueden ser simplemente 'desarticulados».

ETA ponía entonces ya el dedo en la llaga y aludía concretamente a dos periodistas bilbaínos: Luis María Landaluce y Jesús María Amilibia. Landaluce compaginaba su trabajo en el vespertino *Hierro* y en la *Ser* de Bilbo, mientras que Amilibia trabajaba en la delegación del diario sindicalista *Pueblo*. Este último, que había comenzado su vida laboral como camarero en un bar frecuentado por policías, se haría desgraciadamente célebre años más tarde cuando, en pleno arrebato de prepotencia, abandonó su coche en el centro de Madrid tras una colisión y le descerrajó a bocajarro unos tiros a un taxista, acabando con su vida. Amilibia, que cumpliría por ello una prisión muy atenuada en la cárcel de Carabanchel, justificaría su acción aludiendo a que su víctima había insultado supuestamente a su acompañante femenina.

Amilibia y Landaluce tenían como principal fuente informativa a un teniente coronel de la Guardia Civil del acuartelamiento de La Salve apellidado Evangelio, simultaneando este contacto con un no menos siniestro capitán de dicho cuerpo de apellido Hidalgo, con base en Gernika, y que se había hecho siniestramente famoso a causa de las torturas que él y sus hombres infligían a los detenidos.

Junto a la citada pareja, se haría notar también por sus contactos policiales el periodista de *El Correo Español* Eduardo Catania, que desempeñaba al mismo tiempo la corresponsalía de la agencia United Press. Compañeros de profesión de Catania le recuerdan portando permanentemente una pistola al cinto. Catania, Landaluce y Amilibia tendrían posteriormente, también en Bilbo, una fuente privilegiada a través del comisario José Sainz, un cántabro de Reinosa, con un fuerte ascendiente en la Dirección General de Seguridad de Madrid.

Pero la figura periodística por antonomasia del régimen era, a finales de los sesenta y en los primeros años de los setenta, el redactor-policía madrileño Alfredo Semprún. Desde las páginas de ABC, Semprún sentaría escuela para posteriores generaciones de informadores en el arte de la manipulación sobre la realidad vasca. Semprún es, sin lugar a dudas, el maestro de todos ellos. A la pluma y a la imaginación de Semprún se le deben reportajes tan célebres como el de la localización de una supuesta base de submarinos que ETA tenía en Baiona o, mismamente, la atribución de ser un antiguo elemento de las SS nazis a Federico Krutwig, reconvertido por mor del periodista de ABC en asesor de ETA. En 1970, Semprún, que posee la esclarecedora categoría de comisario honorario, se desplaza a Donostia para cubrir exhaustivamente el secuestro del cónsul honorario de Alemania Federal Eugen Beihl. El «enviado especial» de ABC recurre ya implícitamente a un argumento que después sería muy querido por sus alumnos en la técnica de la intoxicación: el miedo escénico. En consecuencia, el periodista remarca que «aunque la prensa local publica la noticia sin gran relieve y en forma poco precisa, en la capital donostiarra no hemos oído hablar de otra cosa». El «enviado especial» no deja cabo suelto y mantiene entrevistas sucesivas con la familia de Beihl, la portera del edificio en que residía el cónsul, un portavoz del Gobierno vasco en el exilio que muestra su rechazo por el secuestro, descalificando a ETA de paso, y, evidentemente, con la Policía y con la Guardia Civil. Los titulares de su crónica crean también estilo, que, años después, será imitado por sus numerosos discípulos: «España entera sigue conmovida la suerte del cónsul alemán». Junto a la crónica de Semprún, ABC incluía en un recuadro la carta del entonces obispo de Donostia a los secuestradores: «Os pido que liberéis al súbdito alemán en bien de la paz de todos».

La estancia de Semprún en Donostia es fructífera y, tan pronto asistía a una rueda de prensa en el edificio del Gobierno Civil, como se desplazaba con un destacamento de guardias civiles a recorrer los baserris próximos a la frontera. En las dependencias gubernamentales se enteraba de «todos los incidentes registrados durante la jornada de hoy, consecuentes a la intensísima campaña que durante los últimos días han estado llevando a cabo las distintas facciones del Partido Comunista, enfundadas en esa 'piel de borrego' con los colores nacionalistas vascos». Y en su batida con los *pikolos*, el periodista-policía daba rienda suelta a su admiración por los agentes: «No ha dado resultado positivo. No obstante, merece la pena destacar no ya sólo el esfuerzo agotador de muchos kilómetros monte arriba, sino la perfección de los movimientos realizados sobre cada caserío registrado en los cuales, por encima de la perfecta táctica empleada, se reflejaba la delicadeza y cuidado extremo puesto en ello».

Semprún sería un visitante habitual de Euskal Herria y entre los meses de febrero y marzo de 1972 se instalaría en Miarritze para informar detalladamente de las redadas realizadas por las Policías francesa y española contra militantes vascos. De nuevo reaparecería por estos pagos en 1973 para intoxicar sobre la suerte corrida por tres jóvenes gallegos, desaparecidos desde marzo de ese mismo año. La esfumación de los tres mozos gallegos, vinculada a disputas entre mafias de aduaneros, según comunicó entonces la policía francesa desde Donibane Lohitzune, Semprún se la atribuye directamente a ETA, asegurando en ABC que ha sido la organización vasca quien los ha hecho desaparecer.

Las informaciones de Semprún provocaban al mismo tiempo hilaridad e indignación. Sus meteduras de pata han sido históricas y, así, el 21 de diciembre de 1973 hacía referencia a la voladura de Carrero Blanco afirmando que «según noticias sin confirmar, el criminal atentado ha sido perpetrado por un grupo de individuos pertenecientes al llamado 'Frente Revolucionario Armado Popular', grupo en el que podían estar integrados varios terroristas llegados desde el extranjero».

Sin embargo, Semprún no gozaba de mucho predicamento incluso entre sus compañeros de aquella época. La situación de crispación llegó a tal extremo que el diario *Arriba*, órgano central de la Prensa del Movimiento, presentó incluso una denuncia contra el periodista-policía tras haber arremetido éste contra el corresponsal en Málaga de dicha publicación. La demanda estaba basada en una información hiriente de Semprún contra el corresponsal de *Arriba*, que se había atrevido a poner en cuestión la noticia publicada en ABC sobre la presencia en la localidad malagueña de Torremolinos de «mafiosos marselleses». Semprún se quejaba amargamente en su periódico el 1 de septiembre de 1973 de las «reacciones de prensa insospechadas»: «Nos desorienta la falta de coordinación que se evidencia entre los distintos sectores de la Prensa del Movimiento. Y decimos esto en razón de que, si bien los rotativos norteños, *La Voz de España* y *Hierro* especialmente, entre otros de la amplia cadena periodística, no han puesto jamás en duda nuestras afirmaciones dictadas a ABC desde Biarritz, San Juan de Luz o Bayona y –quizá por aquello de evitar riesgos innecesarios de edificios, maquinaria y redactores– se han limitado siempre, cuando consideraban que su indiscutible patriotismo les obligaba ello, a reproducir íntegramente el producto de nuestro trabajo, sin olvidar, claro está, la clarísima cita de su origen y procedencia».

ETA se planteó la eliminación de Alfredo Semprún en 1971, hecho que intentó llevar a cabo en marzo de 1973. Dos de sus más conocidos militantes de la época, tras constatar su presencia en su domicilio, se plantaron ante la entrada de la vivienda del periodista con un ramo de flores en la mano. Pero, después de pulsar el timbre, comprobaron desolados cómo Semprún rehuía abrir la puerta.

El 14 de septiembre de 1974 ABC destinó a Semprún a cubrir tareas informativas en capitales de América del Sur. El policía-periodista regresaría posteriormente al Estado español para integrarse en la plantilla del diario *Arriba* como redactor jefe de sucesos. Pero el 14 de febrero de 1975, y después de transmitir al periódico una crónica sobre la presencia de «comandos terroristas japoneses» en el Estado español, tuvo que ser ingresado urgentemente en una clínica de la costa mediterránea, en la que se le diagnosticó asma cardial consecuencia de un edema pulmonar. Emilio Romero, en aquella época delegado de la Prensa del Movimiento, se apresuró a visitar al paciente en la clínica. Esta enfermedad terminaría por llevarle, algunos años después, a la tumba. Su hijo, también de nombre Alfredo, y en la actualidad redactor jefe en ABC, publicó en la revista *Blanco y Negro* un reportaje sobre dos presuntos dirigentes del PCE (m), Juan Martínez Izagirre y Aurelio Fernández Caro. A ambos les responsabilizaba de la compra de armas para el Grapo. Los dos fueron asesinados a tiros una semana después por sicarios de la guerra sucia.

Otro importante punto de inflexión en las relaciones entre el independentismo vasco y los medios de comunicación fue el atentado cometido por ETA en Portugalete contra el periodista José María Portell el 28 de junio 1978. Portell, que era director de *La Hoja del Lunes* de Bilbo y corresponsal de Euskal Herria de la revista catalana *Mundo*, entre otras publicaciones, había estado realizando labores de mediación entre el Gobierno español y ETA. Portell era el enlace directo, vía el comisario Sainz, del ministro de Interior Rodolfo Martín Villa, mientras que por la organización vasca su interlocutor era Juan José Etxabe. Eran evidentes las excelentes relaciones que Portell mantenía con la Policía. Sus buenas fuentes oficiales le posibilitaron escribir un libro titulado *Los hombres de* ETA, que fue editado por Dopesa, vinculada al Grupo Mundo de Sebastián Auger.

En la reivindicación del atentado ETA afirma que ha ejecutado a Portell «porque existen motivos suficientes para demostrar que ha actuado como agente del Gobierno español y su misión a cumplir estaba bien definida, de dedicar por entero su prestigiosa carrera periodística y literaria así como los privilegiados resortes que ocupa en ciertos medios de prensa, en lograr el objetivo de desprestigiar y calumniar, en definitiva atacar a ETA».

Profundizando en este sentido, ETA detalla que «si bien las tareas periodísticas comienzan en el año sesenta, no es hasta 1970, precisamente a raíz del consejo de Burgos, cuando su persona gana celebridad. Desde entonces se preocupó de vivir lo más cerca posible de los acontecimientos que en torno a ETA se sucedían y terminó siendo un profesional experto en este tema. (...) Aparte de numerosos artículos en periódicos y revistas, ha escrito un libro dedicado especialmente a ETA y otro editado por Dopesa más recientemente y que se titula *Euskadi, amnistía arrancada*. Ambos libros, especialmente el primero, responden a un contenido absurdo: presentar a ETA como una organización reducida a un puñado de jóvenes inmaduros que actúan de manera infantil tras un sueño irrealizable. (...) Portell no ha utilizado el lenguaje fascista para combatirnos, pero probablemente con su aparente interpretación liberal de la lucha y su palabrería fácil y barata, nos ha podido ocasionar más daño que el propio estilo fascista de Semprún. Por otra parte, sabemos con toda seguridad, que los materiales y datos utilizados más o menos tergiversadamente en su propaganda anti-ETA, solamente han podido provenir de los confidenciales archivos de la Policía, cosa nada extraña, al igual que su estrecha amistad con el inspector Sainz, dada la posición de agente del Gobierno español».

Refiriéndose a la faceta periodística de Portell, la organización vasca le sitúa «al igual que decenas de periodistas en Euskadi, entregado a la labor profesional de servir a un medio de comunicación social como es la prensa, aunque ésta se halla mayoritariamente inundada de claro contenido de ideología reaccionaria y contraria a los intereses nacionales y sociales del pueblo trabajador vasco. Cuando hablamos de prensa, nos referimos más concretamente a aquella en la que el señor Portell participaba en calidad de miembro activo: director de *La Hoja del Lunes* de Bilbao, redactor jefe de La *Gaceta del Norte*, corresponsal de *La Vanguardia* y de ABC, corresponsal para el norte de la agencia norteamericana Asociated Press, constituyen por sí solos motivos suficientes para evidenciar el tipo de prensa y de ideología que respondía a sus intereses».

Tras el atentado contra Portell, un listado difundido en octavillas por diversas localidades vascas incluía el nombre de algunos periodistas, entre ellos los de Albino Mallo, redactor-jefe de *La Voz de España* y de *La Hoja del Lunes* de Donostia, y de Juan José Castillo, de *El Diario Vasco*, que poco tiempo después abandonarían precipitadamente la ciudad. Desde el atentado a Portell y la difusión de las referidas octavillas, las relaciones entre la izquierda abertzale y los medios de comunicación estarían perfectamente determinadas cara al futuro.

Y es que en el pasado más reciente, tanto en Donostia, como en Iruñea y Bilbo, el tratamiento dado por los medios de comunicación a la lucha de ETA en particúlar y del movimiento independentista vasco en general había estado marcado continuamente por la beligerancia más enconada. Lo cual era hasta cierto punto lógico, si se tiene en cuenta que los periódicos, especialmente los de la Prensa del Movimiento, estaban dirigidos por elementos claramente reaccionarios y profundamente antivascos. En *La Voz de España* y *Unidad*, aparte de Juan José Pradera, habían desfilado por su cabecera elementos como José Luis Banús, Donato León Tierno, Félix Morales, Pedro Pascual, Esteban Greciet y los Zuloaga, Javier María Zuloaga Zuloaga y Javier Zuloaga López, padre e hijo. Morales y Pascual serían con el tiempo promotores de la Fundación Francisco Franco, en tanto que León Tierno llegaría a desempeñar la dirección técnica de la Prensa del Movimiento, en donde viviría un incidente penoso al descubrirse una circular enviada a los periódicos andaluces de la cadena recomendándoles favoreciesen el tratamiento informativo al entonces partido del Gobierno, UCD.

Javier Zuloaga y Zuloaga llegó a impulsar desde *La Voz de España* una campaña para buscar una bandera vasca diferente a la Ikurriña. Ello ocasionó una movilización popular sin precedentes bajo el lema «No compres, no leas, no difundas *La Voz de España*, periódico enemigo del pueblo vasco». El periódico tuvo una bajada espectacular de ventas en el plazo récord de una semana y varias furgonetas de reparto fueron incendiadas. Incluso, activistas de ETA llegaron a colocar unos artefactos en la maquinaria del rotativo que, pese a ello, no sufrió daños importantes. Uno de los más firmes apoyos del director de *La Voz de España* en esa campaña fue el jefe de ventas del periódico, Enrique Erenchun, que posteriormente sería candidato a la alcaldía de Donostia por Eusko Alkartasuna. Javier Zuloaga tuvo como hombre de confianza en el periódico a Enrique San Martín, que con el tiempo se convertiría en una de las plumas más habituales en el periódico pro golpista *El Imparcial*. San Martín, con excelentes conexiones con los cuerpos policiales destinados en Guipúzcoa, intentó emular sin demasiado éxito a Alfredo Semprún.

Tras Zuloaga ocupó la dirección de *La Voz de España* Miguel Larrea, un joven navarro con indisimuladas maneras de trepa, que entró en el periódico mientras hacía el servicio militar. Protegido por su incondicional amigo Félix Morales, le fue relativamente fácil mostrar un talante más aperturista tras la razia protagonizada por su antecesor. Larrea había hecho además méritos suficientes para ganarse el puesto. El 21 de noviembre de 1975, el día en que se anunciaba la muerte del dictador Franco, Larrea se despachó con el siguiente artículo en su sección «La Criba»:

«Minutos después de que un télex nos enviara la lacónica noticia –cinco de la madrugada, minuto más minuto menos– tuve la ocasión de hablar con el gobernador civil de Guipúzcoa; de sacar de la cama a don Jacinto Argaya, nuestro obispo que se encontraba en Cigales (Valladolid) reponiéndose de una enfermedad; de despertar en su habitación del Palace madrileño a don Juan María Araluce, quien a las seis en punto se hallaba ya en el palacio de las Cortes; de hablar con Jesús Ruiz Molina, gobernador militar, en su despacho oficial...

La noticia la esperábamos, pero no por eso dejó de producir un impacto seco, profundo, tajante, en una redacción que llevábamos treinta noches de vigilia, de partidas al 'chinchón' combinadas con llamadas a Pyresa o a Cifra, o a Europa Press o a periódicos de toda España, pendientes de las emisoras nacionales y extranjeras, con el canal dos o tres de la televisión francesa en antena...

'Se nos ha ido', le saldría del alma a nuestro director al llegar la noticia, mientras empezábamos una carrera contra reloj para preparar un nuevo periódico con la noticia del siglo, mientras bajámos los cartones de esas diez páginas preparadas hace veinte días que incluso nos jugaron la mala pasada de salir con fecha 26 de octubre en las primeras ediciones. Luego, los periódicos iniciaron una carrera de ediciones, y, a pesar de la niebla y lluvia que en momentos de la mañana arreció, los guipuzcoanos agotaron tiradas de periódicos, se colgaron de sus televisores, fueron testigos sorprendidos del testamento político de Franco y luego asistieron al espectáculo único de un país volcado totalmente al honrar a quien durante 40 años ha sido guía y ejemplo».

Larrea, después de una excelente oferta económica de *El Diario Vasco*, se trasladó junto con algunos redactores y administrativos al periódico hasta entonces de la competencia con el indisimulado propósito de hundir *La Voz de España*. En esa tarea habría de encontrar la ayuda inestimable de su eterno protector Morales quien, desde un puesto de la dirección técnica de la Prensa del Movimiento, se encargaría de bombardear a militares y policías con informes sobre el nuevo sesgo tomado por el periódico donostiarra.

En La Voz de *España* y *Unidad* aún quedaban algunos diplodocus de épocas anteriores, como Marichu Mayor Lizarbe, pariente de los Oreja, o los hermanos Aranjuelo Oraa, uno de los cuales haría célebre su alias de *Erostarbe*, con el que firmaba las crónicas deportivas de la Real. El otro Aranjuelo, Jesús, tenía la rara virtud, desde su atípico puesto profesional de redactor-taquígrafo, de espantar a los representantes de los sindicatos y partidos políticos que se atrevían a dictar por teléfono cualquier comunicado de repulsa contra alguna de las muchas salvajes actuaciones de los cuerpos policiales que operan en Euskal Herria. «No le tolero a usted que insulte de esa forma tan grave al benemérito cuerpo de la Guardia Civil», tronaba Aranjuelo desde el otro lado del teléfono segundos antes de cortar la comunicación.

Claro que alguno de los más jóvenes redactores del periódico del Movimiento no tenían nada que envidiar a aquellos carcamales fascistas. Tal era el caso de Luis Carlos Díez, *Clavículas*, que alternaba sus tareas como redactor-maquetador con las de corresponsal de la agencia EFE. Díez inquería por teléfono, siempre a media tarde cerca del cuartel de la Guardia Civil en el barrio del Antiguo, cualquier tipo de novedades. Su saludo ritual para con el tricornio informante comenzaba inexcusablemente siempre de la misma manera: «A tus órdenes, mi teniente». Y mientras pronunciaba estas palabras, Clavículas permanecía erguido en posición de firmes. A su lado, Jaime Quesada, que había llegado a Donostia procedente del desaparecido *Arriba España* de Iruñea y que después sería director-gerente de *La Hoja del Lunes*, asistía complacido como espectador mudo al intercambio de saludos castrenses. Y es que Quesada era un hombre de armas tomar que solía circular tanto en la calle como en el periódico sin abandonar su inseparable pistola.

Esteban Greciet fue uno de los muchos directores de los periódicos del Movimiento que salió por piernas de Donostia. En su caso, además, obligado por las circunstancias, después de que *La Voz de España* protagonizase una huelga inédita, promovida fundamentalmente por los trabajadores de talleres. Tras los sucesos de julio de 1978, en que las fuerzas policiales españolas dieron muerte a dos jóvenes en Iruñea y en la cuesta de Aldapeta en Donostia, elementos de la entonces denominada Policía Armada saquearon diversos establecimientos comerciales de Orereta. Las movilizaciones populares fueron más intensas que nunca y el grito de «¡Que se vayan!» resonaba a diario en las calles de Euskal Herria. Al día siguiente del asalto policial de Orereta, Greciet colocó en la primera página de *La Voz de España* un título infame: «Normalidad ciudadana». Ésa fue la gota que colmó el vaso de la indignación de los trabajadores de talleres del periódico que, hartos de soportar insultos de este tipo para sus conciudadanos, decidieron no pasar por alto la nueva afrenta y se lo manifestaron claramente a la dirección de la cadena: mientras Greciet siguiera figurando en la mancheta del periódico, *La Voz de España* no volvería a salir a la calle. Para mediar en el conflicto se desplazó incluso a Donostia Arcadio Vaquero, director-gerente de Medios de Comunicación Social del Estado, que así había pasado a denominarse la Prensa del Movimiento. Pero los trabajadores se mantuvieron firmes en su postura y, quizá porque los políticos vivían un período de transición incierta, lo cierto es que Greciet terminó abandonando la dirección.

Y si éste era el ambiente en la prensa donostiarra, en Bilbo no aparentaba ser muy diferente. Con un *Hierro* en plena decadencia, *La Gaceta del Norte* y *El Correo Español* se disputaban la hegemonía en Bizkaia. En Bilbo, además de esos periódicos, estaban emplazadas las corresponsalías de las principales publicaciones del Estado y también de las agencias extranjeras de noticias. El director de *La Gaceta del Norte* era González Barandiaran, un integrista católico muy próximo a la doctrina de los requetés franquistas, que solía admitir algunas colaboraciones en euskera en las páginas del rotativo. Ello le había granjeado las ligeras simpatías de cierto sector nacionalista próximo al PNV, que soportaba mejor a este medio que a *El Correo*. En *La Gaceta*, uno de cuyos principales accionistas era el negurítico Adolfo Careaga, convivían también ciertos personajes del Opus Dei, como Antonio Petitt Caro, junto a otros de tendencias jesuíticas. Tal era el caso de Alfonso Ventura, director de *La Hoja del Lunes* y que terminaría años más tarde recalando sus reales en *Deia*.

La Gaceta terminó por hundirse sola porque su acendrado patrioterismo español le impidió disimular sus verdaderos sentimientos de fondo. Llegada la etapa que se ha dado en denominar de «la transición», sus responsables se empeñaron en denominar a la ikurriña como la «bicrucífera», entre otras lindezas que mostraban su espíritu furibundamente antinacionalista y antipartidos, todo ello aderezado con un catolicismo ultraintegrista. Enfrente, su competencia de *El Correo* se frotaba las manos viendo cómo sus rivales se iban irremisiblemente al garete. Y eso que su máximo responsable informativo, Antonio Barrena, fue víctima de un truculento incidente en el que terminó perdiendo la visión de un ojo. Algunas de sus personas más próximas atribuyeron el hecho con la boca pequeña a una acción de ETA cuya finalidad última sería acabar con su vida. Pero nadie le dio pábulo en Bilbo porque era generalmente conocida su afición por frecuentar la zona de prostitución de Las Cortes y sus asiduas visitas al hostal Cantábrico, auténtico centro neurálgico del personaje. Alguno de sus colaboradores diría cariñosamente de él, tras definirlo como un «cachondo mental», que «pensaba con el pito y follaba con la cabeza».

Eran los tiempos en que, además del comisario Sainz, pululaba por Bilbo haciendo ostentación de su chulería y matonismo el subcomisario José Amedo Fouce, con amplias simpatías entre la oligarquía de Neguri y al que ya desde sus tiempos de infiltrado en la Universidad de Deustu los estudiantes habían bautizado como «Mariflor». Amedo contaba con buenos amigos entre la profesión periodística, como Juan José Romano, de Radio Popular, y Fidel Bicandi, actualmente jefe de prensa de García Egotxeaga y por aquella época en los informativos de Radio Bilbao de la cadena Ser. Curiosamente las fuerzas policiales disponían en Bilbo de un jefe de prensa llamado Luis Ángel Caballero, que en sus primeros años de juventud había militado en formaciones de izquierda.

Quizá el más notorio de los corresponsales de la prensa madrileña fuera Ander Landaburu, que desde las páginas de *Cambio* 16 se dedicaba a fustigar implacablemente a ETA, hasta el extremo de terminar sintiéndose amenazado por la organización y abandonar la capital vizcaína para ejercer de corresponsal en México. La información para *El País* la cubría por aquella época su actual director, el hondarribitarra Jesús Ceberio, bastante más comprensivo entonces con la causa vasca que lo que demuestra en la actualidad. Landaburu y Ceberio, junto con José Oneto, también de *Cambio* 16, no tuvieron ningún inconveniente en criticar ácidamente en círculos periodísticos a Portell con motivo de un viaje que éste realizó a Estados Unidos cubriendo un viaje de Juan Carlos de Borbón. Todos ellos comentaron en los círculos periodísticos en que se movían habitualmente, el trato preferencial recibido por Portell, atribuyéndolo a su condición de hombre vinculado a los servicios de información de Presidencia del Gobierno. Cuando ETA acabó con su vida, al trío le faltó tiempo para salir públicamente a condenar su muerte como plañideras desconsoladas.

En Iruñea terminó por cerrar el *Arriba España* después de años de una insignificante difusión. La decisión fue adoptada por el entonces delegado de Prensa del Movimiento Emilio Romero. Cuando los prebostes falangistas de Iruñea se fueron a quejar a Romero, éste les recriminó duramente que ni tan siquiera los afiliados y cargos del Movimiento compraban el periódico, dados los escasos seis centenares de ejemplares que se vendían diariamente.

Los periódicos navarros eran por lo demás firmes bastiones del más rancio catolicismo, antivasquismo y conservadurismo. José Javier Uranga, que sería alcanzado por los disparos de un integrante del *comando Nafarroa*, manejaba con mano firme los destinos del *Diario de Navarra*, contando con el decidido apoyo de Francisco Javier Guevara Álvarez. El *Diario* era con mucho el periodico con más difusión. *El Pensamiento Navarro*, tan reaccionario como el anterior, tenía una tirada sensiblemente menor. En sus páginas destacaba la pluma viperinamente fascista de Ignacio Amestoy, que firmaba como *El francesillo Zúñiga* sus colaboraciones diarias. En Montejurra de 1976, El francesillo saludó entusiásticamente a los mercenarios ultras franceses e italianos que venían en ayuda del pretendiente carlista Sixto de Borbón para provocar la masacre que acaecería después en el monte. El periódico era de la familia Baleztena, siendo también accionista José María de Oriol y Urquijo, un integrista catolicón del viejo régimen. Indabe Noain era el director de aquel engendro con formato de periódico.

En Araba prolongaba mortecinamente su existencia el vespetirno *Norte Express*, en el que todo era decrépito: desde sus instalaciones, hasta su ideología, faceta aplicable, incluso, a su cuerpo de redacción. Cuando finalmente se clausuró, nadie lo echó a faltar, tan escasa era su difusión y su incidencia social.

El nacimiento en 1977 de *Egin* y *Deia* significó una convulsión en el mundo de los medios de comunicación en Euskal Herria. Hasta ese entonces sólo las publicaciones semanales como *Punto y Hora*, *Berriak* y *Garaia* habían supuesto un contrapunto informativo a los diarios tradicionales controlados por la Prensa del Movimiento o empresarios de tendencia conservadora y españolista. Junto a ellas sobrevivía dignamente, aunque con escasez de medios, *Zeruko Argia*, un semanario totalmente euskaldun auspiciado inicialmente por unos frailes, y en el que, entre otros redactores, escribiría con Luis Alberto Aranberri Mendizabal, *Amatiño*, que después sería el máximo responsable de informativos de ETB y, una vez defenestrado del cargo, candidato a alcalde de Eibar por el PNV.

Sólo *Punto y Hora* resistió desde Iruñea el paso del tiempo, pese a las dificultades económicas y los ataques fascistas. El punto álgido de las agresiones fue la colocación de un artefacto en la redacción del semanario que causó grandes destrozos. Pero la revista, conducida enérgicamente por Mirentxu Purroy, aguantaría todos estos embates y sería durante muchos años un punto referencial para todos los abertzales. En el proyecto de *Berriak* participaron activamente partidos de la izquierda tradicional española como el PC y el PSOE, aunque también tenía cierto peso Eusko Sozialistak. El director era un ex redactor de *La Voz de España*, Eduardo Magallón, aunque redactoras como Genoveva Gastaminza y Maite Santibáñez desempeñarían un papel destacado en aquella publicación que, pasada la veintena de números, se cerró con un importante déficit acumulado a causa de su poca difusión y escasa publicidad. Una suerte pareja correría *Garaia*, un semanario auspiciado por los «eladios» de ESB, con Eugenio Ibarzabal como principal punto referencial de la redacción. Ibarzabal, que después dirigiría la revista de inspiración jeltzale *Muga*, también de efímera existencia, tendría una peculiar trayectoria en el transcurso de los años posteriores. Conocido en los círculos políticos por el sobrenombre de Rasputín, Ibarzabal sería el jefe de prensa y encargado de imagen de José Antonio Ardanza al frente de la Diputación de Gipuzkoa, cargo que prolongaría en Ajuria Enea durante los primeros años de mandato del lehendakari vascongado. Ibarzabal, al que alguno de sus numerosos adversarios políticos llegó a acusar de conexiones con la CIA, terminaría llevando la campaña electoral de Convergencia de Demócratas Navarros (CDN), el partido de Juan Cruz Alli. La última presencia polémica de Eugenio Ibarzabal en público fue con motivo de una supuesta mediación para fines pacifistas.

Egin y *Deia* tuvieron una salida espectacular y contrarreloj a la calle, especialmente en el caso de *Egin*. Este periódico nació de la aportación voluntariosa e ilusionada de miles de personas que, cuadrilla a cuadrilla, barrio a barrio, pueblo a pueblo, se convirtieron en «cuentapartícipes» de aquel proyecto unitario de la izquierda nacido bajo el utópico y hermoso lema de ser «la voz de los sin voz». Y mientras *Deia* contaba desde el primer momento con la inestimable ayuda de la publicidad oficial, *Egin* tenía que soportar desde un principio mil problemas económicos, lo que llevó a popularizar entre sus trabajadores la palabra «posticipos» para aludir al cobro fraccionado de sus emolumentos salariales.

Pero a los primeros problemas económicos, seguirían pronto los laborales e ideológicos. En *Egin* habían confluido gentes de diversas tendencias ideológicas, aunque las que predominaban eran las identificadas con el proyecto de EIA y lo que después sería Herri Batasuna. Y así, mientras el consejo de administración y cuentapartícipes iba por un lado, los principales cuadros de la redacción, director y jefes de sección marchaban por otro, lo que se reflejaba cotidianamente en las páginas del rotativo de Hernani. Mariano Ferrer, que fue el primer director del periódico, tardó poco tiempo en dejar su cargo, siendo sucedido por Juan Ramón Martínez, un periodista fichado del *Nuevo Diario* madrileño, una publicación próxima al Opus Dei. Pero la muerte de Martínez en accidente de tráfico en la autopista que une Bilbo con Donostia desató la guerra frontal en la redacción. El consejo de administración decidió poner coto a aquella situación y nombró como sustituta de Juan Ramón a Mirentxu Purroy, que además se traía con ella a Hernani la revista *Punto y Hora*, que a partir de ese momento pasaría a ser editada por Orain S.A., sociedad que al mismo tiempo asumía todas sus deudas.

El amplio sector de EIA de la redacción de *Egin* interpretó aquello como un ataque frontal a sus posiciones y declaró la guerra al consejo por medio de una huelga. Durante los días que *Egin* estuvo sin salir se vivieron momentos de fuerte tensión dentro y fuera del periódico. Los «pro sordos» intentaron disuadir por todos los medios a Purroy de que renunciara al nombramiento, tratando de localizarla incluso en Catalunya, en donde la suponían alejada de la marabunta creada. El núcleo de redacción aglutinado en torno a Luis Lacasa, un redactor jefe que estaba haciendo de director en funciones, y Genoveva Gastaminza llegaron a llamar al teléfono particular de Ángel Sánchez, un ex accionista de *Punto y Hora* y que en esos momentos ejercía como jefe de sección en el recién nacido *El Periódico de Catalunya*, del que Mirentxu era corresponsal en Iruñea.

Simultáneamente, la asamblea del pueblo de Hernani hizo acto de presencia en las instalaciones del rotativo conminando a los periodistas a sacar la publicación a la calle, dados los momentos políticos tan trascendentes que se estaban viviendo en aquellos instantes. El atentado contra Argala llevado a cabo por el mercenario Jean Pierre Cherid mediante la colocación en su coche de una bomba-lapa sucedió estando *Egin* en huelga.

Mirentxu Purroy terminó aterrizando en el polígono Eziago de Hernani y los que salieron poco tiempo después fueron los redactores que se identificaban con la línea política de Euskadiko Ezkerra. Los dirigentes de esta formación aún intentaron un último recurso cuando, en una ampliación de capital, Iñaki Mugika Arregi ofreció suscribir un determinado número de acciones, insuficientes para alcanzar la mayoría en el consejo.

Iñaki Esnaola, por aquel entonces representante legal de *Egin* y miembro de su consejo de administración, fue entregando a uno tras otro la carta de despido a aquellos periodistas, que intentaron inutilmente buscar solidaridad con su causa en otros medios de comunicación. Lacasa, Gastaminza, Ángel Amigo, Gorka Reizabal, Luis Rodríguez Aizpeolea e Isabel Martínez, entre otros, decidieron unir su suerte y, de la mano de Euskadiko Ezkerra, terminarían por embarcarse juntos en la aventura del semanario *Ere*, para el que repescarían también a otros antiguos trabajadores de *Egin* situados en su misma órbita ideológica, aunque con trayectoria ética y profesional dispar, como Mariano Ferrer y José Luis Barbería.

Las escaramuzas en *Ere* no tardaron en comenzar y Genoveva Gastaminza se mostró una experta conspiradora, dedicándose desde el primer momento a segarle la hierba bajo los pies a Luis Lacasa, el primer director del semanario. Genoveva mantenía reuniones secretas con los concejales de Euskadiko Ezkerra en el Ayuntamiento donostiarra, especialmente con Txema García Amiano, en donde planeaban la toma del poder y el relevo en la cabecera de la publicación. Para Lacasa fueron demasiados golpes seguidos y, cuando los médicos le detectaron un cáncer, la enfermedad le cogió con las defensas bajas, especialmente las morales, y recién destituido al frente de *Ere*. Pero la revista fue un fracaso de difusión y, al igual que sus mentores áulicos, los poli-milis, fue decayendo paulatinamente hasta su cierre por pura inanición, con una publicidad prácticamente inexistente y unas ventas ridículas.

La aventura editorial se saldó con un fuerte endeudamiento económico para Euskadiko Ezkerra que, a partir de entonces, tomó la rentable decisión de tratar de colocar ventajosamente a sus periodistas en los diversos medios de comunicación. En esta tarea, EE contó además con la buena predisposición de ánimo de los distintos directores de la prensa escrita, alguno de los cuales, como Miguel Larrea, de *El Diario Vasco*, llegaría a reconocer explícitamente a una aspirante que los redactores de la órbita «sorda» eran bien vistos porque «vais de progres y abertzales y, sin embargo, estáis con el sistema». De esta manera, uno tras otro fueron encontrando acomodo los más espabilados. Luis Rodríguez Aizpeolea pasó a hacerse cargo de la crónica política de *El Diario Vasco*, tarea que desempeñaría desde Gipuzkoa para *El Correo Español* Genoveva Gastaminza, que firmaría sus artículos con el seudónimo de I. *Zubiria*. Isabel Martínez, por su parte, fue nombrada delegada de *Tiempo* en la Comunidad Autonómica Vasca, compartiendo la corresponsalía primero con Carlos Carnicero y después, con Santiago Etxauz.

A ellos se le sumaría, con el tiempo, José Luis Barbería como corresponsal de *El País*, creando un grupo de presión importante, hasta el extremo de acudir juntos a las ruedas de prensa y formar un frente claramente beligerante contra la izquierda abertzale. Algunos miembros de este clan se instalaron conjuntamente en una oficina, de la que era titular Gastaminza, curiosamente situada en el mismo edificio en el que tenía una de sus sedes Euskadiko Ezkerra. Los periodistas, con sólo subir y bajar unas escaleras, encontraban una habitual fuente de inspiración intelectual en sus tutores ideológicos. Con el transcurrir de los años, muchos de ellos terminarían aterrizando en la «casa común» del periodismo *sociata*, *El País*.

El cierre de *La Voz de España* supuso también un duro golpe para Euskadiko Ezkerra. Varios de los periodistas expulsados de *Egin* fueron a parar a la redacción que el rotativo guipuzcoano tenía en la calle José María Soroa. Y aunque no todos ellos se inclinaban por esta opción ideológica, sus relaciones con la cúpula de EE eran bastante fluidas. Por eso cuando en febrero de 1980, en plenas elecciones autonómicas, el Gobierno de UCD decretó el cierre del periódico, Juan María Bandrés, por aquel entonces consejero de Transportes del Consejo General Vasco, y Mario Onaindia, secretario general del partido, lo tomaron como una afrenta directa a su formación. Contra el cierre de *La Voz de España* se manifestaron, salvo la UCD, todas las opciones del arco político vasco, incluyendo desde las formaciones extraparlamentarias de izquierda a PNV, PSOE y HB, pasando por la totalidad de sindicatos. Pero el intento de los trabajadores de reabrir el periódico como prensa pública dependiente del Gobierno de Gasteiz, que concitó una amplia campaña de apoyo popular en Gipuzkoa, fue sibilinamente torpedeado por el PNV que logró a través de su consejero de Cultura, Ramón Labayen, que el tema se quedara en agua de borrajas.

Euskal Herria atravesaba momentos de conmoción política y todos los bandos intentaban asegurarse tribunas fieles desde las que difundir sus postulados. El PNV, que acababa de sufrir el trauma de su escisión, no sería ajeno a este planteamiento, especialmente después de haber visto cómo no cuajaba el proyecto de *Deia*, que sólo había alcanzado una difusión medianamente digna en Bizkaia. Y ni aun así. El propio Arzalluz lo expresaría con rotundidad en una de las periódicas reuniones del Euskadi Buru Batzar: «El *Deia* no lo compran ni los militantes». Por eso, cuando trascendió que los hermanos separados de Eusko Alkartasuna intentaban hacerse con el control de la reflotada *La Gaceta del Norte*, les faltó tiempo a los emisarios del EBB para entrevistarse con los hermanos Fernández Bobadilla para mostrarles su interés en participar en el accionariado del periódico.

Los Bobadilla eran unos industriales riojanos que operaban tanto en el sector vitivinícola como en el de la construcción, pero que en los últimos años habían mostrado cierto interés en introducirse en los medios de comunicación. Uno de ellos, José Antonio, había contraído segundas nupcias con la ex esposa de Eugenio Suárez, editor de *Sábado Gráfico*, semanario que en los últimos años del franquismo había tenido una importante difusión. La ex de Suárez logró, tras la separación de bienes, hacerse con la titularidad de aquella cabecera.

Los Bobadilla prepararon un relanzamiento de *La Gaceta* a todo trapo y eligieron para dirigirla a un antiguo periodista de *Egin*, Javier Zabaleta. Éste repartió el periódico en tres áreas –política, deportes y sociedad– y juntó un buen plantel profesional. Pero el mercado vasco de la prensa diaria estaba ya muy aposentado y las publicaciones del Grupo Correo tenían un amplio poder de penetración como consecuencia de haberse quedado sin competencia. Por eso, cuando los Bobadilla vieron atónitos cómo se les acercaban los jauntxos del PNV creyeron que el cielo se abría ante ellos.

Gregorio Morán fue el director elegido para el segundo relanzamiento de *La Gaceta del Norte*. Morán era un veterano y avezado periodista que había escrito dos libros con indudable impacto: *Historia de una ambición*, una excelente biografía sobre el presidente del Gobierno español Adolfo Suárez, y *Los españoles que dejaron de serlo*, sobre la reciente historia de Euskal Herria. Morán, de origen asturiano, hizo una apuesta fuerte por la independencia informativa y fue valiente en la denuncia de temas de la guerra sucia, siendo *La Gaceta* la primera en publicar las implicaciones de Galindo y el cuartel de Intxaurrondo en la «trama verde» del GAL.

Pero el PNV no estaba por la labor de dejar a Morán a su libre albedrío, máxime cuando el periódico no acababa de despegar económicamente y su difusión no respondía a las expectativas de difusión puestas inicialmente en el proyecto. Morán contaría posteriormente en su libro *Testamento vasco* cómo el segundo de la Ertzaintza, Genaro García de Andoain, solía llevar personalmente el dinero para el pago de las nóminas en bolsas de El Corte Inglés. La alianza entre Bobadilla y el PNV terminó como el rosario de la aurora, cuando el industrial riojano detectó una maniobra de los jelkides para hacerse con el control de la sociedad a través de la mercantil Mixast S.L. La operación, en la que participó la crema de la fontanería jeltzale, tuvo un único pero: hicieron asistir a un muerto al consejo de administración en el que se dio el golpe de mano sobre *La Gaceta*. A partir de ahí serían dos juzgados de instrucción de Bilbo los que se encargarían de ralentizar la investigación sobre las irregularidades jurídicas habidas. Xabier Arzalluz, el presidente del EBB, pronunciaría un epitafio sobre *La Gaceta* muy en su línea: «Como cristiano que soy, juro por Dios que no me he llevado una peseta del periódico».

Fueron varios los partidos que procuraron también hacerse con una publicación propia en aquella época. El PSOE lo intentó a través de Eduardo Sotillos, que tiempo después sería portavoz gubernamental de La Moncloa. Para poner en marcha el proyecto, el PSOE se trajo a Bilbo a uno de sus más acreditados fontaneros, Julio Feo. Y aunque las noticias de *Tribuna* eran rebotadas y amplificadas sistemáticamente por todos los medios públicos de difusión, la tentativa tampoco cuajó y, al igual que en la resurrección fallida de *La Gaceta*, el periódico terminó también echando la persiana. El último de los intentos de la prensa de partido fue el protagonizado por Eusko Alkartasuna con *Gaur Express*, publicación que nació tocada del ala y que, cuando cerró unos meses después, había agrandado considerablemente el ya de por sí estimable agujero económico de las huestes de Carlos Garaikoetxea. En Nafarroa habría de suceder algo similar con *Navarra Hoy*, que atravesaría fuertes vicisitudes empresariales, oscilando su línea entre el PNV y el PSOE, cuya última expresión palpable es en la actualidad el bamboleante *Diario de Noticias*.

Previamente, entre 1984 y 1985 tuvo una vida agonizante, *La Voz de Euskadi*. Junto a una decena de ex trabajadores de *La Voz de España* que nos habíamos creído el proyecto de la prensa pública, se reunieron periodistas de la más distinta procedencia, aunque fue considerable la aportación de gente de Catalunya que había estado embarcada en los mejores tiempos del *Brusi* (*Diario de Barcelona*) y *El Viejo Topo*. Pero el remedo de prensa pública saltó por los aires cuando, al mes de estar en la calle, un representante tan cualificado del PSOE como el difunto Enrique Casas envió una circular a todas las Casas del Pueblo recomendando a la militancia no comprar el periódico. Entre otras causas, el hecho de no calificar de «asesinatos» las muertes causadas por ETA en sus atentados y no llamar «terroristas» a los militantes de la organización, cuestiones ambas claramente especificadas en el libro de estilo de *La Voz*, votado punto a punto por el total de la redacción, supuso el veto del PSOE, que no se conformó con eso, sino que incluso torpedeó los créditos y subvenciones que como sociedad anónima laboral le correspondían. Paralelamente, PSOE y Euskadiko Ezkerra intentaron, en colaboración con algunos trabajadores de la redacción, hacerse con el control del periódico, para lo cual llegaron incluso a promover reuniones en ese sentido. Los responsables de ambos partidos para establecer los contactos con el sector minoritario de la redacción fueron Kepa Aulestia y Ana Miranda. El mismísimo Ramón Jáuregui, siendo ya delegado del Gobierno español en Gasteiz, sostuvo un encuentro con esos periodistas en el domicilio particular del hoy famoso director de cine Julio Médem, por aquella época responsable de la crítica cinematográfica en *La Voz* y que fue ajeno totalmente a la maniobra, urdida a sus espaldas por Juantxo Dumall, hoy subdirector de *El Periódico de Catalunya*. Pero la asamblea de los trabajadores de *La Voz*, cuyo salario máximo en las mejores épocas de «bonanza» nunca alcanzó ni las diez mil pesetas semanales, decidió cerrar el periódico antes que entregarlo en manos de ninguna formación política. Habían sido dos años de duros esfuerzos en los que el capital inicial fue aportado por el medio millón de pesetas que desembolsamos cada uno de los trabajadores. Aun así tuvimos que soportar que, incluso antes de salir a la calle, *Agustín Zubillaga*, que era el seudónimo utilizado por José Félix Azurmendi en su colaboración semanal de *Punto y Hora*, escribiera que estábamos subvencionados por el dinero de Rosón, entonces ministro español de Interior, añadiendo que algún día tendríamos que dar cuenta de nuestros actos ante el pueblo trabajador vasco. Sólo un escrito conjunto enviado por Laia, EMK y LKI dirigido al columnista señalándole que no solamente mentía, sino que lo hacía a sabiendas, logró que Azurmendi-Zubillaga cesara en sus ataques.

A quienes no les daría ningún tipo de explicaciones Azurmendi, por aquel entonces director de *Egin*, sería a los miembros del consejo de administración de Orain S.A., editora del periódico, sobre el contenido de sus reuniones con Xabier Arzalluz y Kepa Bordegaray, jefe de prensa del PNV. Azurmendi, como varios de los directores que han sido de *Egin*, se halla en la actualidad desvinculado de la izquierda abertzale. Él y todos los demás sufrieron en sus carnes las iras de un poder judicial enemigo de la libertad de expresión. Tras abandonar el rotativo de Hernani, pasó a engrosar la redacción de *Deia*, en donde alcanzaría el puesto de subdirector. Una reestructuración de personal supuso que, previo pago de una generosa indemnización, con la intervención del propio Xabier Arzalluz en el tema, abandonase el periódico jeltzale para entrar seguidamente a dirigir Euskadi Irratia.

En la radio también continúa Mariano Ferrer, en donde cada mañana presenta con gran profesionalidad su sempiterno *Kiosko de la Rosi*. A Ferrer, tras cesar en *Egin* se le situó en la órbita de Euskadiko Ezkerra, llegando a colaborar habitualmente en las páginas del semanario *Ere*, próximo a esa formación política. Ferrer, que fue responsable de las páginas de opinión de la edición vascongada de *El Mundo*, mantiene una columna en dicho diario y ha sido llamado en repetidas ocasiones por Elkarri para participar en actos públicos de dicho grupo. Las posiciones públicas de Ferrer son claramente partidarias de buscar una solución dialogada al conflicto vasco.

Este mismo planteamiento es compartido por Xabier Oleaga, que ha participado en numerosos actos unitarios en favor de la negociación. Tras desvincularse de *Egin*, Oleaga ejerció durante algún tiempo como redactor-jefe en *Euskadunon Egunkaria*. Mirentxu Purroy, por su parte, realiza para ETB documentales y producciones cada vez más estimables y procura salir lo menos posible de su Iruñea natal. Finalmente, Pablo Muñoz ha ocupado un puesto de jefe administrativo en la empresa Egia S.A., que años atrás fue denunciada reiteradamente como tapadera de los servicios de información del PNV. Su nombre ha aparecido relacionado varias veces con asuntos de mediación.

Consecuencia de la apertura y cierre de todos los periódicos anteriormente citados fue la creación de una bolsa deambulante de redactores, especialmente en Bilbo, que, de manera significativa, iban coincidiendo fatalistamente en todas las publicaciones. Pero la situación de la profesión en Euskal Herria no daba para más y cada cual fue buscando cobijo en donde mejor encajaba o en donde pudo.

Los corresponsales de las publicaciones madrileñas permanecían impávidos observando todo este ajetreo de colegas. Tal era el caso de Gorka Landaburu, que había sucedido a su hermano Ander en la corresponsalía de *Cambio* 16. Miembro activo de las concentraciones del lazo azul en Zarautz, el menor de los Landaburu se mostró tan beligerante contra la izquierda abertzale como su deudo. Pero, pese a sus intentos denodados en *Cambio* y en las tertulias de Radio Euskadi y Onda Cero, estaba claro que no daba la talla y tuvo que contentarse con un papel de segundón frente a otras luminarias mediáticas todavía más fanatizadas y distorsionadoras que él.

Santi Etxauz, que comenzó su andadura en *Tiempo* como el *enfant terrible* del PNV, comprobó que le resultaba mucho más rentable y menos conflictivo dedicarse a la calumnia sistemática contra la izquierda abertzale que liarse la manta contra Gorka Agirre y los servicios paralelos de información jeltzale. La jefatura de prensa de unas bodegas de Olarra terminaron de convencerle de la bondad del nuevo camino emprendido. En la actualidad es uno de los desagües favoritos de las cloacas de Interior, tanto autonómico como central.

Antonio Herce, un miembro del Opus Dei que simultaneó en sus comienzos profesionales los informativos de la radio con la corresponsalía de *El Periódico de Catalunya*, acabaría atrincherándose hasta el final en *Diario* 16. Lo más llamativo de este personaje es que hubo un tiempo en que frecuentaba las sedes de HB en la calle Astarloa, de Bilbo, y de la Plaza de Gipuzkoa, en Donostia, en donde pregonaba un tratamiento equitativo para la realidad de la izquierda abertzale. Después, al igual que su colega donostiarra Juan Francisco Palomo, éste ahora corresponsal de Europa Press, terminaría convirtiéndose en uno de los más feroces detractores del movimiento independentista vasco.

Algunos de los redactores de la vieja *Gaceta* se fueron con Antonio Pettit Caro, por aquel entonces miembro numerario del Opus Dei, que puso en marcha la agencia Vasco Press. Entre los que le acompañaron figuraban la que después sería su esposa, Charo Zarzalejos, y Arturo Maneiro, hoy en la televisión gallega. Vasco Press se hizo de inmediato con la corresponsalía para Euskadi del periódico catalán *La Vanguardia* y consiguió un importante número de suscripciones para su boletín confidencial. Pettit lograría un trato preferencial por parte del Ente Vasco de la Energía, que distribuía a través de la agencia ciertas recomendaciones para los usuarios.

Un elemento fundamental en la historia de Vasco Press fue Cayetano González, también próximo a la Obra, que desempeñó durante un tiempo la corresponsalía de la agencia en Gasteiz. Cayetano acabaría siendo fichado por Mayor Oreja como jefe de prensa de la delegación del Gobierno español en Vascongadas. Años después, cuando Mayor accedió a la titularidad de la cartera de Interior, volvió a reclamar la colaboración de González, que se habría de revelar fundamental en la sinuosa política informativa puesta en marcha por el ministro.

Pettit Caro, que representa al españolismo más conservador, tendría a través de Cayetano González una excelente fuente informativa. Y no sólo su agencia, sino que la estrategia política de Oreja y González gozaría de una cobertura privilegiada a través de Comecosa y de su buque insignia, *El Correo*, en donde hasta hace poco ejercía como director un cuñado de Pettit, José Antonio Zarzalejos, actual responsable de opinión de todo el grupo. Zarzalejos, que había empezado firmando sus artículos en *El Correo* bajo el seudónimo de Vicente Copa, contó desde siempre con el beneplácito de los verdaderos amos de Comecosa, la familia Ybarra. Ellos fueron los que auspiciaron su viaje a Estados Unidos durante una temporada y serían los que terminarían por recomendarle que abandonase su puesto de asesor jurídico en la Diputación de Bizkaia para dedicarse totalmente a la tarea periodística. Zarzalejos, un españolista convencido al que le gusta situarse en la órbita de la «derecha inteligente», tenía de antiguo unas excelentes conexiones con el aparato del viejo régimen, en el que su padre desempeñó diversos puestos de responsabilidad. Con la actual derecha emergente, sus lazos no son menos importantes, hasta el extremo de que uno de sus hermanos desempeña un alto puesto de responsabilidad en el organigrama gubernamental del Partido Popular. Pero, sobre todo, José Antonio Zarzalejos fue siempre un antinacionalista furibundo. Sin embargo, supo disimular convenientemente sus creencias más íntimas en función de la estrategia del poderoso grupo económico al que representa. Aun así, en más de una ocasión trató de buscarse aliados imposibles para, en una jugada de retruécano a varias bandas, forzar una pinza en la que sorprender en medio al Partido Nacionalista Vasco, una de sus más íntimas obsesiones. Pero Zarzalejos llevaba muy mal lo de tener que circular permanentemente con escolta, máxime después de constatar, a través de los aparatos policiales, que podría ser uno de los objetivos de ETA. Esa certeza coadyuvó enormemente a la hora de tomar la decisión de trasladar el epicentro de su actividad profesional a Madrid.

Pero antes de emprender ruta hacia la capital del Estado español, el tándem Cayetano-Zarzalejos habría de marcar su impronta en el acontecer cotidiano de Euskal Herria. Cayetano utilizaría *El Correo* sin ningún tipo de pudor para filtrar, conjuntamente con *El Mundo*, todas aquellas informaciones que le interesaban fundamentalmente a su patrón. La casuística cotidiana está llena de ejemplos al respecto. Así lo hizo con un supuesto escrito de José Luis Álvarez Santacristina, *Txelis*, en el que el ex dirigente de ETA se mostraría favorable a un abandono de la lucha armada. En los días previos a aparecer la noticia en la primera página de *El Correo*, los habituales filtradores de información de Intxaurrondo y del Cesid se dedicaron a ponerles los morros calientes a los periodistas que cubren la información política en Euskal Herria sobre la existencia de un documento de esas características. Al olor del *scoop*, los cronistas ponen en marcha todos sus resortes y, desde partidos políticos a organizaciones pacifistas, acosan a sus interlocutores a la búsqueda desesperada de esos papeles. Pero Cayetano sabe bien a quién distinguir con las primicias y, en el caso de Txelis, la opción elegida es, esta vez, el periódico dirigido por Zarzalejos.

En otras ocasiones, González dirige sus tentáculos hacia *El Mundo* o ABC. Con los primeros lo hizo para, siguiendo instrucciones de la superioridad, quemar la vía Ibarzabal y la de Gernika gogoratuz en los intentos de mediación de ambos. Primero le pasó el dossier correspondiente a Fernando Garea y Fernando Lázaro en el periódico de Pedro J., mientras que una segunda entrega fue a parar a manos de Carmen Gurruchaga. En esta oportunidad hubo una pequeña disfunción y las ediciones de *El Mundo* que salieron en Bizkaia y en Gizpukoa traían informaciones contrapuestas.

A propósito del tema, conviene resaltar que el asunto de la mediación es un terreno harto difícil y delicado, en donde muchas veces los periodistas y políticos van de la mano de los siniestros servicios de información. En ese sentido, y por lo que se refiere a la cuestión vasca, hay detalles reveladores y sorprendentes, la mayoría de ellos desconocidos para gran parte de la población. Tal es el caso de las excelentes relaciones que desde hace tiempo mantienen Carlos Garaikoetxea y el ex titular español de Interior Juan Alberto Belloch. El ex ministro y su ex segunda de a bordo, Margarita Robles, defienden en privado la necesidad de una salida negociada, como comprobaron asombrados diversos portavoces de grupos pacifistas que tuvieron la oportunidad de hablar confidencialmente con Belloch. Pero el ex ministro negará siempre en público esta postura. El gran problema de Belloch es que cuenta con muy poca simpatía dentro de su propio partido. La cúpula del GAL, especialmente Vera y Galindo, piensan que él y Robles les colocaron a los pies de los caballos, mientras que Almunia y el resto de la nueva ejecutiva le consideran un tipo incómodo. Tampoco goza de especial simpatía en Vascongadas, en donde Redondo Terreros le dispensa poco aprecio. Sin embargo, Belloch ostenta un puesto muy importante dentro del organigrama institucional, como portavoz de las comisiones de Justicia e Interior en el Congreso de los Diputados. Quizá por ello Mayor Oreja le dedica una atención preferente y le mantiene al tanto de sus más importantes movimientos tácticos en su estrategia contra ETA.

Oreja es muy habilidoso y le gusta jugar con varias barajas, no desechando nunca ninguna baza y, como favor con favor se paga, no duda en recurrir dentro de sus complicados malabarismos a algunas de sus terminales periodísticas haciendo encajes de bolillos. Pedro J. Ramírez, Carmen Gurruchaga y la hermana de ésta, María José, de profesión abogada, conocen perfectamente los funambulismos de que es capaz el ministro de Interior español.

Zarzalejos, de siempre uno de los conspiradores favoritos de Mayor Oreja, se sabe un verdadero poder fáctico en Euskal Herria y, entre sus cadáveres políticos, cuenta en su haber el hecho de haber tumbado el primer acuerdo logrado entre la coordinadora Lurraldea y la Diputación de Gipuzkoa, ya con Eli Galdós al frente de ella. Que esto fue así lo admite incluso el portavoz jeltzale Joseba Egibar. Con el paso de los años, es sorprendente escucharle decir cómo fueron Rafael Vera y José Luis Corcuera quienes realmente desbloquearon el conflicto de la autovía con Nafarroa. La decisión se adoptó en un encuentro mantenido en el restaurante Landa, a la salida de Burgos, con Egibar y Arzalluz. Allí los cuatro pactaron la solución conocida como *Alternativa San Lorenzo*, que dio lugar a la entente definitiva. Esta vez *El Correo* y los demás medios de comunicación no tuvieron otra salida que asistir impávidos al final negociado de un problema que había costado esfuerzos y sufrimiento a todas las partes en el conflicto.

Cuando surgió el asunto de la Autovía hizo su presentación en sociedad el colectivo periodístico autodenominado «Frente de firmeza», que tenía entre sus más conspicuos representantes a Genoveva Gastaminza, entonces todavía en *El Correo*; José María Calleja, de ETB; José Ignacio Iríbar, de TVE; Aurora Inchausti, de *El País*, y su novio Juan Francisco Palomo, de *Diario* 16. Ellos eran capaces por sí solos de, con la plena connivencia de sus superiores –o siguiendo las instrucciones de ellos-, cargarse cualquier acuerdo político o someterlo a una situación de linchamiento mediático que hacía difícil su viabilidad. El grupo, que representaba los intereses del españolismo más iracundo en Euskal Herria, solía acudir conjuntamente a los actos públicos y a las ruedas de prensa, donde destacaban por su beligerancia hacia la izquierda abertzale con actitudes en ocasiones claramente provocadoras. Las pamelas de Inchausti se hicieron casi tan famosas en las ruedas de prensa de HB como los sombreros de ala de su colega Iríbar.

En Iruñea, Miguel Ángel Barón Calvo se lo montaba aún

más descaradamente desde el *Diario de Noticias*. Estrechamente vinculado con todos los cuerpos policiales, infectaba informativamente todo aquello que tocaba. En la actualidad es el secretario personal del delegado del Gobierno español en Nafarroa, Francisco Javier Ansuátegui Gárate.

El «frente» no era tan sólo agresivo con la izquierda abertzale. Aunque en menor grado, distribuía también sus displicencias con los periodistas que no se situaban incondicionalmente a su lado, anatematizados automáticamente y tachados de tibios. Tal era el caso de Alberto Surio en *El Diario Vasco*; Karmele Aranburu, en Herri Irratia, o Xabier Gabilondo, entonces en Herri Irratia de Donostia y hoy en *El Mundo*.

La intolerancia del «Frente de firmeza» vascongado tenía su más firme valedor en Madrid en la sección de opinión de *El País*. Son precisamente dos ciudadanos nacidos en Bizkaia y Gipuzkoa los que marcan la línea editorial que sigue el periódico madrileño en el tema vasco, absolutamente determinante en la actitud a seguir por parte de los políticos en el poder. Las editoriales del periódico de Polanco son todo un poder fáctico, especialmente cuando se refieren a Euskal Herria. Jaime Mayor Oreja se lo reconoció implícitamente así a representantes del PNV que se entrevistaron con él nada más tomar posesión de su cargo en Interior. La delegación jeltzale, que defendía ante Mayor una salida negociada para el conflicto (lo que se ha dado en denominar «vía Ollora»), tuvo que escuchar desilusionada cómo el ministro respondía que para ese proyecto se necesitaba «una persona más audaz y menos conservadora». Mayor todavía agregaría que «no voy a ser el ministro de Interior que quiere Pedro J., pero tampoco el que pretende Ansón». Y, ya en plan de sincerarse, admitió sin rodeos que su posición personal se situaba en la línea editorial que sobre el tema mantenía *El País*.

La desilusión de los enviados del PNV fue grande porque ellos mejor que nadie saben que *El País*, especialmente a través de Pradera y Unzueta, sostiene que los movimientos pacifistas, la «vía Ollora», el acuerdo ELA-LAB, las declaraciones de Egibar o Setién, y ya no digamos el «tercer espacio», son planteamientos auspiciados desde algún laboratorio siniestro de ETA militar, con el claro fin, por parte de la organización vasca, de mantener su actual estatus de la mejor manera posible. Ellos tienen claro que ETA no quiere una solución para el conflicto y, a lo sumo, conceden una «buena intención» a todos cuantos intermedian a la búsqueda de una salida negociada. Por eso, tanto Unzueta como Pradera fueron en su tiempo muy críticos con las tímidas exploraciones que llegó a hacer el PSOE a la búsqueda de una solución al contencioso. La tesis actual, reiteradamente expresada por *El País*, es la de mantenerse firmes e inamovibles en lo que el diario califica de «legalidad democrática y el imperio de la ley».

Una cuestión más difícil de discernir es la razón por la cual atesoran tanto poder e influencia en torno a sí Patxo Unzueta y Javier Pradera, dos elementos fundamentales, como se ha visto, en un cambio de actitud ante el problema vasco. Todas las personas que han tenido la oportunidad de dialogar tanto con Pradera como con Unzueta coinciden en afirmar su antivasquismo militante. Pradera, el mayor de los dos, sufrió el fusilamiento de un familiar muy cercano por las tropas republicanas durante los primeros días de la Guerra Civil. Una calle llevó en Donostia durante muchos años el nombre de su pariente, Víctor Pradera (hoy calle Easo). Afiliado al Partido Comunista de España durante la dictadura, Javier Pradera permaneció en prisión durante algún tiempo. Cuando salió de la cárcel era habitual verle por Euskal Herria, a donde se desplazaba con su esposa Gabriela Sánchez Mazas, de la que hoy está separado, para tener información de primera mano y entablar contacto con gente de ETA. Los que conocen a Pradera resaltan como aspecto más negativo de su personalidad una autosuficiencia insultante, que le lleva a estar muy pagado de sí mismo. Durante largo tiempo mantuvo relación con José Bergamín, incluidos los últimos años del poeta, ya exiliado éste a Euskal Herria. Bergamín mantenía frecuentes diatribas con Pradera, del que le molestaba enormemente no sólo que censurase sus colaboraciones en *El País*, sino que lo hiciera sin avisarle. «Y lo peor es que, aun por encima, pretendía permanentemente tener razón en sus planteamientos», se desesperaba. Amigos comunes de ambos rememoran cómo una de sus más acaloradas discusiones concluyó con la petición mutua de que cada cual fijase sus posiciones ideológicas lo más resumidamente posible. Bergamín lo hizo diciendo «Gora ETA militarra!», a lo que Pradera respondió a botepronto «¡Viva la gloriosa Infantería del Ejército español!».

De Patxo Unzueta recuerdan sus antiguos camaradas en LKI que en sus últimos años en el partido era un militante atípico que solía hablar con tono displicente de sus ex compañeros de ETA VI. Unzueta se regocijaba resaltando únicamente sus características de gentes de acción, negándoles cualquier capacidad intelectual. «Había uno que durante las reuniones de la ejecutiva solía distraerse leyendo tebeos de *Hazañas Bélicas*», le gustaba ridiculizar. A pesar de todo, a los ex colegas troskos de Unzueta les cuesta reconocerle en su actual posición intransigente, máxime después de que él se significara en su etapa de pertenencia a ETA VI como un acérrimo defensor del atentado que acabó con la vida del almirante español Carrero Blanco. Pero Unzueta, instalado junto con Javier Angulo en la corresponsalía bilbaína de *El País*, no tardó demasiado tiempo en emprender el vuelo hacia Madrid. Antes, todavía habría de escribir unas espléndidas crónicas futbolísticas sobre los partidos que el Athletic disputaba en San Mamés. Nada más llegar a la capital del Estado español, Unzueta comenzó a frecuentar algún club elitista para intelectuales *epatantes*, tan de su gusto, mientras que en Euskal Herria seguía manteniendo como interlocutores privilegiados a personajes tan marcadamente significados como Jon Juaristi, Kepa Aulestia o Ramón Jáuregui. Aun en la actualidad, Aulestia sigue siendo para Unzueta uno de sus principales referentes ideológicos. El ex líder de Euskadiko Ezkerra, hoy próximo al PNV, prosigue con sus devaneos ideológicos a través de la Fundación Talaia, que cuenta con subvenciones generosas de la Diputación de Gipuzkoa. Desde esa privilegiada atalaya, Aulestia se acerca más a las tesis integristas que dentro de la formación jelkide mantiene Joseba Arregi, que las posibilistas defendidas por Egibar y Ollora. Y desde esta postura, ilustra a Unzueta sobre los recovecos del laberinto vasco.

Algunos veteranos militantes de HB que conocían la circunstancia del pasado trosko de Unzueta le reprocharían su actitud. La vieja sede de la coalición abertzale en la calle Pérez Galdós en Bilbo, fue testigo de algunas escaramuzas dialécticas subidas de tono entre Unzueta y simpatizantes de la formación abertzale en medio de unas densas ruedas de prensa.

Lo cierto era que el escenario era para impresionar: con un mural de fondo reproduciendo la escena más representativa del *Novecento* de Passolini, los periodistas sentían en sus nucas el aliento próximo de mujeres enfurecidas que, incluso en más de una ocasión, se permitían reprocharles el que no anotasen puntualmente las palabras de sus interlocutores de la mesa. Patxo Unzueta fue uno de los que tuvo que oír con cierta frecuencia esas voces indignadas sobre la manipulación informativa que ya entonces se realizaba sobre la realidad de la izquierda abertzale.

La beligerancia contra Herri Batasuna se produjo desde el primer momento, siempre bajo la perspectiva de la supuesta intransigencia y radicalismo del movimiento independentista vasco. Y eso que incluso Jon Idigoras se había avenido a recortarse las puntas de sus bigotes, en un intento imposible de modificar la imagen estereotipada de fiereza que se difundía habitualmente de su persona. Cansada de tanto hostigamiento y distorsiones, en 1983 Herri Batasuna sacó a la calle una campaña de denuncia bajo el lema «Los medios de comunicación ocultan, engañan, tergiversan y mienten».

Pero más repercusión todavía que esa campaña fueron los carteles editados por Jarrai, en los que se cuestionaba el papel de determinados periodistas de Euskal Telebista que, desde la televisión pública vasca, se dedicaban a zaherir y a insultar a la izquierda abertzale sin ningún tipo de recato. Destacaba especialmente por su animosidad José María Calleja, un periodista vallisoletano que años atrás había pasado un fin de semana en la cárcel de su localidad natal, después de ciertos coqueteos durante su época universitaria con el Partido Comunista. Hábilmente explotada la anécdota del *week-end*, le serviría para autoconcederse el pedigrí de *demócrata* para el resto de su existencia. Calleja empezó a ejercer el periodismo en la sección política de *La Voz de Euskadi*, desde donde, tras una breve y enconada estancia con sus compañeros de sección, aterrizaría en la delegación donostiarra de la agencia EFE con un contrato temporal para cubrir los comicios autonómicos de 1984. Su continuidad en la agencia de noticias estatal se la ganó durante los funerales de Enrique Casas. José Mari llegó en tareas informativas a la Casa del Pueblo de Donostia, en aquel entonces situada en unos inmensos bajos de la calle Colón, en el barrio de Gros, y salió convertido en un fervoroso y compungido *sociata*. El periodista, previo a cualquier otra actuación, se dirigió directamente hasta donde se encontraba el ataúd del dirigente del PSOE, muerto a tiros por los Comandos Autónomos en su propio domicilio. Calleja permaneció de pie y en silencio durante unos minutos interminables, al cabo de los cuales estalló en incontenibles sollozos. De esta guisa, y con unos gruesos lagrimones rodando por sus mejillas, fue abrazando uno a uno a los dirigentes del PSOE que presidían el cortejo fúnebre. Primero fue Jáuregui, después Benegas, más allá Enrique Múgica, para caer absolutamente desmadejado en los brazos de un sorprendido Alfonso Guerra.

Su carrera en EFE se auguraba brillante si no llegara a terciar un lamentable incidente de por medio. Calleja ya era uno más de la casa y tenía acceso libre a sus locales. Tanto, que en una ocasión en que sonó el teléfono y ante la soledad de la redacción, se lanzó a coger el aparato. Era un responsable de la agencia de Madrid, interesándose por el paradero de Ascen Etxauri, la delegada. José Mari no se lo pensó dos veces y se dedicó a uno de sus deportes favoritos, el poner a parir al personal ausente. Pero en esta ocasión tuvo la mala fortuna de que, enfrascado en su tarea detractora, no se percató de la llegada de Txema Ortiz, otro periodista de la agencia, que oyó entre alucinado e incrédulo el alegato maledicente de Calleja. Cuando éste hubo colgado el auricular, Txema se le encaró y le reprochó su falta de compañerismo. Pero Ortiz no sabía bien con quién se estaba jugando los cuartos. Un enfurecido Calleja empezó a golpearle inmisericorde y fuera de sí, hasta el extremo de despojar a su tocayo de las habituales antiparras que portaba. Tras arrojar las gafas al suelo, procedió a triturarlas con sus zapatos de forma ensañada. El incidente tuvo una inmediata repercusión en la pequeña redacción donostiarra de EFE, concluyendo con un misiva firmada por la totalidad de la delegación en la que se solicitaba la expulsión de tan indeseable y violento personaje.

Calleja se pasaría una temporada en Madrid, reapareciendo en Gasteiz como corresponsal de la revista *Tribuna*, que dirigía por aquel entonces su paisano Julián Lago, el presentador del infumable programa televisivo *La máquina de la verdad*. Lago hizo tristemente célebre su latiguillo «no me conteste usted ahora, hágalo después de la publicidad», dicho lo cual se quedaba mirando con cara de pánfilo a la cámara a través de las lentillas de color verde mientras se cercioraba de que su flamante peluquín permanecía enhiesto.

José María Calleja, tan violento como adulador, logró que el PSOE le consiguiera un hueco en ETB, en donde comenzó haciendo un programa de entrevistas tras el *Teleberri*. Jonan Fernández aún recuerda su agresividad cuando, tras un debate sobre la Autovía, le reprochó su parcialidad en la conducción del debate. «Calleja se revolvió contra mí histérico y chillando, diciendo que a ver quién era yo para echarle nada en cara, que él tenía una profesionalidad muy acreditada y que escribía en medios de gran difusión». Otra de las características de Calleja es su capacidad inmensa de rencor, como el propio Jonan podría comprobar algunos años después con motivo del atentado de ETA contra el funcionario de la cárcel de Martutene, Gómez Elósegui. Calleja, que se la tenía jurada a Fernández, recurrió a sus habituales tribunas de *El Correo* y *El Diario Vasco* para mofarse del portavoz de Elkarri. Incluso más recientemente, con motivo de la presentación en Madrid del libro de Carlos Fonseca, *Negociar con ETA* y durante la cual Jonan Fernández tuvo la oportunidad de hacer un pequeño aparte con Mayor Oreja, presente en el acto, Calleja volvió a darle muestras de su talante. El periodista vallisoletano, ahora redactor jefe de Interior en el *Canal Plus* de Polanco, se acercó al representante de Elkarri para preguntarle qué le había dicho el ministro. Junto a Calleja se aproximaron también Jesús Duva, de *El País*, y una redactora de EFE. Sin ningún tipo de reservas, Fernández explicó que le había sugerido al ministro la conveniencia de que diese algún paso hacia la negociación, como la mediación de un hombre bueno, tipo Ruiz Giménez. Mayor Oreja, a modo de gesto recíproco, le dio cuenta de cómo iba a darse algún tipo de movimiento de funcionarios en la cárcel de Jaén, después de que éstos hubiesen cometido reiteradamente una serie de excesos. A Calleja le faltó tiempo para telefonear a Cayetano González y espetarle si era cierto que iban a trasladar a unos funcionarios de prisiones por haber puesto en su sitio a unos reclusos etarras. La consecuencia última de este episodio fue una llamada de González a Elkarri quejándose por la «filtración».

Calleja iba a crear escuela de belicosidad en ETB, en donde terminaría conduciendo el informativo del mediodía y participando también en algunos programas de debate. De su acreditada agresividad pueden dar buena cuenta los encarcelados miembros de la Mesa Nacional Floren Aoiz y Karmelo Landa, que se las tuvieron tiesas con el periodista en sendos debates televisivos. Especialmente tensa y virulenta fue la entrevista a dúo (hubo un tercer periodista que no sabía dónde meterse ante el cariz que tomaron los acontecimientos), en la que Calleja y Aintzane Bolinaga, esposa del jefe de prensa de José Antonio Ardanza, Bingen Zubiria, trataron de ametrallar y acosar informativamente a Aoiz. El temple del ex parlamentario navarro y sus pausadas respuestas terminaron por desquiciar a la pareja, hasta convertir el espacio en uno de los espectáculos más bochornosos jamás vistos en la televisión vasca. Landa, que tampoco perdió su flema, no fue tan estoico y, a mitad del programa, se levantó de su asiento, abandonando el estudio y dejando a Calleja con la palabra en la boca. Pero Aintzane Bolinaga, ahora corresponsal en Gasteiz de ETB, imbuida del espíritu de su colega Calleja, llegaría a recomendar tiempo después, la no emisión en un *Teleberri* de unas imágenes en las que se veía tembloroso y lloroso al presidente del Consejo de la Juventud de Nafarroa, Jaime Iribarren, después de su paso por depedencias de la Guardia Civil. Bolinaga amparó tal recomendación en su creencia de que Iribarren «puede estar disimulando».

Las intervenciones de Calleja en el programa *Protagonistas*, de Onda Cero, en donde es uno de los contertulios habituales de Luis del Olmo, se distinguen también por su agresividad. Tanto es así, que logró que todo un Pedro J. Ramírez decidiese abandonar el espacio ante los reiterados ataques de que era objeto en directo por parte del periodista vallisoletano. Pero éste, henchido en su orgullo tras el ascenso profesional que para él supuso su desembarco en Canal Plus, no repara ya en bagatelas y va definitivamente de estrella por la vida. Claro que eso también tiene sus contrapartidas, de lo que puede dar fe la familia Aldaya, que, tras concederle el privilegio de una exclusiva tras la liberación del industrial, le dispensó una acogida como amigo y, una vez emitida la entrevista, se dio cuenta de que en su casa había entrado un intruso que desbordaba la condición de periodista.

El «estilo Calleja» caló hondo entre algunos de los miembros de los informativos de ETB, que comenzaron a imitar sus modos. En ese empeño se distinguieron fundamentalmente Juan Luis Bikuña y Txetxu Ugalde, que compitieron en una carrera de denuestos contra la izquierda abertzale. La situación llegó a tal nivel que Calleja, Bikuña y, desafortunadamente, David Barbero, fueron denunciados públicamente en miles de carteles en los que se les reprochaba su labor manipuladora. Calleja, en vez de amilanarse, se creció con la censura, en tanto que representantes del organismo juvenil se entrevistaron con Barbero para pedirle excusas. Jon Salaberri y Mikel Zubimendi mantuvieron por su parte un encuentro con Xabier Euskitze para tratar de reconducir la situación a la que se había llegado.

Pero no todos en ETB se dedicaron al papanatismo de Bikuña y Ugalde, sino más bien todo lo contrario. Tal fue el caso de Maddalen Iriarte, responsable del *Gaur Egun*, que, junto con los componentes de los informativos en euskera, se negó en redondo a seguir los planteamientos de Calleja y adoptó una postura más neutral ante el conflicto. Y no sólo eso, sino que uno de los actuales responsables de informativos de la televisión vasca se dedicó a bromear con él por teléfono haciéndose pasar por un portavoz del Gobierno Civil de Bizkaia y comunicándole la detención de un comando de ETA. Ni qué decir tiene que Calleja se tragó hasta el final el embolado, entre las chuflas generalizadas de los que estaban al corriente de la historia.

Además, el trato de favor que se le dispensó en la televisión vasca molestó a muchos de sus profesionales. Las ochocientas mil pesetas mensuales que percibía de salario eran un agravio comparativo para el resto de los trabajadores, que no entendían la razón por la cual aquel advenedizo disfrutaba de unos emolumentos reservados tan sólo para los «artistas». Por eso, cuando Iñaki Zarraoa, consciente del rechazo que el periodista ocasionaba en muchos telespectadores, le propuso cambiar de espacio y dejar de presentar los informativos, Calleja lo interpretó como una agresión contra su persona. Recurrió a sus más íntimos y, desde Jáuregui a Fernando Savater, todos ellos trataron de interceder a su manera en favor de su ídolo en dificultades. Pero la decisión del máximo responsable del ente era irrevocable, máxime después de que incluso el grupo de Gesto por la Paz de EITB en Durango, cuyos más significados representantes, Josu Cepeda y Ana Azpiri, no manifestara ningún signo de pesar por el relevo.

La incomprensible irrupción y fulgor de José María Calleja en ETB había sido posible dadas las circunstancias de la casa. A pesar de que los estudios de Iurreta son puro batzoki, las componendas internas a las que se ve obligado el PNV con sus socios de Gobierno pueden dar origen al nacimiento de semejantes monstruos. Por lo demás, el PNV lo controla todo, la mayoría del comité pertenece a ELA y desde una de las telefonistas, esposa del alcalde de Irurza por el PNV, hasta su marido, que trabaja en la sección de mantenimiento, el aroma jeltzale se respira a lo largo y ancho de la casa. El alcalde de Garai, también del «partido», es un híbrido de conserje, misturado con un cargo de consejero en Caja Rural Vasca. Si alguien se da una vuelta por los almacenes, se encuentra también a dos concejales del PNV, uno de los cuales, para no desaprovechar el tiempo, es, asimismo, teniente de alcalde en Durango. El otro terminó por llevar al ente a Magistratura de Trabajo y consiguió un fallo favorable que le consolidó un puesto de ayundante de producción, todo ello sin ningún tipo de oposición. En ese mismo puesto de ayudante de producción está Jon Mikel Basterretxea, también teniente de alcalde, sólo que en Gernika. Y para no alejarse de las esencias del partido, el propio chófer del director general es alcalde por el PNV en un pequeño pueblo vizcaíno.

En la redacción las cosas no van a mejor, aunque la situación ha mejorado sensiblemente desde los tiempos de las hermanas Abasolo, dos periodistas emblemáticas en ETB. Una de ellas, Nerea, había entrado como guionista para programas infantiles. Lo malo no fue eso, sino que en su puñetera vida había escrito previamente un guión, pese a lo cual se situó por delante en una oposición en la que participaron, entre otras, las escritoras Arantxa Urretabizkaia y Laura Mintegi. De ahí dio el salto a la dirección de informativos, de la que, ya instalada y conocedora de los entresijos del ente, solía ausentarse con frecuencia, dejando por toda referencia el teléfono de una academia de baile en la que se dedicaba a aprender sevillanas. Muy típico de Nerea, una mujer con ciertos arrebatos folclóricos y que siente pasión por las corridas de toros. Muy amiga de la secularmente peneuvítica familia Epalza, Nerea es ahora jefa de comunicación en el museo Guggenheim.

ETB siempre fue del «partido» y de esta manera lo entendieron desde un principio los trabajadores afines a la causa jeltzale y los propios dirigentes del PNV. Tanto es así que, siendo todavía lehendakari Carlos Garaikoetxea, las cámaras de ETB se desplazaron a Ajuria Enea para grabar los programas publicitarios de una campaña electoral. Sobre todo en los primeros tiempos, era difícil distingir qué pertenecía a la televisión pública y qué al partido, porque todo era un bien común. Muchos de los nuevos trabajadores del ente se enteraban de su ingreso en televisión a través de la gente del batzoki y, al igual que sucedió con las primeras promociones de la Ertzantza, desde esos mismos batzokis se informaba de las características ideológicas de los aspirantes a incorporarse en EITB.

En la casa de la televisión vasca funciona mucho la autocensura. Pero también la censura directa. El primer caso que se produjo fue con motivo del traslado del féretro del preso de ETA Joseba Asensio, muerto en la cárcel. Cuando militantes de la izquierda abertzale llevaban a hombros su ataúd por las calles de Bilbo, la Policía española cargó contra ellos con contundencia. ETB disponía de unas escalofriantes imágenes que iba a difundir en el programa *Munduan zehar* que dirigía Luis Mendizabal, por aquella época en Túnez. El encargado de realizar los reportajes fue Joseba Basterretxea que, tras concluir su trabajo, lo enlató para emitirlo el día correspondiente. Pero, llegada esa fecha, se recibió una orden tajante de José María Gorordo, entonces máximo responsable de la radio televisión vasca, en el sentido de que el programa no debía salir en antena, como así ocurrió.

Los trabajadores de la casa también recuerdan cómo, con motivo de un Nafarroa Oinez, en el que se prodigaron los silbidos para Xabier Arzalluz y José Antonio Urbiola durante su paseo por el circuito, las muestras de desaprobación que constaban en la cinta fueron distorsionadas intencionadamente para que nadie pudiera utilizar la grabación en el futuro.

Y si el criterio partidista funciona en la base, en los puestos de responsabilidad alcanza caracteres de escandoloso. Zarraoa, un elemento que venía del área de educación del PNV, se ha buscado en ETB el colchón de Aitziber Meabe, titular del gabinete de dirección. El padre de Meabe es el presidente de la Federación Vizcaína de Ikastolas, el ala más ultraderechista del PNV. Ésos son todos sus méritos para ocupar un puesto en el que se requiere la cualificación de economista, que ella evidentemente no posee. Otro cargo de responsabilidad es el de director de Formación, ocupado por Mikel Agirregabiria, también militante jeltzale, mientras que en los estudios donostiarras de Miramón hace y deshace a su antojo en el área de contrataciones José Mari Otermin, un jauntxo de Amezketa reconvertido en comisario político. Otermin ha sido denunciado reiteradamente por censurar intervenciones de bertsolaris en el programa *Hitzetik hortzera*, a los que prohibió se emitiesen sus intervenciones por un motivo tan nimio como llevar una camiseta con la leyenda «Euskal Herria askatu» o que en un micro apareciese una pegatina con el lema «Euskal presoak Euskal Herrira». Pero la gente del «partido» siempre encuentra un lugar al sol como Joseba Agirretxe, un ex dirigente de EGI y ex concejal de Ondarru, que, tras presentar el programa *Txuri Beltz*, lleva actualmente a través de su empresa de comunicación Network la imagen pública de la Universidad del País Vasco. Eso, por no hablar de los dispendios habituales para cubrir las ínfulas *epatantes* de cualquier consejero emergente. Juan María Atutxa, sin ir más lejos, echa mano frecuentemente de los servicios de Baleuko, una de las productoras que más operan con ETB. Por uno de sus famosos vídeos llegó a pagar hasta cuatro millones de pesetas, de lo que afortunadamente se beneficiaron todos los trabajadores, hasta el extremo de que un cámara percibió cien mil pesetas tan sólo por este trabajo. Karmelo Vivanco, el sheriff de Baleuko, mantiene una muy estrecha amistad desde hace tiempo con Nerea Abasolo.

EITB fue y sigue siendo un cementerio de elefantes, en donde encuentran plácido acomodo muchos de los, en sus tiempos, aguerridos jefes de prensa de las consejerías jeltzales. Y aunque succionen su nómina del erario público, casi es mejor así antes que metan sus manos en cualquier proyecto a cuenta del patrimonio común, destinado de antemano al fracaso. José Ramón Beloki, hoy director de Euskadi Irratia, es un fiel exponente de lo anteriormente dicho. Aupado desde las antenas de Herri Irratia de Donostia al puesto de responsable de prensa de Ajuria Enea, Joserra se destapó pronto como un estómago agradecido. Y así, cuando los cargos electos de Herri Batasuna fueron desalojados de la Casa de Juntas de Gernika por interrumpir el discurso de Juan Carlos de Borbón con el canto del *Eusko gudariak*, Beloki no se privó de hacer chanzas públicas a cuenta de ello con los periodistas de Madrid. En medio de grandes risotadas de unos y otros, el jefe de prensa de Garaikoetxea bautizó a los parlamentarios abertzales como «la coral batasuna». *Euskaldunon Egunkaria* tuvo la inmensa suerte de que el proyecto institucional del periódico en euskera, que patrocinaba el entonces consejero de Cultura Joseba Arregi, fuera encomendado a Beloki.

Calleja, que desde hace años circula por las calles de Euskal Herria y del Estado español con una aparatosa escolta policial, emprendió su viaje definitivo a Madrid con la vitola de «amenazado». No iba a ser el primero ni tampoco el último en la historia más reciente del periodismo en Euskal Herria. Previamente a él habían enfilado las carreteras españolas José Luis Barbería, de *El País*; José Ignacio Iríbar, de TVE y Javier Pagola, de ABC. Carmen Gurruchaga, de *El Mundo*, es la que cierra ahora mismo el listado. Convertidos en expertos «etólogos» y con el pedrigrí de «mártires» de la libertad de expresión, todos ellos han mejorado sensiblemente su estatus profesional.

Barbería, que después de salir de *Egin* y, tras una corta etapa en *La Voz de España*, deambuló por corresponsalías de modestos periódicos catalanes, logró un hueco en *El País*, sustituyendo a Victorino Ruiz de Azúa, que se fue a la redacción central de Madrid como jefe de información local. La esposa de Barbería era miembro de la ejecutiva de Euskadiko Ezkerra y él mismo no se recataba en manifestar sus simpatías por esa formación política, paralelas a su animadversión con la izquierda abertzale. Su beligerancia con Herri Batasuna, o lo que él colocara en su entorno, le llevó a adoptar posturas rayanas en la chabacanería y el absurdo, hasta querer situar a algún juez de la Audiencia de Donostia en esos mismos parámetros ideológicos. Pero Barbería no calculó bien sus pasos y, junto con su compañera Aurora Inchausti, terminó siendo demandado por el citado magistrado, resolviendo otra sala de la citada Audiencia de acuerdo con sus intereses. Una vez conocida la sentencia condenatoria, que incluía una indemnización de varios millones de pesetas, el periodista no se privó de descolgar el teléfono y llamar a Artemio Zarco, el abogado que había representado al juez ante los tribunales. Las únicas palabras que Barbería le dirigió al letrado fueron éstas: «Enhorabuena. Eres un hijo de puta», colgando seguidamente. Barbería es el corresponsal de *El País* en París desde 1997.

José Ignacio Iríbar aprovechó que su nombre salió impreso en unos pasquines con motivo de una de las muchas concentraciones realizadas por «Euskal Herria askatu» frente a la iglesia del Buen Pastor para solicitar con carácter de urgencia su traslado fuera de Donostia. En esta capital había sido durante años, después de abandonar su trabajo como redactor en la cadena Ser, uno de los principales baluartes de aquel esperpéntico pero temible «Frente de firmeza». Su compromiso ideológico con la causa que defendía le había llevado incluso a intentar distorsionar un dossier con motivo de un programa de *Informe Semanal*. Uno de los componentes del equipo desplazado ex profeso a Donostia tras el atentado contra Gregorio Ordóñez, contempló estupefacto cómo Iríbar se dedicaba a censurar unos documentos en los que un agente local implicaba a miembros de la Guardia Municipal de Donostia en unas supuestas conexiones con ETA. De los veinte folios que tenía el informe, la labor manipuladora de Iríbar los había dejado reducidos a cuatro. Actualmente, Iríbar está adscrito al área de Internacional de la primera cadena de TVE.

Francisco Javier Pagola Legarde es el célebre J. Pagola de ABC que, junto con su inseparable J. Zuloaga (Jesús María Zuloaga López), forma la pareja que más y mejores servicios ha prestado al general Rodríguez Galindo en la última década. Pagola, que vivía al lado del Gobierno Civil en Donostia, no salía de las instalaciones gubernamentales como no fuera para dirigirse al acuartelamiento de Intxaurrondo. Hijo de un ex concejal franquista de la ciudad, a su vez propietario de una tienda en la Parte Vieja, Pagola comenzó como corresponsal de la agencia Europa Press. En sus primeros tiempos de ABC, solía firmar sus crónicas con el seudónimo «C. Olave». Después, a medida que Galindo recompensaba informativamente su fidelidad, Patxi Pagola se fue haciendo progresivamente huidizo a los ojos de sus compañeros, hasta instalarse definitivamente en Madrid. Fruto de su colaboración con Jesús Mari Zuloaga, un ultrafascista con carnet de periodista, es el libelo *El azote de* ETA, escrito a mayor loor y gloria de su héroe Galindo, eso sí, bajo la supervisión de un capitán de la Guardia Civil. El papanatismo y la admiración de la pareja hacia el hoy general llegaría a tal nivel que el ABC terminaría por rendirle un homenaje. Zuloaga, por su parte, no se recata en decir a quien quiera escucharle que «estoy casado dos veces: una, con mi mujer; otra, con la Guardia Civil». Los hermanos Zuloaga ya protagonizaron un hecho sonado cuando, siendo alumnos de la Escuela Oficial de Periodismo, quisieron oponerse al acuerdo mayoritario de la asamblea, favorable a la huelga, con motivo de consejo de guerra de Burgos. Ambos se dirigieron a Luis María Ansón, entonces subdirector del centro, para denunciar a sus compañeros.

Carmen Gurruchaga presume públicamente de ser abertzale desde su más tierna infancia. Se presenta a sí misma como una mujer corajuda que supo sacar adelante a sus hijos ella sola. Tras desempeñar también la corresponsalía de Europa Press, desembocó en *Diario 16*, convirtiéndose desde entonces y para siempre en una de las más incondicionales defensoras de Pedro J. Ramírez. Tanto que, cuando el editor Juan Tomás de Salas decide desalojar a Ramírez de la cabecera del periódico ante las presiones del Ministerio de Interior, Gurruchaga se va con él de viaje a Moscú. Y es que Pedro J. le había convertido en toda una diva y en su persona de confianza en el País Vasco, pese a no contar con demasiadas simpatías entre los componentes de la redacción central que hacían información de Interior. Tampoco en la edición vascongada del periódico *El Mundo* tendría Gurruchaga adhesiones inquebrantables, empezando por la indisimulada antipatía que le profesaba su director Melchor Miralles y el rechazo frontal mutuo que mantenía con el hoy responsable del área política, Carlos Echeverri. Algunos de ellos criticaron sin disimulo sus heterodoxas prácticas profesionales. Curiosamente Gurruchaga se encargó de fomentar una imagen de abertzale moderada y razonable, que le valió la antipatía de las malas bestias del Ministerio español de Interior. Unos esbirros de Interior vestidos de policía dieron con el largo cuerpo de Gurruchaga en tierra en diciembre de 1995, en el transcurso de una manifestación que ella cubría, lo que le valió para acrecentar esa apariencia que ella misma había elaborado tan minuciosa y cuidadosamente. El enojoso problema gubernativo ha desaparecido totalmente en la actualidad, al contar con las simpatías incondicionales del actual titular de Interior, Mayor Oreja. Ya no es sólo cuestión de buenas vibraciones entre el ministro y la periodista, sino que Oreja la ha convertido en una de sus fuentes de intoxicación favorita, llegando a proporcionarle directamente más de una vez informes de alto voltaje político sobre la situación vasca.

Pero Mamen Gurruchaga es probablemente la periodista que más atropellos e informaciones de imposible confirmación ha parido en los últimos años en Euskal Herria. Es una convencida practicante de la doctrina del «todo vale» contra ETA y la izquierda abertzale. Sin ningún pudor, ha ido soltando una tras otra noticias que el transcurrir del tiempo ha demostrado eran absolutamente falsas. Los desmentidos a sus textos eran la norma habitual en la mayoría de los casos, como también era frecuente que las notas de réplica se relegaran a los lugares más inverosímiles de las páginas de *El Mundo* a fin de pasar lo más desapercibidas posibles.

Otra de las características de Gurruchaga es, pareja con su escaso rigor, su atrevimiento. No solamente no rectifica sus continuas meteduras de pata, sino que se enroca en ellas e insiste en sus planteamientos aun a sabiendas de estar equivocada. Cuando en enero de 1997 criminalizó a siete personas calificándolas de «ministros de ETA», aún tuvo los santos ovarios de considerar como una amenaza contra su persona el que los acusados se manifestasen silenciosamente para denunciar la manipulación delante de la delegación de su periódico, contigua a su domicilio. La posterior colocación de un explosivo en la puerta de su vivienda sirvió para que el periódico de Pedro J. acusara a los portadores de la pancarta de lanzar un mensaje «premonitorio» contra la periodista.

Pero tan conocido como su ensañamiento con sus víctimas periodísticas, son las excelentes relaciones que mantiene con significados líderes de distintas formaciones políticas. En ese sentido, Mamen Guruchaga no hace distingos y tan pronto flirteaba, informativamente hablando, con Iñaki Esnaola en sus tiempos de diputado de Herri Batasuna, como lo hacía con Carlos Garaikoetxea, aun después de haber abandonado la presidencia del Ejecutivo de Gasteiz. Hoy ejerce desde Madrid bajo la supervisión directa del propio Pedro J. Ramírez, del que sigue siendo su chica de confianza por excelencia.

Los flirteos periodísticos siempre fueron un arma arrojadiza para maledicentes. Carmen Gurruchaga no fue el único caso. Tonia Etxarri, hoy responsable de informativos de la Ser para Vascongadas, también tuvo que soportar esa incómoda reputación. Con un extenso currículum profesional, parte del cual se fraguó en Catalunya, Etxarri se instaló en Euskal Herria. La periodista siempre se movió con la suficiente habilidad para acceder a fuentes privilegiadas, una de ellas el mismísimo Garaikoetxea en sus tiempos de lehendakari. Tonia tenía línea directa con Ajuria-Enea y con el presidente del Gobierno de Gasteiz. Éste, en una ocasión, la saludó con un efusivo «hola, mi amor, yo soy tu lobo», en referencia al estribillo de una canción en boga por aquel entonces. El tema no hubiera tenido más trascendencia si no fuera porque los teléfonos de Garaikotexea estaban multiintervenidos por los Servicios de Información de la Ertzantza y de la Guardia Civil. La consecuencia fue que, días después, en el Parlamento de Gasteiz, diputados próximos a los servicios de información del PNV y la UCD, solían bromear jacarandosamente coreando unos «¡Hola, mi amor!», a lo que otros respondían distendidamente «Yo soy tu lobo». Alguno de ellos, mientras, guiñaba cómplice un ojo.

No se conoce la canción que le tarearía el ex gobernador civil Daniel Vega Baladrón a Isabel Camacho, pero ése también fue un sonado caso de flirteo informativo. El ex delegado gubernativo en Bizkaia resultó una fuente inagotable durante una prolongada época para la redactora de la edición vascongada de *El Mundo*, que de manera incansable daba cabida en su medio a cuentas excrecencias sobre la izquierda abertzale tenía a bien soltarle aquel malandrín aventurero. Desaparecido de escena Vega, la estrella informativa de Camacho fue languideciendo paulatinamente hasta marchitarse Ahora ha sido rescatada por la edición vascongada de *El País*.

Pero si Interior tenía en Euskal Herria sus desagües femeninos predilectos, en Madrid, también con nombres y apellidos por ambas partes, la situación se reproducía miméticamente. Si las parejas Pilar Cernuda-Javier Moscoso, Susana Fernández-Txiki Benegas o Alfonso Guerra-Julia Navarro dieron mucho juego y fueron el origen de muchas primicias informativas, las denominadas «chicas de Sabino» (Ángeles Caso, Concha García Campoy y la propia Cernuda, entre otras) también harían correr ríos de tinta con sus exclusivas.

El tema de los periodistas que percibían fondos reservados siempre apareció como telón de fondo para explicar la última de las razones que motiva el comportamiento personal y, sobre todo, profesional de determinados informadores. Los fondos reservados serían el maná inagotable que sacase del adocenamiento y rescatase de la miseria salarial a unas personas condenadas a subsistir de por vida con unos ingresos excesivamente rácanos. Los periodistas son personas acostumbradas a alternar con gentes de alto poder adquisitivo, mientras que la mayoría de ellos, salvo una casta de privilegiados, tienen que ceñirse, al igual que sus semejantes, a unos ingresos que permiten pocos dispendios. Los fondos reservados vendrían a ser la tabla de salvación que les abriría las puertas hacia el edén consumista en el que pululaban felices muchos de los personajes con los que se codeaban, objeto oscuro de admiración en lo más profundo de su subconsciente. Ésta viene a ser, de una manera u otra, la tesis generalmente sostenida para tratar de racionalizar las motivaciones por las que existen los fondos reservados y los periodistas se alimentan de ellos.

En 1979 estuvo a punto de tramitarse en el Congreso una proposición no de ley sobre los fondos de reptiles presentada conjuntamente por los diputados Sagaseta, Bandrés y Andrés Fernández, este último elegido en las listas del PSOE por León. Pero el proyecto legislativo se quedó en agua de borrajas y, aunque siempre fue un tema permanentemente de fondo en todo tipo de conversaciones, nunca llegó a plasmarse en nada concreto. Un año después, exactamente el 4 de diciembre de 1980, Rosa Posada, por aquel entonces portavoz del Gobierno de la UCD, reconocería implícitamente la existencia de esas partidas reservadas al manifestar en *El País* que «en la Secretaría de Estado para la Información no existe el denominado fondo de reptiles». La portavoz, lógicamente, no dio pista alguna sobre por qué otra dependencia gubernamental se debería buscar.

De los fondos de reptiles volvió a hablar Rafael Vera, secretario de Estado para la Seguridad en una entrevista concecida a la cadena Ser el 9 de septiembre de 1994. En el transcurso de su intervención, Vera aludió a que el Ministerio del Interior habría destinado sobresueldos con cargo a los fondos reservados para comprar información a determinados periodistas. Pero, pese a las indicaciones de Iñaki Gabilondo para que desvelase los nombres, el dirigente del GAL no salió de su mutismo. Más recientemente, con motivo de la detención de Luis Roldán, se especuló con que en el transcurso de las investigaciones judiciales para determinar el uso que el ex director general de la Guardia Civil había hecho de los fondos reservados, se habrían encontrado en el Banco de España los resguardos de numerosos talones a nombre de muy conocidos periodistas. Pero Marcos García Montes, abogado de José María Ruiz Mateos y una de las personas a las que se le responsabilizaba de haber propalado la información, me desmintió en persona tener ese listado.

Por aquella misma época, el ex ministro de Interior Antoni Asunción manifestó a algunos cronistas parlamentarios su deseo de abrir la espita informativa de los fondos de reptiles ante los ataques de que era objeto por parte de determinados periodistas. Pero, según dijo a sus interlocutores, su «responsabilidad de estadista» se lo impedía.

En Euskal Herria, Jesús María Etxarri Senar, que entre 1987 y 1988 desempeñó el puesto de jefe territorial de la Ertzantza en Gipuzkoa y que actualmente es miembro de los servicios de información del PNV, reconoció a un ex periodista de *Egin*, hoy en día colega suyo, que la Consejería de Interior tenía una partida del fondo de reptiles dedicada para pagos a determinados periodistas. Jon Goikolea, ex redactor del diario *Deia* y hoy el *alter ego* de Juan María Atutxa, podría extenderse ampliamente sobre ello. Convertido en uno de los principales impulsores de la guerra sucia informativa contra la izquierda abertzale desde su jefatura de prensa de Interior, Goikolea ha manejado ampliamente los fondos reservados. Mentor del colectivo «J. Txindoki» en las páginas de *Deia*, desde el que se lanzó todo tipo de porquería parapolicial hacia el movimiento independentista, Goikolea estudia en la actualidad sus alternativas profesionales: o la institucional, con Atutxa como previsible presidente del Parlamento autonómico, o la empresa privada, con los grupos Prisa o Correo como salidas más apetecibles.

Pero el único que ha hablado de forma explícita de las conexiones de periodistas con las cloacas del Estado sería José Luis Morales, ex redactor de investigación de *Interviú* y ex director de la revista *Motivos de Actualidad*. En el transcurso de una multitudinaria conferencia en el Ateneo de Madrid, Morales desveló los nombres de una serie de profesionales de la información a los que vinculó con los aparatos del Estado y con la guerra sucia informativa. Los nombres a los que aludió Morales fueron los de José Luis Erviti, Arturo Pérez Reverte, Miguel Gil Peral, Fermín Bocos, Carlos Yarnoz, Julio Fernández, Miguel González, Agustín Valladolid, Carlos E. Rodríguez, Iñaki Gabilondo, Paco Mora, Enrique Arias Vega, Julio Trujillo y Alberto Pozas, a los que agregó sorprendentemente la identidad del ex alto cargo de Interior, Julián Sancristóbal.

De alguno de ellos existía amplia constancia desde tiempo atrás sobre sus conexiones con las tramas negras de Interior y del Ejército, mientras que la aparición de otros constituyó una auténtica novedad. De Carlos Emilio Rodríguez, por ejemplo, había incluso referencia escrita de su vinculación con los servicios de información militares a través de una obra del golpista José Ignacio San Martín. En un libro editado por la editorial Planeta en 1983 y titulado *Servicio especial. A las órdenes de Carrero Blanco*, San Martín se refiere a Rodríguez como uno de sus colaboradores durante el franquismo, época en que el ex director de la agencia de noticias OTR y famoso contertulio dirigía la editorial Roncel. El periodista Gregorio Morán asegura que en una ocasión le solicitó que le desvelase las identidades de las personas que firmaban con seudónimo en el periódico pro golpista *El Imparcial*. Carlos E. le contestó al cabo de los días que, evacuadas las correspondientes consultas con su superiores, éstos no habían dado el plácet preceptivo. El propio Morán alude en su libro *El precio de la transición* a un artículo de Carlos E. en el que éste se extasiaba «ante la libertad que había traído el régimen nacido el 18 de julio».

En cuanto a Francisco Mora, se trataba de un curioso personaje con un currículum abigarrado, tanto en lo personal como en lo profesional. Antiguo miembro de la Guardia de Franco, existen numerosos testimonios que le vinculan a los servicios de información de la Guardia Civil, hasta el extremo de que una persona nada sospechosa de connivencias con formaciones revolucionaras como José Luis de Villalonga, biógrafo oficioso de Juan Carlos de Borbón, le califica directamente de «chivato», acusación reiteradamente repetida por otros personajes de la vida pública catalana, que le recuerdan todavía con pistola al cinto y con unas excelentes relaciones con las mafias de la guerra sucia. En el Grupo Zeta comenzó haciendo entrevistas, tanto para *Interviú* como para *El Periódico de Catalunya*, a oficiales golpistas del 23-F. Después de numerosas vicisitudes, terminó siendo nombrado director de *Interviú*, período en el cual protagonizó diversas y bochornosas anécdotas. Mora presumía en Madrid de tener excelentes relaciones en Herri Batasuna y, más concretamente, de ser amigo de Jon Idigoras. Durante la campaña electoral de las elecciones europeas de 1987 Mora acudió a una comida con Idigoras en la que también estuvo presente Morales, en aquel entonces en *Interviú*, quien no tuvo inconveniente alguno en llamarle «fascista» a la cara a su superior, para reconocer seguidamente que «al menos, a diferencia de otros, va a decirte de frente lo que piensa». Mora concluyó aquel encuentro asegurando que en esos comicios europeos iba a votar Herri Batasuna. Morales comentaría tiempo después cómo una de sus fuentes informativas le pasó la información de que elementos de la Guardia Civil tenían la intención de colocar un artefacto en las inmediaciones de la academia de la Ertzaintza en Arkaute para responsabilizar posteriormente del hecho a ETA. Cuando tuvo certeza de la noticia, José Luis se la notificó a Mora, al que le faltó tiempo para pasarle el dato a un capitán de la Guardia Civil, organizándose seguidamente a cuenta de la filtración un incidente de primer orden entre los cuerpos policiales.

Julio Trujillo, años atrás una de las firmas más habituales de la revista *Tiempo* sobre temas de Euskal Herria es, al igual que Morales, de origen canario. Trabajó durante una temporada en diversas publicaciones del Grupo Zeta y también en la agencia OTR. Tras pasar por el periódico de vida efímera *El Sol*, terminó asentándose en la nómina del Ministerio español de Interior. El nombre de Julio Trujillo apareció en un cartel de Jarrai en el que se le denunciaba, tras uno de sus virulentos episodios intoxicadores, como «txakurra de la pluma».

Morales conocía asimismo muy bien a Miguel Gil Peral, con el que había estado exiliado en París en los tiempos que éste pertenecía al FRAP. Tras su regreso al Estado español, Gil comenzó a colaborar en la revista referencial *El viejo topo*. A partir de entonces, adquiere una buena amistad con el ministro de Agricultura Julián del Campo, iniciando de esta forma un periplo por diversos ministerios, entre ellos Cultura y Presidencia, para acabar como portavoz del Gobierno. Actualmente es ejecutivo en una sociedad vinculada a los intereses de Polanco.

En *El País* de Polanco publicó sus principales informaciones contra la izquierda abertzale Carlos Yarnoz. Tiempo atrás vinculado al Opus Dei, trabajó en el gabinete de prensa de Martín Villa mientras éste permaneció al frente del Ministerio de Interior. Yarnoz fue denunciado por el colectivo que se oponía al ingreso del Estado español en la OTAN como uno de los periodistas que se habían desplazado a Estados Unidos a la presentación del avión de combate F-18. Junto a su nombre aparecieron el de Ricardo Elenuar, de la agencia Colpisa; Kepa Conde, actualmente en la ONCE, de la agencia Lid; Alberto Pozas (otro de los del listado de Morales), actual subdirector de *Interviú* y que fue el segundo de Valladolid en el departamento de prensa del Ministerio de Interior, en donde junto a su jefe cobró de los fondos reservados según consta judicialmente; Rosa Marquete; José María Iglesias, de *El Alcázar*; Enrique Montanchez, de *Diario 16*; Paulo Calleja; José Antonio Vera de ABC; Ana Isabel Pereda y Luis Reyes, de *Tiempo*.

El propio Morales sería quien me narrase una anécdota para mí desconocida de Carlos Luis Álvarez, *Cándido*, referente a sus actividades durante el franquismo. Cándido, que ejerce como asesor de la presidencia del Grupo Zeta y pasa por ser uno de los santones del periodismo español, trabajó como «negro» para fray Justo Pérez de Urbel, prior de la basílica franquista del Valle de los Caídos y confesor personal del propio Franco. Entre los trabajos que Álvarez realizó para el prior estaba uno titulado *Veinte mártires de la masonería*. El periodista, vinculado por aquel entonces al falangismo, era el que escribía el texto que después firmaba el prior. El hecho fue desvelado bastantes años después por la publicación satírica francesa *Le Canard Enchainé*, que se hacía eco con gran escándalo de que alguno de esos «mártires» todavía continuaban con vida. Cándido, que llegaría incluso a escribir alguno de los discursos de Franco, terminaría, pasados los años, realizando la misma tarea para Felipe González.

Morales conocía perfectamente de sus tiempos de *Interviú* a José Luis Erviti, un ex militante de la Organización Revolucionaria de Trabadores (ORT) y que había dirigido de forma testimonial la revista de humor *El Jueves*. Erviti, arrastrándose de forma sinuosa a los pies de Antonio Asensio, el gran preboste de Zeta, llegó a ser su hombre de confianza y el segundo de abordo en el grupo de publicaciones. Íntimo amigo de Julián Sancristóbal, estuvo a punto de conseguir que nombrasen al ex alto cargo de Interior director general de Zeta. Fue entonces cuando se destapó el caso GAL y el tema quedó automáticamente congelado.

Julio Fernández, procedente también de *El País*, ejerció de primer jefe de prensa de Barrionuevo, quien le convirtió en su persona de confianza en los secretos de la guerra sucia que durante aquel período alcanzó sus momentos de más virulencia. Fernández acabó enfrentado con el Grupo Prisa, después de que su jefe Barrionuevo llevara a *El País* ante los tribunales. El ex responsable de prensa de Interior terminó montando una turbia empresa de relaciones públicas en la zona madrileña elitista de El Viso, en donde tuvo como clientes a gente con la que había colaborado en su época de Interior.

Por lo que respecta a Fermín Bocos, en la actualidad presentando los informativos del fin de semana de Tele 5, tiene una larga trayectoria profesional y una militancia activa en la extrema derecha que hoy oculta. De origen cántabro, residió durante su juventud en Barcelona, en donde participó en algaradas promovidas por grupos fachas en la universidad. Después colabora con Interior y con el Seced, recalando por último en el PSOE, partido para el que realiza una serie de informes y estudios. Bocos trabajó en diversas emisoras de radio en Barcelona y, tras su traslado a Madrid, ingresa en *Interviú*. Simultáneamente emprende una relación con Julia Navarro, hija del periodista Yale. De Zeta da el salto a Tele Madrid, en donde fue jefe de informativos, colaborando posteriormente en el periódico *El Mundo*. Dirigió también *Hora* 25 y el *Informativo de las* 8, ambos de la cadena Ser, además de ser el responsable de Radio Exterior de España.

La gran sorpresa del listado facilitado por Morales lo constituía el nombre de Arturo Pérez Reverte que, según me confirmaría en una conversación posterior el propio José Luis y según constaté también en Televisión Española, ésa no es exactamente su identidad original. Cambia su segundo apellido, que inicialmente era Gutiérrez por el añadido y legalizado Reverte. Morales le sitúa en la onda de la extrema derecha y muy en las proximidades de su hermano José Luis, también conocido por los alias de «Guti» y «Txema», un miembro de la mafia policial condenado a 90 años de cárcel por participar en varios asesinatos. Arturo Pérez Reverte o Arturo Pérez Gutiérrez es hoy en día uno de los más conocidos escritores del Estado español, estrechamente vinculado a las editoriales de Jesús de Polanco, que se ha volcado en su lanzamiento a nivel internacional. Pero en Televisión Española sus antiguos compañeros le recuerdan como un ser desagradable, altivo y con ciertos dejes de protagonismo. Arturo Pérez, al que le gustaba especialmente cubrir crónicas en los frentes de guerra, de ahí su alias de *Rambito*, presentó durante sus últimos años en la casa un infumable programa de sucesos de pura exaltación policial.

Julián Santamaría, un sociólogo estrechamente vinculado al PSOE, organizó desde Presidencia del Gobierno a su regreso de Estados Unidos, en donde estuvo como embajador español, el grupo DECO (Departamento de Comunicación) a través del cual coordinó las campañas informativas mediante las que el ejecutivo de González lograba una plena sintonía y simultaneidad en sus mensajes, muchos de ellos sobre la situación en Euskal Herria. La información que salía de DECO era muy elaborada y estaba dirigida a un grupo de periodistas selectos y con gran capacidad de influencia en sus respectivos medios. Entre ellos estaban Pilar Cernuda, Carlos Carnicero, Concha García Campoy, Gómez Cardiñe, Miguel Ángel Aguilar, Carlos Llamas, Saturnino Orbegozo, Juan Tapia, José Luis Martínez, Enric Sopena y Antonio Franco. Los tres últimos trabajaban para Zeta, en donde Franco es director de *El Periódico de Catalunya*, habiéndolo sido con anterioridad de la edición catalana de *El País*. En cuanto a Pilar Cernuda, una periodista que ha formado parte de diversas tertulias radiofónicas y que tuvo cierto renombre como especialista en temas de La Zarzuela, es, junto con Concha García Campoy y Ángeles Caso, una de las más acreditadas representantes de lo que se dio en llamar en los mentideros madrileños como «las chicas de Sabino», en alusión a Sabino Fernández Campos, ex jefe de la Casa Real española.

Carlos Carnicero representa uno de los más meteóricos casos de trepa profesional. Con escasos méritos periodísticos, comenzó su carrera profesional bajo el padrinazgo de su ex cuñado Txiki Benegas. En sus años jóvenes fue militante del Partido Carlista, siendo contradictorias las versiones sobre su persona. Mientras unos le sitúan en las proximidades del GAC (Grupo de Acción Carlista), otros, en cambio, le definen como un apocado militante al que otros compañeros tuvieron poco menos que arrancar de las manos el dossier sobre los sucesos de Montejurra de 1976 para darlos a conocer a la opinión pública. Sus primeras colaboraciones las realizó en *El Diario Vasco*, pero su nombre comenzó a trascender cuando se hizo con la corresponsalía de *Tiempo* en Euskadi. Tardó poco tiempo en desplazarse a la redacción central de la revista en Madrid, en donde fue elegido miembro del comité de empresa. Sus compañeros todavía recuerdan asombrados cómo en mitad de un conflicto laboral abandonó su puesto en el comité ante la oferta del cargo de redactor jefe realizada por su entonces director Julián Lago, con el que años después se iría a la revista *Tribuna*. Carnicero desfiló por varias publicaciones de Zeta, entre ellas *Viajar* y *Panorama*, cerrada con un pasivo de 1.500 millones de pesetas, y también estuvo en *Cambio* 16 como director adjunto, hasta recaer en la actualidad de contertulio de la Ser y disponer de un programa de debate en el informativo nocturno de Tele 5. Especialmente nauseabundo fue su programa *Confesiones*, en el que recogía testimonios de personas arrepentidas de su pasado.

Miguel Ángel Aguilar, antiguo militante del Opus Dei y destacado miembro de la redacción del diario *Madrid*, está volcado de lleno en la causa del PSOE, que defiende con especial ardor desde las posiciones del Grupo Prisa. Es consejero vitalicio de la Asociación de Periodistas Europeos, que otorga anualmente el premio «Cuco Cerecedo», en recuerdo a un magnífico periodista gallego que durante su corta y brillante etapa profesional fue uno de los máximos defensores de la causa árabe, especialmente del pueblo palestino. El premio está patrocinado por el Banco Bilbao Vizcaya y la asociación es un club elitista dedicado a la autopromoción de sus miembros.

Pero en un estatus superior al grupo DECO se encontraba todavía el denominado «Comando Rubalcaba», en referencia al ex ministro Alfredo Pérez Rubalcaba, que solía despachar con los propietarios y directores de los medios importantes para facilitarles de primera mano pautas informativas, hacerles conocedores de los entresijos gubernamentales así como de ciertos secretos de Estado y, de paso, revisar las actuaciones de algunos subordinados que pudieran desmarcarse de las directrices pactadas.

Una de las conclusiones más evidentes de un exhaustivo repaso a las hemerotecas es la de que no hay periodistas de Interior, sino elementos de Interior que hacen periodismo. Un minucioso trabajo entre esos legajos modernos que son las colecciones de revistas o periódicos puede arrojar resultados asombrosos. Fernando Garea fue una de las sorpresas en esta búsqueda. Onda Cero era una emisora que en los años 1985 y 1986 se autodenominaba «la radio anti-OTAN de Madrid» y que emitía también un programa jurídico-técnico destinado a los penados de las numerosas prisiones de esa provincia. Julia Pozas, ahora fiscal en la Audiencia de Segovia, trabajaba como asesora del programa. Se trataba de facilitar a la población reclusa informaciones que les fueran útiles para mejorar su situación carcelaria. El espacio tenía una notable audiencia en las cárceles de Madrid y sus redactores recibían bastante correspondencia desde los macos. Pero, para gran sorpresa de los conductores del programa, una mañana se desayunaron con una información en *Diario* 16 titulada «El comando en autobús» y que firmaba Fernando Garea. En el texto se citaba sorprendentemente cómo un comando de los Grapo de nombre *Laureano Ortega* se comunicaba con las cárceles a través del programa de radio *Onda Cero*. Los redactores del espacio se quedaron más atónitos todavía cuando, al dirigirse a Garea y reprocharle que no hubiese ni tan siquiera contrastado la información, éste les contestó que estaban equivocados y que él sí había verificado sus datos. «Lo he hecho con la Policía y eso es suficiente para mí», les dijo antes de colgar el teléfono.

Otro elemento de una ralea especial es el redactor de *El País* Francisco Mercado. Del alcance de su condición moral da idea la denuncia formulada contra él desde las páginas de *El Mundo*. El rotativo de Pedro J. le acusó explícitamente de ser un agente de Interior cuando, tras la desaparición de Luis Roldán, ex director general de la Guardia Civil, intentó enterarse cerca de Carmen Gurruchaga del paradero del prófugo. Por lo demás, Paco Mercado es un elemento intoxicador de primera magnitud que, según una documentación judicial en mi poder y que consta en el juzgado de Instrucción número 36 de Madrid, no tuvo inconveniente alguno en fotocopiar casi literalmente y publicar como noticia una nota confidencial que le había sido remitida desde Interior por Agustín Valladolid. El texto no tenía desperdicio y en él se señalaba que «los abogados habituales de los presos de ETA están remitiendo a todos éstos que sean gipuzcoanos un escrito mecanografiado dándoles instrucciones para que soliciten a la Sección Segunda de lo Penal de la Audiencia Nacional ampliar la designación como abogado defensor a Carmen Galdeano Prieto, Aitor Ibero Urbieta, José María Matanzas Gorostiza, Arantza Zulueta Amuchástegui, además del que ya tengan designado habitualmente. Las razones que aluden es que hay muchos presos que llevan años sin hablar con un abogado y se imaginan que tendrán muchas cosas que preguntar al Juzgado de Vigilancia, problemas como sanciones, redenciones o cualquier otro problema que surge en el día a día. Por otra parte, se ha sabido que un escrito similar han hecho los abogados de los Grapo, para que los reclusos de esta organización designen como abogados defensores a Juan Manuel Ruiz Fernández, Juan Manuel Olarieta Alberdi, Enrique Zulueta, Ana López Casarrubios, Francisco Flebes Jaubert y Francisca Villalba Merino. Ante la posibilidad de que en el escrito de designación recibido por alguien pueda figurar la abogado Estibaliz Pérez de Heredia, indican a los citados reclusos que si alguno la ha tenido antes como defensora, que renuncie a ella. De lo anteriormente expuesto se desprende que esta coincidencia de criterios entre abogados de ETA y Grapo pudiera no ser casual y estar orientada a dificultar jurídicamente las intervenciones de las comunicaciones de los letrados con los reclusos de estas bandas armadas. Esto, asimismo, pudiera ser consecuencia de la intervención de la comunicación a Txemi Gorostiza y las argumentaciones aportadas por la Fiscalía de la Audiencia Nacional ante la desestimación como prueba de las mismas, al no figurar este abogado como defensor del preso De Juana Chaos». El titular que Mercado le puso a la filtración fue: *ETA y Grapo comparten su estrategia para controlar a sus presos con abogados de confianza*. Debajo de ello, estampó tan campante su nombre y apellido.

Claro que en *El País* existe una importante relación de muchos de sus periodistas con Interior. No es ya sólo el caso de Julio Fernández, que se creyó tanto el cargo que acabó entregándose a la causa de Barrionuevo en detrimento de su antiguo patrón Polanco, sino que el listado de periodistas con relaciones algo más que privilegiadas con las cloacas de Interior es enorme y viene de antiguo. Fue el caso de Javier Rivas y Juan José Echevarria, el primer dúo conocido que firmó sus informaciones al alimón, rebautizados popularmente como Pixi y Dixi. A ellos les siguieron más tarde Carlos Yárnoz, Jesús Duva, y Javier García. Duva, antes de su salto a Interior, había hecho una información infame y llena de intoxicaciones policiales que le valieron ser denunciado por parte de alguna de las personas a las que acusó de pertenecer a la secta Edelweiss. Y en cuanto a Javier García, coautor del libro *Golpe mortal*, sobre el atentado a Carrero Blanco, la definición más suave que se realiza sobre su persona en círculos profesionales es la de un periodista de pocos escrúpulos y de excelentes relaciones con el hampa. Durante mucho tiempo, García abrió los lunes las primeras páginas de *El País* con informaciones facilitadas en exclusiva desde Interior.

Pero Madrid está plagado de profesionales de estas características, cuyo principal lema deontológico consiste en «un papel es un papel, venga de donde venga», en referencia a los informes filtrados desde las cloacas de Interior. En este sentido se han hecho con muchos «papeles» en los últimos tiempos dos periodistas supuestamente «progres» como Juan Luis Gallego, cuyo nombre llegó incluso a figurar como objetivo atacable en un fanzine de orientación nazi, y Alberto Gallo, vinculado no hace mucho todavía con el movimiento «okupa». El primero está en la agencia OTR, mientras el segundo había trabajado en *Diario 16*, en donde publicaba con asiduidad temas sobre la extrema derecha y ahora tiene como pareja en *Interviú* en textos antivascos a Juan José Fernández, de la cantera de *El Siglo*. Los tres se han reconvertido hoy en «expertos» en el tema vasco, dando salida a todas las infamias que se les suministran desde las cloacas del poder. En la misma situación están Paco Velasco, de la agencia EFE y la valenciana María Ángeles Escribá, de Antena 3 Radio, la cual suele contar muy divertida un incidente con Corcuera, después de que el ex ministro de Interior se aturrullara al contemplar sus pechos mientras ella le colocaba delante un micrófono para grabar sus palabras. En un estatus similar que los anteriores, sólo que desde las ondas de Antena 3 Televisión, figuran Aguilera, un ex redactor de la revista de sucesos *El Caso*, y Agustín Gómez, un elemento de ojos saltones, entre cuyos principales y más increíbles méritos artísticos está el haber transformado, por obra y gracia de las confidencias de la cúpula del GAL, a Joseba Urrosolo en informador de Interior.

La situación de otros periodistas es todavía más flagrante, no recatándose en absoluto en demostrar su comunión de cuerpo y alma con las cloacas del Estado. Jesús Mendoza, alias periodístico que encubre la verdadera personalidad del guardia civil José Luis Cervero, es quizá el exponente más emblemático de hasta dónde puede llegar la ósmosis entre la profesión periodística y las cloacas del Estado. Cervero, que fue acusado por diversos sectores de colocar bombas en Euskal Herria siendo agente del citado Instituto armado, desempeñó tareas de seguridad en la Audiencia Nacional y estuvo metido hasta el tuétano en asuntos de la guerra sucia. Aparentemente expulsado de la Guardia Civil, ingresó en la plantilla de *Diario* 16, obteniendo por su labor profesional entre otros premios el «Ortega y Gasset», que concede *El País* a la mejor labor de investigación, y el «León Felipe», de la Asociación de la Prensa. Años después, cuando el Grupo 16 entra en una crisis irreversible, el sargento Cervero abandona la nave y vuelve a sus orígenes, reingresando en el cuerpo y colocándose de nuevo el tricornio de charol.

Son muchos y variados los mecanismos para hacerse con los favores de los periodistas sin tener que recurrir necesariamente a los fondos reservados. Los gabinetes de prensa son otras de las alternativas más recurrentes y, sobre todo, mejor remuneradas para los profesionales de la información que se relacionan con ellos. Gabinetes de imagen famosos son los de Rafael Ansón, Alfredo Fraile y José Luis Sanchís, todos ellos con excelentes relaciones y terminales en los medios de comunicación. Rafa Ansón consiguió de su hemano Luis María un trato preferencial sobre la Guardia Civil en ABC, que llegó a devoción en el caso de Rodríguez Galindo, previo importe, eso sí, de unas cuantas decenas de millones de pesetas anuales por llevar la imagen del cuerpo. Fraile, cuyo mérito fundamental fue convertir en un cantante universalmente famoso a Julio Iglesias, es el encargado de la imagen de las casas reales española y alahuita, además de ser un especie de relaciones públicas permanente del Gobierno colombiano. Mientras que Sanchís, que también dio empleo a Fernando Jáuregui y a su esposa María, actualmente en EFE y con anterioridad jefa de prensa del «popular» Hernández Mancha, lleva tiempo preparando la campaña electoral de un candidato colombiano a las próximas presidenciales, respaldado por un poderoso *lobby* internacional.

Gabinetes de imagen, aunque de menor nivel, son los de José Ramón Caso, ex secretario general del CDS y, Andoni Monforte, vinculado desde tiempo atrás a los servicios de fontanería del PNV. La función de todos ellos es conectar a los medios de comunicación con las empresas. En ese tráfico de influencias hay muchos miles de millones de pesetas en juego, algunas de cuyas migajas van a caer al saco de los periodistas. Una anécdota muy conocida es la Luis Ángel de la Viuda, ex director general de Televisión Española, que cobraba 14 millones de pesetas anuales de Galerías Preciados por llevar su imagen. Al ser adquirida esta cadena por el empresario venezolano Cisneros, una de las primeras medidas de los nuevos dueños fue rescindirle el contrato. Pero pocos días después, Antonio Herrero, amigo íntimo de De la Viuda, emitió por la Cope una información extremadamente crítica contra Galerías. A la vista de ello, a Cisneros le faltó tiempo para reponer a De la Viuda en su puesto.

Los partidos políticos suelen contratar también a periodistas a los que les interesa tener de mano o, simultáneamente, contrarrestar. La añagaza formal utilizada en estos casos es solicitarles previamente, o durante el transcurso de las campañas electorales, determinados informes, espléndidamente remunerados, con lo que esos profesionales quedan automáticamente neutralizados. Tal fue el caso de Jesús Hermida y José Oneto, «asesores» del PP, o Ernesto Sainz de Buruaga, contratado por 300 millones de pesetas para dirigir los informativos de Antena 3 y que fue consejero áulico de Méndez Polo, constructor burgalés condenado por cohecho y propietario del *Diario de Burgos*. Y sin necesidad de moverse del ente público RTVE está también el caso de Diego Armario, director de informativos de RNE y, Antonio Regalado, ex director de RTVE en Castilla-León, que trabajaron junto a Miguel Ángel Rodríguez, actual secretario de Estado para la Información, asesorando ambos al que ahora es presidente del Gobierno, José María Aznar.

Rodríguez ha logrado organizar en torno a su persona un amplio y eficiente grupo profesional en el que, entre otros, figuran Francisco García Diego, anteriormente en ABC y la Cope; Lucía Méndez, de *El Mundo*; Alfonso Nasarre, de la Cope y Julio Riquelme, del *Ya*. Este equipo controla a su vez todos los gabinetes informativos de los distintos ministerios y se encarga de poner en marcha el programa *El Gobierno informa*. Su labor es tan eficaz que, a niveles de Interior, han conseguido una discreción no lograda nunca por sus antecesores. El PP ha sabido extender un manto de silencio sobre ciertos asuntos y puestos claves, hasta el extremo de que hoy casi nadie sepa ni se pregunte quién ocupa en el organigrama de Oreja el puesto de jefe de la lucha anti-ETA o, mismamente, quién es el comisario general de Información.

Otros gabinetes son más discretos pero no menos operativos, como ocurre con la oficina de relacciones externas de la banca. En el Santander, el ex periodista y ex diputado de la UCD, Federico Ysart, desempeña con sigilo y suma destreza el puesto de jefe de imagen. Desde su cargo, Ysart distribuye anualmente cientos de millones de pesetas en publicidad a los medios de comunicación, siendo especialmente generoso con aquellos que se muestran complacientes con su poderoso patrón. Algunos periodistas, que ahora se ocultan pudorosamente tras el estallido de hostilidades entre los diversos grupos, no tuvieron ningún inconveniente en su momento en bailarle el agua a los banqueros. Quizá Mario Conde se anime cualquier día y filtre a través de algún medio interesado la larga lista de profesionales de la información a los que concedió importantes créditos a un tipo de interés rayano al cero. Raúl Heras, biógrafo oficial del banquero encarcelado, podría facilitar una amplia información al respecto. También Jesús Cacho, conocedor como pocos del entramado mediático-financiero.

En medio de cifras tan mareantes, algunos de los profesionales de los medios terminaron por confundir su papel y se lanzaron a realizar su verdadero sueño, convirtiéndose de la noche a la mañana en acaudalados empresarios. Luis del Olmo, Iñaki Gabilondo (estos dos ya reconocían unos ingresos mensuales de 300.000 pesetas en 1980) o Antonio Herrero son quizá los ejemplos más notables de periodistas transmutados en financieros, la mayoría de ellos con sus nombres vinculados a irregularidades varias: Del Olmo (es o ha sido accionista, entre otras, de Hierros Olmar S.A., Promotora Editorial Berciana S.L., Radio La Noguera S.L.), con concesiones polémicas de nuevas emisoras; Herrero, con construcciones irregulares en la Costa del Sol; Gabilondo (su nombre figuró asociado a Corporación Inmobiliaria Zurbarán 14 S.L. y Taula Televisión S.L.), con el fisco llamándose a andanas... Quizá para preservar sus intereses, Herrero, al igual que Jiménez Losantos, cuenta con un servicio de escoltas formado por guardias civiles prejubilados.

En páginas precedentes ya se ha podido leer cómo desde el propio colectivo profesional se habían realizado denuncias sobre las conexiones de ciertos periodistas españoles con el Ejército norteamericano. El INCI (Instituto de Cuestiones Internacionales) fue denunciado por la revista *Interviú* de ser un instrumento de la CIA en el Estado español, contando entre sus miembros con varios profesionales de los medios de comunicación.

Algunos de ellos mantuvieron relaciones privilegiadas con la Embajada norteamericana en Madrid. El contertulio Fernando Jáuregui, un elemento que ha ido danto tumbos por diversas cadenas de radio y televisión, hasta aposentar sus reales papadas en la Organización Nacional de Ciegos de España (ONCE), en donde es jefe de comunicación, fue uno de los señalados. Pero no sería únicamente Jáuregui el que disfrutaría de los favores yanquis. Bastante antes que él, otro ilustre conocido, José María Carrascal («y ahora va la foto del terrorista más buscado»), de Antena 3 Televisión, realizaría trabajos puntuales para los norteamericanos. Desde su corresponsalía de ABC en Estados Unidos, Carrascal escribió crónicas extremadamente beligerantes contra la Nicaragua sandinista. Tan buena compenetración con la CIA le llevaría a ser el único periodista europeo en entrar con las tropas norteamericanas cuando éstas invadieron Granada.

Otro elemento claramente pro yanqui es Felipe Sahagún, especialista en temas internacionales de *El Mundo*. Sahagún había sido encargado previamente de apoyar el fortalecimiento del sindicato USO, denunciado por amarillismo desde otras centrales de clase. Aunque quizá el individuo que más destacó por su servilismo a los intereses norteamericanos fue Santiago Aroca, ex periodista de los semanarios *Mundo Obrero*, *Interviú*, *Tiempo* y *Tribuna* y que acabó recalando en *El Mundo*, desde donde se comunicaba con la «contra» cubana en el interior de la isla utilizando el fax del periódico. Aroca, que es yerno del líder anticastrista Carlos Alberto Montaner, llegó a distribuir propaganda «gusana» entre los asistentes a un congreso iberoamericano celebrado en Madrid. Actualmente reside en Miami.

Quien también trabajaría para otros servicios militares, en este caso a través de una agencia siniestra puesta en marcha por el aparato de propaganda de los milicos argentinos, fue Vicente Cebrián, ex alto cargo de la Prensa del Movimiento y padre del actual consejero-delegado de El País S.A., Juan Luis Cebrián. A principios de la decada de los ochenta, Vicente Cebrián percibía un salario de algo más de un millón de pesetas al mes, aparte de un piso en una zona elitista de Buenos Aires. Entre la delegación de periodistas españoles que se integraron en la agencia destacaba Juan Francisco Herrera, ex director del periódico de la Prensa del Movimiento *El Pueblo Gallego* y, posteriormente, concejal y diputado provincial del Partido Popular en Pontevedra.

En la onda contraria, por chocante que pueda parecer, hizo su aparición décadas atrás José Luis Martín Prieto, MP, el ilustre escribidor de los discursos del secretario general del Movimiento, Herrero Tejedor. Hijo de falangista, el agresivo tertuliano debutó en la profesión a comienzos de la década de los setenta en el periódico madrileño *Informaciones*, en donde trabajaba como archivero. Poco a poco se fue ganando la confianza de Juan Luis Cebrián, que le nombró redactor-jefe, comenzando a ocuparse de las páginas de opinión. Sus compañeros de redacción todavía recuerdan cómo José Luis Martín Prieto les solía reclamar periódicamente los textos de los editoriales escritos un par de meses contra ETA «porque tengo que ponerles a parir y ahora no me sale nada nuevo». Martín Prieto incrementaría con el paso del tiempo su especial fijación con la izquierda abertzale. Ya trasladado a *El País* y siempre con la bendición de Cebrián, ejerció de comisario político contra los desviacionismos abertzales. Tanto es así que llegó a pedirle a Antonio González, en aquel entonces corresponsal del periódico en Donostia y hoy director de Onda Cero en esta ciudad, que le enseñara «el carnet de ETA». Pero su obsesión más acreditada son las mujeres que supone en la órbita del independentismo vasco, a las que ha dedicado expresiones en las que se ponía de manifiesto nítidamente que su pene había sustituido al bolígrafo. Algún problema irresoluble debe padecer este personaje, que no mucho tiempo atrás dio origen a uno de los episodios más bufos del periodismo del Estado español a raíz de su falso secuestro. El hecho movilizó a la profesión periodística y a la clase política de Madrid, que primero se conmovió y después se tomó a chirigota el episodio, convertido MP en el hazmerreír de sus colegas al conocerse las circunstancias grotescas del mismo. La tardanza en regresar a su domicilio junto a su desolada esposa y el haber dejado la puerta de su casa abierta fue interpretado por sus amigos y allegados como la señal inequívoca de un secuestro de ETA. Luis del Olmo, su tutor intelectual y financiero, dejó escapar en medio de un hipo incontrolado los primeros gemidos al lado de la desconsolada parienta de MP. Mientras, Prieto, ajeno a todo ello, echaba feliz una cana al aire en el hotel Embajada, próximo a su vivienda. El columnista y tertuliano mostraría el 4 de noviembre de 1996 su pesar en las páginas de opinión de *El Mundo* en un artículo titulado «Historia de un 'secuestro». Tras admitir que «se me ha linchado por tierra, mar y aire» y que *Egin* se «había cebado» en su contra, arremetía sorprendentemente contra José María Calleja, de quien desvelaba que «me solicitó un contacto con la, a la sazón, secretaria de Estado de Interior, Margarita Robles, por ver si lo suyo (su protección) se podía organizar como la mía».

Los mismos compañeros de redacción de MP, a los que he aludido momentos antes, sonríen ahora recordando cómo, en 1974, Martín Prieto les propuso asistir a una reunión que iban a mantener en un bar de las proximidades con «una persona importante» y en la que, además de ellos, participarían también el propio Cebrián y Víctor de la Serna. El encuentro fue tan sorprendente como alucinante porque el interlocutor «importante» era el responsable en París de la KGB, el poderoso servicio secreto soviético. Pasado el tiempo, y quizá basándose en esta anécdota, Cebrián sería acusado por Barrionuevo desde Interior de tener contactos con la KGB.

Las mismas fuentes periodísticas a las que estoy aludiendo, aún asistirían a otro encuentro posterior con otro representante de la KGB. En esta ocasión con quien se toparon de bruces fue con Fernando López Agudín, que con el transcurrir del tiempo se convertiría en el director de *Informe Semanal* en TVE, y que después desempeñaría un cargo de confianza en el Ministerio de Interior durante el mandato de Juan Alberto Belloch. Agudín es hoy columnista habitual del diario *El Mundo*.

Los contertulios son una nueva casta dentro de la profesión periodística. Se trata de profesionales que, antes de lanzar su voz por las antenas, han acreditado su currículum profesional en algún medio escrito. Una vez sentada cátedra, cada una de las tertulias en las que participe le supondrá unos ingresos brutos de cincuenta mil pesetas. Algunos de los más conspicuos llegan a intervenir hasta cinco veces a la semana.

Ser contertulio, por lo demás, no requiere demasiados méritos. Todo consiste en estar conectado con los correspondientes canales de intoxicación de partidos, banca, ministerios o gabinetes de imagen y, según los intereses del amo, ir dándole salida por los correspondientes desagües. La verdad no importa, ni tampoco se exige rigor alguno. La información no hay que contrastarla y lo interesante en este caso es que la intoxicación salga al viento. También es muy recomendable para mantenerse en el machito aparentar que se sabe de todo y que se está al corriente de cualquier nadería, por muy insignificante que sea. Eso y una voz bien entrenada capaz de imponer su tono al de los demás participantes, son elementos en principio suficientes para mantener el estatus del perfecto contertulio.

Muy importante asimismo es tener argumentos para poder defender al día siguiente lo contrario de lo mantenido la víspera. En ese terreno es todo un especialista Ramón Cotarelo, de Onda Cero. Muchos de sus antiguos compañeros aún recuerdan cómo brindó con champán en la redacción de *El Independiente* por una huelga general en contra de la política antiobrera del felipismo. Hoy día es uno de los más abnegados defensores del PSOE allá donde se encuentre. Sus colegas de tertulia se han quedado más de una vez con los ojos a cuadros cuando, tras un debate acalorado y ya fuera de micrófonos, veían cómo un relajado Cotarelo admitía «tienes toda la razón», desdiciéndose de lo que un minuto antes había mantenido. Pero la trasmutación de opiniones es algo que va implícito con el cargo.

Claro que decir una cosa en un momento determinado y justo lo contrario cinco minutos después también tiene sus riesgos. Eso es lo que le sucedió al ex ministro Juan Alberto Belloch, ahora reconvertido en zahiriente contertulio. Una de las personas que se sentaba en la misma mesa del estudio se dio cuenta de que el ex titular de Justicia e Interior mentía descaradamente. Y le pidió permiso para dispensarle del secreto profesional. Belloch le miró, se atusó la barba y con toda la sangre fría de que es capaz dijo con tono solemne que «un secreto nunca debe desvelarse». El otro contertulio, estrechamente vinculado a *El Mundo*, tenía la intención de poner al descubierto las ardides del ex ministro, muy conocidas en el periódico de Pedro J. Ramírez. Belloch, fuente privilegiada de los redactores que cubrían Interior en *El Mundo*, les tenía puntualmente al corriente de todos sus pasos para tratar de desmantelar la trama del «GAL verde» urdida en torno al cuartel de Intxaurrondo. Y si el día anterior filtraba las medidas disciplinarias en ciernes contra Rodríguez Galindo, a la mañana siguiente iba a imponerle sonriente su fajín de general. Y, por supuesto, desmentiría rotundamente la información de la que él era la fuente originaria.

A Fernando Onega, uno de los contertulios por antonomasia y «demócrata» de toda la vida, no le cuesta nada olvidar los tiempos en que le escribía los discursos a Torcuato Fernández Miranda, ex ministro del Movimiento, o cuando defendía desde su columna «El Péndulo», en el diario *Arriba*, las penas de muerte contra los militantes antifranquistas: «El Consejo de Guerra es la forma judicial de entrar en el terreno de la subversión», escribía días antes de los fusilamientos.

En ese sentido hay que concederle toda la coherencia a Luis del Olmo, que en ninguno de los momentos encubrirá su odio antivasco. La liberación de Ortega Lara fue un momento idóneo para ello: «¿Estará contento Xabier Arzalluz?», preguntó sin ningún disimulo a uno de sus contertulios. Y como éste, nacido en Donostia, le respondiera que «evidentemente, sí», Del Olmo volvió a la carga: «Y monseñor Setién, ¿también estará contento?», a lo que su interlocutor volvió a contestar afirmativamente. Ya fuera de antena, el contertulio se dirigió al director de *Protagonistas* para afearle que fomentase de esa manera el odio entre los pueblos. Del Olmo le observó en silencio y calló, pero la respuesta vino días después con el cese fulminante de su colaborador.

A otro eximio líder radiofónico, Iñaki Gabilondo, le gusta en cambio navegar entre dos aguas. «Iñaki de Calcuta» se muestra muy celoso de su imagen de «vasco bueno». Es, junto con Juan María Atutxa, el prototipo del vasco que les gustaría a los españoles. En el caso de Gabilondo, especialmente, porque dice lo que a ellos les gusta oír. Sin embargo, el más carismático locutor de la Ser pierde los modales y se deja de zarandajas cuando hay que arremeter contra los vascos «malos». Fue lo que hizo tras los sucesos que siguieron a la muerte de Miguel Ángel Blanco, cuando llegó a espolear al dueño de una gasolinera extremeña por negarles la utilización de los servicios a los familiares de presos vascos.

Es evidente que no todos los tertulianos están cortados por el mismo patrón y, aunque pocas, hay personas capaces de mantener su propio criterio e ir contra corriente. Al juez Joaquín Navarro o al periodista Javier Ortiz ello les supuso tener que cambiar de emisora o dejar de pertenecer a esa jauría de grillos desenfrenados. Por lo demás, las tertulias son un batiburrillo en que cotidianamente se mezclan, junto a avezados profesionales de la oratoria, una constelación desmadrada de economistas, escritores, ex ministros, sindicalistas o sociólogos que, desde la mañana a la noche, ponen en práctica de forma insistente sus particulares métodos de mantener a sus oyentes en la más absoluta inopia por mucho que hablen, hablen y hablen. O quizá por eso mismo. De eso se encargan en la Cope, antes con el difunto Antonio Herrero y ahora con Luis Herrero al mando del tinglado, Manuel Martín Ferrand, Armando de Miguel, José Luis Gutiérrez, Matías Antolín, Pedro J. Ramírez, Antonio Romero, Ramón Tamames, Julián Lago, Justo Fernández y, hasta que puso sobre el tapete su particular «conspiración», Luis María Ansón. En Onda Cero, entre otros, cabalgan José María Calleja, Gorka Landaburu, Ernesto Ekaizer y Ramón Cotarelo. En la Ser la tertulia la conduce Carlos Llamas y sus más afamados habladores son Carlos Carnicero, Miguel Ángel Aguilar, Isabel San Sebastián, Carlos Mendo y Nativel Preciado. Tanto a la mañana como a la noche se vuelve a repetir la ceremonia de la confusión y, a pesar de las brújulas, linternas o luciérnagas la verdad sigue estando igual de oscura. Todo lo anteriormente dicho es por lo que concierne a las cadenas estatales porque, en Euskal Herria, el fenómeno se repite y no hay emisora que se precie que no cuente con sus tertulianos.

Por lo demás, poco que decir de una profesión llena de personajes que han perdido cualquier referencia ética y que se pelean entre sí por defender los privilegios del gran patrón. El despelleje llega a tal nivel, que Juan Luis Cebrián, desde *El País*, no tuvo inconveniente en denominar a sus rivales como el «sindicato del crimen». Entre el amplio clan que abarcaba la denominación de origen, figuraban entre otros Federico Jiménez Losantos, Antonio Herrero, Pablo Sebastián, Luis Herrero, José María García, Raúl del Pozo, Martín Prieto, Pedro J. Ramírez, José Luis Gutiérrez, José Luis Balbín, Luis María Ansón, Julián Lago, Manuel Martín Ferrand y Luis del Olmo. Todos ellos se habían agrupado en una fantasmagórica Asociación de Escritores y Periodistas Independientes (AEPI), cuya presidencia de honor le fue otorgada al Nobel Camilo José Cela, por lo demás censor y aspirante a delator durante el franquismo.

Cebrián describió a los integrantes de este grupo como «auténticos dictadores en los medios en que trabajan. Comercian con sus informaciones, buscan publicidad para sí mismos, chantajean a diferentes personalidades descaradamente y las amenazan con publicar cosas en contra de ellos si no se pliegan a sus deseos. (...) Difaman, mienten, inventan noticias, situaciones, lo que haga falta. Eso es lo que practican unos cuantos de nuestros compañeros que, además, se pasan el día hablando de la libertad de expresión».

Algunos meses después, Cebrián arreciaría todavía más en sus ataques: «Una veintena de periodistas constituyen un verdadero sindicato de intereses, dedicado en ocasiones a extorsionar empresas, sometido en otras al dictado de quienes les pagan y esclavos siempre de su vanidad y sus rencores. Periodistas que abiertamente someten su información a los intereses publicitarios de las firmas que los sufragan, que cobran 'impuesto revolucionario' por no difamar o criticar a políticos o a empresas determinadas, se erigen luego ante el público con el símbolo de la pureza y el azote de los corruptos. Las columnas de los diarios se utilizan en ocasiones como puñales que asesinan famas, conciencias, carreras y vidas privadas sin otra justificación, a veces, que la propia emulación personal del periodista, sus rencores y venganzas».

La contestación de uno de los «criminales sindicados» a Cebrián se produce pocos días después a través del diario ABC por medio de Federico Jiménez Losantos. Los del «sindicato» habían bautizado a sus rivales «los serbios», agrupando entre estos especímenes a los periodistas más renombrados de los grupos Prisa, Zeta y Godó, con sus respectivos editores encabezando la relación. El listado es también importante: Juan Luis Cebrián, Jesús Polanco, Javier de Godó, Antonio Asensio, Jesús Ceberio, Carlos Carnicero, Augusto Delkader, Daniel Gavela, Carlos Llamas, Antonio Franco, Miguel Ángel Aguilar, Javier Pradera, Iñaki Gabilondo y Concha García Campoy son quizá lo más refulgente de este grupo en el que, al igual que para sus oponentes, la defensa de la verdad es quizá lo menos importante en su actividad profesional.

Jiménez Losantos le toma el relevo a Cebrián y se desparrama a gusto sobre el clan contrario: «Eso que llamamos felipismo no se puede entender sin la omnipresencia del diario de Jesús de Polanco, su orquesta y coros. Lo que tiene de antidemocrático, corrompido y corruptor el régimen felipista, no radica sólo en la voluntad faraónica del inquilino, con ínfulas del propietario de La Moncloa, sino en el entramado de intereses creado y alimentado a la sombra del poder político y que encuentran en el imperio de Polanco su máximo órgano legitimador y su más notorio organismo parasitario. Ya no se sabe si Polanco vive a la sombra de González o González a la sombra de Polanco, pero al final es una inmensidad sombría en la que se ha cobijado todo tipo de plantas carnívoras, en la que sobresale el famoso Pacto de los Editores, que es una acertada síntesis de periodismo y banca mutuamente subvencionados. Eso es el régimen. Este tinglado neototalitario que ha ido eliminando a la competencia hasta dejarla reducida a unos cuantos perros que ladran a la luna y que ha ido arrinconando a la política hasta convertirla en un arrabal de la sección de opinión del diario gubernamental, en una conseja de Javier Pradera a los postres de una comida secreta y en conversación *off the record*. Sólo se ha tropezado en su camino hacia la dictadura global sobre las conciencias con obstáculos del género periodístico. Los más fuertes, aparte de ABC, eran Antena 3 Radio y Televisión, y ya los ha devorado. Ahora sólo quedan tres periódicos en Madrid y dos cadenas de radio fuera de su control empresarial o de su tutela ideológica. No hay nada parecido en la Europa democrática. Encima vienen dando lecciones de ética a toda la prensa española cuando son la negación misma de la ética».

A ninguno de los portavoces de los bandos contendientes se le ocurrió pensar por un momento cuando redactaban sus escritos en los planteamientos que, desde ambas posiciones, mantienen sobre el tema vasco. Todo lo anteriormente expuesto les es aplicable a ellos mismos cuando abordan la información sobre Euskal Herria. Pero lo suyo es otra guerra y Euskal Herria es su enemigo común. Así que como si se quieren despellejar entre ellos.

No vale la pena dedicarle tan siquiera una línea a todo el tinglado que, tras las revelaciones realizadas por Ansón a la revista *Tiempo*, se dio en denominar «la conspiración». Yo tengo una versión más fidedigna sobre toda esa caterva de canallas, con el ABC, Ansón y su voz gangosa siempre de fondo. Mi relato procede de al menos tres de los asistentes que, tiempo atrás, participaron en una de las muchas comidas que el ex director del diario ultraconservador solía prodigar en las inmediaciones de su despacho. Entre los comensales figuraban esta vez jueces, abogados y algún notario. El encuentro gastronómico no era más que la excusa formal para reconvenir a Luis María Ansón sobre dos temas: la beligerancia extrema de ABC contra el magistrado Baltasar Garzón y la defensa numantina que de Enrique Rodríguez Galindo hacía dicho diario. Casi a los postres, con su habitual tono engolado y oyéndose a sí mismo, Ansón dio ciertas esperanzas a sus invitados de modificar parcialmente sus malquerencias con Garzón. Pero sobre Galindo fue irreductible. Tras admitir que el general estaba absolutamente enfangado en el terrorismo de Estado, Ansón fue concluyente: «Haya hecho las tropelías que haya hecho, y tengo información muy detallada sobre sus actuaciones, no voy a darles ninguna baza a los violentos». Evidentemente, esta conspiración nunca trascenderá ni tendrá cabida en los medios de comunicación españoles.

2
Por sus obras los conoceréis

Desde que la aviación nazi bombardeara Gernika en abril de 1937 y el *Diario de Burgos* titulara a continuación en primera página que «la destrucción de Guernica fue obra de los incendiarios rojos», el contencioso entre Euskal Herria y los medios de comunicación ha sido una constante a lo largo de los años. La verdad sería la gran pagana de la manipulación urdida desde los centros de poder. Año tras año, primero mediante los burdos aparatos de propaganda del franquismo y, posteriormente, a través de los voceros de la democracia borbónica, la distorsión de la realidad de Euskal Herria sería uno de los aspectos más queridos y recurrentes de los medios de comunicación.

El contencioso vasco viene ocupando en las últimas décadas los principales espacios de los *mass media* que, en torno al conflicto, incluso han llegado a crear escuela y «especialistas» que se encargan de alimentar cotidianamente la semilla del odio a través de tergiversaciones, unas veces, pocas, sutiles y, la mayoría, descaradas y zafias. A los escribidores y a sus amos les puede el odio antivasco y su rancio y folclórico nacionalismo español. Por eso, una incursión a través de sus páginas es todo un ejercicio de sociología aplicada en el que se pueden apreciar las mil y una maneras en que las deformaciones de la realidad son llevadas a cabo.

En su intento por criminalizar todo lo que suene a vasco en general y a independentista en particular, ciertos periodistas no reparan en medios y, ante la aquiescencia y complacencia de sus amos, inician una desaforada carrera en la que la osadía y la sinvergonzonería son sus compañeras más habituales. En esa carrera, además, no hay obstáculos deontológicos que valgan y, con el fin de intentar desterrar al averno a todo lo vasco, recurren a cualquier tipo de mentiras, exageraciones y medias verdades. Lo más triste es contemplar cómo no existe freno ético para semejantes barbaridades y, desde alentar la guerra sucia hasta ocultarla posteriormente, todo tipo de ultrajes han sido perpetrados desde los medios de comunicación españoles contra la causa del pequeño país del norte.

La intoxicación mediática sobre Euskal Herria es el ariete utilizado por España en esta guerra. Los medios de información se encargan, previamente, de crear el clímax necesario que da origen a la posterior represión, distorsionan después la realidad de los hechos y, ya pasada la masacre, la justifican o la silencian. Ésa ha sido y es la pauta habitual en la que se mueven la mayor parte de los *mass media* españoles que, en su desmadre intoxicador, incluso han arrastrado en su caída a medios de otros Estados que han reproducido miméticamente las coordenadas informativas marcadas por sus colegas hispanos.

Dar referencia puntual y exhaustiva de todas las barbaridades lanzadas desde la prensa, radio y televisión contra Euskal Herria es un trabajo inmenso que requeriría la contribución de un equipo multidisciplinar y que, desde luego, está lejos de las pretensiones de este libro. Lo que recojo seguidamente en este capítulo es un esbozo de algunas de las muchas tropelías escritas por los principales periódicos y revistas, tanto vascos como del Estado español, en las dos últimas décadas. En este repaso somero he procurado agrupar por temas aquellos asuntos que más han llamado la atención de los medios de comunicación. Si la lucha independentista en general fue el *leiv motif* que generó ríos de tinta, la mayoría de las veces teñidos de amarillismo, hay otros aspectos concretos que, por las razones más diversas, requirieron la curiosidad de las mesnadas periodísticas. Habría que recurrir a psicólogos o psiquiatras para explicar con cierto rigor las últimas causas que han llevado a ciertos plumillas a poner en práctica incursiones arriesgadas y a escribir sobre la idiosincrasia de los militantes de ETA o la participación en la lucha armada de mujeres. Estos dos casos han sido de los más recurrentes, pero, en función de las características puntuales de la lucha en cada momento y siguiendo las instrucciones de sus patronos, periódicos y revistas han dedicado páginas sin fin a temas tan dispares como el supuesto papel preponderante de KAS, las causas de las infiltraciones en la izquierda abertzale, el papel de intermediación atribuido a determinados abogados o los últimos motivos que llevarían a ETA a desarrollar algunas de sus acciones. Estos planteamientos informativos no resisten en la mayor parte de los casos el más mínimo análisis y están carentes de todo rigor profesional. Los *etólogos* de cada uno de esos medios se han cansado de quebrantar en sus informaciones la más elemental norma deontológica, cual es el contraste de las informaciones. Bastaba una filtración interesada, oral o documental, por parte de la Policía o de cualquier servicio de inteligencia, para que el hecho tuviese automáticamente carta de naturaleza y pasara a ocupar la portada de las respectivas publicaciones. En su afán por ser serviles al amo, estos medios descuidan y desprecian sin ningún pudor cualquier atisbo de dignidad profesional y, de esta manera, sus informaciones quedan todavía más en evidencia. Interior o el Cesid, dado que todo el monte es orégano, tampoco se andaban con muchas sutilezas y la oleada de sucesivas campañas intoxicadoras sobre la lucha de Euskal Herria por la libertad resultaba todavía más palpable. En su rigor antivasco, los medios de comunicación escritos no se paraban en medias tintas. Los varapalos lo mismo eran para propuestas institucionales voluntariosas destinadas a reconducir el contencioso, que para descalificar realidades de la izquierda abertzale. Nada que sea vasco se ha salvado de su ira. Lo que sigue en este capítulo está referido exclusivamente a la izquierda abertzale y no es nada más que un compendio abreviado de un monstruo de mil caras.

Lógicamente, no podría ignorar en este repaso por las hemerotecas, el papel que los medios de comunicación han asignado tanto al periódico en el que trabajo como a mi propia persona. Si con motivo de mi encarcelamiento tuve que leer desde dentro de una celda en el mes de agosto de 1994 cómo Aurora Intxausti decía en *El País* que «Rei se enteraba (de las informaciones) antes que los jefes de la banda», la última de las alucinaciones mediáticas sobre mi persona no me dejó menos perplejo. Era diciembre de 1997 y estaba dando algunas charlas a las que me habían invitado diversos centros vascos y universidades de Venezuela. De repente, unos faxes recibidos desde Hernani me retrotrajeron desde el Caribe al alucinante mundo de la manipulación informativa que vive Euskal Herria: «Venezuela planea expulsar a un periodista de *Egin* y a un miembro de Gestoras», escribía Jesús Duva en *El País*. El tal periodista, según pude leer, era yo, como se encargaba de resaltar el rotativo madrileño que, de paso, introducía algunos datos sobre mi currículum patibulario: «Rei fue absuelto por la Audiencia Nacional en abril pasado de la acusación de delito de colaboración con ETA por falta de pruebas». A Duva le traicionaba el subconsciente –o las fuentes informantes– y en uno de los subtítulos dejaba escapar que «Interior asegura no haber influido sobre Caracas». *El Mundo* era más evidente y no se andaba por las ramas: «La policía de Venezuela busca a Pepe Rei para expulsarle del país», aclarando que ello se debía a que, junto con una delegación de Herri Batasuna, nos habíamos «entrevistado con distintos grupos revolucionarios». Hasta ese momento mi idea era que el partido gobernante en Venezuela pertenecía a la Democracia Cristiana y que el Ateneo o la Universidad de Caracas no habían sido tomados todavía por la inexistente guerrilla bolivariana. Pero, según el periódico de Pedro J., todo eso era posible en su «Mundo» de ficción. Podría seguir extendiéndome bastante más en torno a los cariñosos capítulos con los que me han demostrado su solidaridad profesional mis colegas, pero no vale la pena desperdiciar más líneas con un individuo al que, según en qué medios de comunicación, se le atribuyen hasta un total de siete inducciones al asesinato. *Pecata minuta* y puro dislate dentro de una realidad informativa mucho más lacerante.

Egin siempre fue objeto morboso de sus deseos y, desde los primeros tiempos, tuvo que aguantar las tarascadas del poder. Ya en 1980, *Cambio* 16 le dedicaba uno de sus confidenciales en la sección «De buena fuente»: «Cuando los periódicos españoles atravesaban graves dificultades por falta de papel, debido a la huelga de estibadores portuarios, el diario donostiarra *Eguin* (sic), próximo a Herri Batasuna y a ETA m, recibió varias toneladas de papel del puerto de Bilbao. La Coordinadora de la Organización de Trabajos Portuarios decidió hacer una excepción con *Eguin* y descargar papel. Y gratis». El 10 de junio de 1983, la agencia Europa Press daba cuenta de que «el Ministerio del Interior ha contratado para hoy sábado en todos los periódicos vascos, salvo en *Egin*, un espacio publicitario para publicar un comunicado sobre el plan ZEN (Zona Especial del Norte)». Interior siempre tuvo claros sus objetivos y lo que significaba *Egin*. Uno de los más afamados gobernadores civiles que ocupó ese puesto en Bizkaia, Daniel Vega, aseguraba en *El Mundo* el 15 de noviembre de 1993, que «si de mí dependiera, hoy mismo no salía *Egin*», agregando más adelante que «no tendría ningún rubor» en ello. En esa misma línea, y también en *El Mundo*, se recogía el 6 de abril de 1994 el siguiente titular referido a unas manifestaciones del entonces ministro de Interior español: «Asunción culpa a HB y *Egin* del último atentado y destaca la 'nitidez' antiterrorista de Arzalluz».

Pero el desiderátum informativo contra *Egin* estaba aún por llegar y vendría de la mano de un personaje imborrable en la memoria de los ciudadanos que en Euskal Herria sitúan su mente y su corazón al lado de la izquierda abertzale: el ínclito Juan María Atutxa. Él sólo da para elaborar todo un manual de desatinos y despropósitos en torno a la realidad del periódico. Su frase de que «*Egin* es como una pequeña bomba de amonal» (*El Mundo*, 22 de agosto de 1996), competiría en estulticia con otras no menos ilustres salidas de su magín: «El síndrome del forofo: fogosos cronistas que transforman el diario *Egin* en patético remedo de aquel cómic llamado *Hazañas bélicas*... En este panorama de amoralidad navega, como catecismo paradigmático, el diario *Egin*, verdadero *Arriba* de éste 'Movimiento' que tanto se parece a otro de triste recuerdo».

Atutxa no se anduvo por las ramas y, tras definir a *Egin* en *El Mundo* «como un caldo de cultivo para que surjan elementos que acaben delinquiendo», preparó lo que pensó era su ofensiva definitiva contra este periódico en su intento de cerrarlo. El 2 de diciembre de 1993 compareció en rueda de prensa ante los medios de comunicación para afirmar que «*Egin* compró informes sobre 8.000 empresas y pasó datos a ETA para cometer atentados» (*El País*). *El Mundo* insistiría en la misma tesis señalando que «la Ertzantza registra las sedes de *Egin* en Hernani y Bilbao y se incauta de abundante documentación», precisando seguidamente que la operación fue ordenada por el juez Bueren en relación con la red de extorsión de ETA. El tema aún daría a los medios de comunicación para unas cuantas divagaciones más y sería *El Mundo* de nuevo el que el 17 de diciembre de 1993 señalaría cómo «un documento de *Egin* dice que 'hay que controlar la correspondencia de Interior». A finales del siguiente año, todos los medios de comunicación ligarían esa documentación con mi entrada en prisión y, así, el mismo *El Mundo* daba cuenta de que «el juez Bueren ordena encarcelar al jefe de investigación de *Egin* por colaborar con ETA. Le acusa de ser el autor de notas manuscritas encontradas a Carlos Almorza». En un despiece de dicha información se añadía que «Atutxa afirma que no es un atentado contra la libertad de expresión (mi encarcelamiento)», subrayando que «el consejero de Interior califica de 'repugnante' el delito de colaboración, ya que 'implica' que ETA siga matando». Cuando en la primavera de 1997 fui absuelto libremente de cualquier cargo por un tribunal de la Audiencia Nacional, no todos los periódicos se hicieron eco de ello. Los más llevaron la noticia discretamente a páginas interiores y sin el menor relieve informativo. Era un fuerte contraste con las primeras páginas que *Egin* tuvo que soportar a raíz del asalto y requisa de la documentación, en uno de los ataques más graves que se haya realizado nunca contra la libertad de expresión y contra el secreto profesional.

Pero *Egin* había de seguir dando mucho juego todavía a los demás medios de comunicación, como se vería con motivo de la detención de mis compañeros Andoni Murga y Fernando Alonso, dos periodistas tan cualificados como queridos por los trabajadores del periódico. La revista *Tiempo* publicaría el 2 de septiembre de 1996 una información firmada por una fantasmagórica María Alba, en la que se insistía en la tesis lanzada ya tiempo atrás desde las páginas de *La Vanguardia* por su «experto vasco» Luis María López: «La burbuja

Egin: jóvenes periodistas radicales trabajan y viven en comunidad», titulaba el semanario, que aún precisaba en otro apartado que «KAS depuró a los 'históricos' del diario 'abertzale». En el texto, se citaba como fuente informante a «un antiguo miembro de la redacción que pide no ser identificado». Ello le amparaba para soltar seguidamente esta afirmación: «Aunque en la redacción hay de todo, los cambios iniciados en el 92, con un nuevo diseño y el relanzamiento del rotativo, hicieron que muchos periodistas jóvenes que procedían de las ediciones locales se desplazaran a Hernani para trabajar en la sede central del diario, que ha terminado por convertirse en su único punto de referencia. Hablan euskera, alquilan viviendas en grupo y su vida transcurre entre el periódico, donde entran por la mañana y salen por la noche, los bares de HB y su casa. Es una fuente de realimentación ideológica sin apenas influencias externas». Vistos los párrafos precedentes, no deben de coger de susto los siguientes: «Ambos (Fernando Alonso y Andoni Murga) forman una nueva hornada de profesionales que ha ido ganando peso en el rotativo desde su relanzamiento en 1992, fecha en que la Koordinadora Abertzale Sozialista (KAS) se hizo con su control. Coincidiendo con los cambios, se duplicó prácticamente la plantilla, que pasó 140 a 280 personas, y se inició un proceso de depuración entre 1993 y 1994 que llevó a la calle a 40 periodistas, muchos de ellos independientes, que formaban lo que podríamos llamar el 'ala histórica' del diario. Desde entonces, el periódico se ha deslizado por una pendiente que le ha llevado a convertirse en el órgano de difusión puro y duro del MLNV». Carmen Gurruchaga definiría en *El Mundo* a Fernando Alonso como «un cronista brillante» y a Andoni Murga como «periodista de la nueva generación».

Pero ésos no serían nada más que algunos aldabonazos en la historia del periódico porque, nuevamente, otros medios escritos volverían a la carga con motivo de los sucesos de Ermua en el verano de 1997. *El Mundo* no tenía reparo alguno en hacerse eco, el 24 de julio de ese año, de que «Víctimas del Terrorismo da a conocer las empresas que se anuncian en el diario *Egin*», facilitando seguidamente una relación de las sociedades que insertaban publicidad en el rotativo. A continuación su sinvergonzonería informativa le llevaría a afirmar que «dos empresas –Mapfre y General Óptica– utilizaron ayer la palabra 'presión' para justificar las inserciones publicitarias en *Egin*». *El País* tampoco se anda con remilgos y el día 15 de ese mismo mes calificaba a *Egin* de «altavoz de la muerte», manifestando que el diario «amenaza con 'nuevas acciones tremendas' de ETA».

Lo que sigue a continuación es una selección de atrocidades escritas sobre *Egin* y que este periódico recogió en una publicación dirigida a sus lectores:

«Los anunciantes de *Egin* pagan a ETA, saben que su publicidad paga a ETA. Pero no les importa, no les importa a Mamut o a Telefónica porque con esa publicidad compran la protección de los matones» (editorial de *Diario* 16).

«Limitar sus recursos económicos (no más publicidad en forma de impuesto revolucionario en el periódico que le sirve de *agit-prop*)» (editorial de *El País*).

«Las dos páginas de publicidad de Telefónica en *Egin* si es algo que siempre chorrea sangre, chorreaba esta vez la de Miguel Ángel Blanco» (Antonio Burgos en *El Mundo*).

«Con todo descaro trasmiten sus amenazas en la letra impresa que escupe la rotativa del miedo, a través de su altavoz cotidiano, de nombre *Egin*, parapetados tras el antifaz periodístico de un seudónimo J. Iratzar, que oculta la verdadera identidad de sus autores» (Agustín Valladolid, director de *Interviú*).

«No podemos saludar a todo aquel que le veamos con el *Egin* en la mano. Tenemos que darle la espalda, que boicotearles sus negocios, no saludarles y no mirarles a la cara» (octavilla anónima distribuida en Hondarribia).

«*Egin* vive de la extorsión mafiosa y si te anuncias generosamente en sus páginas puedes esperar que no te quemen una noche el local. Buzón de ETA, te permite seguir por algunas firmas los choques neuronales que padecen sus cabecillas, y disponen de un equipo de investigación tan cojonudo, que goza de precognición y da la noticia del estallido de una bomba antes de que explosione. Hay que tener mucha hambre para trabajar en esa casa de pompas fúnebres aun de humildísima señora de la limpieza» (Martín Prieto, en *El Mundo*).

«El periódico *Egin* ejerce de órgano oficial de comunicación y propaganda de todo el MLNV. El citado rotativo abertzale radical es el altavoz de ETA, propaga las consignas de KAS, y sus responsables y redactores son personas de la máxima confianza de los etarras» (Santi Etxauz en *Tiempo*).

«La impunidad con la que se manejan los periodistas por las calles del País Vasco e incluso por los pasillos del Congreso de los Diputados, debe acabar» (*El Nuevo Lunes*).

«Hay que introducir, si preciso fuere, las modificaciones legales que fueren necesarias para suspender la publicación de *Egin*. Basta de contemplaciones con *Egin* y basta de soflamas en favor del boletín etarra acogiéndose a la sacrosanta libertad de expresión». (Luis G. del Cañuelo, en *El Siglo*).

En el capítulo de los disparates, también hubo lugar para el papel desempeñado por los «infiltrados» dentro de ETA. Y si una profesional como Amparo las Heras contrastaba la información en las fuentes de origen denunciando en *El Mundo* cómo «El Lobo propuso a ETA raptar al conde de Godó», lo habitual era encontrar perlas como la siguiente, firmada por Ahmad Rafat y Carlos Bello en *Interviú* el 13 de abril de 1987: «Stefano delle Chiaie se infiltró en ETA a través de Gaddafi», agregando cómo «en 1976 dio un curso de entrenamiento sobre 'técnicas de guerra revolucionaria' a policías españoles en una finca de Lérida». La revista *Tiempo* el 16 de noviembre de 1987 daba cuenta a través de Julio Trujillo, uno de sus más conspicuos colaboradores parapoliciales, de que «confidentes de la Policía ponen a ETA contra las cuerdas». En la escalada de despropósitos consentidos por su publicación, Trujillo señalaba que «infiltrados de la Policía ascienden en ETA al ser neutralizados los dirigentes históricos» y que «estudiantes de Policía son invitados a abandonar los libros para introducirse en ETA».

Otro de los aspectos más queridos por los medios de comunicación es vincular a ETA con negocios de narcotráfico. En ese aspecto la guerra sucia informativa alcanza toda su crudeza y se despoja de cualquier escrúpulo. Fueron varios los periódicos de la Comunidad Autonómica Vasca que el viernes 20 de marzo 1992 se hicieron eco de unas manifestaciones del entonces gobernador civil, Daniel Vega, en las que tildaba a los últimos detenidos de ETA de «narcotraficantes, chorizos y violadores», tesis que ya había puesto años atrás en circulación la revista *Tiempo* a través de Xabier Bárcena, que alternaba las publicaciones en dicha revista con sus trabajos como machaca en las oficinas de prensa de la Consejería de Interior. El titular de su reportaje del 20 de agosto del citado año era lo suficientemente explícito: *Terroristas drogadictos nutren los comandos de* ETA, añadiendo que existen «contactos entre etarras y jefes del narcotráfico».

La desfachatez alcanza tales límites, que *El Mundo* no tenía ningún inconveniente el 24 de agosto de 1994 en titular una crónica de su corresponsal Gemma Casadevall que «Un periódico alemán relaciona a ETA con el tráfico de plutonio», añadiendo que la organización vasca «o bien dispone ya de suficiente material para fabricar una bomba, o bien aspiran a mejorar con ello su caja de resistencia». El periódico de Pedro J. se hacía el ignorante sobre el hecho de que la operación del plutonio había sido urdida por los servicios secretos alemanes con la colaboración imprescindible del Cesid español.

Pero cuando el desatino alcanzó ya caracteres épicos fue a raíz de la detención de los militantes de ETA acusados de secuestrar a Ortega Lara. Los medios de comunicación tragaron sin reparos la basura suministrada por Interior y Alberto Gallo y Jesús Mendoza escribían en *El Mundo* que «cada vez parecen más claras las conexiones entre ETA y el narcotráfico», titulando simultáneamente que «ETA quiso invertir en letras del Tesoro» y que «disponía de 19.700 millones de pesetas para blanquear». A esa misma teoría se apuntaba Jesús Duva en *El País*, que el 6 de agosto de 1997 proclamaba: «La Guardia Civil investiga si ETA mantiene una red de blanqueo en Portugal». Las especulaciones bajaron su alto voltaje cuando se supo que uno de los socios de los detenidos era nada menos que Juan José Hidalgo, el hombre fuerte de Air Europa y Viajes Halcón, noticia facilitada por la revista *Tribuna* el 3 de noviembre de 1997. Lo que no se molestaron ni *Tribuna*, ni *Interviú*, ni *El País* fue en comprobar quién había firmado con los socios de Hidalgo un crédito por esos 19.000 millones de pesetas. Se podrían llevar un susto porque la operación había surgido desde una oficina bancaria del BBV con el auspicio nada menos que de un cuñado de Jaime Mayor Oreja.

A pesar de todo, en septiembre de ese año *El Mundo* aún se perdía por los mismos andurriales y en una información firmada desde Bolonia por su enviado especial R.M. decía que «existen serias sospechas de que la organización terrorista ETA pueda estar en contacto con grupos mafiosos, con el crimen organizado italiano». La afirmación habría sido hecha por miembros de una organización oficial española durante el encuentro entre ministros de Interior. ABC venía en ayuda de su colega y titulaba una información de Luis Ayllón desde Roma congratulándose de que «Aznar consigue el compromiso de Prodi de luchar para que la mafia no colabore con ETA».

Un asunto que concita el morbo y pone en marcha ignotos mecanismos mentales de los periodistas españoles es la presencia de mujeres en la izquierda abertzale, especialmente cuando alguna de ellas participa en comandos armados de ETA. Las referencias a sus personas van desde resaltar su especial dureza hasta incidir en sus características físicas. En ese aspecto ha habido periodistas que, como Martín Prieto, no se han recatado en proferir los insultos más soeces y machistas contra alguna de ellas. El caso de este último columnista es especialmente llamativo porque le gusta rodearse de un acompañamiento corifeo femenino, al que incluso ha llegado a denominar enfáticamente «mis mujeres». Sin embargo, ninguna de sus pretendidas musas, algunas con fama incluso de «progres», salió al paso de sus aberraciones y continuaron bailándole las gracias.

Cambio 16 las denominaba ya en diciembre de 1987 «mujeres de armas tomar» y, por si quedaban dudas sobre su intencionalidad informativa, las calificaba de «más duras que los hombres». Juan Gómez, el autor de la información, afirmaba que «las mujeres de ETA, las 'numantinas', como las llaman los expertos de Interior, todavía pueden dar mucha guerra». Una vez formulados estos planteamientos, el periodista se lanzaba a tumba abierta: «Las mujeres terroristas han tomado el relevo en ETA. Son más duras. Se plantean menos 'problemas ideológicos' y su abrazo a la militancia activa tiene un doble componente de liberación social y de liberación política». El reconocimiento de la lucha política de estas militantes, tenía que tener necesariamente alguna contrapartida negativa: las «chicas de ETA», como las denominaba, estaban en los comandos operativos debido a «la falta de militantes (masculinos) dispuestos a empuñar las armas». Y para justificar lo que pudiera venir en futuros encuentros armados, Gómez daba cuenta a continuación de cómo se las gastaban: «Cuando se va a detener a un grupo donde hay mujeres, hay que extremar las precauciones. Sobre todo con ellas». Y así, era «lógico» el final de Lutxi Urigoitia, despachada con un tiro en la nuca a bocajarro, y que, para poder reducir a Josefa Mercedes Ernaga, hubiera que meterle un tiro en el pulmón izquierdo.

Gómez desmenuzaba seguidamente el currículum de algunas de las militantes de ETA y, de paso, iba deslizando adjetivos nada encomiásticos a su vera. A Mertxe Galdós Arzuaga, *Bittori*, la calificaba de «la etarra más sanguinaria en la historia de la organización terrorista», agregando que, «tras escalar peldaño a peldaño la estructura de ETA a base de sembrar cadáveres», resaltaba que «la carrera de Galdós fue meteórica». Mertxe Galdós ya había requerido en abril del año anterior la atención de *Cambio* 16, que le dedicaba un *lead* estremecedor: «Es la mujer que más atentados sangrientos ha cometido por orden de la organización terrorista vasca ETA (m). Para cometerlos, utilizó muchos recursos. En una ocasión se vistió de monja para matar a dos policias nacionales. En otra, simuló estar embarazada para acercarse más fácilmente a su presa. Llegó incluso a flirtear ardientemente con otro etarra para despistar a unos guardias civiles a los que pocas horas después asesinaría». Consecuencia de todo ello, lo lógico era deducir que «su sangre fría alcanza cotas altísimas» y que «el sadismo de la etarra María Mercedes ha ido en aumento con el paso de los años».

De María Elena Barcena Argüelles, *Tigresa*, por aquel entonces militante de ETA (pm), dice que es «otra etarra con una dilatada cosecha roja». Supuestamente participante en el secuestro de Martín Barrios, Gómez recurre a un hipotético ex polimili para decir que «no había nada que hacer. Estaba la Tigresa en medio y era imposible hacer concesiones. Con las mujeres, ya se sabe». Conclusión, Juan Gómez afirma que «más que Tigresa habría que llamarle 'Empecinada».

El periodista reproduce a continuación un test policial al que, según sus informadores, deben responder todos los detenidos acusados de pertenencia a ETA. En este caso los interrogados son Iñaki de Juana Chaos, Esteban Nieto, Maite Rojo, Inma Noble y Kristina Arrizabalaga. La conclusión de los maderos interrogadores era fulminante: «Los compañeros de las etarras, sin querer responder a todas las preguntas, mostraron una mayor capacidad de análisis. Ellas funcionaban con la cartilla».

Elena Beloki Resa no sale mejor parada en la retrospectiva que le dedicaba *Tiempo* en octubre de 1988: «Ha pasado de integrar un comando de información de la organización terrorista, sin delitos de sangre a sus espaldas, a convertirse en la ideóloga de ETA». La apostilla consiguiente era situar a Elena como «la segunda mujer que en la ya dilatada historia de ETA ocupa un sillón en la ejecutiva de la organización terrorista».

Santiago Etxauz, el ínclito autor de la información, cree conveniente contextualizar el reportaje y se suelta la siguiente parrafada: «Hija de un emigrante navarro que se instaló en Areta en plena época de expansión industrial para huir de las miserias del campo, pertenece a una generación de jóvenes que, en plena adolescencia, contemplaron la transición hacia la democracia». Según Etxauz, ello le valdría a la afectada para decir que «todo sigue igual, nada ha cambiado en Euskadi y el franquismo continúa».

Etxauz no tiene inconveniente alguno en entrar en la vida sentimental de Beloki para justificar que ésta sería la manera de cómo ella «empieza a conocer los mecanismos internos de la banda terrorista». En su escalada de interlocutores innominados, el corresponsal de *Tiempo* recurre a «fuentes cercanas a los refugiados» para soltar que «el carácter abierto y campechano de Elena, a la vez que políticamente 'intransigente y dura', le reportan cierta fama entre los refugiados». Cuando años después, concretamente el 14 de julio de 1993, un juzgado de la Audiencia Nacional la deja en libertad, Elena declara a varios medios de comunicación que «han montado una novela sobre ella», según recoge *El Mundo*. Elena, que es periodista, manifestó a la salida del juzgado que «siento una vergüenza enorme de la profesión porque habéis contado toda una novela sobre mí».

Las películas sobre las militantes de ETA continuarían

siendo una constante a lo largo de la historia más reciente del periodismo español. El mismo *Tiempo* subía el 24 de diciembre de 1994 a Carmen Gisasola a los altares de la denigración al calificarla como «la terrorista más sangrienta de ETA» y destacar de ella que «un fraile carmelita, actualmente en Perú, inició en el nacionalismo a la etarra». El reportaje, firmado por Amaya Alberdi, no puede obviar, pese a todo, afirmaciones como ésta: «El carácter decidido, determinante y valiente de esta etarra es recordado años después por los vecinos del barrio de caseríos de Burenaga, a dos kilómetros de Markina.(...) Todavía vivía Franco y ella se atrevía a hablar y a decir todo lo que se le ocurría a los guardia civiles que se acercaban por aquí. Ella les decía que eran unos comprados, unos muertos de hambre, que en su tierra no tenían qué comer. (...) Nunca ha tenido ninguna vinculación laboral o profesional con nada. La 'causa vasca' ha sido su único objeto de dedicación y donde ha alcanzado una auténtica veteranía. (...) Carmen, con un carácter fuerte y de ideas fijas, muy decidida y arrolladora si es necesario, decide su integración en ETA con 21 años».

El reportaje sobre Carmen concluía, como no podía ser menos, inmiscuyéndose en su ámbito familiar: «Los padres de Carmen Gisasola son de esos vascos cuyas señas de identidad no necesitan de ninguna condición ideológica. 'Como muchos, la mayoría de los que vivimos por aquí, hablan mal el castellano', señala un vecino de esta zona que recurre al euskara para matizar su expresión».

Pero quien se llevó la palma de la atención mediática durante años fue Idoia López Riaño, a la que desde diversos periódicos y revistas se demonizó y mitificó a partes iguales, más allá de lo que el mínimo resquicio ético de deontología profesional exige a cualquier periodista. Para Carlos Fonseca, que la calificaba de «la dama asesina», era «una mujer bella, expulsada del *comando* Madrid y con afición a las discotecas, pero que reaparece como la responsable del nuevo *comando itinerante* de ETA». Tras subrayar que es «alta, de ojos azules y pelo rizado», Fonseca recurre a sus habituales fuentes para decir que «la Policía la considera la mujer más atractiva de ETA» y que «cuenta tras de sí con un dilatado historial de crímenes y una leyenda negra de indisciplina que ha puesto en peligro en varias ocasiones a sus compañeros de comando».

Las fuentes policiales consultadas por el periodista de *Tiempo* echan todavía más leña al asador: «Idoia no guardaba las habituales medidas de seguridad y se prodigaba en escapadas nocturnas, generalmente a la discoteca Cobre, donde en más de una ocasión se dispuso un servicio de vigilancia para intentar su detención». El periodista, que no menciona cómo, pese a tantas facilidades, los avezados cuerpos policiales españoles no lograron su objetivo, añade que fue el mismísimo Santi Potros quien «la eligió por su arrojo asesino para incorporarse al nuevo *comando Madrid*», dejándose ver años después en Argelia, en donde «formó parte del privilegiado grupo de etarras que vivió las negociaciones de la banda con el Gobierno».

Fernando Lázaro, en *El Mundo*, insiste en los mismos parámetros. Tras atribuirle un amplio currículum patibulario, se desmadeja en su descripción: «Es considerada como una mujer muy guapa, morena, de ojos azules y con más de 1,80 de estatura». Mientras, su compañera Carmen Gurruchaga la rebautiza como La tigresa, apodo que la periodista se saca de «círculos de amigos». También dice de ella que fue vista en alguna manifestación celebrada en la capital donostiarra, «lo que le costó una bronca de sus superiores de ETA, ya que no lograban que pasara desapercibida». Gurruchaga tampoco se puede sustraer a las características físicas de Idoia y dice que «una vez que se la ve, resulta difícil de olvidar. Mujer altísima, alrededor de 1,80, con pelo largo negro y rizado y unos enormes ojos verdes, resulta espectacular». Pero la periodista donostiarra siempre tiene que ir más allá y, sin meditarlo demasiado, entra a saco en el ámbito familiar: «Idoia López Riaño nació en Galtzaraborda, un humilde barrio en la localidad de Rentería, conocido además, por la existencia de gitanos que trafican con droga, en el seno de una familia de emigrantes. Su primer nombre es el de Irene, pero esta chica, de ideas abertzales desde muy jovencita, se olvidó de él para utilizar el segundo nombre (Idoia), que sus padres le habían puesto porque había nacido en el País Vasco. Su madre, una mujer de aspecto muy juvenil, no quiere hablar de su hija. (...) Quienes la conocen dicen que es una mujer que 'tiene muy claro lo que quiere', jamás se pone nerviosa y actúa siempre con gran frialdad. Hay quien se ha empeñado en decir que es 'ninfómana'. Sin embargo, sus próximos dicen que 'como cualquier otra mujer, tiene un novio allí donde está y nada más».

El glosario de todo ello lo ponía la misteriosa Amaya Alberdi que volvía a reaparecer en *Tiempo* el 14 de enero de 1991 para concluir rotundamente que «sólo ocho mujeres tuvieron la confianza de la cúpula de ETA», evidencia que le permitiría seguidamente hacer la siguiente afirmación: «La escasa representación femenina en ETA es fruto del carácter machista de la organización terrorista. Las mujeres que han conseguido acceder a su cúpula, a excepción de Yoyes, son 'damas de hierro' vinculadas al sector duro de la banda».

Lograr establecer las conexiones entre Herri Batasuna y ETA militar ha sido desde siempre el sueño dorado tanto del poder político-militar del Estado español, como de sus fieles altavoces en los medios de comunicación. En ese intento, han invertido sus mejores esfuerzos a lo largo de años y, aunque con altibajos e intensidades distintas, nunca han cejado en su empeño. La cuadratura del círculo era conectar directamente a lo que denominan «cúpula de ETA» con Herri Batasuna, organización a la que en el más benigno de los casos atribuyen ser tan sólo «el brazo político» de ETA.

Sobre Herri Batasuna, por tanto, se han escrito historias verdaderamente demenciales. El 25 de marzo de 1979 *Cambio 16* le dedicaba un amplio reportaje bajo el epígrafe global de «lo que quieren los ultravascos». Las cosas en aquel entonces se decían con menos rodeos y la revista pone en boca del ministro del Interior, Martín Villa, las siguientes palabras: «La postura de HB de defender un Estado socialista y vasco independiente es completamente inadmisible porque niega la unidad de España». Estas afirmaciones fueron refrendadas por un coronel del Ministerio de Defensa, también muy explícito: «Nuestra postura es clara: no ceder un milímetro. Declaraciones como la de Herri Batasuna la semana pasada, negando la españolidad de las Vascongadas, son cuestiones que un Ejército unido y disciplinado como el nuestro no puede tolerar». *Cambio*, en un despiece titulado «Qué es Herri Batasuna» respondía que «nació como coalición electoral en mayo de 1988 con el objetivo de 'liberar Euskadi y construir el socialismo». Agregaba más adelante que «se constituyó como una mesa permanente de debate, un eje electoral y de masas para la deseada unidad de la izquierda abertzale». La revista incluía también su programa político, del que decía: «Está compuesto exclusivamente por seis puntos: libertades democráticas con reconocimiento del derecho de autodeterminación y legalización de todos los partidos; reconocimiento de la soberanía plena a la nación vasca y a su integridad territorial en un estatuto de autonomía; institucionalización y apoyo permanente a la lengua vasca; democratización urgente de la Administración local; mejora de las condiciones de vida de la clase trabajadora y amnistía total con la retirada progresiva de las FOP y la Policía». La publicación terminaba afirmando que los cuatro parlamentarios recientemente elegidos para las Cortes españolas habían hecho pública ya su decisión de «negociar directamente con el Gobierno estos puntos, sin acudir al Parlamento español porque no somos españoles».

Transcurridos muchos años desde entonces, tras cantidad de agresiones contra Herri Batasuna y sus militantes y ya con su última Mesa Nacional a tiro de cárcel del Tribunal Supremo español, un salto en el tiempo demuestra que la situación no sólo no ha mejorado, sino que ha ido notablemente a peor. Ildefonso Olmedo se despachaba en el semanal «Crónica» de *El Mundo* con el siguiente titular: «En el negro corazón de HB. Viaje al mundo que alienta las torturas y los atroces crímenes de ETA». A esta cita no podía faltar Santi Etxauz que, una semana después, salía a la palestra en *Tiempo* imbuido del mismo afán turístico: «Viaje al infierno de HB. Cómo viven, cómo se forman, cómo se financian los cómplices de ETA». Etxauz, después de tantos años de servicio a la causa antiabertzale, no podía ser uno más en los denuestos y daba un paso más que los restantes colegas: «Los fanáticos miran de frente, con desvergüenza, a sus convecinos. Es una de sus labores: 'Fijar caras y personas». Dicho esto, se aventuraba por el siempre peliagudo sendero de la prospección sociológica con un inquietante «Así es el votante de HB». Para destripar las entrañas de estas personas, Etxauz había recurrido al Eustat, el Instituto Vasco de Estadística: «Tiene un estatus social medio alto, posee un nivel de estudios cualificado y se considera independentista vasco. Se sitúan mayoritariamente entre personas menores de 49 años, mientras que los mayores de esa edad sólo les aportan el 29% de los votos. Las simpatías por HB son mínimas entre las amas de casa y los pensionistas. Hablan y entienden mayoritariamente en euskera y se consideran sólo vascos. Los seguidores de HB no son creyentes, aunque mantienen un 24% de adhesiones a la Iglesia católica». Un reportaje tan completo no podía cerrarse sin una referencia a las finanzas. Tras aseverar por su parte que «el MLNV goza de buena liquidez monetaria», Etxauz recurre a un anónimo «miembro de la lucha antiterrorista», que aporta la siguiente parrafada: «Manejan importantes cantidades de dinero que proviene de donaciones y extorsiones. Es su principal fuente de ingresos. Lo hacen como la mafia. Con presión psicológica sobre sus acólitos y sobre personas indefensas que tienen negocios más o menos boyantes a los que les piden diferentes cantidades de dinero. Visitan bares pidiendo para los presos, para el euskera, la cultura... cualquier tipo de disculpa. El que se niega recibe mensajes intimidatorios. La amenaza no es directa, son muy cínicos en sus amenazas. Con esta presión pueden recibir normalmente desde 10.000 pesetas de vecinos y dueños de pequeños bares y tiendas, hasta 500.000 que aportan empresarios que no quieren líos o que simplemente mantienen relación con los batasunos». El reportaje de Etxauz no tenía desperdicio y hacía una radiografía, persona a persona, de «los que mandan», diseccionando a los componentes de la Mesa Nacional entre «los más duros» (Rufi Etxeberria, Gorka Martínez, Floren Aoiz, José María Olarra, Juan María Olano, Joseba Álvarez, Joseba Martín, Mikel Arregi, Koldo Castañeda y Antton Morcillo), «los del boicot a las instituciones» (Koldo Celestino), «los históricos que no pintan nada» (Itziar Aizpurua, Jon Idigoras y Tasio Erkizia), «los que vigilan la economía» (Jose Luis Elkoro y Carlos Rodríguez), «las chicas» (Mati Iturralde, Amaia Bao y Txotxe Andueza), «los contemporizadores» (Adolfo Araiz y Karmelo Landa) y, finalmente, «los desconocidos» (Alberto de Lorenzo y Juanpe Plaza). A cada uno de ellos, Etxauz le dedicaba un párrafo no precisamente laudatorio. Tan documentada aportación periodística tenía tres añadidos informativos más: El *organigrama del terror*, El *uniforme abertzale* y El *argot* («Eriko Alternatiba (sic): alternativa popular que ellos quieren representar; suelta de cabrones: cuando los jóvenes comienzan a realizar destrozos para provocar a la Ertzantza»). Otro imprescindible como Gorka Landaburu tampoco iba a estar ausente en los peliagudos tiempos de finales de julio de 1997 y, coincidencia o transmisión telepática, titulaba en *Cambio* 16 al igual que sus compañeros de oficio: «Viaje al mundo tenebroso de Herri Batasuna».

Pero la obsesión principal de los medios de comunicación sobre Herri Batasuna siempre fue el tratar de descubrir el hilo directo que le unía con ETA militar. Ya el 5 de abril de 1981 Miguel Castells salía al paso en *El País* de las manifestaciones del entonces ministro del Interior Juan José Rosón, que había afirmado que la coalición abertzale era el brazo político de ETA. Tras calificar esa expresión de «jaimitada», Castells, en aquellos momentos senador abertzale, declaró a Victorino Ruiz de Azúa: «No somos ni el brazo, ni la pierna, ni cualquier otra parte de la anatomía de ETA». Pero ello le traía al pairo a Carlos Carnicero, que el 9 de mayo de 1983 titulaba en *Tiempo*: «Herri Batasuna, sin careta: ETA somos nosotros». En esta misma tesis insistían el 26 de octubre de 1987 Juan Gómez y Gorka Landaburu en *Cambio* 16 al destacar «Herri Batasuna, los hijos de ETA». Dos años después hacía su aparición en escena Julio Trujillo en *Tiempo* y, en un reportaje escrito el 13 de febrero, tiraba de dossier policial para anunciar: «Los informes confidenciales que Herri Batasuna pasa a ETA», especificando cómo «ETA dirige cada paso de la coalición de Herri Batasuna en su campaña al Parlamento Europeo».

A partir de ahí, ETA y HB van a estar permanente e indisolublemente unidas en los medios de comunicación españoles: «HB visita y amenaza para ayudar a ETA. Iñaki Esnaola, José María Olarra, José Luis Elkoro y Joaquín Gorostidi visitaron a los constructores. 'Antes de que la autovía exista habrá muertos', dijo uno de ellos» (Gorka Landaburu en *Cambio* 16, el 31 de marzo de 1991); «Dirigentes históricos de HB se rebelan contra el poder de ETA. Manifiestan su oposición a los asesinatos de niños por la banda terrorista» (Isabel Martínez en *Tiempo*, el 25 de noviembre de 1991); «Tres dirigentes históricos de HB reorganizan ETA. La policía vigila los pasos de Gorostidi, Martínez y Aldekoa ex miembros de la Mesa Nacional abertzale» (Antonio Rubio y Manuel Cerdán en *Cambio* 16, el 14 de diciembre de 1992); «Los novios de la muerte. La tragedia del enfrentamiento civil acecha a la sociedad vasca después de que el Gobierno de Euskadi demostrara los vínculos entre ETA y Herri Batasuna. Juan María Atutxa: 'La estrategia de ETA y la extorsión la efectúa desde aquí gente de HB» (Juan Carlos Algañaraz en *Cambio* 16, el 17 de enero de 1992); «ETA manda más que nunca en HB. Voces disidentes que criticaron el asesinato de Ordóñez, alejadas de la coalición abertzale. En medios nacionalistas no se explican el radicalismo de Aoiz, quien, por su juventud, no sufrió la represión franquista» (Jorge Ventura, en *Interviú*); «Habla Amedo: 'Los generales de ETA son tres: Iruin, Idigoras y Erkizia» (Manuel Cerdán y Antonio Rubio en *Cambio* 16, el 24 de febrero de 1992); «Juan María Atutxa denuncia ante el Parlamento vasco la 'profunda vinculación entre ETA y HB'. Realizó diez preguntas a Herri Batasuna. Inquirió al partido radical si pretende abrir una investigación interna» (Miren Koldorena en *El Mundo*, el 4 de febrero de 1992); «ETA y sus hermanos. Las revelaciones judiciales sobre el pago del impuesto revolucionario ponen al descubierto las relaciones operativas entre Herri Batasuna y la organización terrorista» (Carmen Gurruchaga en *El Mundo*, el 9 de febrero de 1992); «Daniel Vega: 'En muchas actuaciones de ETA hay una implicación grande de determinados miembros de HB'. El gobernador civil de Vizcaya dice que debieran 'ser señalados con el dedo» (Isabel Camacho en *El Mundo*, el 23 de agosto de 1993); «ETA cede a los moderados de HB los primeros puestos de las listas. Los dirigentes de KAS quedan relegados a segundos puestos y los críticos desaparecen de la contienda electoral» (Isabel Martínez y Santiago Etxauz el 10 de mayo de 1993, en *Tiempo*); «Alcaldes afirman que 'el dinero se reclama en las herriko tabernas de HB» (Gurutze Aldabalde en *El Mundo*, el 19 de septiembre de 1993). «Los cómplices del tiro en la nuca» (Julen Sordo y Joaquín Vidal en *Interviú*) y «TVE, Tele 5 y Antena 3 acuerdan no informar de HB hasta que condene el asesinato de Blanco. Piden al resto de los medios que se comprometan con la misma iniciativa» (Agustín Rivera en *El Mundo*, el 17 de julio de 1997).

El tema de la negociación política ocupó también grandes espacios en los media que, según las circunstancias, servía para condenar, escindir o distorsionar las relaciones entre Herri Batasuna y ETA, siempre según el particular prisma e intereses de los medios de comunicación. «Tensiones en ETA y en Herri Batasuna por la negociación», expresaban claramente Carlos Carnicero y Santiago Etxauz en *Tiempo*, el 7 de septiembre de 1987. Ese hipotético estado de cosas lo trataba traducido un mes después la misma publicación, sólo que en esta ocasión era Isabel Martínez quien firmaba la crónica, con el siguiente enfoque informativo: «Se fragua un cisma en Herri Batasuna». A este mismo planteamiento se sumaba Julio Trujillo en *Tiempo* cuando, dos años después, el 27 de febrero de 1989 afirmaba que «El diálogo ETA-Gobierno divide a Herri Batasuna». *El País* especulaba sobre el particular y afirmaba que «ETA contempla la posibilidad futura de ceder a HB el protagonismo en el proceso de negociación». El diario madrileño agregaba, haciéndose eco de «fuentes internas» de Euskadi Ta Askatasuna, que «cualquier negociación irá despacio y necesita agotar determinados pasos». Sin embargo, Antonio Rubio y Manuel Cerdán eran ya más imperativos el 27 de noviembre de 1989, cuando afirmaban que «HB quiere que ETA deje las armas en el 92».

Un recorrido por las hemerotecas es la demostración palpable de que la actividad política de Herri Batasuna siempre estuvo jalonada de dificultades. *El País* ya lo recogía así el 10 de octubre de 1980 en una crónica que desde Iruñea firmaba Fermín Goñi: «Herri Batasuna se plantea la posibilidad de pasar a la clandestinidad». Esa alternativa, según el periódico, venía motivada por la detención del parlamentario foral abertzale Fernando Sáez y otras ocho personas en Nafarroa. «Si tenemos que pasar a la clandestinidad, HB desaparecerá de las instituciones con lo que esto supone y empleará nuevos métodos de lucha», se ponía en boca de Iñaki Aldekoa.

La estrategia de arrinconar a la coalición abertzale no es nueva y ya el 4 de febrero de 1983 José Luis Barbería afirmaba en *El País* que «Benegas propone un 'frente por la paz' para aislar a HB». La medida, adoptada «como alternativa al fracaso de las negociaciones», tendría su continuidad informativa el 15 de febrero de ese mismo año, cuando, según volvían a recoger el mismo periódico y el mismo periodista, «Los socialistas proponen una nueva fórmula de conversaciones sin Herri Batasuna. El Partido Socialista de Euskadi considera inviable el plan de negociación propuesto por Garaikoetxea».

Tampoco son novedosos los avatares judiciales vividos por miembros de la formación abertzale. El 20 de junio de 1983, Carmelo Ridruejo informaba en *El País* que «dos dirigentes de HB declararán ante la Audiencia Nacional por apología del terrorismo». Dos años más tarde era de nuevo *El País* quien se hacía eco, a través de José Yoldi, de que «Interior y HB (están) dispuestos a acudir al Supremo en la pugna sobre la legalización del partido». Y ya el 27 de abril de 1987, tras una ataque con botellas incendiarias contra la Casa del Pueblo de Portugalete, Victorino Ruiz de Azúa titulaba en *El País* que «el PSOE pide actuaciones judiciales contra Herri Batasuna por el atentado contra militantes socialistas».

Nada es nuevo en Herri Batasuna y las situaciones se reproducen miméticamente por ciclos. Con la negociación como tema eterno de fondo, *El País* del 5 de agosto de 1987 recogía que «Jon Idigoras considera positivo el artículo de Xabier Arzalluz publicado el pasado domingo en el diario *Deia*, en el que afirmó que ETA quiere dialogar pero 'Madrid no' y que ha habido oportunidades de diálogo que se han desperdiciado. 'Es imposible resolver el problema vasco si no existe una fórmula negociadora', señaló el miembro de la Mesa Nacional de HB. 'Herri Batasuna mantiene su oferta de diálogo para conseguir una negociación política». Tampoco suena a extraño que en las mismas páginas de *El País* y escrito por Pedro Gorospe se plantease el 17 de noviembre de 1990 una situación de aislamiento contra la coalición: «Los partidos vascos acentúan el boicoteo a Herri Batasuna ante las elecciones locales. Aulestia pide un pacto que impida a la coalición copar alcaldías».

Incluso en el plano internacional, HB y ETA aparecían mezcladas indisolublemente por Feliciano Fidalgo, de *El País*, que, desde París, se hacía eco de que «el Gobierno español protesta ante Francia por la emisión de un programa de televisión favorable a Herri Batasuna y ETA».

Con tales precedentes, no puede resultar extraño que los denuestos contra la izquierda abertzale llegasen en cascada desde los más diversos lugares. *El Mundo* recogía los de Daniel Vega, a la sazón gobernador civil de Bizkaia: «Los de Herri Batasuna son nazis, fascistas y antidemócratas». *Cambio 16* titulaba su editorial 28 abril de 1997 con «HBetas pierden», para tres meses después volver a la carga con un elocuente «A por ellos», haciéndose eco de la frase lanzada en una manifestación de Madrid por la locutora de TVE Victoria Prego. Todo valía contra HB y *El Mundo* del 17 de julio de 1997, bajo una foto de la propietaria de una panadería con su establecimiento vacío, incluía el siguiente titular: «Boicot en Ermua: dicen que este pan es de HB». Nada nuevo bajo el sol después de que el mismo periódico ya hubiera difundido, con reproducción del pasquín incluido, el texto de unas octavillas en las que se llamaba a Jon Idigoras «asesino de niños». Era también *El Mundo* el que en enero de 1993 titulaba tras el atentado contra José Antonio Santamaría: «Abucheos e insultos a los concejales de HB». En uno de los párrafos del texto se podía leer que «el teniente de alcalde del PP del Ayuntamiento donostiarra, Gregorio Ordóñez, declaró que la única negociación que ETA merece 'es la horca'. Con los salvajes y criminales –añadió– sólo cabe el exterminio. Ellos han elegido el camino: o dejan de masacrar a la sociedad y pagan sus culpas o es lícito eliminarlos». *El País* era muy gráfico el 10 de enero de 1998 cuando resumía en un titular el rencor de los media contra la izquierda abertzale: «Los concejales de HB te miran con odio en los ojos», expresión que le atribuía a un miembro de la corporación zarauztarra tras el atentado de ETA contra el concejal del PP José Ignacio Iruretagoiena.

En pleno desmadre informativo, se podía leer en *Interviú* un artículo de Jorge Ventura que, según los datos recogidos por una encuesta de la revista en el País Vasco, «el GAL también tiene amigos en HB». O ver atónitos cómo el 10 de agosto de 1987 José Barrondo titulaba en *Tiempo* que «HB cultiva la cantera de futuros activistas en campamentos infantiles», refiriéndose a los críos de entre 9 y 13 años de Kimuak, a los que se preparaba «para militar en el Movimiento Vasco de Liberación Nacional». Abierta la barra libre de los despropósitos, Miguel Ángel Sánchez escribía el 4 de septiembre de 1989 que «las familias de los presos etarras desafían la dictadura de HB», alucinación que continuaba años después *El País*, cuando el 18 de febrero de 1997 expresaba por medio de Pedro Gorospe que «Manifestantes de HB amenazan con 'tiros para todos' a quienes piden la libertad de los secuestrados». Con tanta intoxicación por todas partes, casi no desmerece que Mikel Muez se refiriera el 10 de octubre de 1993, también en *El País*, a que «Un pueblo navarro protesta por los apagones que sufre cuando HB convoca una protesta».

KAS ha sido otro de los grandes referentes de los *máss media* a lo largo de los últimos años, hasta convertirse en una obsesión de sus más excelsos cronistas. La Koordinadora Abertzale Sozialista fue responsabilizada de todos los males pasados, presentes y futuros producto del contencioso entre Euskal Herria y el Estado español. KAS era para ellos como una especie de secta entre demoníaca y clandestina que movía los hilos de la trastienda de la izquierda abertzale y la que tenía la última palabra a la hora de intensificar el conflicto con España. Consecuencia de ello, los militantes de KAS, dotados de un poder omnímodo, eran elementos radicales, inflexibles y, como se llegó a afirmar inclusive, los que dirigían la estrategia de la propia ETA militar.

En función de tales premisas, KAS tan pronto aparecía siendo «el principal opositor a la autovía de Leizarán» (Juan Carlos Jiménez en *El País*, 3 de diciembre de 1990), como se convertía en el sostén básico de la lucha armada: «Colectivos pacifistas aseveran que ETA pervive por el 'férreo' control que KAS ejerce sobre ETA». Después de tales prolegómenos, *El País* aún se extrañaba de que «el bloque KAS» estuviese «preocupado por la prensa», de la que resaltaba su «habitual intoxicación».

La dialéctica entre «duros» y «blandos» era una constante en la coordinadora, aunque, como siempre sucedía en estos casos, «los duros de KAS ganan a los moderados de HB» (Isabel Martínez en *Tiempo* 13 de abril 1992).

Isabel Camacho se salía en *El Mundo* el 27 de junio de 1994 de la ortodoxia informativa al afirmar que «ETA se plantea intervenir en la lucha política con iniciativas al margen de las de HB y KAS». Y no sólo eso, sino que la organización exigía «al MLNV que actúe en 'perfecta sintonía' con la dirección etarra». Siempre según Camacho, «la organización terrorista ETA culpa al bloque KAS de encontrarse en un estado permanente de 'debate interno' que paraliza su proyección exterior y, muy especialmente, en los pueblos. La dirección de ETA se muestra crítica con la organización de la coordinadora tras su último proceso de reestructuración, ya que considera que no ha sabido situar a cada integrante del bloque en su ámbito».

Pero Gorka Landaburu dejaba de nuevo las cosas en su sitio en *Cambio* 16 el 10 de abril de 1995 con un titular que ponía todo claro definitivamente: «Bang!, Bang! KAS», desvelando a continuación de tan onomatopéyico título que «por primera vez los cabecillas de la coordinadora abertzale KAS, organización a la que pertenecen ETA y HB, podrían ir al banquillo si prosperan las querellas del fiscal y del delegado del Gobierno en el País Vasco». Según Landaburu, militantes de KAS habrían realizado el 23 de marzo de ese año un «disparatado llamamiento» a la subversión: «Hacer frente con todas las armas posibles al Estado terrorista español. (...) Es además de un legítimo derecho de defensa, una obligación ética y política ineludible».

KAS, que según el menor de los Landaburu tendría 700 militantes, medio centenar de los cuales estaría liberado a plena dedicación, había nacido «por iniciativa de ETA» en 1976. Gorka detallaba que «con el tiempo y el paso de los años, KAS ha ido tomando un mayor protagonismo, hasta controlar mayoritariamente todos los entresijos del Movimiento de Liberación Nacional Vasco (MLNV) o mundo radical vasco: Herri Batasuna, los comités abertzales, el sindicato LAB, Jarrai como grupo juvenil y Egizan, organización feminista. Guardianes de la ortodoxia abertzale, los militantes de KAS, y con el beneplácito de ETA, han tejido una tela de araña para hacerse con el poder y control político, eliminando disidentes históricos. (...) La caída de los 'varones' de HB ha dejado vía libre a los cachorros de KAS. Con 16 miembros de los 25 que componen la Mesa Nacional de HB, la coordinadora abertzale ejerce todo su poder». Seguidamente el corresponsal de *Cambio* 16 sacaba a pasear sus demonios particulares y, en un despiece titulado «Los más radicales», les dedicaba una breve semblanza biográfica a ocho de ellos: Floren Aoiz («joven baluarte de la izquierda abertzale»), Gorka Martínez («hombre gris, el PNV considera que mantiene contactos con ETA»), Joseba Álvarez («pertenece a la generación de los jóvenes valores»), Rufi Etxeberria («discreto, sus apariciones en público son contadas, se le considera como un teórico que controla el partido»), Mikel Zubimendi («es el nuevo cuño intransigente de los jóvenes líderes del radicalismo vasco»), Roberto Sanpedro («ex miembro de HASI, residió durante una temporada en Nicaragua»), Xabier Alegria («uno de los exponentes más significativos pertenecientes a la línea dura»), Jone Goirizelaia («se le considera con mucha capacidad de trabajo y tiene cada vez más peso en la cúpula de HB») y Joxe Mari Olarra («sus declaraciones incendiarias provocan auténticas tormentas en Euskadi»).

Pero habría de ser Carmen Gurruchaga la que demostraría ser con mucho la que más obsesión tendría con KAS y algunos de sus militantes. Ya el 1 de abril de 1994 se marca en las páginas de *El Mundo* un titular sugerente: «KAS admite que ha perdido la iniciativa en la sociedad y que sus bases están desorientadas». Y, por si no era suficiente, agregaba: «Pide a sus militantes que salgan a la calle después de un atentado para 'explicar la necesidad y razones de la lucha armada». El texto de su información estaba lleno de profecías catastrofistas, como que KAS «reconoce que ha perdido algunos de sus militantes y sus cuadros están confusos y desorientados, además de constatar deficiencias en el funcionamiento interno y en la situación organizativa».

El desmadre de Gurruchaga había de tener su punto álgido en 1997. La periodista comenzaba el año titulando el 12 de enero, «Los ministros de ETA. Siete personas coordinan desde un órgano denominado 'KAS técnico' a la banda armada con la izquierda abertzale». En la primera página de *El Mundo* aparecían, uno junto al otro, los rostros y nombres de Xabier Alegria («Número 1 y portavoz. Jefe de KAS, se le atribuye la autoría de sus comunicados»), Gorka Martínez («Número 2. Firme partidario de la línea dura y defensor radical de la lucha armada»), Rufi Etxeberria («Organización. Desde el sector más duro y reivindicativo de HB controla los distintos grupos integrados en el MLNV»), Jone Goirizelaia («Asuntos legales. Coordina los presos y es el enlace de éstos y ETA»), Juan María Olano («Gestoras pro Amnistía. Debe mantener unido al colectivo de presos»), Jon Salaberria («Movimiento juvenil. Está considerado como líder de Jarrai y organizador de los comandos 'Y»), y Maitane Intxaurraga («Navarra. Fue destinada a Navarra para reforzar la línea dura y sustituir la moderada de Zabaleta»). El texto que introducía semejante aportación periodística, ya en las páginas interiores del dominical *Crónica* de su periódico, era también espectacular: «No son catorce, como los ministros del Gobierno de Aznar. Son menos, probablemente siete. Todos viven en el País Vasco y Navarra, a cara descubierta, y constituyen el ejecutivo que coordina el movimiento interior abertzale con el brazo asesino de ETA». Cuando días después algunos de los afectados se concentraron para denunciar esta grave incriminación delante de la redacción donostiarra de *El Mundo*, entonces sita en las proximidades del domicilio particular de la propia Gurruchaga, el periódico de Pedro J. lo interpretó seguidamente como «un ataque a la libertad de expresión».

Carmen Gurruchaga cerraría el año como lo había comenzado. El 29 de diciembre titulaba que «El sector duro del MLNV trata de hacerse con el control del sindicato abertzale LAB». Y desde su peculiar visión de la izquierda abertzale explicaría las causas: «El líder sindical (Rafa Díez) ha apostado por la llamada 'tercera vía' ante el conflicto vasco, que ha sido criticada por HB y ETA. Los ortodoxos del entorno de ETA no quieren perder la cohesión». El destinado para perpetrar la nueva felonía sería otro de los clásicos de Carmen, Xabier Alegria, a quien, tal cual había ya dicho al principio del año, situaría como «la máxima autoridad en el órgano de dirección de la coalición abertzale».

El fomentar las divisiones entre la izquierda abertzale fue otro de los objetivos prioritarios de los estrategas del Estado español y a ello se aplicaron con especial denuedo los medios de comunicación. Carlos Carnicero lo dejaba muy claro en *Tiempo*, basando sus informaciones en «fuentes gubernamentales de carácter oficioso». Según el periodista, «el Gobierno español dispone por primera vez de una estrategia global del tratamiento del terrorismo que prevé una escisión en ETA. (...) Tanto en la cúpula de la organización de ETA m como en la mesa de Herri Batasuna (las disensiones) son tan palpables que, en opinión de algunas fuentes oficiosas de la coalición nacionalista, pueden llegar a provocar una escisión en las dos organizaciones». Eran los tiempos en que aún existía HASI y Carnicero se marcaba la profecía siguiente: «La línea HASI conecta mejor con el sector duro de ETA».

La traslación de ese supuesto debate al mundo de las cárceles formaba parte también de esa estrategia, que el 23 de septiembre de 1991 Isabel Martínez y Santiago Etxauz reflejan en *Tiempo*: «Los quinientos presos de ETA, divididos en dos posturas irreconciliables». Etxauz aún insistiría en el mismo asunto un año más tarde, cuando daba cuenta de que «el Gobierno prepara la excarcelación de 50 etarras», especificando que «Antxon pide a los duros una tregua indefinida para lograr medidas generosas».

Toda esta parafernalia estaba complementada puntualmente con otras aportaciones valiosas, como la que desde *El País* hacía Soares Gamboa en julio de 1997: «El último en salir de ETA será un imbécil», información apostillada por un antetítulo no menos teledirigido: «Los presos denuncian el asesinato de Blanco». Desde *El Mundo* se afinaba más aún dos días después: «El preso Soares Gamboa corresponsabiliza a la Mesa Nacional de HB de los asesinatos de ETA». Pero el filón que suponía Soares Gamboa no iba a ser desperdiciado gratuitamente ni por el Estado español ni por sus voceros periodísticos. *El Mundo* le concedía otra página en la que éste insistía en que «la dirección de Herri Batasuna es una mesa de terroristas inciviles» y, por si no quedaba claro quién era su inspirador intelectual, apostillaba seguidamente: «Mayor Oreja lo está haciendo bien porque respeta la legalidad, que es verdaderamente lo que no le va a ETA». Claro que a Soares Gamboa, ya puestos a otorgarle protagonismo, los medios le utilizan lo mismo para un roto que para un descosido y así no es de extrañar que en *El Diario Vasco* se recogiese un artículo suyo bajo el título «Fútbol lógica», en que el ex militante de ETA se mostraba en contra de la violencia en el fútbol. «El ex etarra pide la expulsión de los más violentos y respeto para los árbitros», se encargaba de aclarar *El Mundo*.

Interior y la prensa escrita estrujaban hasta la extenuación las pocas voces discordantes que se desmarcaban del colectivo. En este sentido, el 16 de julio de 1997 dos de los periódicos más en sintonía con Mayor Oreja saltaban unánimemente a la palestra con sendas declaraciones de Latasa: «La dimisión de la Mesa de HB traería la paz» (*El Mundo*) y «El etarra Latasa pide que la mesa de HB dimita y que ETA deje las armas. La cúpula de la coalición ha llevado mucha crispación al pueblo» (*El País*).

Y es que, como reconocían muy bien Fernando Garea y Fernando Lázaro en *El Mundo*, Interior hacía del arrepentimiento «un arma secreta contra ETA», explicando además que «la política de reinserción ha escapado durante seis años al debate público».

Pero no todas las estrategias de Interior y los medios de comunicación iban a dar su resultado. Jon Tapia Irujo salía en *Egin* cara a la opinión pública el 30 de junio de 1983 para dejarlo muy claro: «Prefiero mil veces la muerte que ser delator». La revista *Tiempo* le había atribuido fechas atrás «ser el primer etarra que se había acogido a los beneficios de la futura ley de arrepentidos a cambio de haber delatado a sus compañeros». El ejemplo de Tapia se repetiría numerosas veces con posterioridad, pero eso ya no interesaba a los periodistas españoles.

La relación de los *mass media* con la izquierda abertzale ha sido desde siempre tormentosa. Lo más llamativo del caso es que, después de agresiones múltiples surgidas desde cualquier esquina mediática, los agresores se trasmutaban de inmediato en víctimas cuando los agredidos denunciaban la impunidad y prepotencia con que actuaban aquéllos. José Luis Barbería y Mikel Muez ponían en práctica este victimismo cuando el 21 de mayo de 1996 titulaban en *El País* que «KAS emprende una campaña de 'presión' y chantaje personalizada contra periodistas», especificando que «fija como objetivos 'los dueños, los responsables y los militantes creadores de opinión».

Sería imposible dar cabida a todas las barbaridades surgidas desde los medios de comunicación contra la izquierda abertzale, pero aun así, hay algunas dignas de figurar en el museo, no ya tanto de los horrores, sino de la estulticia. *Diario 16* se atrevía a titular el 8 de junio de 1983 nada menos que en primera página: «Alarma militar ante un 'kamikaze etarra' enfermo de leucemia», aclarando sus autores, Fernando Reinlein y Jorge Fernández, que «se han repartido fotografías para identificar al posible comando suicida». El afectado, Jokin Otxotorena, internado en la UVI de un hospital francés y al que días antes se le había sometido a una delicada operación de trasplante, calificaba los hechos en *Egin* de «una fantasmada», matizando que «lo que más me molesta es que se me considere incurable y desahuciado».

Otra información no menos gloriosa fue la publicada por Manuel Cerdán y Antonio Rubio el 20 de abril de 1992, en las páginas de *Cambio* 16. Pili y Mili, como son conocidos en el oficio, quisieron echar un cable a su jefe Juan Tomás de Salas, por aquel entonces en guerra frontal con su antiguo director Pedro J. Ramírez, y se inventaron un *scoop*, que sería durante algún tiempo el hazmerreír de la profesión: «ETA utiliza a *El Mundo* de mensajero». Según la información contenida en *Cambio* 16, Pakito y Urrusolo Sistiaga se comunicaban en clave entre sí a través de las páginas del suplemento universitario «Campus» de *El Mundo* utilizando el alias de Txantxangorri. Los dos periodistas, lanzados en un eslalom gigante por la pendiente del desbarre, relacionaron un chalet de nombre Txantxangorri en Iparralde, en donde supuestamente se habría alojado Txelis, para convertirlo en palabra clave de los mensajes entre miembros de ETA. Cerdán y Rubio no se andaban con remilgos y, basándose en datos facilitados por el tristemente célebre comisario de Policía Martínez Torres, trataban de descifrar las claves contenidas en aquellas notas, especialmente una del 19 de febrero: «Txantxangorri tu Donosti es sinónimo de traición. Todos tenemos que morir, mas es triste seguir viviendo muerto. Gracias por destruir mi alma. Leire». La pareja apostillaba de manera profética que «la premonición se hizo realidad. Sobre las ocho quince de la noche del mismo día, el barrio de la Albericia de Santander se transformó en un infierno. Un coche bomba explotó al paso de un vehículo policial con el saldo de dos muertos y 19 heridos».

Pili y Mili trataban de sacarle el máximo rendimiento a su éxito y detallaban cómo Martínez Torres, una vez hecho el descubrimiento, «lo traspasó a los expertos en criptogramas». Más adelante explicaban que «Txantxagorri es el nombre vasco del petirrojo. Una de las características de este pájaro es que anida en agujeros. Algo similar a lo que hacen algunos etarras. Basta recordar que José Luis Urrusolo Sistiaga permaneció ocho meses encerrado en Madrid en un piso franco con Emiliano Revilla».

Pero el invento se les vendría dramática y espectacularmente abajo cuando, con gran regocijo, Pedro J. informaba al día siguiente en *El Mundo* que todo era un montaje de *Cambio* 16 y que en realidad Leire y Txantxangorri existían. Ramírez no se conformaba con ello, sino que entrevistaba a los jóvenes y explicaba que se trataba de mensajes de desamor que se cruzaban entre ambos. Entre hilarante, satisfecho y enojado, el director de *El Mundo* solicitaba la dimisión del editor de *Cambio* 16. Sin embargo, algún tiempo después, Pedro J. incorporaba a *El Mundo* como periodistas estrellas a Manuel Cerdán y a Antonio Rubio, quienes habrían de publicar en primera página informaciones sobre la guerra sucia que causarían auténtica conmoción en la opinión pública y en la clase política del Estado español y que se demostrarían tan certeras como contrastadas.

Pero más inquietante es la mención que Ander Landaburu, hoy responsable de la edición vascongada de *El País* y en aquel entonces corresponsal de *Cambio* 16, realiza el 22 de noviembre de 1982, cuando involucra directamente a Seaska, organismo rector de las ikastolas de Iparralde, en la lucha armada: «No cabe duda de que los atentados contra dos gendarmes asesinados por los militantes de la organización Seaska, hace tres meses, provocó esta nueva política francesa hacia esa zona del País Vasco, secularmente olvidada por el centralismo y poder parisiense», escribía Ander Landaburu en un reportaje titulado *Francia vigila a* ETA.

Los denominados «abogados de Herri Batasuna» trajeron desde siempre por la calle de la amargura a los periodistas españoles de Interior. Y es que, además de tratarse de personas con las ideas políticas muy claras, se daba la circunstancia de que la práctica totalidad de ellos constituían un colectivo profesional muy cualificado, cuya labor era incluso reconocida por los propios jueces de la Audiencia Nacional. Teniendo que lidiar papeletas poco menos que insalvables en las circunstancias más adversas, aquellos letrados daban muestra no sólo de coraje, sino también de preparación y constancia profesional. Y muchos, para más inri, no sólo se conformaban con ejercer bien su oficio, sino que incluso tenían una oratoria brillante y ponían contra las cuerdas a aquellos reporteros petimetres que intentaban inútilmente acorralarles en las improvisadas ruedas de prensa a las puertas de la Audiencia Nacional. Estaba claro, por tanto, que la tropa profesional que formaban los periodistas de Interior se la tenían jurada y, a la mínima que podían, se lanzaban a degüello por los atrevidos defensores de militantes vascos.

Hubo ofensivas muy sonadas, como cuando los jueces de la Audiencia Nacional decretaron el encarcelamiento de Álvaro Reizabal, Txemi Gorostiza o Arantza Zulueta. *El País* del 4 de febrero de 1993 lo decía muy gráficamente en sus páginas: «Detenidos los abogados de HB, Txemi Gorostiza y Arantza Zulueta por su presunta relación con ETA». Este hecho le daba pie al periódico de Prisa para incluir un despiece titulado «Una larga lista de intermediarios», que en su texto recogía cómo «varios abogados pertenecientes a Herri Batasuna o a su entorno han sido detenidos por su relación con el cobro del impuesto revolucionario y con el cobro de rescates por secuestros cometidos por ETA». *El País* enumeraba a continuación los abogados supuestamente involucrados en el tema: José Mari Elosua, De la Hoz Uranga, Álvaro Reizabal, Iñigo Iruin, Andrés Ormazabal, Andrés Ibarguren y Txema Mantanzas. No importaba que sólo De la Hoz, desvinculado además del colectivo, fuese condenado en firme y los demás resultasen finalmente absueltos. La maledicencia ya estaba lanzada y, aunque con ligeras matizaciones, el diario contribuía a propalar la especie injuriosa.

Con estos antecedentes, *El Siglo* tomaba carrerilla y el 9 de marzo de 1992 se atrevía a titular en portada: «Iruin y Artapalo, los jefes de ETA». Federico Abascal, el autor de la información, lo explicaba en sus páginas: «Quien firma en el diario *Egin* con el seudónimo J. Iratzar expone desde hace años la doctrina oficial de ETA. El senador Iñigo Iruin, adueñado de ese nombre, se habría convertido tras las conversaciones de Argel, a cuyo fracaso colaboró decisivamente, en una de las autoridades supremas de la banda terrorista. 'Si no el número uno, será el número dos', dice en Madrid un miembro del Gobierno. Y todos los medios nacionalistas vascos, señalan a Iruin, descartando a los personajes de comparsa, Jon Idigoras entre ellos, como el máximo responsable del entramado etarra. Artapalo comparte desde Francia, al frente de las metralletas, la dirección militar de la organización». Una basura como ésa, llena de mentiras e intoxicaciones policiales, complementadas con unas no identificadas fuentes nacionalistas, habrían servido para colocarle a Iruin una diana más que apetecible para cualquier estratega de la guerra sucia.

No iba a ser la única vez, porque *Cambio* 16, a través de la pluma de Antonio Rubio y Manuel Cerdán, volvería a la carga el 22 de febrero de ese mismo año con un titular tan explícito como encabronado: «Abogados de HB y mensajeros de ETA». Pili y Mili explicaban a continuación quiénes eran los elegidos, no sin antes especificar que «una decena de letrados abertzales están incriminados en procesos judiciales por participar en el impuesto revolucionario, secuestros y hacer de 'correo»». El listado comprendía, con biografía incluida, a Txema Matanzas, José María Elosua, Txemi Gorostiza, Antonio Ibarguren, Iñigo Iruin, Álvaro Reizabal, José Antonio de la Hoz Uranga y Arantza Zulueta.

Informaciones como las antedichas le sirvieron a Aurora Intxausti para realizar un perfil biográfico de Iruin el 14 de febrero de 1993 en el suplemento dominical informativo de *El País*: «Moderado en las formas, no ha ocultado nunca que sus planteamientos políticos han sido siempre radicales (...) Comparte las ideas de la organización terrorista y defiende como abogado a los autores de atentados». Intxausti se sorprende de que «pese a ello, la muerte de un niño en una acción terrorista le causa dolor». Todavía menos respetuoso era el despiece que Gorka Landaburu le dedicaba en el número 1.056 de *Cambio* 16 bajo el título de «Iruin: de 'monaguillo' a presunto dirigente de ETA». El texto estaba en línea con el encabezado: «ETA se fijó en Iruin porque en los últimos años se había especializado en Derecho Constitucional. Su labor había consistido en empollarse la Carta Magna española para intentar introducir con calzador los puntos de la alternativa KAS, 'catecismo' donde se encierra la corta ideología de Herri Batasuna».

Ni que decir tiene que las querellas interpuestas por Iruin contra alguno de estos medios no tuvieron ningún respaldo judicial.

Tantos años de existencia y pujanza de ETA no podían explicarse desde los medios de comunicación si no fuera desde la evidente colaboración internacional. Estaba claro que la tan recurrente «internacional terrorista» a la que frecuentemente se apuntaban los media era la única explicación plausible a una tan fecunda y prolongada pervivencia. Un repaso somero por las hemerotecas constituye el ejercicio más apropiado para desentrañar el misterio.

Claro que las informaciones de los medios pegan bandazos espectaculares, según quienes sean las fuentes informantes. A ETA tan pronto la colocaba *Cambio* 16 en 1985 conectada con el Oriente Próximo («ETA podría matar para Gaddafi») como, también esa misma revista, la trasladaba a América Latina («Cien etarras en Nicaragua. El Frente Sandinista entrena, controla y dirige a los terroristas vascos»). Todo ello llevaba lógicamente a esta publicación a abundar en «La internacional del terror», denunciando cómo inexcusablemente «los caminos de ETA pasan por los campos de entrenamiento del KGB». Por si no estuviera suficientemente explícito, el ABC del 25 de enero de 1992 titulaba en portada una información de su entonces experta en ETA Isabel San Sebastián, quien se despachaba con un elocuente «ETA vendió pasaportes españoles a guerrillas iberoamericanas». *Tiempo* no se quedaría atrás años más tarde cuando, en base a toda la porquería acumulada, el imprescindible Santi Etxauz se hacía notar con uno de sus muchos reportajes al uso: «ETA pretende montar un partido marxista-leninista a la cubana». La misma publicación denunciaba en mayo de 1987 cómo «terroristas de cinco países europeos enlazan con ETA en Barcelona». Y, tal cual se ha podido ya leer en textos previos, todos ellos funcionarían, siempre a tenor de las informaciones periodísticas, con métodos similares: «El tráfico de drogas y los robos, base de la financiación de los grupos terroristas de Europa». Pero quizá la más sonada de estas conexiones fuera la aprehensión de cuatro ex miembros del MIR en enero de 1992. Fernando Garea y Fernando Lázaro lo explicaban así en *El Mundo*: «Los cuatro chilenos detenidos participaron en varios secuestros de ETA a cambio de dinero. Se les acusa de los secuestros de Revilla y de Colón de Carvajal. La Policía investiga si uno de ellos, residente en París, hizo de correo de Pakito. Koplowitz no fue secuestrada porque se sintieron estafados». Cabría preguntarse si tan avezados profesionales seguirían igual de panchos si supiesen que su predecesor en esta cruzada informativa contra la «internacional terrorista» había sido nada menos que el boletín de la ultraderechista Fuerza Nueva, que el 8 de abril de 1978 afirmaba en su número 587: «ETA en Venezuela». La explicación de la presencia de militantes de esta organización en el país caribeño venía a continuación: «En numerosas ocasiones habíamos afirmado que ETA no era, como sus militantes afirman, una simple organización terrorista para la lucha en Vascongadas (...) ETA es una organización terrorista internacional, con apoyo financiero, sin duda alguna, de la organización marxista mundial». *El País* se vería afectado de esta misma fiebre internacionalista cuando el 3 de abril de 1981 daba pábulo a las primeras declaraciones del nuevo director del Mando Único Antiterrorista: «ETA cuenta con apoyo financiero internacional, según el comisario Ballesteros».

Tantos contactos internacionales habrían de tener su lógica repercusión en Europa y, de norte a sur, la presencia de militantes de ETA se convirtió en una obsesión para los medios de comunicación. «ETA busca refugio en Portugal», se desmelenaba F. Guinea, seudónimo habitual de Agustín Valladolid en *Interviú*, el 10 de marzo 1997, puntualizando que «Los terroristas utilizan el país vecino como lugar de descanso de sus pistoleros». José Comas daba cuenta en *El País*, el 4 de noviembre de 1997, de que «el fiscal de Wiesbaden acusa a los etarras alemanes de preparar un atentado en Madrid». Pero, sobre todo, donde proliferaría la presencia de ETA sería en el Estado francés, según informaba ampliamente en *El País* Francisco Mercado («Terroristas en el Louvre») y *El Mundo* («ETA cambia sus bases en Francia por la presión policial, según Interior»). Con tantos militantes nacidos fuera de Euskal Herria, Carlos Santos lo interpretaría el 27 de enero de 1992 en *Cambio* 16 como que «ETA se queda sin vascos. La presencia de extranjeros en los comandos de ETA confirman que su 'cantera' se está agotando». Pero el titular de *Panorama* al respecto era todavía más espectacular: «La legión extranjera de ETA. Los etarras importan terroristas de otros países. Se autoproclaman Movimiento de Liberación Nacional Vasco, pero fichan activistas de fuera de Euskal Herria». No podía faltar a este festín intoxicador la habitual Carmen Gurruchaga que, en unión esta vez de Fernando Garea, se descolgaba con un «Las pistolas de ETA hablan francés». El dúo descubría además horrorizado que uno de los activistas era un monje benedictino. Los atribulados periodistas describían así el caso: «Su singular profesión y su santa empresa no le requería el fichar todos los días y ni los peor pensados podrían sospechar que un monje benedictino tan fiel y abnegado como él dedicara sus largas plegarias a rogar por los muertos que él mismo había causado más allá de la frontera. Sólo Dios y él saben cómo justificaba su sangrienta actividad». Desde *El País* Jesús Duva, otro de los habituales, pontificaba que «la Policía sospecha que numerosos franceses se han integrado en la infraestructura de ETA».

El Estado español no iba a ser ajeno a esta oleada internacionalista, como reconocía Alfredo Relaño en *El País* el 13 de junio de 1982: «Aumenta la presencia de hijos de emigrantes en ETA», afirmación que corroboraban siete días más tarde en *Tiempo* José Díaz Herrera y Ramón Tijeras: «Los etarras más sanguinarios no son de origen vasco. Proceden de Andalucía, Extremadura, Castilla y Galicia».

La realidad mostrada por los medios de comunicación sobre la situación en Euskal Herria alcanza en ocasiones los niveles de esperpento. Las incursiones sociológicas que de vez en cuando se atreven a realizar los redactores de las diversas publicaciones cabalgan sobre el filo de la navaja entre lo surrealista y el drama social puro y duro.

No hace falta remontarse mucho en el tiempo para encontrar un artículo de esas características firmado en *Interviú* por Juan José Fernández Magariño, un periodista que se doctoró en manipulación en las páginas de la revista *El Siglo*. Fichado por Agustín Valladolid para la publicación de Zeta, el agradecimiento a su amo se lo ofreció con un reportaje alucinante. Un profesor de filosofía onubense le daba pie a Fernández para el siguiente titular: «No quiero que mis hijas acaben siendo etarras», precedido de un antetítulo en que el compungido progenitor dice que reclama la custodia de las crías «porque viven en una familia abertzale del País Vasco». Para completar el dramón socio-político, Fernández Magariño concluye escribiendo que «las niñas, de siete y once años, han manifestado que las obligan a hablar en euskera y que los abuelos les pegan si no lo hacen».

Pero esta situación de «incivilidad» no es nada nueva, como ya recogía la revista *Tiempo* el 26 de noviembre de 1984 a través de un reportaje de Isabel Martínez, que se despachaba entonces con un titular así de contundente: «Los vascos, al borde del enfrentamiento civil». La entonces corresponsal de *Tiempo* le daba enorme predicamento a una frase de Ricardo García Damborenea: «Cinco por cada uno», pronunciada tras el atentado contra Casas. Acto seguido reflejaba en las páginas de la publicación unas palabras que, con el transcurso de los años, repetiría otra periodista, Victoria Prego, buscando también el linchamiento de la izquierda abertzale: «Vamos a ir a por ellos», sólo que en esta ocasión Martínez lo ponía en boca de militantes del PSOE.

Y es que ya lo decía Gorka Landaburu en *Cambio* 16, el 9 de diciembre de 1996: «En Euskadi hay miedo a salir de noche». Un titular tan tremebundo requería un texto en consonancia: «La extorsión y las coacciones más o menos larvadas han dejado paso al odio y a la caza pública, en la calle y a la luz del día, de todos los que no comulgen con los idearios del llamado Movimiento de Liberación Nacional Vasco». Tras atribuirles la mayoría de actos violentos a «adolescentes que apenas han salido de la infancia», Landaburu agregaba que «como si se estuviera en pleno franquismo, los pacifistas y demócratas en Hernani se reúnen clandestinamente para dar una respuesta a la presión política que ejercen los radicales en el pueblo».

Alguien puede pensar en un nuevo frente contra el euskara a raíz de las denuncias formuladas en los medios de comunicación contra un euskaltegi de Amara por unos supuestos ejercicios «intolerantes». La hemeroteca nos dice que no es así y, como prueba, se remite al 2 de abril de 1982. Ese día Patxo Unzueta informa en *El País* que «los policías matriculados en el euskaltegi de San Sebastián se dan de baja en dicho centro», puntualizando que «recibirán clases de eusquera (sic) en el cuartel de Aldapeta a partir del próximo día 20». Entonces las posturas estaban más definidas y un portavoz del Gobierno de Gasteiz advertía «no estar dispuesto a tolerar en locales que dependan de su jurisdicción presencias no autorizadas que paralicen la normal marcha de los euskaltegis». La versión de la otra parte venía de la boca de un comandante de la Policía Nacional, quien afirmaba que los cuatro agentes «habían decidido renunciar voluntariamente a su matriculación por sentirse vejados y discriminados por tal decisión». En un despiece informativo titulado *Un conflicto originado en el recelo*, se constataba que «el aislamiento de los cuatro agentes, que ha motivado su abandono del centro, pone de relieve hasta qué punto subsiste en Euskadi el recelo hacia las fuerzas de seguridad del Estado».

Pero, para recelos, los de la periodista Aurora Intxausti que, en *El País* del 9 de septiembre de 1992 se despachaba en las páginas de Cultura con un titular de esta guisa: «Sancho Panza habla a favor de ETA en el nuevo estreno de Alfonso Sastre». El texto no tenía desperdicio: «Las alusiones a ETA y sus presos aparecen en varios momentos de la obra teatral *El viaje infinito de Sancho Panza*, de Alfonso Sastre, estrenada el viernes en San Sebastián y que será representada en varias ciudades españolas. El espectáculo está subvencionado con 25 millones de pesetas por la Sociedad Estatal Expo 92 y cuenta con el patrocinio del Tren de Alta Velocidad de la empresa estatal Renfe. Reproduciendo la escena del Quijote en la que un grupo de galeotes van presos y son liberados por Alonso Quijano, uno de ellos, que se identifica como vasco, contesta al preguntarle don Quijote por qué está detenido: 'Por gritar en mi país *Presoak kalera* (Presos a la calle), *Amnistia osoa* (Amnistía para todos)'. En otro momento de la obra, cuando don Quijote ha bajado al centro de la tierra y Sancho Panza le pide que salga, uno de los motivos que le da para que desista de su postura es por 'la trinidad de ETA –Francisco Mújica Garmendia, *Pakito*; José Luis Álvarez Santacristina, *Txelis* y José María Arregui Erostarbi, *Fitti*– detenidos el pasado mes de marzo en Bidart (Francia)».

El escándalo organizado fue mayúsculo, hasta el punto de que se vio incluso forzado a intervenir el propio defensor del lector (El Ombudsman) de *El País*, Jesús de la Serna. Éste tuvo que reconocer que «el Sancho Panza de Sastre no pronuncia estas palabras ('la trinidad de ETA'). El fiel escudero de don Quijote habla exactamente de 'La Trinidad de Gaeta', tal como lo escribió Cervantes en *El ingenioso hidalgo Don Quijote de la Mancha*. La Trinidad de Gaeta está en un lugar italiano al norte de Nápoles». Intxausti, que en una segunda noticia sobre el tema afirmaba que «las frases en euskera habían sido aplaudidas el día del estreno en San Sebastián por un gran número de espectadores simpatizantes de Herri Batasuna», debió desayunarse con una réplica de Alfonso Sastre recogida por el «El Ombudsman», en la que el autor, tras señalar que «es un hecho pintoresco pero también grave», añadía: «Descontando la mala fe por parte de la periodista, me queda una sospecha de ignorancia y responsabilidad por su parte. Pero lo peor es que esa crónica haya desencadenado una tempestad en este vaso de agua que es nuestra vida cultural. Ello avisa sobre los peligros actuales a la que está sometida la libertad de expresión». A la corresponsal de *El País* no le quedó otra alternativa que reconocer su error y, como toda excusa, alegar que «tenía la firme convicción, la absoluta certeza de haber escuchado 'la trinidad de ETA».

Los periodistas constituyeron siempre una fuerza de choque del sistema político español contra Euskal Herria. Una de sus intervenciones más claras fue a lo largo del conflicto de la autovía Irurtzun-Andoain, que, como reconocerían miembros del colectivo Lurraldea, incluso llegaron a cargarse uno de los acuerdos. Su tendenciosidad fue tal que Lurraldea encargó un informe a una empresa de sociología llamada Hirilur S.A. en que se comparaba el tratamiento dado a las movilizaciones promovidas desde las instituciones y partidos del pacto y, por contra, el recibido por el movimiento ciudadano ecologista auspiciado por Lurraldea.

Las conclusiones, dadas a conocer en una rueda de prensa en un hotel de Donostia, no podían ser más concluyentes y humillantes para los medios de comunicación, volcados con la propuesta institucional. De entrada, las instituciones se habían gastado entre 80 millones y 100 millones de pesetas en dar publicidad a su postura, lo que contrastaba con el millón y medio de pesetas escaso empleado por Lurraldea. Pero si el apartado publicitario era ya significativo, mucho más concluyente fue el resultado del tratamiento informativo: algo más de la mitad de las noticias (50,1%) favorecían el proyecto oficial, frente al 40,9% de Lurraldea. El espacio dedicado en prensa a la alternativa de las instituciones fue de 86.021 centímetros cuadrados (55,6%), frente a 57.907 centímetros cuadrados (el 37,4% del total), en tanto que las informaciones que el estudio califica como «neutras» ocupan 10.797 centímetros cuadrados, el 7%.

El informe aún pormenoriza más y señala que en las noticias de más volumen (de 401 a 500 centímetros cuadrados), sólo el 19,6% es favorable a Lurraldea, mientras que el 69,6%, se inclina descaradamente al proyecto oficial. Y cuando las noticias pasan de 501 a 600 centímetros cuadrados, Lurraldea se queda en el 29% y el proyecto oficial sube hasta el 71%. La alternativa ecologista sólo consigue una situación pareja cuando las noticias ocupan menos de 100 centímetros cuadrados (un 44,8%, frente a un 44,9%). Es decir, que en las noticias de página entera ganaba por goleada la tesis oficial, mientras que sólo había un trato parejo en las notas breves. De la misma manera, los actos de Lurraldea únicamente tenían cobertura gráfica en un 39,2% frente al 58,5% de las instituciones. Y esto que sucedía en la prensa escrita, se trasladaba miméticamente a radio y televisión con muchos más segundos para los planteamientos del proyecto institucional.

Lo mismo sucedió con la información sobre las manifestaciones celebradas el 16 y 23 de febrero de 1991, promovidas respectivamente por las instituciones y Lurraldea. Según los datos manejados por Hirilur, que cuantificó en seis puntos concretos de Donostia las dos movilizaciones siguiendo el contaje tradicional de filas y de persona por fila, así como duración y minutos de la manifestación, la primera congregó a 20.888 personas, mientras que la segunda fue respaldada por 32.692. El tratamiento informativo de la primera de las manifestaciones ocupó un total de 21.606 centímetros cuadrados frente a 11.924 para la segunda manifestación.

Las conclusiones finales del estudio eran demoledoras: «En cuanto al tratamiento de la prensa de ambas campañas, en general las noticias favorables a Lurraldea han sido menos, más pequeñas, han aparecido a menos columnas y han llevado fotos en menos ocasiones que las noticias favorables al proyecto oficial». Lo mismo acontecía con la radio y el dislate se alcanzaba con la televisión, en donde ninguna noticia favorable a Lurraldea había superado los dos minutos, siendo abrumadoramente barrida de antena por las noticias oficiales.

El frente de las cárceles dio desde siempre mucho juego a los medios de comunicación, que no sólo se contentaban con recoger las desavenencias y críticas formuladas por presos que abandonaban o eran expulsados del colectivo, sino que también estimulaban las supuestas discrepancias surgidas desde dentro de las prisiones o, cuando no, se inventaban directamente noticias. Con este planteamiento, no es de extrañar que *El País* le dedicase un par de páginas el 2 de diciembre de 1991 al hecho de que «destacados presos de ETA se rebelan contra la actual dirección y piden el fin del terrorismo», información que tendría su continuidad en las páginas de *Cambio* 16. Y si ya el 20 de febrero de 1989 José María Irujo escribía «Presos de ETA se rebelan contra sus dirigentes», el 13 de abril de 1992 la revista insistía sobre lo mismo con un reportaje firmado al alimón por Antonio Rubio, Manuel Cerdán y Juan Gómez: «Presos de ETA celebran la detención de Pakito» y «La operación policial, en la que se dejó escapar a Txelis como cebo, desata una feroz lucha interna». El trío da cuenta de una peculiar encuesta desarrollada en aquel entonces por los carceleros: «Tras la caída de Pakito, Fitti y Txelis, los Ministerios de Interior y Justicia pusieron en marcha una encuesta para sondear el ánimo y opinión de los presos de ETA. Los funcionarios de las cárceles donde están recluidos la mayor parte de los etarras lograron cambiar impresiones con 257 presos. Sólo 70 se negaron a comentar la detención de Artapalo. Casi un 40% de los reclusos de ETA hablaron sin miedo. La confirmación de la división interna se refleja en el estado de ánimo de una parte importante de presos: 35 de ellos 'se alegran de las detenciones'; 31 'desean que las detenciones favorezcan posibles negociaciones y su salida de prisión' y 37 'muestran tranquilidad y satisfacción contenida', según las apreciaciones de los funcionarios de las prisiones. De los 257 presos sondeados de forma individual, sólo '53 restan importancia a las detenciones y creen que serán sustituidos a corto plazo». El imprescindible Santi Etxauz se dejaba notar el 17 de diciembre de 1990 con un reportaje muy en su línea en *Tiempo*: «Los presos de ETA ya no obedecen a sus jefes», precisando que «los etarras en régimen abierto no siguen la consigna de huir». El delegado en Bilbo de la revista informaba cómo «la división en el grupo de presos de ETA es ya un hecho. Dos cartas de activistas, a las que ha tenido acceso *Tiempo*, recomiendan a sus destinatarios que no voten a Herri Batasuna y reflejan el desánimo de un colectivo que le aleja paulatinamente de las directrices de la organización terrorista ETA». Un repaso por las hemerotecas simplemente a golpe de titular da idea mejor que nada de la esquizofrenia de los medios de comunicación al respecto: «Los etarras que disfrutan de permisos, expulsados del colectivo de presos» (Aurora Intxausti en *El País*, el 6 de diciembre de 1990); «Gran parte de los presos, refugiados y políticos optan por 'dejar de pegar tiros'. Las críticas a la banda coinciden con el tiempo que lleva Pakito al frente de la cúpula de ETA. Sólo KAS asume todas las acciones violentas. Miembros de HB dicen 'estar hasta las narices' de los coches-bomba» (Carmen Gurruchaga en *El Mundo*, el 3 de diciembre de 1991); «Los presos 'duros' preparan un comunicado de apoyo a ETA. Los miembros de este grupo, que forman el sector mayoritario, han celebrado asambleas para debatir la situación» (*El Mundo*, 8 de diciembre de 1991); «Presos de ETA critican duramente a HB y defienden el diálogo urgente con el Gobierno. Kubati dice en una carta a otro etarra que 'no soplan buenos tiempos» (*El Mundo*, 1 de mayo de 1992); «ETA ha expulsado a veintiún reclusos por haber aceptado las medidas de reinserción del Gobierno. Los internos de la organización cuestionaron la viabilidad de la lucha armada. Pueden llegar a cien los etarras dispuestos a reinsertarse» (Carmen Gurruchaga en *El Mundo*, el 5 de agosto de 1993); «Los tres presos de ETA en Segovia se niegan a secundar la huelga de hambre. No han seguido las consignas de la dirección de la organización» (*El Mundo*, 12 de febrero de 1996); «Presos de ETA de Córdoba se rebelan contra las Gestoras pro Amnistía. Rechazan las directrices de los radicales en favor de la cúpula de HB» (Fernando Lázaro y Fernando Garea en *El Mundo*, el 4 de agosto de 1997). Con todo ese panorama lo normal es que *El País* llegase a abrir su portada el 3 de agosto de 1997 con el titular de «ETA no consigue frenar la 'rebelión' de sus presos». Ni qué decir tiene que los posteriores desmentidos de los interesados sobre muchas de estas noticias no tuvieron el más mínimo eco en las publicaciones que las generaron.

Las directrices informativas surgidas desde Interior tuvieron siempre gran predicamento y puntual acatamiento en los medios de comunicación. Otra cuestión es lo que la historia iría demostrando, encargándose el paso del tiempo de poner cada cosa en su sitio. Visto con esta perspectiva, José María Irujo y Juan Gómez deberían esconder su cabeza debajo de una piedra si leyeran su información del 6 de febrero de 1989, cuando titulaban en *Cambio 16*: «Vera ofrecerá el indulto para 400 presos. ETA se conformará con una declaración de intenciones sobre la autodeterminación». Y Victorino Ruiz de Azúa debería llamarse a reflexión por su información de *El País* del 5 de diciembre de 1990 cuando propalaba que «El director de prisiones dice que los presos de ETA con delitos de sangre pueden reisertarse. 'Muchos reclusos pasarán las navidades en casa si las Gestoras no lo entorpecen».

Otra de las grandes aficiones de los medios de comunicación escritos ha sido atribuirles a los presos de ETA una vida relajada en el interior de las cárceles. Un artículo memorable es el de Vicente Bercolca en *Interviú* del 27 de octubre de 1987: «Disponen de bisturíes y cuchillos en la celda, pueden comprar comida fuera de la prisión e, incluso, cocinarla en las mesas calientes de que disponen. Pueden hacer un café o tomarse una copa de alcohol que les pasan sus familiares, gracias a la nevera y cafetera que les ha instalado la Dirección General de Instituciones Penitenciarias. No pasan la mitad de los recuentos preceptivos y quienes los pasan, lo hacen tumbados en la cama. Se gastan alrededor de dos millones de pesetas mensuales en compras en el exterior de la cárcel, gracias a los demandaderos convertidos en sus sirvientes. Y en numerosas ocasiones, un restaurante les sirve comida a la carta. Ejercen tanta presión que consiguen, por ejemplo, que sea trasladada una médico que certificó la falta de higiene con que se desenvuelve su vida en la prisión, ya que se niegan a limpiar sus módulos una vez cada quince días. Se lleva un control tan mínimo sobre las visitas y paquetes que reciben que, recientemente, fue descubierta una pistola escondida en una zapatilla de deporte enviada a uno de ellos. Así es como viven los etarras encarcelados. Una frase habitual entre los etarras encarcelados es, según los funcionarios que los vigilan, 'estamos mejor dentro que fuera». Debían ser otros tiempos porque los funcionarios de Herrera de la Mancha, según la información recogida por *Interviú*, se quejaban amargamente de que «un compañero fue apaleado por varios etarras. ¿Y sabéis cual fue la respuesta de la dirección? Decirle a este funcionario que se aguantara, porque para eso le pagaban, para que le pudieran romper la cara alguna vez». Tal estado de cosas le llevaba a decir a un carcelero que «esto ya no es una cárcel, sino un lugar de recreo de los etarras, donde incluso se permiten el lujo de hacer apología del terrorismo». Eso era en Herrera de la Mancha («en donde se consumen una media de 25 a 30 grandes tartas al mes para celebrar los atentados»), porque, según Bercolca, en Alcalá-Meco «los presos de ETA prefieren el cordero asado que compran con asiduidad a un restaurante de Algete».

Leído lo precedente no es de extrañar que, como informaba Fernando Garea el 2 de octubre de 1991 en *El Mundo*, «Los reclusos de ETA hicieron acopio de alimentos antes de la huelga de hambre». Esa misma estrategia la volverían a repetir en septiembre de 1994, como recogía *El País* el día 16: «Huelga de hambre con kiwis y cebollas», menú que Eduardo Inda en *El Mundo* cambiaba por «un queso de Burgos y un brazo gitano». Con tanto gasto, lo lógico es que suceda lo que informaba *El Mundo* el 16 de enero de 1992 y el 19 de diciembre del mismo año: «Las Gestoras acumulan 54 millones de déficit en seis meses y gastan el doble que ingresan» y «ETA destina un millón cada mes a los presos encarcelados en Francia».

Pero algunos medios de comunicación rozan la ignominia cuando se trata de dar cuenta de hechos luctuosos que rodean a militantes de la organización vasca. Lo hizo Carmen Gurruchaga en *El Mundo* cuando especulaba respecto a las circunstancias de la muerte de Anuk: «¿Pikolos o zipayos?», se planteaba ya en el titular. Para seguidamente entrar a fondo en el tema: «Una carta de Xabier Galparsoro a ETA revela sus desequilibrios». Otro periodista de *El Mundo*, Álvaro Sánchez, sobrepasó también con mucho el listón de la indignidad cuando el 23 de julio de 1997 tituló descaradamente «Juan Carlos Hernando reveló a una amiga que fue violado en la cárcel por presos comunes». Nunca aparecería esa amiga y nunca se contrastaría esa infomación, generada por «una llamada telefónica de una vecina de Arrigorriaga amiga de Juan Carlos y militante de HB, que se identificó aunque prefirió mantener el anonimato». Dicho periódico se vio obligado a recoger al día siguiente un desmentido tanto de la familia de Peli como del ministro de Interior español: «Mayor Oreja niega que el preso etarra fuera violado en la prisión de Albacete». La canallada ya estaba escrita y era una más a sumarse a la larga lista de agravios contra un colectivo acostumbrado históricamente a este tipo de manipulaciones e insultos.

Interior y los medios de comunicación nunca se han recatado en ocultar el gozo que les produciría una escisión dentro de ETA. En alimentar esa tesis han empleado sus mejores energías desde años atrás. A veces lo hacían bastante descaradamente, como Isabel Martínez y Luis Reyes el 20 de enero de 1986, cuando escribían en *Tiempo* que «arrepentidos de ETA m pasan información a Interior», explicando que miembros del colectivo «deportados en seis países de África e Hispanoamérica proporcionan regularmente información al Ministerio de Interior a cambio de pasaportes que les permitan abandonar su confinamiento. Son los primeros arrepentidos a la italiana de ETA». Los periodistas facilitaban incluso los nombres de cuatro de ellos, todos los cuales evidentemente siguen en la actualidad alejados de Euskal Herria.

Siempre con el tema de la escisión de fondo, Carlos Fonseca daba cuenta en *Tiempo*, el 13 de abril de 1992, que «Antxon y Apala pueden liderar la autodisolución de la banda ETA». Fonseca se basaba para ello en las detenciones de Bidart y la «precaria situación» en que se encontraría la militancia de la organización. Después de calificar a Apala como un «hombre de pistola y escasa formación política», le situaba como «el complemento de Antxon para encabezar ETA». La información tenía, sin embargo, dos puntos contradictorios. Por una parte recogía que, según fuentes de la Guardia Civil, «en ETA no hay duros ni blandos. Son todos iguales y no existe voluntad de negociación», mientras que ese mismo número del semanario se hacía eco también de una entrevista realizada por Isabel Martínez a Jean Philippe González, en la que éste afirmaba que «no habrá golpe de Estado en ETA». Insistiendo en la misma línea, Santiago Etxauz era muy concreto el 25 de enero de 1993: «Interior sigue apostando por la escisión de ETA», apuntando que «El Gobierno teme que, una vez acordada la tregua, algunos terroristas 'indisciplinados' continúen la lucha armada por su cuenta». Finalmente, la revista *Tribuna* del 30 de junio de 1997 explicaba que «las disidencias y abandonos han hecho mella en la cúpula de ETA». Abundando en este mismo sentido, la información firmada por Jon Setién especificaba cómo «ETA trata de ser un bloque homogéneo y elimina cualquier grieta interna con la amenaza y muerte en sus filas».

Ha sido en los últimos años cuando los *mass media* han descubierto un nuevo filón a través del comportamiento de rechazo de la juventud vasca contra la situación política existente en Euskal Herria. Toda la atención que no le habían dispensado hasta entonces, se tornó en un chorreo continuo de páginas hasta desbordar el ámbito estrictamente informativo y convertirse en un fenómeno psiquiátrico en el que los elementos a analizar serían, en este caso, los escribidores periodísticos.

Cuando la juventud vasca, continuando una larga tradición de lucha se echó a la calle, lo primero que hicieron los medios de comunicación fue tratar de anatematizarla y culpabilizarla. El simple repaso a los titulares de los más distintos medios de comunicación produce un escalofrío de las frases empleadas y del grosor de las mismas. Todos los titulares que siguen están escritos entre 1994 y 1995: «La herencia de la rabia. Jarrai una mezcla explosiva de nacionalismo radical y rebeldía juvenil. La palabra Jarrai se asocia con los disturbios callejeros, el cóctel molotov y la capucha» (Rafael Herrero, en *El Mundo*); «Por cualquier medio necesario. Jarrai combina el activismo en reivindicaciones juveniles con el enfrentamiento callejero» (Aitor Guenaga, en *El País*); «Santacrucismo urbano. Los jóvenes de Jarrai» (José Antonio Ayestarán, en *El País*); «Los nazis vascos. Son más de mil divididos en 160 grupos. Tienen entre 15 y 25 años. Se amparan en el pasamontañas. Son los jóvenes violentos de Jarrai» (Fernando Mújica, en *El Mundo*); «Los skinheads de HB. Cantera inagotable de ETA y de los comandos Y. Jarrai irrumpe con fuerza en Euskadi tras la caída de la dirección de Bidart» (Alberto Abajo, en *Tiempo*); «Jarrai, el terror callejero de los cachorros de ETA. El órgano juvenil de KAS ha sabido utilizar los problemas de la juventud vasca para sus fines violentos» (Mikel Ormazabal, en *Diario* 16); «Los nuevos terroristas. Los ultra nacionalistas. En el País Vasco, la violencia callejera de los violentos de Jarrai es el pan nuestro de cada día» (Gorka Landaburu, en *Cambio* 16); «Jarrai: savia nueva para ETA. 'La legitimación de la violencia se basa en el anclaje entre la pertenencia étnica y la nueva cultura política de valores posmateriales', según un estudio.» (Carmen Gurruchaga, en *El Mundo*); «Los niños de ETA. La nueva escalada de los jóvenes violentos. Menores de edad siembran el terror en pueblos en fiesta» (Miren Lur Bilbao, en *Tiempo*); «Semillero de odio. Jóvenes de 17 a 22 años integran las tribus de Jarrai, la retaguardia callejera de ETA. 'Lo peligroso de todo esto es que Jarrai está siendo la escuela de ETA. Tiene cientos de jóvenes que están dispuestos a ponerse una pistola al cinto y matar a alguien» (Aurora Intxausti, en *El País*); «La jauría. Jarrai: quiénes son, cómo actuan y dónde captan a sus fanáticos. Jarrai da a los críos respuestas dogmáticas para todo, desde la independencia hasta la manera de vestirse» (Luis Algorri, en *Tiempo*); «La guerrilla urbana de Euskadi. Los jóvenes de Jarrai son utilizados por HB para la guerrilla urbana. Los partidos quieren resolver este fenómeno, donde se enmascara la marginación» (Gorka Landaburu, en *Cambio* 16); «Jarrai: no somos los cachorros de ETA» (Agustín Catalán, en *Cambio* 16); «Jarrai: así se organizan y atacan en la calle los cachorros de ETA. Un documento del Gobierno vasco cifra en 581 los actos de sabotaje cometidos en un año. El miedo al terror cotidiano está creciendo en Euskadi y Navarra» (Santi Etxauz, en *Tiempo*); «La generación del molotov. Mayor Oreja y Atutxa tratan de acabar con la violencia de veinte mil jóvenes vascos» (Juan Luis Álvarez, –muy conocido en su redacción por sus amistades «confidenciales» con policías y funcionarios de prisiones–, en *Panorama*); «Jarrai, los alevines del terror» (editorial de *El Mundo*); «Interior cree que una dura rama juvenil domina en ETA» (Jesús Duva, en *El País*); «Así son los nuevos pistoleros de ETA. Más jóvenes, más sanguinarios, más fanáticos» (Santi Etxauz, en *Tiempo*); «Jarrai controla a miles de jóvenes. Según el informe de violencia juvenil que maneja el Gobierno vasco, 'los alevines de KAS son la punta de lanza del movimiento abertzale radical'. Javier Elzo, sociólogo: 'Jarrai es algo provocado que se les ha ido de las manos a los históricos» (Carmen Gurruchaga, en *El Mundo*); «Jarrai toma las calles de Hernani. Jóvenes radicales del entorno de KAS se hacen pasar por policías y se dedican a cachear a turistas para descubrir a ertzainas infiltrados» (Aitor Ubarretxena, en *Diario* 16); «Atutxa dice que Hernani es el acuartelamiento de los alevines de ETA» (Y. Montero, en *El Mundo*); «Relevo familiar en las filas de ETA. Varios hijos de militantes 'históricos' han pasado ya por los juzgados acusados de terrorismo o sabotajes» (Isabel C. Martínez y Genoveva Gaztaminza, en *El País*); «Las confesiones de El Abuelo: 'Planeamos arrojar desde el puente de la Taconera cócteles molotov de 5 o 10 litros contra la Policía. Atacamos la Caja Laboral Popular porque pertenece al PNV y éste colabora con el Estado español» (Carlos Fonseca, en *Tiempo*); «Los broncas del barrio. Retrato robot de los jóvenes que estremecen las calles del País Vasco» (Aitor Guenaga, en *El País*) y «Aprendices de terroristas. Un estudio sociológico afirma que los jóvenes radicales que no son recuperados por la sociedad terminan integrados en ETA» (Santiago Etxauz, en *Tiempo*).

Toda esta ráfaga de desatinos reunidos en los titulares se ven multiplicados y ampliados de forma todavía más espectacular en los textos correspondientes que, para reproducirlos, haría falta un trabajo mucho más denso y ambicioso que el contemplado en el capítulo de este libro. Pero lo que no se puede dejar de reflejar es la consecuencia de tanta calumnia e incriminación continuada. Los jóvenes así retratados van a tener que enfrentarse a partir de ese entonces a acciones policiales y judiciales que, en muchos de los casos, concluirán con su ingreso en prisión. En el mismo período de tiempo anteriormente citado, la prensa escrita va recogiendo los frutos de tan arduo trabajo previo. *El Mundo* daba cuenta el 29 de agosto de 1995 de cómo «el portavoz de Jarrai, Jon Salaberria, dirigía los comandos Y, según el gobernador civil de Gipuzkoa. Dice que 'se reunían en la sede de HB de San Sebastián para fijar los objetivos'. Han ocasionado daños por valor de 15.000 millones. Cuentan con una estructura organizada por comarcas. La acusación a los detenidos de colaboración con banda armada supone un cambio importante en opinión de Juan María Jáuregui». La puesta en libertad al día siguiente de varios de los jóvenes aprehendidos en aquella redada policial prefabricada fue saludada en *El País* a través de una información de Aurora Intxausti como «El entorno de ETA acusa de extorsión al juez Bueren. En libertad bajo fianza los dos dirigentes de Jarrai acusados de pertenencia a los comandos Y». El que se les viniera abajo el montaje, llevaba al periódico a minimizar las torturas y amenazas sufridas a manos de la Guardia Civil.

La revista *Tribuna*, a través de José María Latorre, resumía el 9 de marzo de 1998 tantos desatinos en la descripción de lo que calificaba «cantera etarra»: «Proceden de familias de clase media asentadas en núcleos urbanos. Son jóvenes varones, muchos sin apellidos vascos, y solteros –en un 90% de los casos–. Predominan los que son de origen guipuzcoano, que suponen hasta un 50% de todos los que se han incorporado a ETA a lo largo de su historia. Provienen de un entorno lingüístico en el que menos del 10% de la población se expresa correctamente en euskera. Durante la adolescencia se han visto acuciados a reafirmar una importante identidad colectiva en la que reconocerse a sí mismos y ser reconocidos por los demás». La publicación tenía un rasgo de honradez y, en letra minúscula, incluía al final del despiece el origen de sus datos: la Secretaría de Comunicación de la Asociación Nacional de Policía Uniformada (ANPU).

La criminalización de la juventud vasca era una constante y tan pronto la fiscalía vasca denunciaba que «la violencia callejera fue en 1996 más destructiva que ETA» (*El País*) como se daba cuenta de que «Jarrai amenaza al PP al PSOE y a los ciudadanos» (*El Mundo*, 17 de julio de 1997). Pese a ello, a los medios de comunicación no les quedaba otra opción que recoger unas declaraciones de Juan María Atutxa en las que éste, con todo el desparpajo de que es capaz, afirmaba textualmente: «Para satisfacer la apetencia de la prensa, decidimos llamar grupo Y a lo que antes no llamábamos grupo Y» (Melchor Miralles, en *El Mundo*, el 25 de mayo de 1997).

Pero a los medios de comunicación les importaba poco o nada sus contrarréplicas («Jarrai niega su relación con ETA», Antonio Herce, en *Diario* 16 el 3 de septiembre de 1995), porque la espoleta del artefacto contra la juventud de Euskal Herria ya estaba sacada y desde diversos frentes se iba a tratar de terminar con los disidentes. Y eso se hacía desde todos los ángulos: el judicial («El Gobierno central y el vasco negocian una reforma legal para atajar la violencia juvenil», José Luis Barbería, el 28 de agosto 1996 en *El País*; o «Jueces de disturbios: el borrador de la ley del menor ha abierto el debate sobre el tratamiento de los jóvenes arrestados en algaradas. A un crío detenido en unos disturbios le ovacionan a la salida del juzgado», Javier Muñoz, en *El Correo*, el 9 de septiembre 1996); el gubernativo («El delegado de Gobierno en Euskadi denuncia que la violencia juvenil entraña actos terroristas», Aitor Guenaga y Aurora Intxausti, el 29 de agosto de 1996 en *El País*); el educativo («Las ikastolas dicen que se las relaciona con la violencia por 'desconocimiento o interés», *Deia*, el 29 de agosto de 1996; «El cóctel molotov de la guerrilla urbana: nacionalismo radical mezclado con impunidad. Polémica sobre la influencia de las ikastolas en el adoctrinamiento de un sector de la juventud vasca», ABC del 28 de agosto de 1996; «Inaxio Oliveri: el MLNV quiere distorsionar la vida escolar. El consejero sostiene que el sistema educativo no se normalizará hasta que se pacifique el país», Iván Orío, en *El Correo*, el 28 de agosto de 1996; «Jáuregui atribuye la violencia callejera al fracaso colectivo de la sociedad», Iván Orío, en *El Correo*, el 29 de agosto de 1996); «Capuchas en los pupitres. En los institutos hay miedo. Nadie quiere líos», Iñigo Domínguez, en *El Correo*, el 1 de septiembre de 1996); el institucional («Xabier Markiegi, ararteko: Muchos padres no cuentan la verdad histórica a sus hijos y siempre presentan Euskadi como víctima», Eduardo Azumendi, el 1 de septiembre de 1996 en *Deia*; «El MLNV tendrá dificultades para mantener las bases juveniles de su acción más radical. Un informe del Gobierno vasco analiza las tendencias de los jóvenes», *Deia*, el 11 de marzo de 1998); la intoxicación («El sindicato abertzale de HB se opone a la estrategia violenta de ETA y Jarrai. El debate que nunca existió: KAS, Jarrai, y en menor medida LAB marcan el jaque en un partida en la que ETA se está quedando reducida a simple peón de brega», Santiago Etxauz, en *Tiempo*, el 3 de febrero de 1997; «HB se enfrenta a Jarrai y pide un clima sereno en la calle», Carmen Gurruchaga, en *El Mundo*, el 24 de septiembre de 1997).

Después de esta marabunta informativa resultaría hasta coherente para cualquier lector creer lo que Belloch diría el 20 de diciembre de 1995 y que recogía *Deia*: «Jarrai quiere extender la violencia a otras comunidades autónomas». La consigna ministerial fue cogida al vuelo por *El Mundo*, que en su edición de Galicia se hacía eco por aquel entonces de cómo «un informe policial alerta de la intención de HB de apoyar a los extremistas gallegos», lo que le valdría para editorializar en esas mismas páginas sobre «¿Un Jarrai gallego?». Cuando días después el principal acusado de exportar la revolución desde Euskal Herria a Galicia, Ramón Loredo Bocanegra («Desde hace años ha mantenido contactos con el Exercito Gerrilheiro» y «Viaja mucho a Galicia, donde, entre otras cosas, visita a su novia, estudiante de la Universidad de Santiago») dirigió una carta de réplica a *El Mundo* bajo el título «¿Seré yo el toro que mató a Manolete?», desmintiendo todas las imputaciones, la edición gallega del periódico de Pedro J., despachó el tema manifestando que «simplemente se limitó a reproducir el contenido de un informe de la Guardia Civil». La doble moral de *El Mundo* le había llevado a ignorar en su edición vascongada cualquier dato relacionado con esa «noticia».

Consecuencia de todas estas manipulaciones fue la criminalización y la puesta en práctica de ciertas estrategias de guerra sucia contra los dirigentes juveniles radicales, hecho alabado incluso por algún medio de comunicación como *El Mundo*. Oscar Subijana titulaba con énfasis el 18 de junio de 1995: «Armados con palabras impresas. La aparición de pasquines en los que se arremete contra Zubimendi provoca una nueva forma de enfrentamiento entre los ciudadanos vascos: la guerra de carteles». Pero también había lugar para el sensiblerismo dramático, como en el reportaje contenido en el suplemento semanal de *El Correo* el 4 de mayo de 1997: «Jarrai me ha robado a mi hijo. Dos madres de jóvenes detenidos describen cómo la violencia ha arruinado su vida familiar».

La lucha de la juventud vasca quedaba así desnaturalizada en los medios de comunicación, ante lo que a las víctimas sólo les quedaba la alternativa de sus publicaciones internas para denunciar esa manipulación y prevenir tanto la criminalización en ciernes, como el papel de los media. Los jóvenes tuvieron que recurrir a carteles o, como Jarrai, a su revista *Garraxika*, para denunciar a «los txakurras de la pluma». Más recientemente, la publicación *Hitza eta Ekintza* dedicaba un dossier a la comunicación en el que, entre otros objetivos, se marcaba el de «desenmascarar a los mentirosos y denunciar a los que se esconden tras ellos. Para conocer lo que nos viene y prepararnos para esa futura lucha». El colectivo Gurasoak por su parte, tras recoger algunas circunstancias en que se habían producido las detenciones de sus hijos, incluía un dossier de prensa en el que se refería a los medios de comunicación: «Los periódicos son el altavoz de la versión oficial e institucional de los hechos. Mantienen en candelero la polémica en cuanto a eficacia policial y judicial en los casos de 'lucha callejera', así como la publicación de artículos de opinión y declaraciones exigiendo medidas más duras contra los denominados 'jóvenes violentos'. Durante los días en que ocurren las detenciones, atienden a los acontecimientos a través de la versión del departamento de Interior y de fuentes policiales. Hay que tener en cuenta que ésta es siempre acusadora. Por el contrario, no hacen el mismo tratamiento de la puesta en libertad de los jóvenes, pasando esto casi desapercibido en la práctica totalidad de los medios de comunicación, llegando al punto, alguno de ellos, de obviar la noticia».

«Su mayor afición es matar gatos. Coge al felino entre sus brazos, le acaricia, le hace carantoñas y luego lo estrangula». Estas frases están escritas en la revista *Tiempo* el 15 de abril de 1991 y su autor es Santiago Etxauz, delegado de la publicación en Bilbo. ¿Quién es el ser sádico al que se refiere? Para saberlo, hay que retrotraerse unas páginas atrás y encontrar el titular: «Artapalo: así es el gran dictador de ETA y Herri Batasuna». Con tal preámbulo, todo lo que pudiera venir seguidamente es casi pecata minuta.

En plena fiebre de encadenar adjetivos peyorativos y frases altisonantes, Etxauz va desgranando a lo largo de las columnas de *Tiempo* expresiones estremecedoras: «Artapalo se ha hecho sobre la sangre de alguno de sus compañeros. (...) Es callado, reservado, tímido y desconfiado. (...) Se ha alzado a la cúpula etarra sin medallas importantes que colgarse al pecho. (...) Adquirió una cultura básica marxista-leninista, cuya máxima se sitúa en las revoluciones tercermundistas en boga en los años sesenta y de las que sacó la conclusión de que 'la vanguardia en todo proceso revolucionario y de liberación nacional es el aparato político-militar', tesis que no ha dudado en esgrimir a la hora de depurar elementos liquidacionistas en el seno de Herri Batasuna y la propia ETA. (...) Con Apala se instruyó en los secretos de ETA. Viajó a Argel, en donde recibió una sólida formación militar y guerrillera. Este periplo por el Magreb le facultó para ingresar en la elite de los comandos operativos de ETA político-militar, los *bereziak*».

¿Cuáles son las fuentes de Etxauz para aportar tan exhautivos datos biográficos sobre el personaje en cuestión? A lo largo del texto va explicándolo, al salpicar las frases de expresiones como «un ex compañero», «un miembro de ETA», «un activista de ETA», «varios ex colegas», siempre fuentes indeterminadas, pero nunca las policiales.

Etxauz aún se extendería sobre Pakito y, con total desfachatez, iría añadiendo aspectos inéditos sobre su persona, fruto de un profundo trabajo de intoxicación policial y de osadía profesional. Todo estaba permitido con tal de descalificar al «gran dictador». Por lo tanto, era conveniente resaltar sus supuestas contradicciones y dibujar una biografía plagada de inconsistencias. En este estado de cosas, no es de extrañar que Francisco Múgica Garmendia formase parte «de una generación de jóvenes vascos que se movieron entre la cultura rural, marcada por el euskara y con apego a un nacionalismo intuitivo, y un entorno industrial cuya seña de identidad estaba en la lucha obrera y el predominio de la lengua castellana. 'Artapalo era lo que nosotros denominábamos un *kalekume*. Es decir, conocíamos el euskera pero adoptábamos el castellano como fórmula de expresión. Ese choque entre un modo de vida industrial y rural crea contradicciones y nos aboca a opciones rupturistas', asegura un miembro de ETA».

Con tales precedentes, la formación del dirigente chirriaría por todos los costados. Etxauz recurre a un «ex compañero» para caracterizarlo así: «Pasamos de la nada absoluta a la lectura de tratados marxistas. Paquito no era ajeno a todo esto y, como todos, se aplicó en el estudio de Lenin, Marta Hanneker, Mao y Marx, entre otros. Era uno más, ni brillante ni tonto. Eso sí, su fuerte era el trabajo. Le gustaba organizar y preparar operativos». La misma fuente concluiría por completar la visión del personaje: «Era misterioso, en las sucesivas asambleas que viví con él en ETA p-m permanecía callado. No hacía públicos sus criterios. Siempre ha tenido personas con peso específico en ETA que le superaban en todo».

Etxauz, que había recurrido a un «activista de ETA» para encajar en su crónica la historia del gato, vuelve a echar mano de tan peculiar fuente para decir que tiene fama de «duro, implacable y temible». Y varios «ex colegas» terminan de perfilar al mostruo: «Paco es la típica persona callada que va por detrás. Es un ser ladino». Para estas alturas del reportaje, Etxauz se siente ya con autoridad moral para aportar de su propia cosecha el compendio final: «Ese oscurantismo en su modo de proceder, su vehemencia ideológica asentada en cuatro citas marxistas-leninistas y, sobre todo, el conocimiento de la mayoría de los resortes operativos e infraestrutura de ETA, le han grangeado enemistades entre sus propios compañeros».

Pakito aún tendría que soportar unas cuantas veces más que numerosos periodistas volvieran a referirse a su persona con palabras y frases tan despectivas como las utilizadas por Etxauz. Carmen Gurruchaga lo definiría el 30 de marzo de 1992 en *El Mundo* como «superclandestino, maniobrero, de aspecto centroeuropeo y como una persona preocupada por acumular poder e información»; Julio Trujillo diría de él el 14 de diciembre de 1987 en *Tiempo* que «era un poco torpe, no era un lumbreras, pero el poso marxista lo situaba entre los más formados. (...) Era muy autoritario e inseguro y, a veces, tras mantener un debate, lo abandonaba de repente sin saber cómo seguir. Al margen de estas actuaciones, era encantador y afable con sus amigos» (las «fuentes» eran en esta ocasión personas que «compartieron con él juergas y las primeras militancias en el nacionalismo radical en la escuela de formación profesional de la comarca del Goiherri»). Y, por no hacer interminable el repertorio, Aurora Intxausti escribía de su persona en *El País* el 20 de marzo de 1991 que «no ha sido su brillantez en materia militar o su capacidad operativa lo que lo aupó al frente del aparato militar etarra, sino la urgente necesidad de ir rellenando los huecos que dejaban, por su arresto, los segundones de ETA».

Pero Pakito conoce de sobra desde hace mucho tiempo cuál es el papel de los medios de comunicación en la guerra que el Estado español mantiene contra Euskal Herria y sabe además que este tipo de agresiones mediáticas se ceban especialmente en las personas a las que corresponde desempeñar puestos de responsabilidad en Euskadi Ta Askatasuna. Previa, simultánea y posteriormente a él, otros compañeros de militancia tendrían que arrostrar la misma losa de la intoxicación en torno a sus personas. *Cambio* 16 se lanzaba el 12 de mayo de 1986 sobre la figura de Txomin de quien, ya en el titular, no dejaba lugar para la duda: «Más de ciento cincuenta asesinatos en su conciencia». Los autores del texto daban una breve ráfaga biográfica sobre él en la entradilla del reportaje: «Es un fanático de los horóscopos. De joven le gustaba cortar pinos, cantar en el coro de la parroquia y jugar al fútbol». Para completar la visión, aseguraban seguidamente que «desde hace cinco años, cada noche duerme en una casa distinta y cada mañana cambia de coche. Se desplaza siempre acompañado de guardaespaldas y de perros pastores alemanes».

Tras tan impactante introducción, los periodistas se retrotraen a su Arrasate natal y le sitúan en 1967: «Txomin tenía 24 años de edad. Por esa época era un joven alto, delgado, de espaldas anchas, con nariz aguileña, cara angulosa y barbilla prominente, que no tenía el éxito con las mujeres que ahora parece disfrutar, debido a su cargo como jefe máximo de ETA militar». El retrato de la persona a la que le atribuyen todas esas muertes concluye de forma no menos sorprendente. Tras remarcar que es sagitario, lo lógico era deducir de Iturbe Abasolo que se trataba de «un tipo supersticioso, en el que apenas queda nada de su religiosidad infantil. 'Piensa y habla en euskera y sólo entra en los bares en los que se habla el idioma vasco', dice Carlos Catalán, antiguo miembro de ETA».

Las hemerotecas irían almacenando con el transcurso de los años todo un cúmulo de expresiones similares para referirse a los miembros sucesivos que ocuparon cargos de responsabilidad en ETA. Siempre con la constante de fondo de su currículum policial, la habilidad libre o la falta de escrúpulos de cada periodista marcaba la frontera de los insultos, las descalificaciones o la intromisión más descarada en sus ámbitos más estrictamente personales. Txikierdi fue calificado el 28 de noviembre de 1983 por *Cambio* 16 como «el chacal de ETA», definición que *El País* cambió el 18 de febrero de 1988 por la de «el compañero de Txomin». A Santi Arrospide Sarasola le interpretaba *Tiempo* el 12 de octubre de 1987 su alias como «Santi cojones» y, basado en el testimonio del consabido «ex etarra que lo conoce bien», la revista le retrata como «un bocazas, de carácter exaltado, que se disparaba por cualquier cosa, juraba como un carretero y se imponía en las discusiones porque gritaba más que los demás». Otro de sus «compañeros» hace también su aportación: «Era de los partidarios de la bomba en el metro, como los argelinos, y de las acciones de sabotaje espectaculares, como la que han realizado en Enpetrol». Previamente, *Tiempo* había recordado que Santi había trabajado de joven en la fábrica de laminaciones Victorio Luzuriaga, que en los años de la dictadura había colocado por la noche una ikurriña en la catedral de Burgos, su pasado trosko y que había participado en la organización de la fuga de la cárcel de Segovia. De Eugenio Etxebeste, *Antxon*, vapuleado o ensalzado por los media según las conveniencias estratégicas de cada momento, José María Irujo escribió el 15 de agosto de 1997 en *El País* que, tenía «las manos manchadas de sangre. Etxebeste negoció en nombre de ETA en 1976 la liberación del empresario Ángel Berazadi, asesinado de un tiro en la nuca». Sin embargo, Román Orozco enviado especial a Santo Domingo por la revista *Cambio* 16, escribía que, junto a sus compañeros, vivía un «exilio dorado» en el Caribe. «Los etarras tienen chófer para sus desplazamientos y cobran cada día 2.800 pesetas para sus gastos. Once veces el salario de un funcionario dominicano», resaltaba Orozco en su crónica. *El Mundo* le calificaba, en cambio, el 10 de agosto de 1997, como «un interlocutor crítico con la dirección de ETA», mientras que Victorino Ruiz de Azúa decía de él en *El País* el 9 de marzo de 1989 que era «un biólogo frustrado».

Los miembros de la dirección de ETA detenidos en Bidart junto a Pakito dieron también mucho juego a los medios de comunicación, especialmente Txelis. Sobre José Luis Álvarez Santacristina ya había escrito en *Tiempo* un amplio reportaje Isabel Martínez, el 13 de marzo de 1989 cuando afirmó que «Txelis quiere dejar la dirección de ETA y regresar a España». Se basaba para ello en que, «obtenida una plaza de profesor universitario, quería desempeñar su puesto. Txelis se presentó a un concurso de méritos antes de las conversaciones de Argel y no obtuvo la plaza por falta de currículum», puntualizaba la periodista. Carmen Gurruchaga le calificaba como «el ácrata de ETA» el 30 de marzo de 1992, perfil que concluía de manera impactante: «No obstante, no perdió el sentido crítico y el derecho a discrepar, en los últimos tiempos eran claras y patentes sus discrepancias con el coche-bomba que tanto le gustaba a Pakito. Esto fue discutido en la cúpula y se decidió, por votación asamblearia y vinculante, volver al tiro en la nuca». Julio Trujillo se había adelantado en *Tiempo* a calificar a Txelis de «filósofo» y, basándose en las afirmaciones de «un ex alumno del colegio Sagrado Corazón de San Sebastián», asegurar que Álvarez Santacristina «es más marxista que nacionalista, tiene una concepción radical sobre el uso y la defensa del euskera, pero no es agresivo ni sectario. Además, daba la cara en las manifestaciones, quemaba coches y repartía panfletos sin dejar de ser un buen estudiante y el que mejor jugaba a la pelota». Trujillo se había despachado previamente con un titular en su línea: «Tres pistoleros y un filósofo controlan ETA desde Francia».

Es difícil imaginar cómo Gurruchaga es capaz de conocer los entresijos de una reunión de la ejecutiva de ETA hasta el extremo de llegar a detallar el desarrollo de una votación, pero ella no tiene ningún problema en escribirlo y firmarlo. Como tampoco muestra reparo alguno en proporcionar abundantes datos sobre la trayectoria personal y militante de Joseba Arregi Erostarbe, *Fiti*, al que despacha con el exiguo titular de «Un experto en explosivos».

Otra colega de Gurruchaga en *El Mundo*, Isabel Camacho escribía el 15 de febrero de 1994 sobre Pipe San Epifanio que «su defensa de las tesis de KAS, sus antiguos correligionarios, de forzar la negociación con atentados, le supuso su defenestración en julio pasado». Camacho ya le había clasificado previamente con un título lleno de intencionalidad: «De militante de Jarrai a dirigente de ETA». Los «perfiles» de *El Mundo* son tan simples como terribles. De Iñaki Arakama Mendia, *Makario*, ventilaba su historial con esta frase: «El fiel lugarteniente con un amplio historial», en tanto que de Joxe Mari Gantxegi Arruti, *Pello*, decía que era «experto en la captación de nuevos activistas».

El turno le corresponde en los últimos tiempos a Iñaki Gracia Arregi, *Iñaki de Renteria*, y a otros militantes de ETA. De él escribía *Tiempo* el 22 de agosto de 1994 que «quiere hacerse valer entre sus compañeros dando una vuelta más de tuerca a la violencia», añadiendo que «Bruno cumplirá 39 años en noviembre, 20 de los cuales los ha pasado en el cerrado círculo etarra, ocupándose siempre de labores menores relacionadas con la captación de etarras e información. Tan escaso bagaje militar, su reducido historial político y su mínimo contacto hasta 1987 con los pesos pesados de ETA le han creado problemas con sus subordinados, zancadillas que solventa redoblando la dureza de las acciones terroristas». La inefable Carmen Gurruchaga volvía a la carga el 18 de febrero de 1996 en *El Mundo* para dedicarles la portada del suplemento semanal «Crónica» con el titular: «Los que mandan en ETA». El *lead* de su reportaje era de por sí muy explícito: «Son media docena. Tienen menos de 40 años y una estrategia: tener el mayor número de cadáveres sobre la mesa ante una hipotética negociación. Son los jefes etarras que aprietan el gatillo a distancia, sin piedad». Y así, uno tras otro, la periodista de *El Mundo* va juntando letras y desgranando la letanía policial: «Atxurra Egurrola, *Pototo*: ex miembro del *comando Vizcaya*, encargado de explosivos; Gracia Arregi, *Iñaki de Rentería*: número uno de ETA. Discípulo de *Pakito* procede de ETA pm; Mikel Albisu, *Antza*: responsable político. No está acusado de delitos de sangre; Arrieta Zubimendi, *Azcoiti*: encargado de finanzas. Utilizado como interlocutor; José Javier Arizkuren, *Kantauri*: ex miembro de los *comandos Madrid y Araba*; Soledad Iparraguirre, *Amboto*: integrante del *Araba*. Dirige los comandos legales».

Y si con los dirigentes de ETA los periodistas entraron a saco en sus biografías, con los militantes de la organización recurrieron a todo tipo de florituras para caracterizarles como las personas más abyectas, sibilinas o macabras que uno imaginarse pueda. En ese afán, los medios de comunicación han recurrido a las fuentes más estrafalarias y, desde vecinos hasta policías, las radiografías finales arrojaban todas el mismo diagnóstico peligroso.

Un ser tan poco recomendable como José Manuel Martiarena, el segundo de Atutxa, se convertía para Aitor Guenaga poco menos que en el oráculo de Delfos y daba pie para que escribiera en *El País* el 21 de noviembre de 1991 que «el vivero de la organización cada vez está menos nutrido y peor cualificado. La consejería vasca del Interior mantiene la teoría de que ETA recluta a sus componentes entre los ciudadanos que viven en la fractura social. 'Hay que darse cuenta de que cuando van a reclutar gente, ellos creen que van seguros, buscan solamente a personas muy seleccionadas. No es un tema de porcentajes de rechazo, que puede andar del orden del 50%. Cada vez entra más gente marginal que idealista. Se podría estudiar mucho».

Pero previamente a Guenaga, Carlos Yarnoz había descubierto en 1992 en *Tiempo* la piedra filosofal del asunto y, después del título «Así se hace un etarra», incluía una información de cinco folios con conclusiones tan nítidas, entre las que destacaban las «características del aspirante». A saber: «Ser vasco y, a ser posible, hablar euskera. Apartarse de la vida política activa y pública. No tener defectos físicos, enfermedades o vicios no actos para la clandestinidad (alcohol, droga, etc.). No estar fichado por la policía, ser discreto. Demostrar decisión. Guardar secreto absoluto sobre actividades de la organización. Perteneciente a clase social baja o media baja. Habitante en pueblo o caserío. Edad de dieciocho a veinticinco años». Si el pretendiente poseía estas peculiaridades, la siguiente fase venía dada por lo que Yarnoz calificaba como «pasos del etarra»: «Destacado nacionalista en su ámbito. Demostrada simpatía por ETA. Informes como observador a la dirección. Carta de la dirección al posible aspirante. Cita en Francia con liberados. Primeras labores de información e infraestructura. Cursillo de formación y adiestramiento. Envío de armas de la dirección. El comité ejecutivo de ETA encarga objetivos».

La vida clandestina de los militantes desató habitualmente tantas dosis especulativas como morbo entre los medios de comunicación. Pero quizá quien concitó más aureola de misterio a su alrededor fue el *comando Madrid*, del que se escribieron cosas tan dispares como absurdas. Julio Trujillo llegó a dedicarle el 6 de mayo de 1985 un reportaje en *Tiempo* con el misterioso título de «La vida oculta de los comandos de ETA en Madrid». El periodista, basándose en sus imprescindibles fuentes policiales, aseguraba que ETA tiene dividida Madrid en dos zonas separadas por el río Manzanares. «Al norte del mismo viven, de forma más o menos permanente, los liberados Ignacio Aracama Mendia y José Luis Urrusolo Sistiaga, a quienes la organización asigna en cada caso otros terroristas», escribía Trujillo. «En esta zona, caracterizada por un nivel de vida más alto, Aracama Mendia, *Macario*, y Urrusolo se mueven con seguridad, cometen atentados, gastan dinero sin preocupación y exhiben carnets de la revista *Penthouse* y otros semanarios para introducirse en determinados medios. Les gusta la zona de Argüelles, donde suelen comprar, y visitan El Corte Inglés de Callao o Princesa. Al sur del río, los integrantes de la infraestructura se adaptan a la zona, más popular y viven discretamente. Sólo atraviesan el Manzanares cuando los liberados quieren un contacto para cambiar de coche o recibir ayuda alguna». Algunos párrafos más adelante, Trujillo ilustraba sobre los métodos utilizados por ETA en Madrid: «Por ejemplo, ahora, para comprar un piso, llega del País Vasco un ciudadano respetable, con DNI falso fabricado enteramente por ETA y, tras hacer la compra, vuelve a Euskadi, donde entrega las llaves y la dirección a un 'buzón' militante encargado de estos trabajos y de enviar información a la dirección. Estas llaves llegan a los miembros del comando en el momento oportuno. La misma técnica utilizan para alquilar pisos, con lo que han roto la estrategia policial de recorrer inmobiliarias y porterías mostrando fotos, ya que los que viven y actúan en Madrid no utilizan los nombres de los que los alquilaron, que son distintos. Con los coches utilizan un método viejo, pero eficiente. ETA localiza, en San Sebastián generalmente, un coche nada vistoso y lo roba para extraer la documentación. Más tarde localiza en Madrid un automóvil igual en modelo y color y lo roba colocándole la matrícula que se corresponde con la documentación sustraída. Pueden hacerlo al contrario y traer el coche robado desde San Sebastián. Aunque durante algún tiempo circulen por Madrid dos coches iguales y con la misma matrícula, el riesgo es mínimo».

Más explícito sería Santiago Aroca, cuando casi dos años después titulaba, también en *Tiempo*: «La intimidad del *comando Madrid* antes y después de su detención». Las «intimidades» en cuestión se referían a la trascripción casi textual de los atestados policiales, una vez que los integrantes del comando habían sido detenidos. Apenas había un par de pinceladas sobre la forma como se desenvolvían en Madrid los militantes de ETA. En este sentido, Aroca se limita a decir sobre el conjunto de ellos que «vestían impecablemente» y, sobre Iñaki de Juana, que «usaba con frecuencia una pajarita para dar un toque distingido a la imagen de un anónimo *yuppie*. Cuando salían de potes por los bares, no hacían excesos y tomaban todo tipo de precauciones al ir al cine a la Gran Vía». Bastantes años después, concretamente el 16 de abril de 1997, *El País* resaltaba que «la policía reconstruye la vida del *comando Madrid* a través de las ropas y facturas abandonadas en el piso». Según el relato del periódico, «se observa que la vivienda está muy desordenada y que solamente se habían preocupado de colocar perfectamente los explosivos y el material electrónico destinado a la fabricación de bombas. También guardaban trajes, corbatas y una peluca morena, con la que presumiblemente pretendían camuflar su aspecto en algún atentado. Los investigadores han deducido que los terroristas realizaban compras en grandes hipermercados, presumiblemente para pasar desapercibidos, y que evitaban en lo posible ser observados por los vecinos de la calle Polibea. Así, a pesar de las reducidas dimensiones de algunas habitaciones, los etarras preferían tender su ropa en un tendedero situado en uno de los cuartos para reducir al máximo sus salidas a la terraza a recoger la ropa que ponían a secar. (...) La Policía halló además un curioso detalle en el piso: en el cuarto de baño había ocho cepillos de dientes a pesar de que en la casa vivían sólo cuatro personas». Luis Ángel Sáez recoge asombrado el 13 de abril de 1997 en *El Mundo* que los componentes del comando eran «unos vecinos 'discretos' que hacían menos ruido de lo normal». Al pormenorizar estas circunstancias, recurre a testimonios de los habitantes del mismo inmueble: «En los últimos días, una vecina había visto a un nuevo individuo que se vino a unir a los tres que ya vivían en el piso: 'Iba con traje, muy bien vestido, y me saludó con un amable buenos días' (...) Eran discretos, nada extraños, nunca causaron ningún tipo de problemas. (...) Estás acostumbrada a verlo en la tele, pero nunca iba a imaginar que justo debajo vivieran etarras. Además, eran totalmente normales y muy silenciosos». *El Mundo* afirmaba el 1 de julio de 1993 que los integrantes del *comando Madrid* «tienen hábitos lujosos y se mueven por ambientes caros con el fin de pasar más desapercibidos».

Pero lo que dio también mucho juego a los medios de comunicación en 1987 fue lo que denominaron los «Documentos de Sokoa». Juan Gómez lo reflejaba perfectamente en *Cambio 16* al asegurar que lo primero que hicieron los hombres del Ministerio del Interior fue recopilar la lista «de nombres de miembros de la organización que cobraban sueldo de ETA». Según el periodista, se llevaron una gran sorpresa: «Ciento cuarenta etarras están en la nómina de la organización terrorista». Pero más atónitos se quedaron aún, siempre según el relato periodístico, al comprobar que «una buena parte del dinero de ETA se va en pagar informaciones que luego utiliza para cometer atentados o para conocer más profundamente las interioridades de partidos políticos que actúan en Euskadi. Éste es el caso de un espía en el PNV, al que ETA ha pagado en varias ocasiones 100.000 pesetas a cambio de informaciones sobre las contradicciones internas del partido en el que milita». Gómez da cuenta a lo largo del reportaje de cómo un militante «detallaba al céntimo las partidas gastadas entre los meses de diciembre y marzo de 1985 y 1986», aunque añadía que «cuando los etarras salen de viaje son menos minuciosos en las cuentas que rinden a la dirección de la organización». El texto recoge también el hecho de que «ETA no repara en gastos cuando se trata de sus útiles de trabajo».

Los tiempos avanzan y, ya en setiembre 1982, Luis Reyes escribía en *Tiempo* que «los terroristas estudian electrónica». Y lo explicaba así: «Las organizaciones terroristas han descubierto que para obtener el máximo rendimiento de sus acciones, para planificar correctamente su política de desestabilización, necesitan un constante desarrollo técnico». Reyes volvía la vista sobre la organización vasca y aclaraba que «en los últimos tiempos, ETA ha incorporado la electrónica y la informática, no sólo a sus armas, sino también a la planificación de los atentados».

Claro que, junto a incursiones como éstas por vericuetos tecnológicos, lo habitual eran otras afirmaciones de más grueso calibre: «Corcuera califica a los etarras de 'gudaris de mierda' en el funeral de los seis policías», titulaba *El Mundo* con motivo de las exequias fúnebres celebradas en Cataluña a raíz de un atentado mediante coche-bomba contra un furgón policial en Sabadell. En la revista *Tiempo* del 6 de marzo de 1995 se podía leer bajo el epígrafe «El espejo del alma», junto a dos fotografías de sendos militantes de ETA, el siguiente texto: «Un golazo se ha anotado la Guardia Civil, en colaboración con la policía alemana, al detener en una gasolinera de Tarrasa a lo más granado del nuevo *comando Barcelona* de ETA antes de que tuviesen tiempo de disparar un solo tiro. La captura se produjo tras nueve meses de vigilar los contactos que mantenían los mafiosos con un compinche suyo residente en Berlín. Siempre se ha dicho que la cara es el espejo del alma: si el rostro monjil de Rosario Ezquerra y, sobre todo, la 'fiereza sanguinaria' que rezuma de las facciones de Ramos Vega denotan la pertenencia a ETA, es que de ETA podría ser cualquiera». Javier Esteban, en la revista *Panorama*, no tuvo ni la más mínima vergüenza en titular «ETA se suicida», glosando así los hechos dramáticos en que se vieron involucrados varios militantes de la organización vasca. Esteban no concedía además ninguna opción a la duda: «Con la muerte del miembro de ETA Josu Zabala Salegui, durante la medianoche del día 26, la organización terrorista ha echado mano de una cortina de humo acusando a la Policía del secuestro y posterior asesinato de su militante».

Otros miembros de ETA tendrían la triste suerte de requerir la atención de los medios de comunicación. José María Irujo le llamaba a Kubati en *Cambio* 16 el 4 diciembre de 1987 «el terrorista solitario». De Koldo Martín Carmona, un «perfil» de Isabel Camacho en *El Mundo*, señalaba el 19 de noviembre de 1994 que era «un experto en fugas». Y ya entrando de lleno en el plano de la vida familiar, Carmen Gurruchaga escribía en *El Mundo* de Nagore Mujika que «además de una desaforada actividad terrorista que le adjudican las fuentes policiales, ha tenido tiempo de tener un hijo». En el mismo ámbito personal, Carlos Fonseca reproducía en *Tiempo* el 30 de junio de 1997 la carta de un amigo a Ainhoa Mujika. La revista llevaba a titulares una frase de la misiva: «Tu madre está muy orgullosa de ti». El saqueo sin ningún tipo de miramientos de la correspondencia personal de los militantes de ETA fue y es una constante de los medios de comunicación que, sin escrúpulo alguno, se entrometen en la vida privada de estas personas, llegando al extremo de reproducir sus diarios, como hicieron Fernando Lázaro y Fernando Garea el 14 de diciembre de 1996 cuando se dedicaron a calcar en *El Mundo* los textos que previamente les había pasado la Policía del diario personal de Nieves Sánchez del Arco, detenida en noviembre de ese mismo año en Burdeos.

En la nueva fase de criminalización de la juventud, los media complementarían perfectamente la tarea policial. «Así operan los nuevos terroristas de ETA, cada vez más jóvenes y fanáticos», titulaba Santi Etxauz el 19 de mayo de 1997 para describir a la joven militancia de la organización vasca. A continuación, daba unas cuantas pautas sobre la nueva situación: «Los nuevos activistas, escasos y fanatizados, han perfeccionado sus métodos de trabajo. (...) Los novísimos licenciados en provocar el terror entre los ciudadanos, doctores del tiro en la nuca y expertos en la manipulación de coches bomba, rondan los 25 años de media de edad, se conformaron ideológicamente en Jarrai y han permanecido más de un año refugiados en Francia, donde recibieron duro adiestramiento psicológico y militar». Tras la primera etapa de rodaje, Etxauz se aventura a definir el *modus vivendi* de los militantes: «El aspirante a etarra no porta armas de fuego y sólo trabajará como informador o *laguntzaile*. Será en el campo de la información donde deberá hacer méritos. (...) Grandes supermercados, almacenes de ropa, cines y cafeterías constituyen los escenarios donde liberados y colaboradores intercambian datos e información». Finalmente, Etxauz es fiel a sus fuentes y, basándose en «medios policiales», explica cómo «utilizan a niñatos sin experiencia que nunca han recibido cursillos de manejos de armas y explosivos. Si descubrimos su identidad y pueden huir a Francia, allí les lavan el cerebro y retornan para cometer atentados». Es el mismo Etxauz el que el 9 de febrero de 1998 vuelve a la carga con el tema y proclama, siempre en *Tiempo*: «Así son los nuevos pistoleros de ETA. Más jóvenes, más sanguinarios, más fanáticos». Y a lo largo del texto va desvelando sus características: «Son jóvenes, en su mayoría varones que se han criado en zonas urbanas y metropolitanas, hijos de clases medias, solteros y muy agresivos. (...) Había muy pocas mujeres y las que estaban metidas habían ingresado por la influencia del novio. (...) A estos jóvenes veinteañeros, si desean integrarse en los comandos de elite, junto a liberados con experiencia, se les somete a diversas pruebas psicológicas y militares. Los que tienen duda, se quedan solos. Sin cobertura ni apoyos fuera de la organización, sin dinero ni vivienda. (...) Los nuevos etarras se movieron casi desde la adolescencia en Jarrai y organizaciones juveniles y reivindicativas de KAS y del Movimiento de Liberacional Nacional Vasco. En ese entorno tan fanatizado e ideológicamente intransigente, dar el paso al asesinato con la coartada ideológica de por medio no les cuesta mucho. En ese mundo endogámico, de consignas, muy rudimentario, que, como se dice ahora, la religión es política y la política se hace religión, los que escapan a Francia o realizan aquí labores de apoyo están abocados a asesinar y a matar más indiscriminadamente. (...) Tienen estudios, algunos han pasado por la universidad y otros, al igual que muchos jóvenes, engrosan las listas del paro. Esas actividades les dan soltura de movimientos. El etarra de los noventa, salvo la excepción del comando que mantenía secuestrado a Ortega Lara, cuyos miembros pasaban los 40 años y mantenían un alto nivel de vida, es muy joven, son urbanos, residen en zonas donde se habla muy poco el euskera y habitan en zonas industriales. Son más intransigentes y fanáticos y se mueven por consignas que siguen a pies juntillas». Todo este cúmulo de datos los había obtenido Etxauz de «un experto en la lucha antiterrorista» y de «un miembro de la Ertzantza», ambos, como siempre, perfectamente innominados.

Los supuestos planes de actuación de ETA fueron a lo largo de los años una fuente de inspiración para los medios de comunicación que, sin ningún temor al ridículo y desposeídos de cualquier sentimiento de vergüenza ajena, no tuvieron inconveniente alguno en recoger cuanta basura les era suministrada desde las alcantarillas policiales o desde los servicios de inteligencia del Ejército español y trasladarla a las páginas impresas de sus medios. Pero es que, además de los consabidos y cíclicos atentados contra el Rey, los presidentes de Gobierno, banqueros y militares, ETA daba para todo. Tres expertos «etólogos» como Santiago Etxauz, Carlos Fonseca y Consuelo Font llegaron a confeccionar lo que ellos denominaron «La lista de ETA», que los periodistas describían así: «Se saben amenazados de muerte. Miembros de ese macabro club de elegidos por ETA tienen la dosis justa de miedo para ser prudentes sin renunciar a plantar la cara. Tampoco van de héroes. La procesión va por dentro. Son personajes públicos y no pueden transmitir la sensación de miedo. Pero lo tienen. Más que ellos mismos, les preocupa su familia. La permanente intranquilidad de no saber si te esperan a la vuelta de una esquina, si vas a ser el próximo de la lista. De esa lista escrita con la sangre del tiro en la nuca y el coche-bomba. Políticos y periodistas son los últimos en el punto de mira de los asesinos».

Lo que sigue es una muestra sucinta de cómo la imaginación más calenturienta sí puede ser desbordada por la falta de escrúpulos profesionales:

El 29 de octubre de 1978 un artículo sin firma en *Cambio* 16 daba paso a «un documento secreto» en el que se pronosticaba «Así actuará ETA». El texto no tiene despedicio: «La organización armada vasca ETA se propone relanzar una ofensiva en el País Vasco, que incluye un importante cambio de táctica: además de la guerrilla urbana, los etarras quieren tomar el monte y practicar la guerrilla en campo abierto». La supuesta ofensiva de la organización vasca, calificada por el propio *Cambio* como «el movimiento definitivo», tendría como objetivo principal «provocar una situación de guerra en que era inevitable la intervención del ejército». Dentro de tan fantasmagórico panorama, la revista no se privaba de afirmar que «a determinadas personas se les ha aconsejado que no utilicen el avión para sus desplazamientos para prevenir secuestros aéreos». La revista *Tiempo* era también muy genérica cuando el 1 de agosto de 1983 decía a través de Antxon Sarasqueta que «ETA organiza un bombazo espectacular», cuestión, que ya toma cuerpo y se concreta algunos años después cuando la misma publicación dice el 12 de octubre de 1987 que «ETA iba a lanzar un coche bomba contra el desfile militar del 12 de octubre en Madrid». Con la sicosis del coche-bomba y los atentados en la capital del Estado español, *Cambio* 16 se sintió en la obligación de hacer una edición especial en octubre de 1983, cuyo título en portada era suficientemente explícito: «Felipe, despierta: hay que aplastar a ETA». Pero, pese a los deseos inequívocos de la revista, González no debió poder llevar a cabo tales exigencias porque *Tiempo* del 17 de agosto de 1987 informaba a través de Carlos Bello que «ETA ordenó al *comando Donosti* bombardear edificios públicos». Este titular, en contra de lo que pueda parecer, no es fruto de la alucinación del maquetista. En la entradilla del reportaje se insiste y amplía lo escrito anteriormente: «La dirección de ETA dio una orden tajante al *comando Donosti*: atacar con toda la artillería edificios públicos, tanto civiles como militares». Y, ya metidos en gastos, es el propio Carlos Bello el que escribe en las páginas de la misma revista, basándose en «documentos exclusivos incautados al *comando Madrid*», que «ETA planeaba atacar con misiles el palacio de la Zarzuela».

José María Irujo le toma el relevo a Bello desde las páginas de *Cambio* 16 y el 30 de octubre de 1988 aseguraba que

«ETA amenaza con el kamikaze. La banda armada diseña un coche-bomba que, conducido por radio, puede recorrer hasta 200 metros». Dentro del programa de actos para la internacionalización del conflicto, la organización vasca no se andaba por las ramas, al menos según informaba A.R.P. en *Tiempo* el 16 de enero de 1989, que titulaba: «ETA prepara en Madrid un gran golpe contra la CEE».

Y a todo esto ¿qué pintaban los comandos de la organización? Pues según Isabel Martínez y Santiago Etxauz en *Tiempo* del 23 de septiembre de 1991, los «comandos de ETA actúan sin el control de la nueva cúpula» o, como escribiría Carlos Fonseca en la misma revista el 19 de julio de 1993, había una «escalada terrorista de ETA con comandos que actúan en pareja». Fonseca aportaría un nuevo dato el 1 de mayo de 1995: «Los comandos pidieron a la cúpula atentar contra políticos».

Pero para poner en marcha semejante máquina se necesita una infraestructura y unos servicios de información muy poderosos. Carlos Fonseca no lo duda y así lo escribe en una «exclusiva» publicada en *Tiempo* el 30 de junio de 1997: «Los papeles de 'Sarea', el servicio de información de ETA», al que en un despiece informativo Fonseca califica más adelante como «La CIA particular de ETA». En el transcurso del texto el periodista afirma que la organización vasca tenía «reseñadas 300 víctimas potenciales», según un listado encontrado al *comando* Madrid.

Ahora funciona lo que Carlos Fonseca, el último gran especialista de *Tiempo* sobre su maná vasco, denomina «la nueva ETA». El experto en documentos y filtraciones policiales de la revista del Grupo Zeta lo explica así: «ETA da por cerrada la crisis que arrastraba desde la detención de su cúpula en Bidart y cree llegado el momento de poner en marcha una nueva estrategia para desestabilizar al Estado. Documentos internos de la banda anticipan la escalada de violencia a la que tendrá que enfrentarse el Gobierno del PP». Mientras tanto, la organización vasca, según da cuenta *Interviú* en enero de 1998, recomienda a sus militantes operativos «actuar sin prisa en los atentados». La revista, muy en su línea de titulares, realza su *scoop*: «Desvelamos el manual que la dirección de ETA ha enviado a sus pistoleros». Y, detalle a detalle, va narrando lo que supuestamente tienen que hacer los comandos: «Moverse demasiado, no infravalorar las grandes redadas, no tener prisa en la acción, mirar a todos los rincones, tener más información jurídica, cuidado con las compras, no preparar bombas en locales del MLNV, buen trabajo de información, observar las normas para los seguimientos de los objetivos, seguir las instrucciones sobre los pisos francos y para evitar los pinchazos telefónicos». Ante las nuevas tecnologías, ETA asume el reto y, según cuentan Fernando Mas y Mario Tascón el 5 de febrero de 1996 en *El Mundo*, la organización vasca ha dado un nuevo paso: «El terrorismo de ETA: un debate en el ciberespacio».

Lo más habitual es que las acciones de ETA sean manipuladas y distorsionadas exhaustivamente en los medios de comunicación, incluso cuando la propia organización no reivindica los atentados. A tal confusión contribuyen de manera notoria, además de los propios medios, los políticos y policías de turno. Tal fue el caso de los pequeños artefactos colocados a finales del mes de mayo de 1994 en las localidades vizcaínas de Muskiz y Artxanda. *El País* del día 31 de ese mes titulaba al respecto: «Belloch, convencido de que los atentados con carteras bomba fueron obra de ETA». La excepción es el caso contrario, como cuando el 22 de mayo de 1985 *El País* recogía un comunicado de la organización vasca señalando que «ETA m niega haber asesinado al primo del obispo de Bilbao», mientras que *El Mundo* del 2 de septiembre de 1991 titulaba que «ETA niega haber colocado la bomba localizada por la Policía en Donostia el día de La Salve».

Las iniciativas para actuar contra ETA por parte del Estado español desde las cloacas de la guerra sucia tuvieron siempre una excelente acogida en los medios de comunicación. La mayoría de ellos no se recataron en absoluto en manifestar la gran satisfacción que les producía el hecho. Y es que su cuerpo serrano fascistoide les pedía además esa marcha. Pedro Rodríguez, ex subdirector del diario *Arriba*, órgano central de la Prensa del Movimiento, lo escribía claramente en *Interviú*: «Ante eso (los atentados de ETA), los estados democráticos sólo pueden utilizar 'metodos sucios'. Sólo con 'métodos sucios', a lo Baader Meinhof, a lo barbouzes, los grandes estados europeos han salvado a sus sociedades que se ganan la libertad con el sudor de su frente. Cualquier cosa antes que convertirnos en *yonguaines* de este *fargüest*». El general Manuel Prieto López, también columnista de *Interviú*, afirmaba en las mismas páginas de opinión que «ETA es una organización marxista-leninista que pretende la destrucción del Estado». Después de tan brillante introducción, se hacía la consiguiente pregunta: «¿Cómo acabar con la ETA?». La respuesta la proporcionaba él mismo: «¡Como está pensando usted, lector, como piensan el 90% de los españoles!». Manuel Fraga Iribarne se lo decía claramente a Felipe González a través de *Tiempo*, el 31 de octubre de 1983, en un extenso reportaje firmado al alimón por Isabel Martínez, Luis Reyes, Antonio Trujillo y Carlos Carnicero: «No le sacaremos los colores», aunque el titular central del reportaje también era inequívoco: «La 'guerra sucia', ofensiva final contra ETA». El semanario se regocijaba de la situación y así lo traslucía en una de sus entresacas informativas: «Los etarras comienzan a sentir miedo en Francia ante la entrada de los policías españoles». El Fraga de Montejurra y Gasteiz nunca se anduvo por las ramas a la hora de referirse a Euskal Herria y el 19 de junio de 1985 daba pie de nuevo para el siguiente titular en *El País*: «Fraga dice que el Estado de excepción es un arma contra el terrorismo», lo que le valió el inmediato calificativo de «irresponsable» por parte del entonces vicepresidente español Alfonso Guerra. Claro que unos camaradas de Fraga, los componentes de Unidad Vizcaína, se proclamaban el 4 de enero de 1992, como recogían varios periódicos vascos, partidarios de «exterminar antes que dialogar».

Ninguno de los medios de comunicación españoles sintió el más mínimo sonrojo cuando el 30 de noviembre de 1997 la periodista Pilar Urbano, en un anticipo de su libro *Yo entré en el Cesid*, escribía en la portada del suplemento «Crónica» de *El Mundo*: «'Miguel Ángel somos todos', 'Vascos, sí; ETA no' fueron dos eslóganes elaborados por el Cesid para movilizar a la sociedad y salvar la vida de Miguel Ángel Blanco». Esa carencia de pudor ante la manipulación tramada desde tan siniestro centro militar era lógica después de años de práctica profesional, en que la intoxicación y la mentira son la moneda habitual de decenas de periodistas que renunciaron vergonzosamente a su ética profesional y actúan con total impunidad ante el tema vasco.

Tiempo, siempre a la cabeza de la guerra sucia informativa, publicaba un reportaje de Santiago Aroca el 23 de mayo de ese mismo año 1983 para dar cuenta de un «Plan ultrasecreto para aplastar a ETA. Barrionuevo dedica 15.000 millones al proyecto ZEN». La publicación de Asensio tendría desde siempre una gran querencia por atribuir nombres a los supuestos planes contra ETA. Carlos Bello hablaba de una «Operación Nave», que seguidamente aclaraba se trataba de «el plan secreto para cazar a ETA en Madrid». El 12 de octubre de 1987 el nuevo operativo, al que en esta ocasión se refería Julio Trujillo, era la «Operación Laguntzaile: la gran redada contra los terroristas».

El Ministerio de Interior español nunca reparó en medios en esta guerra y el habitual Carlos Fonseca informaba el 2 de marzo de 1992 de que «Corcuera mete en Francia a 30 superagentes para perseguir a ETA. Policías españoles y franceses constituirán grupos de diez hombres que se distribuirán por localidades de los Pirineos Atlánticos». El 1 de julio de 1993 era Fernando Lázaro en *El Mundo* el que anunciaba que «Interior distribuye por correo un millón de folletos con las fotos de los etarras del *comando Madrid*». Este periódico le dedicó incluso al tema la portada y páginas centrales a todo color para una de sus grandes exclusivas: «Cazaetarras en el ex santuario francés». El involucrar al Estado francés en la lucha contra la organización independentista vasca siempre fue una de las constantes de los medios. «Francia contra ETA. El primer regalo de Mitterrand a Felipe González» titulaba *Tiempo* el 15 de noviembre de 1982 en una crónica de Carlos Carnicero. Y, según iban desarrollándose los acontecimientos, *Tiempo* volvía a la carga para señalar el 7 de noviembre de 1983 en una crónica de Luis Reyes que «los terroristas vascos tienen miedo en Francia. La Policía francesa, comprensiva con la española». Julio Trujillo informaba el 24 de octubre de 1988 que «Francia ofrece dinero a España para acabar con ETA». Y no sólo eso, ya que, según se podía leer en la información, «a la lucha contra el terrorismo y a la colaboración con España contra ETA, Francia ha dedicado un presupuesto de 500 millones de francos, unos 10.000 millones de pesetas». Pero si la colaboración francesa no alcanzaba el nivel de satisfacción que la Policía española requería, siempre habría un medio de comunicación que saldría inmediatamente al quite, como hacía el 1 de julio de 1991 Juan Tomás de Salas editorializando en *Cambio* 16 bajo el título de «Mala Francia».

Con tales preparativos previos no es de extrañar que *Tiempo*, una vez calentado el ambiente, se descolgase a través de Luis Reyes el 9 de febrero de 1987 con un titular suficientemente explícito: «Los vascos residentes en Madrid temen ser relacionados con ETA. 'Siempre llevo el teléfono de Barrionuevo, por si acaso', afirma una donostiarra». El texto era suficientemente ilustrativo: «En Madrid viven cien mil vascos, por lo general bien situados profesional y económicamente. A raíz de la detención del *comando Madrid*, se ha sabido que la Policía controlaba a unos dos mil vascos residentes en la capital de España. Algunos de ellos relatan sus problemas por el simple hecho de que en su carné de identidad aparecen como nacidos en el País Vasco». Tampoco, visto el panorama informativo, era de extrañar el título que incluían Lourdes Rebollar y Julen Sordo en *Interviú*: «El dinero huye de Euskadi. Los ataques violentos contra intereses económicos retraen las inversiones y alejan del País Vasco a los empresarios».

Un repaso tan exhaustivo a las hemerotecas no podía dejar pasar por alto, aunque fuera a través de unas breves pinceladas, el contencioso de los media españoles con la Iglesia católica vasca. La obsesión contra los clérigos euskaldunes fue una constante en revistas y periódicos que, si ya desde monseñor Añoveros, le tenían declarada la «guerra santa» a la prelatura vasca, en la última década han intensificado su cruzada.

Nativel Preciado le ponía el altavoz en los morros a García Damborenea en *Tiempo*, el 28 de diciembre de 1987. Y éste no lo desaprovechaba para decir que «los obispos vascos favorecen las tesis de los terroristas». La afirmación era refrendada algunas páginas más adelante por Cándido en su columna *El curioso parlante*. Tras titular ya explícitamente «La pastoral diabólica», el articulista se enfrascaba en disquisiciones cuasi teologales: «Antes, la religión y la nación eran como la flor y el perfume. Ahora es como si el perfume se hubiera rebelado contra la flor: ésa es la esencia del diablo, la de la rebelión contra su creador. En ETA, la idea de nación ha pulverizado la religión».

Escasamente medio año después, Santi Etxauz se marcaba, también en *Tiempo*, un reportaje en su línea para manifestar que «el Vaticano y los jesuitas rechazaron un plan del Gobierno para la pacificación de Euskadi». Y tras destacar que «hay militantes de HB que aprueban un asesinato de ETA y después comulgan en misa», dejaba esculpidas en la lápida de la estupidez las siguientes afirmaciones: «El principal de los jesuitas puso dos objecciones (para la pacificación): la necesidad de un mayor desarrollo del euskera y la consideración de la incorporación de Navarra a Euskadi». En ese mismo número, Martín Prieto no se resistía a aportar algunas de sus reflexiones etílicas: «Si los políticos vascos discutieran en latín ya se habrían solucionado muchos problemas» o, ya en plena resaca, asegurar que «un repaso a la nómina política vasca es un 'fru-fru' de sotanas y de faldas de monaguillo».

José Luis Barbería, otro imprescindible, complementaría desde *El País* el 29 de marzo de 1992, tales prospecciones sobre el clero vasco: «Las sacristías de ETA. La detención del arcipreste de Irún y el apoyo del clero vasco a la organización terrorista. Curas vascos, de uno y otro lado de la frontera, han albergado a activistas de ETA en numerosas ocasiones y han actuado de improvisados 'buzones' de la organización».

Visto lo cual, no hay clérigo vasco que, aun pertrechado de la más cachazuda resignación cristiana, se atreva a aplicar a los periodistas la frase bíblica de «Señor, perdónales porque no saben lo que hacen». Y como le consta que los informadores saben cuál es su cometido, además a conciencia, quizá a alguno de esos abates se le ocurra que más apropiada para este caso es la otra cita ecuménica de «por sus obras los conoceréis».

3
La virginidad de las prostitutas

Los disparates, infundios e ignominias que son capaces de difundir los medios de comunicación cuando abordan sin ningún tipo de freno ético lo que ellos mismos denominan «problema vasco» han quedado sobradamente patentes en el capítulo anterior. Pero lo que más resalta en el tratamiento absolutamente sesgado que hacen de la cuestión vasca es la quiebra de un principio básico en el periodismo: el contraste de la información.

Sobre Euskal Herria en general y sobre la izquierda abertzale en particular se han publicado enormes desatinos sin el más mínimo sonrojo y sin que a ninguno de los autores de los textos se le pasara tan siquiera por la cabeza la intención de ponerse en contacto con los afectados o, en su defecto, con familiares o personas que les representasen. Los códigos deontológicos saltan hechos añicos cuando se aborda este aspecto. La política del «todo vale contra ETA y sus secuaces» es la excusa más común para eludir el imprescindible rigor con que un redactor debe ejercer su oficio.

Desde hace mucho tenía interés personal y profesional por conocer cuáles eran las reacciones de las personas a las que los medios de comunicación habían escogido como diana preferente y escuchar de su boca cómo habían vivido en su propia carne estas experiencias. Quería saber el impacto que las noticias falsas o cargadas de intoxicaciones habían ejercido sobre cada uno de ellos y, transcurrido algún tiempo, cuáles eran sus conclusiones al respecto.

Por eso elaboré un pequeño listado con los casos más sonados de linchamiento mediático y, acto seguido, me dirigí por carta a los interesados. Les expuse sencillamente cuál era mi planteamiento y les invité a reflejarlo en unas cuartillas, ocupando la extensión que ellos creyesen pertinente. Algunos me contestaron excusándose por no acceder a mi propuesta. En su escrito me proporcionaban argumentos varios, desde los que pensaban que no era conveniente facilitarles a los carceleros o a las autoridades de Interior datos sobre sus vivencias más personales e íntimas, hasta los que desechaban la invitación por tener causas judiciales en curso y considerar que su parecer podría incidir de alguna manera en el desarrollo futuro de su situación personal. Es evidente que todos aquellos a los que me estoy refiriendo permanecen aún en prisión y su futuro penitenciario es todavía indefinido.

También hice otra pequeña selección con gente que se encuentra fuera de los barrotes de la cárcel, pero que tiene o tuvo causas judiciales y en las que, una vez más, los medios de comunicación fueron la punta de lanza contra sus personas. Con ellos pude hablar con tranquilidad y oír en directo las angustias y sinsabores creados por periódicos, radios y televisiones en su afán de criminalizarlos. Sólo falló a la cita, por razones evidentes, Mikel Otegi, pero, en su lugar, mantuve un amplio diálogo con su abogado Miguel Castells, en el que éste analizó con clarividencia el papel desempeñado por los media en tan significado caso.

De todos mis interlocutores, José Antonio Urrutikoetxea Bengoetxea, *Josu Ternera*, es el único que ha conocido las prisiones de los Estados francés y español. Ahora se encuentra encarcelado en el Centro Penitenciario Madrid-2, que es la jerga oficial con la que Instituciones Penitenciarías denomina al presidio de Alcalá-Meco. Urrutikoetxea comenzó a aparecer hace ya muchos años en los periódicos y, de entonces a ahora, su nombre no ha dejado de ser una referencia o una obsesión para ciertos cronistas de Interior.

En la revista *Cambio* 16, Gorka Landaburu y Juan Gómez le situaban en diciembre de 1987 en la cúspide de lo que ellos denominaban el «búnker de ETA». La presentación en sociedad de Joxean Urrutikoetxea y su entorno no dejaba lugar a dudas sobre la intencionalidad de la pareja informante: «Son treinta, están a las órdenes de Josu Ternera y piensan vender cara su piel. Se esconden en Francia y se proponen seguir matando, hasta morir si hace falta, en España. Se defienden a tiros y negocian con sangre. Lo que quieren es que el Gobierno se rinda y que Euskadi sea independiente. Son el búnker de ETA. No dan tregua ni en Navidad».

Su radiografía personal, leído lo precedente, no iba a ser menos impactante: «Es un marxista leninista convencido que nació en Miravalles (Vizcaya) y lleva nueve años en la dirección de la banda armada. En opinión de los expertos del Ministerio de Interior, es una persona 'con la que discutir no vale. Es un verdadero duro que sólo entiende el lenguaje de la fuerza, por lo que habrá que detenerle si se le quiere parar».

El perfil biográfico de Josu Ternera era complementado con unos gruesos y burdos trazos de brocha gorda: «Urrutikoetxea Bengoetxea ha demostrado en los últimos años su brutalidad y su afición por la sangre. Su cumpleaños, el 24 de diciembre, lo ha 'celebrado' en los tres últimos aniversarios con sucesivos atentados».

Unos días antes, la avalancha intoxicadora simultánea y las filtraciones teledirigidas desde los aparatos del Estado español quedaban también reflejadas en la revista *Tiempo*, en la que dedicaban a Urrutikoetxea unos apuntes complementarios: «José Antonio Urrutikoetxea, *Josu Ternera*, es ahora el número uno de ETA. Tras la caída de Santi Potros, este dirigente se ha convertido en la máxima autoridad de un grupo desconcertado y cada vez en mayor peligro. Josu tendrá el próximo 24 de diciembre 34 años, gran parte de los cuales han estado dedicados a ETA, lo que le ha permitido, además de conocer todos los secretos de la organización, entrar en los problemas de cada núcleo y hasta de cada militante, y entablar amistad con la mayoría de los históricos de la banda, muchos de los cuales han muerto en la lucha o se han apartado de la misma. La larga militancia y la situación privilegiada de sus relaciones con 'los mitos vivientes' lo han colocado en una situación dominante y forma parte del comité ejecutivo desde 1975, ocupando desde entonces diversos puestos».

Tiempo se atrevía a más y profundizaba supuestamente en las interioridades del personaje: «Desde muy joven, Josu Ternera es un hombre violento e irascible que no permite que le contradigan. Sus padres, Gerardo y Ana, nacionalistas moderados, no han dejado de recriminarle sus actitudes y se lamentan del fanatismo de su hijo. Sin embargo, José Antonio, desde los 17 años contesta lo mismo a las críticas familiares: 'No voy a ser un esclavo de los capitalistas».

Siempre sin identificar sus fuentes ni hacer la más mínima mención que le conceda verosimilitud a sus afirmaciones, *Tiempo* recogía testimonios indeterminados sobre el círculo de amistades de Urrutikoetxea: «Un amigo de la cuadrilla le recuerda como un joven 'que tenía mucho éxito con las mujeres, aunque pasaba de ellas'. Es un nacionalista austero, que subía al monte los días de fiesta y a quien no atraía demasiado salir a tomar vinos o ir a la discoteca. A los 18 años dejó de ir a misa, gesto que no pasó inadvertido en un ambiente nacionalista y católico, donde ir a misa los domingos era un rito».

Después de tan sesuda reflexión sobre las costumbres sociales de Ugao, la revista se lanzaba a tumba abierta: «Su cuadrilla le respetaba por su violencia. 'En una ocasión –recuerda un compañero de salidas– amenazó a uno de nosotros que no comulgaba con sus ideas, advirtiéndole que iba a ser castigado por lo que decía'. Tras estudiar el bachillerato en Bilbao, Josu empieza a trabajar en la sección de informática del Banco de Vizcaya en la sucursal de Deusto. Por entonces, aspiraba a ser ingeniero. Sin embargo, tiene que abandonar este proyecto por sus fracasos en los exámenes. 'Era muy empollón, pero no era un buen estudiante ni tenía mucha capacidad', afirmaba un compañero de estudios».

El reportaje de *Tiempo* relaciona seguidamente a Urrutikoetxea con José Miguel Beñaran Ordeñada, *Argala*. Según unos datos extraídos de no se sabe dónde, la revista sostiene que ambos solían encontrarse en la estación de Arrankudiaga, manteniendo largas conversaciones que prolongaban los domingos con nuevas citas en Laudio.

Estos supuestos encuentros con Argala sirven a los periodistas para justificar la siguiente afirmación: «Josu empezó a cambiar de vida. Esta relación marca a Urrutikoetxea Bengoetxea. Apenas aparece por Miravalles y sólo de vez en cuando se deja ver en algunos partidos de pelota, deporte al que es muy aficionado. Uno de sus amigos de aquella época lo define como 'muy reservado, aunque amigo de sus amigos. Era mediocre y poco inteligente, aunque trabajador', añade. También lo recuerdan como un joven orgulloso: aunque la situación de su familia era difícil, jamás pedía dinero a nadie. Hoy, Josu Ternera es el responsable político de ETA, mantiene las posturas más duras y es el más firme partidario de llevar a cabo atentados espectaculares. No es de los marxistas, pero se apoya en éstos para justificar sus advertencias contra 'los que quieren negociar cualquier cosa».

Al final se me olvidó preguntarle a José Antonio Urrutikoetxea si era o no marxista, vistas las informaciones contrapuestas de ambas revistas Quizá se hubiera sonreído y ambos nos pondríamos a hablar de esas excelentes recetas culinarias recogidas en su libro *Giltzapeko sukaldaritza*, editado por Hiru y que fue muy bien acogido en la feria de Durango de 1996. A mí me interesaría mucho más hablar con José Antonio Urrutikoetxea y no con el mito Josu Ternera, creado tan zafia y mentirosamente por los medios de comunicación. El diálogo podría ser, por ejemplo, sobre su hijo Egoitz, encarcelado en el Estado francés tras haber sido estigmatizado públicamente por los media como «el hijo de Ternera». Y me resultaría sumamente atractivo enfocar la conversación sobre lo mucho que, dada su experiencia, podría aportar Urrutikoetxea en el futuro al proceso de liberación nacional de Euskal Herria.

Pero me tuve que conformar con estas líneas remitidas urgentemente desde una celda de Alcalá-Meco:

«*Al poner la fecha me doy cuenta del día en que estamos* (6 *de diciembre, en el que los españoles celebran su Constitución*). *Bueno, nunca mejor para tratar el tema de las manipulaciones informativas que un tan señalado día en el que ratificaron con tinta lo que el Generalísimo impuso a sangre y fuego y que dejó para su posteridad, atado y bien atado.*

En realidad, esto de escribir es un ejercicio que nunca me ha gustado, quizás porque tampoco me lo he propuesto, quizá por esa especie de impotencia que se siente al no ser capaz de plasmar sobre el papel lo que en un momento dado se tiene en la mente, ¡vete a saber! De *cualquier manera, y al hilo de lo que me dices al final de tus líneas '... de dejar el tema en los pucheros y hacer alguna incursión literaria por otros terrenos, como la realidad que estamos viviendo en* E.H...', *no creo que mis aportaciones ayudasen mucho.* Para *esos menesteres te diría que 'doctores tiene la* S....'.

Volviendo *a este universo, decirte que no tengo la suerte de convivir con tu colega* Fernando. En *estos pagos, como en la mayoría donde nos tienen hospedados, aplican lo del 'tratamiento individualizado', que de individualizado no tiene más que el de tenerte, en la medida en que el hostal lo permita, separado 'individualmente' de los demás compañeros.* Del *tratamiento individualizado tan cacareado no les queda más que el nombre, ya que a todos/as nos meten en el mismo saco, kale borroka, insumisión...* Para *tod@s es el mismo tratamiento de control, de intervenciones....* Bueno, *nada que no conozcas.*

En *cuanto a lo de ser víctima de esta manipulación informativa, pues sí.* Pero *ni más ni menos que centenares, por no decir miles, de ciudadan@s que podrían exponerte mejor que yo sus vivencias.*

El *sistema ha utilizado desde siempre la táctica de 'inflar el globo' para justificar los medios represivos utilizados.* Se *sataniza a la persona en un momento concreto, con frecuencia en base a datos arrancados bajo tortura en caídas de militantes.* Y *de ahí empiezan a montar el guión alrededor del 'personaje'.* En *mi caso, la suerte (según ellos) de habérseles escapado en varias ocasiones, junto con todo lo que inventaron alrededor de lo de* Carrero Blanco, *hizo que subiese enteros en la cotización de su bolsa de intoxicación, sin prácticamente ninguna voz discordante en la prensa de los primeros años de los setenta.* Es *a partir de ahí que montan el historial, al que, dependiendo del momento, se le da una u otra cotización, siempre en la misma línea manipuladora y de intoxicación.*

En *tanto que militante, desde un primer momento tienes perfectamente asumido que el sistema que oprime* Euskal Herria *en ningún momento nos va a regalar nada, que le vamos a tener que arrancar los derechos que nos corresponden y que el enemigo va a utilizar todos los medios a su alcance para impedírnoslo.*

Siendo *el de la intoxicación uno de esos medios, tienes asumido el aluvión que te puede venir encima.* En *realidad, los que lo sufren son la familia, que, habiendo vivido la época en que les obligaban a decir que* Gernika *la habían bombardeado los rojos –o a cantar el* Cara al Sol, *o a ponerse firmes al pasar por la plaza del pueblo donde los chavales de la escuela* (*¡nacional! cómo no*) *cantaban tal o cual himno-, y aun sintién-*

dose orgullosos que su hij@, herman@, siguiese a su manera la borroka, les pesa el bombardeo intoxicador.

Un pequeño pero claro ejemplo de esa intoxicación fue la 'historia' de mi mote, que surgió como broma de txiquiteo de algún refugiado en el comienzo de la década de los setenta. En principio se extendió como la pólvora en aquel ambiente en el que vivíamos los refugiados y que, llegado a oídos del aparato represor, lo grabó en mi 'historial', utilizándolo en adelante de manera peyorativa y despectiva. Con frecuencia, en Euskal Herria, sobre todo en los pueblos pequeños, nacemos con motes, herencias familiares. Pero, ya ves, no fue así con lo de Josu Ternera. De hecho, Josu no es ningún mote ni supuesto nombre de guerra, sino la traducción al euskera del tercero de mis nombres (Jesús). La machacona repetición en los diferentes altavoces mediáticos llega al punto, de que aquí en el maco, hay presos que creen que se trata de mi apellido.

Evidentemente –y aunque tengas totalmente asumido el aluvión manipulador–, el que el sistema te haya encasillado, dándote un numerito, tiene sus consecuencias, por lo general negativas. En el año 96, y cuando en la prensa se especulaba con la suerte que me esperaría una vez acabada de cumplir mi estancia en los hostales gabatxos, Margarita Robles, hoy en día aparente adalid y defensora de una 'solución a la irlandesa', en aquel entonces responsable de Interior, proclamaba en una conferencia de prensa que aunque no había ninguna causa contra mí, se me encontraría una. No podían dejar a sus anchas a un globo que ellos mismos se habían encargado de hinchar.

La prensa siguió especulando aquellos días con que no se me entregaría al Estado español, pero por debajo se negoció conmigo en los entresijos de ambos Estados (como lo hicieron y hacen con otros compañer@s) como moneda de cambio y como prueba de inflexibilidad del PSOE, por entonces dignos administradores del sistema. Es muy posible que si no hubiera estado encasillado con el numerito no me hubiesen entregado en aquel momento, habiéndome dejado para una próxima 'operación' asignado en un rincón cualquiera del hexágono, como lo han hecho en múltiples ocasiones.

Por lo demás, no es cuestión de citar las múltiples 'películas' en las que he aparecido unas veces como duro, otras como tal o como cual, aumentadas y tergiversadas hasta la enésima potencia con ocasión de la detención en enero de 1989, o con motivo del 'juicio' de París. Todo eso se traduce en que hoy en día esté en el maco con las mismas acusaciones con las que me juzgaron en París. Vamos, que van a volver a 'juzgarme' otra vez por lo mismo. Algún compañero suele decirme que si me tienen *aquí es por ser 'vos quien sois'. Yo le diría que no es sino por ser un globo que el sistema hinchó a su guisa en los momentos que le interesaban y que hoy en día quieren seguir manteniéndolo en esa imagen de firmeza, intransigencia y especie de loca carrera represiva contra el* MLNV.

N*unca me ha gustado personalizar ningún aspecto o, mejor dicho, que se personalice la borroka en la que he participado.* E*s por eso que estas líneas te las envío con cierto 'pudor'.*

P*ara acabar, una escueta reflexión o recuerdo histórico: esto de la manipulación informativa no es nuevo para nosotros ni para otros oprimidos.* N*os es suficiente con sumergirnos en las profundidades de la historia para comprobar lo bien que se confabularon los poderes fácticos de la época para, utilizando mentiras, conspirando... falsificar una bula y darle la bendición al duque de* A*lba para arrasar a sangre y fuego la mayor parte del reino de* N*afarroa, ahí también con la ayuda de los traidores de turno. Ya antes, pero, sobre todo desde entonces, ¿cuántas veces no se han manipulado y tergiversado las verdaderas razones por las que se sublevó el pueblo llano?».*

Un cóctel molotov lanzado contra una furgoneta de la Ertzantza en Orereta el 24 de marzo de 1995 supuso un fuerte impacto en la opinión pública. Los agentes que se encontraban en el interior del vehículo sufrieron graves quemaduras, especialmente uno de ellos, Jon Ruiz Sagarna, cuyo nombre se encargó de repetir hasta la saciedad en todas las primeras ediciones del *Teleberri* de la televisión autonómica vascongada el ínclito José María Calleja. La Consejería de Interior se volcó en el asunto ante las fuertes protestas de los sindicatos de la Ertzantza, que a partir de ese momento reclamaron, además de un equipamiento adecuado para hacer frente a esas situaciones, una actuación ejemplarizante.

El episodio tuvo su momento más álgido con la detención de tres jóvenes de Orereta –Unai Erkis, Aitor García y Jon Ander González–, los cuales desde el primer instante negaron su participación en los hechos. Incluso un grupo de amigos de los jóvenes constituyó una asociación para reivindicar su inocencia. Vano intento. Juan María Atutxa hizo *casus belli* del tema y la presión institucional se trasladó miméticamente a los medios. Cuando llegó la hora del juicio, la suerte de los tres chavales de Orereta estaba definitivamente echada. Dos de ellos, Aitor García y Unai Erkis, han resumido en unas cuartillas cómo vivieron aquellos instantes y el papel desempeñado por los medios de comunicación antes, durante y después del juicio. Todavía alucinados a pesar del tiempo transcurrido, su testimonio desde la cárcel tiene el valor añadido de unas personas que se siguen reclamando inocentes y que tienen ante ellos la perspectiva de una pena de doce años de cárcel todavía por cumplir.

En el caso de Aitor, la situación muestra un matiz paranóico complementario, al darse la circunstancia de que un hermano suyo es miembro de la Policía Autonómica. Eso le valió una ración doble de adjetivos peyorativos, que le hicieron vivir la situación de una forma todavía más estresante y dolorosa. Ese resquemor lo refleja perfectamente en las líneas siguientes:

«*Cuando salimos de comisaría, además de nuestros familiares y amigos, ya nos estaban esperando los medios de comunicación a las puertas del juzgado. Yo me imaginaba que sería así porque, días antes de nuestra detención, el consejero de Interior, Atutxa, había anunciado públicamente que existían personas identificadas por el ataque a un furgoneta de la Ertzantza en Orereta. Y era de suponer que en el momento que le echasen la mano a alguien, los periodistas iban a hacer acto de presencia en las dependencias judiciales. Para mi sorpresa, uno de los atacantes 'identificados' era yo. A partir de ahí es cuando empezó un huracán de manipulaciones y mentiras en los medios informativos sobre nosotros.*

Estando ya en prisión, pude ver y leer asombrado las cosas que decían sobre nosotros. Desde marginados sociales a descerebrados, hasta (como yo tengo un hermano ertzaina) 'hermano de ertzaina sin corazón al que le han lavado el cerebro'. Estaban juzgando mi personalidad sin conocerme de nada y estaban empezando a dar como hecho comprobado que yo había sido uno de los que atacaron a la furgoneta, cuando negué en todo momento, tanto en comisaría como delante del juez, mi implicación en el ataque.

Sin comerlo ni beberlo, me habían privado de la presunción de inocencia. Los políticos querían culpables y los medios de comunicación estaban dispuestos a proporcionárselos. A través de los insultos, mentiras y manipulaciones (lo que iba a ser la tónica general, antes, durante y después de que nos juzgasen), los medios bombardearían a la opinión pública machaconamente repitiendo esas falsedades.

Me encontré, a mis recién cumplidos 19 años, con una petición fiscal de cientos de años de cárcel y con el fundado temor de que los medios de comunicación completasen el trabajo para lograr que se nos condenase 'ejemplarmente'. Eso era lo que buscaban, como quedó ampliamente demostrado en los meses previos al juicio. Además, se publicaron algunas filtraciones totalmente falsas en varios periódicos. Recuerdo una que decía que un compañero de causa había admitido su participación y había implicado a los demás. Eso era totalmente falso. Por supuesto, no hubo retractación alguna de tal afirmación.

El trabajo de los medios fue muy eficaz y ellos allanaron el camino para que, llegado el juicio (con algunas manipulaciones posteriores más de por medio), el fiscal y la acusación particular no se viesen en el difícil trance de tener que probar nuestra partipación, sino que nosotros tuviésemos que demostrar nuestra inocencia.

Durante el desarrollo del juicio no vi mucho los informativos de TV, ni tampoco leí demasiado la prensa. Con lo que veía en la sala ya tenía suficiente. En vez de parecer un juicio, era lo más parecido a un circo. Al menos yo me sentía en la mitad de una pista de circo. Cualquier movimiento que hacíamos, lo aprovechaban para sacar fotos o tomar imágenes. Y a fe que aquí también completaron óptimamente su tarea como lo demuestra la siguiente anécdota que voy a narrar: en un momento determinado de la vista, nos sacaron de la sala debido a un descanso. Sin venir a cuento, los ertzainas que me custodiaban empezaron a zarandearme. Yo, entre la tensión del juicio y la sorpresa ante tal comportamiento, les empujé como pude para sacármelos de encima. Pero en las imágenes que emitieron los informativos de televisión se me veía a mí mientras repelía el ataque. La intencionalidad era clara: nosotros éramos unos 'violentos por naturaleza', incluso en los momentos en los que nos estaban juzgando. Les vino como anillo al dedo. Ellos mejor que nadie saben eso de que 'una imagen vale más que mil palabras'. Lo que, por supuesto, tampoco quedó reflejado era el agobio al que nos tenían sometidos las cámaras.

Aunque, antes y después del juicio, los medios de comunicación habían caldeado bastante el ambiente y metido mucha presión sobre los jueces haciendo un juicio paralelo, lo peor estaba aún por llegar. Y ese momento fue cuando se conoció nuestra sentencia. En ese instante, yo me encontraba con una tensión y un estrés acumulado muy grande. Llevaba participando más de dos semanas en un txapeo que estábamos manteniendo en las prisiones por diversas reivindicaciones, entre otras la de Euskal presoak, Euskal Herrira. Y uno de esos días, viendo los informativos de Antena 3, oigo: 'Sorprendente sentencia de la Audiencia de San Sebastián'. El tema era que nos habían condenado a seis años de prisión.

A *mí el hecho me produjo sensaciones contrapuestas: de alegría, porque la condena, dadas las circunstancias, era menor que la solicitada por la acusación; y de tristeza, porque no se había demostrado nuestra participación en los hechos. Pero fue a partir de entonces cuando me sobrevino la mayor desesperación y se multiplicó por diez el estrés y la tensión que tenía acumuladas por el* txapeo. *Inocente de mí, yo creía que una vez dictada la sentencia se iba a acabar el agobio de los medios y que nos iban a dejar tranquilos.*

Fue exactamente todo lo contrario. Durante más de una semana tuve que oír de todo en los medios, cosas que jamás me hubiera imaginado. Un ejemplo: uno de los temas que sacaron fue que días antes de dictar sentencia, un juez de los que nos condenó había recibido una carta anónima en la cual le amenazaban de muerte. Esa carta nunca se hizo pública, pero a ellos les daba igual. Los periódicos, emisoras de radio y televisiones se convirtieron en una auténtica pesadilla: que si la sentencia era un gran error, que si había que modificarla... Los periodistas nos llamaban cualquier cosa: desde 'energúmenos', hasta «alevines de terroristas», todo eso complementado con tiras 'cómicas' llenas de ironía... Sólo les faltó decir explícitamente que querían nuestras cabezas. Porque, por pedir, llegaron a solicitar incluso que se cambiasen las leyes.

Los periodistas habían aprendido bien la lección que les habían dictado los políticos. Unos y otros habían formado un tándem muy compenetrado, hasta el extremo de que algunos reclamaron explicaciones a los propios jueces. La sensación que personalmente percibía era de que estaba todo perfectamente planificado. La pareja formada por periodistas y políticos se complementó perfectamente en su afán de meter presión al Tribunal Supremo para que nos fuese aumentada la condena.

Les daba igual que no se hubiese demostrado nuestra participación en los hechos. Lo que querían eran culpables y yo cada vez era más consciente de que los estaban encontrando en nuestras propias cabezas. Fueron momentos de desesperación y depresión, tanto para mí como para mi familia. Veía claramente que unos supuestos profesionales del periodismo estaban intentando arruinarme la vida, volviendo a realizar un segundo juicio paralelo, actuando al unísono de policías, acusadores y jueces. Ellos ya tenían dictaminada nuestra culpabilidad, sin que cupiese ningún derecho de defensa. Fue todo muy descarado.

Días antes de que se revisase la causa en el Tribunal Supremo, empezaron de nuevo a meter presión. Y, finalmente, cuando se hizo pública la nueva sentencia y resultó que nos habían doblado la pena a doce años de cárcel, entonces amainó su ira. Habían cumplido a la perfección con su trabajo. A los medios de comunicación les corresponde gran parte de la responsabilidad de que se me condenase ya en la Audiencia de Donostia y que después el Supremo duplicase la pena. Eso siempre lo he tenido claro. Si no hubiese habido tanta manipulación y tanta presión sobre los jueces, no me hubiesen condenado o, por lo menos, no me hubiesen doblado la primera condena.

Es curioso el tema de los jueces. Se supone que no deben estar bajo presión de ninguna clase a la hora de dictar sentencia. Pero lo están. Y no como, por encima, quisieron vender los medios al decir que soportaban la presión de la izquierda abertzale debido a que el juicio se había celebrado en Euskal Herria. Claro que hubo presión, pero ésa fue la de los medios de comunicación. Amilanaron a los jueces que, ante un bombardeo tan grande y tan descarado, hubiesen condenado a cualquiera por mucho que no hubiese motivos para ello. Los jueces tuvieron miedo.

Los periodistas desempeñaron un papel muy importante en nuestro juicio. Hicieron de portavoces de los que, como Atutxa y Mayor Oreja, pedían una condena ejemplar. Estos dos personajes querían meter miedo a la parte más rebelde de la juventud vasca. Y para ello, los medios de comunicación se olvidaron de lo que se dijo y se pudo ver en el juicio, para ponerse sumisos a las órdenes de los dos mandamases de Interior. Fueron a por nosotros por ser de la izquierda abertzale y eso resultó un espectáculo muy descarado.

Desde que me ocurrió todo esto, creo más en la virginidad de una prostituta que en la imparcialidad de algunos medios de comunicación».

Las palabras de Unai Erkis Urretabizkaia todavía están llenas de estupefacción. Su testimonio es el de un joven al que, únicamente por las declaraciones de dos ertzainas y sin pruebas de por medio, le ha caído una condena de doce años de prisión. Pese a todo, Unai dice que peor que él todavía lo pasaron los miembros de su familia. Éstos tuvieron que soportar durante un tiempo las miradas iracundas de algunas personas, indudablemente influenciadas por la campaña de los medios de comunicación. Por ello, no es de extrañar que su escrito rezume ironía y acidez:

«Desde el primer momento tenía muy asumido que alguno tenía que pagar ese plato. La cosa estaba clara porque todos los medios de comunicación dejaron bajo tierra y en ridículo total a la cipayada. Y, claro, antes de quedar ellos en evidencia se inventaron una película y eso fue a misa. Llegamos al juicio con nuestra palabra contra la de dos cipayos. Por

supuesto, y como era de esperar, nosotros mentimos y la cipayada dijo la verdad. Ellos, siempre tan eficaces en su trabajo, ¿cómo van a detener a unos inocentes? Es de locos sólo pensar tal posibilidad. Y como los medios de comunicación tienen su neutralidad más que acreditada, le dieron todo el bombo del mundo a lo que decían los dos cipayos, mientras que nuestro testimonio había que encontrarlo con lupa en las páginas de los periódicos. Tan sólo Egin se atrevió a decir en primer página que se nos estaba juzgando bajo las imputaciones de los dos únicos testigos existentes, ambos cipayos.

Nuestros abogados se lo curraron muy bien y ellos mejor que nadie saben que todo fue un montaje y cómo se inventaron las cosas.

No hemos sido las únicas víctimas. Ahí está toda la gente a la que han acusado de participar en la kale borroka o en los comandos 'Y'. La gente comparece en los juicios en base a las imputaciones que constan en los atestados policiales. Pero les da lo mismo. En cambio, tú aduces que en comisaría te han torturado, bien física o bien psíquicamente, y te contestan que te lo estás inventando o que te has estado dando tú mismo cabezazos contra la pared. En comisaría no se tortura. Lo que pasa es que a la gente le va la marcha del sadomasoquismo, como el romperse las costillas o un brazo. El tema es para ponerte de los nervios. No es mi caso, que a mí no me tocaron, pero sí me hicieron un montón de preguntas y comentarios durante el día y medio que estuve en la comisaría de Orereta. Pero las amenazas y demás barbaridades que me soltaron no cuentan porque no se pueden demostrar y, además, no dejan marcas externas. En esos momentos no vale como prueba un brazo roto o todo el cuerpo amoratado. Es tu palabra contra la de la txakurrada. En cambio, si es para acusarte a ti vale todo, aunque puedas demostrar que no estabas en ese lugar a esa hora.

Todavía estoy esperando que venga la secretaria del Juzgado a que me notifique la primera sentencia de seis años o, posteriormente, la de los doce del Supremo. Me he tenido que enterar por los medios de comunicación y por los de casa. A nuestros abogados les sucedió igual. Tuvieron conocimiento de nuestras penas por la prensa antes de que les notificaran nada desde la Sala.

En todo este asunto los que peor lo han pasado son los de casa. Ellos han tenido que vivir en la calle toda la barbarie que han dicho los medios de comunicación sobre nosotros. Y han tenido que aguantar también las miradas de alguna gente que, imbéciles de ellos, se creen todo lo que publican los periódicos o dicen las radios y televisiones. Además, los de casa saben que todo ha sido un montaje policial y sigue sin entrarles en la ca-

beza que porque dos policías afirmen que tú eres el autor de los hechos eso signifique que nos haya caído un marrón de la leche sin comerlo ni beberlo. Puede parecer un cachondeo que se pueda mandar doce años a la cárcel a unos jóvenes por la simple palabra de dos zipayos que no aportan ninguna prueba al respecto. Pero, por duro que parezca, ésa es la cruda realidad y aquí estoy en la cárcel de Zaragoza».

A Unai Parot el adjetivo más liviano que le atribuyeron los media es el de «sanguinario». A partir de ahí, todo tipo de epítetos han sido válidos contra su persona. Lo que más le reprochaban los medios de comunicación era su nacionalidad administrativa francesa, lo que introducía un factor desconocido hasta entonces. El hecho de que una persona de Iparralde apareciese integrada en un comando de la organización vasca ETA suponía una prolongación del conflicto al otro lado de la frontera que divide Euskal Herria. Y ni la Administración francesa ni la española estaban por la labor. El asunto lo solventaron desde los medios de comunicación calificando a Parot de «mercenario», cuestión esa que sería una constante a partir de entonces. Así, José Yoldi incidía en *El País*, el 6 de abril de 1990, que cada uno de los componentes del *comando itinerante* percibía «5.000 francos al mes, cuando los sueldos de los liberados de la organización suelen oscilar entre los 1.000 y los 1.200 francos».

El Mundo también insistía en el tema económico y el 30 de septiembre de 1992 titulaba una noticia fechada en Almería diciendo que «Henry Parot cobró 600.000 pesetas destinadas a otro preso». En el texto se especificaba que «el jefe del *comando itinerante* de ETA cobró dos giros de 600.000 pesetas que no eran suyos, ya que parte de este dinero pertenecía a otro preso». Según la noticia, que *El Mundo* recogía de un despacho de la agencia Efe, «Parot se aprovechó de un error burocrático de la administración de prisiones». El texto precisaba más adelante que Unai «avisó a su esposa para que se personara en Almería y cobrara ella el dinero, logrando así ponerlo fuera del control de prisiones. Tras percibirse del error, la administración de El Acebuche ha solicitado a Parot que devuelva el dinero, pero él asegura que, al tenerlo su mujer, ya no es responsable del mismo». El teletipo del que se hacía eco *El Mundo* concluía señalando que «Instituciones Penitenciarias ingresará su dinero al preso afectado» y que «se está estudiando iniciar acciones legales contra Parot por uso indebido de un dinero que no es suyo».

La intencionalidad de los distintos medios informativos, ante lo novedoso del personaje, consistía en mostrar su vileza moral. O su cobardía. *El Mundo* echaba su cuarto a espaldas en el intento y el 10 de abril de 1990 titulaba «El etarra Parot pensó suicidarse cuando la Guardia Civil le interceptó en un control». Ya en el texto, explicaba que Unai «al saber que iba a ser detenido con toda seguridad, pensó en hacer volar el coche que conducía, cargado con más de 330 kilos de explosivos, pero le faltó valor para hacerlo».

Unai, recluido en la actualidad en la cárcel de Valdemoro, continúa haciendo frente con gran dignidad a las agresiones y provocaciones que continuamente recibe por parte de los carceleros. Y no sólo desmiente las imputaciones que se le formulan, sino que explica claramente cuál es el meollo del problema: ser un abertzale coherente nacido en Iparralde.

«*Cuando caí, lo que hicieron todos los medios de comunicación españoles y hasta internacionales, siguiendo indicaciones de la* Guardia Civil, *fue calificarme de 'mercenario', además de 'sanguinario' y un largo etc. Lo de 'mercenario' viene a raíz de que era la primera vez que detenían a un militante activo de un comando de* ETA *que no era español, al ser yo –y el resto del talde– de* Iparralde. *Es decir, para ellos 'franceses'. Y de eso se aprovecharon para afirmar que el* comando itinerante *–o* comando francés *(en vez de* Argala, *pues desconocían el nombre), autor de las mayores acciones de* ETA *desde* 1978*– estaba compuesto por 'mercenarios franceses', en vez de reconocer nuestra condición de vascos (de ciudadanía francesa, en cuanto a los papeles, pero de nacionalidad vasca), reconocer que también nosotros éramos vascos, como 'sus' vascos 'españoles'. Eso les suponía también admitir de facto la partición de* Euskal Herria *entre los* Estados *francés y español, hecho llevado a cabo por la fuerza de las armas y el terrorismo.*

También me calificaron de 'jefe' del comando Argala, *cuando es bien sabido que en los comandos de* ETA *y en la propia organización no hay 'jefes', sino responsables, pues los miembros de* ETA *somos militantes. Es decir, que no necesitamos jefes para nada.*

Al sacar en la prensa, radios y televisiones nuestro 'palmarés', hicie-

ron montajes y manipulaciones de todos los colores, siempre destinados a intoxicar, queriendo demostrar que éramos 'mercenarios', 'desalmados', 'sanguinarios', etc., con tal de ocultar que, como el resto de miembros de ETA, somos sencillamente militantes independentistas vascos. Es decir, personas normales de Euskal Herria que, a cambio de nada, estábamos dispuestos a arriesgar nuestras libertades y vidas por los nuestros, para intentar recuperar la dignidad, los derechos y conseguir el derecho de autodeterminación para nuestro pueblo.

Para dar un detalle 'gracioso' y demostrar la falsedad y lo mentirosos que son, baste comentar que en un número de una revista de Madrid de la primavera de 1990 escribieron que habían mandado a un reportero a mi piso de Baiona. Dicho 'reportero' contaba todo lo que había dicho sobre mí el 'portero' de mi edificio. Era todo puro cuento. Porque, como se podía y se puede comprobar, el 'portero' de mi inmueble es... automático.

Lo de 'mercenario' también se puede demostrar que es incierto. La Policía francesa investigó mi cuenta bancaria y la de mi ex compañera y comprobó que el poco dinero que teníamos en ella provenía exclusivamente de nuestro trabajo (yo era representante de una empresa importante). O sea, que no cobraba nada por los 'servicios' a mi pueblo.

Pasado el revuelo de mi detención y al cabo de 8 o 10 meses de estar preso, empezaron otra campaña contra mí. Como estaba, y sigo estando, en aislamiento o en módulos especiales con 'presos peligrosos' –antes denominados FIES 1-RE (Fichero de Internos de Especial Seguimiento 1-Régimen Especial) y ahora CD (Control Directo), presos que hacían motines para pedir el fin de los malos tratos en las cárceles, intentaron presentarme como 'cabeza pensante' y 'asesor' de sus motines. Esta campaña la encabezó el propio ministro de Justicia, Tomás de la Cuadra Salcedo, difundiendo en varias ocasiones esta falsa 'noticia' que, lógicamente, asombraba a los propios autores de los motines. Ellos sabían mejor que nadie que yo me mantenía al margen para evitar manipulaciones. Era una manera de estigmatizarles, justificar medidas sádicas contra ellos y, también, contra mí. Eso, sin hablar de la increíble cantidad de sanciones que me impusieron, además de los supuestos intentos de asesinato por parte del GAL carcelario y por los propios carceleros.

En lo que respecta a la creación de los FIES-RE por Antoni Asunsión y Ángel Yuste, hay que resaltar que promovieron un incidente en la cárcel de Puerto I para este propósito. Allá por agosto-septiembre de 1991, yo estaba en Puerto I, en el módulo 2, en compañía de 'presos peligrosos'. Todos sabíamos que uno de ellos se quería vengar de un antiguo compañero suyo. Lo sabían hasta los carceleros. Y un buen día, 'por casualidad', apareció en nuestro módulo el tan esperado preso. La historia terminó con su muerte, incluida una horrible decapitación, permitiendo a los mandamases de las cárceles acabar con los motines a través de medidas drásticas e ilegales. Contaron para ello con el beneplácito de los medios de comunicación, que presentaron a todos estos presos como 'bestias salvajes', siguiendo las indicaciones de Instituciones Penitencias y, de paso, metiéndome en el ajo.

En la difusión de noticias falsas también se destacaron entre 1990-1993 los carceleros de la prisión de Alcalá-Meco, que constituían una verdadera mafia. Esa cárcel era en esa época el centro de la tela de araña de Instituciones Penitenciarias, papel que ahora juega Valdemoro. Desde la sede de Instituciones Penitenciarias, en la calle Alcalá de Madrid, partieron varios intentos de atentados contra presos de ETA, yo incluido. Un poco más tarde, filtraron a la prensa el cuento de que yo servía de 'correa de transmisión entre Egin y los presos más peligrosos de España'.

En 1994 se montaron otro cuento, que difundió a toda la prensa española la agencia Efe, tras la oportuna filtración de Instituciones Penitenciarias. La supuesta historia era que había 'robado' dinero a un preso común. Lo cierto es que los mismos carceleros 'se equivocaron' e ingresaron dinero de ese preso en mi cuenta, dinero que yo devolví sin ningún problema.

Una fábula también habitual es la de presentarme como representante del 'sector duro, intransigente y ciego', cuando hablan de ETA o de sus presos.

En boletines internos de sindicatos de carceleros también suelen mostrarme como un provocador, que va por los pobres carceleros indefensos en sus propias cárceles, para justificar medidas contra mí (sanciones, peticiones de traslado y situación de aislamiento permanente, es decir, cárcel dentro de la cárcel) y poder solicitar 'plus de peligrosidad', filtrando supuestas 'amenazas' a la prensa y usando mi nombre para sus peticiones de aumentos de sueldo.

En varias ocasiones, también han dicho en televisión que había 'insultado y amenazado a jueces y fiscales' durante juicios (lo que nunca he hecho) y hace poco, en septiembre-octubre de 1997, en una emisión de televisión de la noche, presentada por una rubia estreñida, invitaron al fiscal de la Audiencia Nacional, Ignacio Gordillo. En su currículum vitae dijeron que 'no se había echado atrás ni ante amenazas de muerte de presos de ETA, como el sanguinario Henri Parot' (lo que el muy cobarde no desmintió, pues nunca lo había amenazado ni insultado. Una vez más utilizaron mi nombre).

Todas esas manipulaciones infantiles y comentarios escatológicos de *los medios de comunicación te afectan en el sentido de que crean una falsa imagen de ti que se terminan por creer hasta... gente del* MLNV, *al no poder contrastar estos datos con la realidad.* En *ocasiones, en visitas de amigos y amigas, me han sorprendido diciendo 'no te veía así, de sencillo y normal' o 'no eres duro, como dicen.* Al *contrario, eres sensible', etc., demostrando que esa manipulación cuela hasta entre nuestra gente y que lo que cuenta ya no son los hechos sino... la interpretación de los hechos.* Y *eso te duele, pues no tienes medios para contrarrestar toda esa basura 'informativa'.* Tambi*én te afecta en el trato con los carceleros y guardias civiles, que se ensañan contigo y tus familiares al oír tu simple nombre (hace poco los guardias civiles de* Altsasu *quemaron el coche de mi mujer, como último episodio).*

Ú*ltimamente toda esa intoxicación se ha demostrado como falsa para los que siguieron el juicio a mis compañeros en* París *en junio de* 1997, *en donde un sicólogo del* Ministerio *de* Justicia *francés hizo un estudio, por una vez imparcial, en donde calificaba a todos mis compañeros de talde como 'padres de familia normales, sin trastornos sicológicos, de un nivel cultural hasta superior al normal, de trato agradable' y que podía calificarles incluso de 'encantadores' al discutir con ellos.* Pero *reconocer esas cosas es aún impensable en* España.

Quieran *o no, utilicen o no su* Plan Zen *en los medios de comunicación, no podrán cambiar la realidad: somos militantes independentistas vascos que luchan por su pueblo, totalmente normales y, es más, altruistas y solidarios.* Los *terroristas, los sádicos y trastornados son ellos, quienes en vez de procurar llevarse bien con nuestro pueblo, con vecinos y amigos, intentan dominarlo por la fuerza de las armas y utilizando la mentira patológica de sus medios de comunicación, demostrando una total falta de madurez sicológica.* Ellos *son los únicos responsables de la prolongación de este conflicto y de sus consecuencias negativas para todos, al negar por la fuerza la posibilidad de autodeterminación para el pueblo vasco».*

Fueron diversas las circunstancias que concurrieron en el caso de Iraultz Arluziaga Ariznabarreta que, a sus 14 años, iba a asistir atónito a un despliegue mediático pocas veces conocido y que le situaría a él en el centro del huracán informativo. Lo primero que incidió en una historia llena de truculencias fue el sobredimensionamiento que los periódicos, radios y televisiones dieron al tema. De una forma u otra, todos los medios llevaron a su primera página el titular de que un cóctel molotov había impactado y quemado gravemente a un ciudadano de Elgoibar que se había enfrentado a un grupo de manifestantes. El hecho fue abordado desde la misma y unánime perspectiva por la totalidad de los rotativos: «Encapuchados queman en Elgoibar a un vecino por reprocharles su vandalismo» (*El Mundo*), «Radicales queman con un cóctel a un ciudadano que les increpaba» (*El Correo Español*) y «Adolescentes proetarras abrasan con cócteles molotov a un hombre en Elgoibar que les increpó por colocar barricadas» (ABC). *El País* le otorgó al asunto la categoría de reportaje central de su suplemento informativo del domingo. «El cóctel de Elgoibar», mitificaba y engrandecía el tema en su titular, mientras que en un dibujo a toda plana se veía a unos encapuchados lanzando botellas conteniendo gasolina ardiendo contra unos ciudadanos que aparecían al fondo.

La segunda circunstancia contraria a Iraultz fue precisamente su nombre y el ser hijo de Joxean Arluziaga, un preso político vasco que por aquel entonces llevaba ya 14 años en prisión. Todos los medios españoles recalcaron hasta la saciedad que en castellano Iraultz significaba «Revolución». Eso dio pie para que, de nuevo Carmen Gurruchaga, entrara a saco en el tema y bajo el antetítulo genérico de «El problema vasco», destacase seguidamente con grandes caracteres en las páginas dominicales de *El Mundo*: «Vivero violento. Alevines abertzales entregados a la 'liberación' de Euskadi». La foto de Iraultz en primer término con el brazo en cabestrillo era significativamente ilustrativa de por dónde iba a ir el contenido de la información: «Iraultza (Revolución), hijo de un preso de ETA que permanece encarcelado desde antes de que hubiera nacido, es el penúltimo de los jóvenes-niños en ser detenido». En su mismo periódico, el periodista Antonio Burgos se marcaba un artículo bajo el título *Revolución como Vanessa*, que tampoco tenía desperdicio. Lo que seguía era pura provocación: «Yo creo que unos padres que le ponen a un pobrecito niño Revolución son una mijita violentos. Violentos contra el niño. Porque la rama salió al tronco, pero ¿se imaginan que Revolución se hubiera hecho de Jóvenes Generaciones del PP, el cachondeo que le iban a armar?».

Y ya con «Revolución» para arriba y para abajo en todos los medios, un tercer factor influiría en el asunto. Interior de

Gasteiz estaba dispuesto, una vez más, a poner toda la carne en el asador y, con la inestimable colaboración de los media, iba a agitar de nuevo el fantasma del enfrentamiento civil. «Estos sucesos pueden hacer que los del pueblo rompan la cara a los agresores», titulaba *El País* basándose en las palabras del hijo de Jesús María Castañares Iriondo, el hombre contra el que había impactado el cóctel. ABC se sumaba a la tesis: «El hijo del abrasado por los proetarras: 'Puede suceder lo que al atracador de México, que el pueblo les rompa la cara'», teoría que *El Diario Vasco* explicitaba muy gráficamente: «El hijo del herido de Elgoibar advierte el riesgo de un enfrentamiento civil».

La única persona que parecía tener sensatez en tales momentos era Maribel Ariznabarreta, la madre de Iraultz, que en *El Diario Vasco* salía a la palestra para contrarrestar aquella ola enloquecida: «No debemos llegar al enfrentamiento entre vascos», decía, para asegurar seguidamente que su hijo era «el chivo expiatorio de las algaradas del domingo». Álvaro Reizabal, abogado de Iraultz, insistía en esta misma tesis: su cliente se había convertido en «un cabeza de turco», según recogía *El Correo*. Maribel ampliaría sus impresiones al respecto en el diario *El Mundo*: «Ahora hay dos familias muy doloridas: un señor está grave en el hospital y a mi hijo le han roto el brazo por tirar una piedra. Tengo odio por el trato que le han dado. ¿Es que no podemos sentarnos todos y solucionarlo hablando?». Pero *El Mundo* reservaría el título central para la madre de Iraultz con la siguiente frase: «Si a mi hijo le veo en alguna barricada, le saco de allí inmediatamente, no me gusta que vivan esto». El periódico aún puntualizaría que «la madre del joven de 14 años detenido en Elgoibar dice que la violencia 'la genera el Estado». Debajo de una foto en la que se veía a Maribel mostrando la espalda tumefacta del menor, el texto era suficientemente significativo: «La madre de Iraultza muestra ayer las consecuencias de lo que ha denunciado un 'trato vejatorio».

Pero la cuarta y definitiva de las cuestiones en su débito, era la propia naturaleza de Iraultz y las circunstancias que concurrían en su caso: sólo tenía 14 años y, pese a ello, había salido masacrado de las instalaciones de la Ertzantza. El parte médico recogía textualmente que el cúbito y radio de su brazo izquierdo estaban fracturados y que, además, presentaba numerosas magulladuras. Atutxa, a quien hasta ese momento la operación de marketing le estaba saliendo redonda, no podía permitir que prosperase la hipótesis de los malos tratos y, para abortar el incipiente flanco, decidió llevar al crío ante los tribunales.

Lo primero de lo que se trataba era, recurriendo una vez más a los medios de comunicación, desmentir la autoría de las lesiones. «La Ertzantza dice que Iraultza resultó herido de forma fortuita al ser detenido», salía *El Mundo* al quite, agregando que «apoyó mal el brazo cuando fue 'placado' por los agentes».La estrategia de Interior incluiría aspectos todavía más humillantes, como reflejaba *El Correo* en una de sus páginas de «Regional»: «El fiscal ordena investigar la situación familiar del menor detenido en Elgoibar», puntualizando que «un equipo técnico evaluará las circunstancias personales del joven, hijo de un etarra».

Pero a Iraultz todavía le faltaba por pasar la parte más árida del caso: sus comparecencias judiciales. El susto del chaval debió ser importante cuando supo que, aun por encima, iba a ser considerado culpable. «El juez condena al menor de Elgoibar a prestar 36 horas de servicios sociales» (*El Mundo*) o «El juez impone tres meses de internamiento al menor detenido en Elgoibar» (*El País*). Eso sucedía el 2 de octubre de 1996 y tendrían que transcurrir cinco meses para que Ertzantza, periodistas y José Luis Barragán, el juez de Menores de Donostia, tuvieran que comerse sus palabras: «Ni es un 'alborotador' ni tiró ningún cóctel», titulaba *Egin*, que recogía también que «la Audiencia de Donostia absuelve al menor Iraultz. Denuncia el juicio paralelo de los medios de comunicación. Interior filtró información falsa sobre el joven». En el texto de la sentencia de la Sección Segunda de la Audiencia donostiarra, el magistrado ponente Javier Tovar manifestaba que «se desató una intensa campaña por la prensa y otros medios de comunicación social contra el joven Iraultz, acusándole de lanzar cócteles molotov contra la Policía». Pero el juez iba más allá y manifestaba que los ertzainas «quedaron predispuestos contra el joven Iraultz, considerándole un peligroso delincuente como consecuencia del injusto juicio paralelo de cierta prensa al presentarlo como un incendiario que lanza cócteles molotov, cuando lo cierto es que lo único que portaba era una botella de cristal vacía en la mano». Tovar concluía que «el cuarto poder que representa la prensa, si es mal administrado, puede causar daños irreparables y este caso es un buen ejemplo, pues tanto noticias como editoriales de diferentes periódicos publicaron falsas informaciones en relación con el menor Iraultz». Finalmente, en cuanto a la situación familiar y social de Iraultz, la sentencia era también muy concluyente: «El menor se muestra vinculado afectivamente a su madre, mantiene buena trayectoria académica a nivel de rendimiento durante esta época, con notable de nota media, y está integrado y con recursos para manejarse a nivel social». Como compendio de todo ello, Tovar estima lógicamente que la imagen de Iraultz no concuerda en absoluto con la de un «alborotador». Más aún, el informe global del equipo técnico que había atendido al chaval no era menos contundente: «Aparece como un joven que cualquier familia quisiera tener». Emocionada todavía por la noticia, Maribel Ariznabarreta, su madre, resumía el desdichado asunto: «Todo se debió a que su padre es un preso político vasco».

La sentencia sentó a cuerno quemado en Interior y a los medios de comunicación. El consejero de Interior, que es muy evidente en todo, incluidas sus reacciones, daba pie para que *El Diario Vasco* se despachase con el siguiente titular: «Atutxa dice que la sentencia absolutoria del menor de Elgoibar es de 'difícil digestión». En la revista *Época*, el señorito ultramontano Alfonso Ussía arremetía contra la Sección Segunda de la Audiencia de Donostia en un artículo que encharcaba de baba la página. A Iraultz le llamaba en todo momento «Revolucioncito» y, tras afirmar que era «hijo de un etarra condenado», escupía las siguientes palabras: «Revolucioncito se hizo muchísima pupa y su madre, muy enfadada por la pupa que le habían hecho a su hijo y asesorada por abogados de Herri Batasuna, denunció a los malvados policías».

Maribel no demandó al final a los medios que habían utilizado indiscriminadamente y sin recato alguno la imagen de Iraultz, pero tanto Herri Batasuna, como Jarrai y LAB coincidieron en señalar que «son Atutxa y Jáuregi quienes necesitan psicólogo» (*Egin*).

Iraultz fue el personaje estelar de una historia bien a su pesar. Tuvo que asistir asombrado a cómo el mismísimo ABC le dedicaba su portada, incluyendo su fotografía y el siguiente titular: «HB intenta manipular a los jóvenes vascos para que sean 'héroes' hoy y pistoleros mañana». Incluso la publicación semanal francesa VSD (Vendredi, Samedi, Dimanche) desplazó a Soraluze a su redactor Christian Jaurena, dedicándole tres páginas al tema bajo el título expresivo de *Moi, Révolution, 15 ans, fils de détenu de l'*ETA, *et déjà dans la lutte* (Yo, Revolución, 15 años, hijo de un preso de ETA, y ya en la lucha). Su foto sirvió también para ilustrar el reportaje de *Tiempo*, revista que le obsequiaba con un titular muy en su línea: «Los niños de ETA. Menores de edad siembran el terror en pueblos en fiesta». Perdidas a lo largo del texto, unas frases de Maribel Ariznabarreta trataban de poner sentido común a tanta demencia informativa: «Esto no se resuelve creando odio. Mi hijo no es violento, es una persona maravillosa. ¿Por qué hace cinco años había tres chavales en las barricadas y ahora hay 300? Eso es lo que deberían analizar. Estamos cansados de que los medios de comunicación hablen de violencia cuando mi marido está en la cárcel y los presos políticos están en la situación que están. Es el Estado el que genera la violencia. Después de lo que le han hecho a mi hijo, tengo un odio enorme a la Ertzantza. Yo soy la primera que le sacaría de estas 'movidas' porque no me gusta que pase por esto».

La revista de Jarrai *Hitza eta Ekintza* creyó oportuno dedicarle un artículo a la imprescindible Carmen Gurruchaga, de nuevo convertida en estrella informativa del caso:

«Una vez más la modélica periodista ha vuelto a dar muestras de su buen hacer. Todo indica que en el mismo instante en el que se producen los hechos, allí está nuestra Carmen. ¿Si no cómo explicarse su conocimiento de que los que cortaron la circulación habían estado instantes antes celebrando las fiestas en las txoznas? Y si alguien te lo dijo, Carmen, no lo mencionas en el texto. Mal hecho, Carmen (alguien puede pensar que el dato es de tu invención, pero ésos serán los de 'siempre'). Y además, como una buena pitonisa y bruja tienes la capacidad de ver más allá de las capuchas y adivinar que lo que se oculta bajo ellas eran jóvenes y, además, chicos. ¡Estupendo!

Luego, la omnipresente da la versión oficial (de la Consejería de Interior), y no hay lugar para ninguna otra versión u opinión. La verdad es que la periodista de El Mundo *vive la 'cruda realidad' y, entre los 'buenos' y los 'malos' o los 'ciudadanos' y los 'radicales-alborotadores', ella, como buena persona y de buen corazón, siempre estará al lado de los buenos. Por eso mismo dice que 'estas personas recriminaron verbalmente su conducta violenta'. Estos ciudadanos, por lo visto, recriminaron la actitud de los alborotadores 'riñiéndoles', pero no amenazándoles o insultándoles.*

Y así las cosas, según Carmen, la Ertzantza detiene a un chaval de 14 años por la autoría de lanzamiento de cócteles molotov, según Interior. No, Interior, no, Carmen Gurruchaga. Este suceso de Elgoibar lo relaciona descaradamente con el ocurrido en Donostia (un hecho similar...), por tanto sin duda alguna así fue. Y de esta manera, lo que supuestamente pasó en Donostia, al unirlo con el resultado de Elgoibar, hace suya la versión ofrecida por Interior. Resultado: el joven de Soraluze es culpable.

Gracias, Carmen, amiga nuestra, por convertir tu verdadera labor en un indiscutible ejemplo periodístico».

Dos años después, Iraultz juega en el equipo de juveniles Soraluze CD. Es un joven sano y espigado y su posición está en el medio del campo. Hoy está enfadado porque le han dado demasiadas facilidades al rival y, al final, el resultado fue de empate a cuatro tantos. Cansado todavía y después de darle unos tragos nerviosos y apurados a un refresco, se dispone, en compañía de su madre, a recordar lo que fueron para él aquellos días:

–Yo estaba efectivamente en Elgoibar cuando sucedieron los hechos. Me encontraba en la calle, cuando de repente noté que alguien me empujaba por detrás y me tiraba al suelo. Creo que fue entonces cuando me rompieron los dos huesos del brazo. De entrada, vi a dos tipos de paisano que me abofeteaban fuertemente y, casi sin darme cuenta, me llevaban a una furgoneta. Según pasaba, los antidisturbios de la Ertzantza que estaban a los lados me iban dando porrazos con sus defensas. Después, ya dentro de la furgona, yo no me cansaba de repetirles que no había hecho nada, que se habían confundido. Pero ellos me ordenaron tumbarme y continuaron golpeándome en la cabeza. Fue entonces cuando me preguntaron los años que tenía. Les dije que 14 y no se lo creían. Así que me esposaron sin contemplaciones, momento en el que me di cuenta de que sangraba por el brazo. Se lo comenté y uno de los ertzainas se percató de que tenía la muñeca colgando. Entonces me quitaron las esposas a todo correr, se asustaron, dejaron de pegarme y llamaron a una ambulancia. Cuando llegó, me sacaron apresuradamente de la furgoneta y me metieron dentro del otro coche, en donde me llevaron a Mendaro.

Maribel Ariznabarreta, su madre, asiente en todo momento a las palabras de su hijo. Después retoma ella el hilo de la conversación:

–La paliza que le dieron fue mundial. A mí me llamó la Ertzantza hacia las tres de la madrugada de ese día diciéndome que Iraultz Arluziaga estaba detenido. Les pregunté en qué lugar y no me quisieron responder. Se limitaron a citarme en la base que tienen en Eibar, en donde aseguraron me facilitarían más datos. El viaje fue inútil porque, una vez allí, el policía de servicio me remitió directamente al hospital de Mendaro, no sin antes tratar de mitigar la historia informándome de que mi hijo sólo tenía una rozadura. Lógicamente, me puse progresivamente nerviosa y más al escuchar la contestación de aquel energúmeno: «En su momento se te darán las explicaciones». Total, que me fui a Mendaro, y según me identifico, viene un médico y me informa del estado real de Iraultz. Entro en la habitación donde estaba y veo que han machacado al crío. Tenía muchos golpes en la cara y él me decía además que le habían pegado fuerte. Le dije: «Vamos para casa». Pero nada más salir, me estaban esperando ya dos ertzainas que me lo dejaron muy claro: «Tu hijo está detenido y no te lo puedes llevar». Me quedé todavía más alucinada y, claro, sólo se me ocurrió decirles que «me tendréis que dar más explicaciones». Pero ellos no salían de sus trece y repetían: «Se te darán en su momento. Ahora nosotros nos llevamos al chaval y tú pásate mañana por la base en donde ya se te informará». Me mantuve firme en mi postura y les insistí que no iba a dejar a Iraultz a solas con ellos. «Es un menor de edad y sé bien lo que tengo que hacer». Esta respuesta parece que les desconcertó un poco porque se tornaron conciliadores. «Estáte tranquila que vamos a resolver el tema», farfulló uno. Al final, quedamos en que les acompañaría y, de esta forma, fuimos hasta Eibar. Pero allí de nuevo volvieron a la carga y esta vez se destaparon con la historia de que le habían aplicado a Iraultz la Ley Antiterrorista.

–¿La Ley Antiterrorista a un chaval de catorce años?

–Como lo oyes. Pero yo me armé de valor e insistí en que, como madre, tenía unos derechos. No sé de dónde saqué esto, pero el caso es que me valió. Siguieron unos momentos de tensión y ellos comenzaron a ponerse bordes. Claro, mi indignación subió de tono. Se lo solté tal cual me vino a la boca: «No sé lo que habrá hecho Iraultz, pero de lo que sí estoy segura es de que cuando salió de casa esta tarde estaba intacto y me lo encuentro en vuestras manos destrozado».

–¿Qué contestaron a eso?

–Empezaron a hacer risas e incluso uno de ellos se mofaba de Iraultz preguntándole «a ver, dinos, ¿qué te ha pasado?». Y cuando Iraultz le respondió que un compañero suyo le había golpeado, volvieron las risas y le llamaron mentiroso. Me puse muy seria y les pedí que, al menos, tuvieran respeto. Y así pasaron las horas hasta que, por fin, a las siete de la mañana pude por fin traérmelo a casa bajo mi custodia.

–Después vino el tema judicial. A ti, Iraultz, te imputaron el haber lanzado el cóctel que quemó a aquel señor de Elgoibar.

–Lo curioso es que el juez nunca me hizo esa acusación. Eso salió únicamente en los periódicos. Fue Carmen Gurruchaga la que lo publicó en *El Mundo*.

–¿Fue ése vuestro primer contacto con los medios de comunicación?

Maribel retoma la palabra para hablar de la experiencia que supuso aquello:

–Ya estaba en los periódicos el tema del nombre de Iraultz, que si se llamaba igual que un hijo de Txomin Iturbe y que si, traducido al castellano, significaba Revolución, cuando tuvimos que desplazarnos a la Audiencia de Donostia. Cuando llegamos el primer día, con todo el exterior lleno de periodistas, nos llevamos un susto terrible. Nada más vernos, se nos abalanzaron encima. Tras la primera comparecencia judicial, convocamos una rueda de prensa y ya les dijimos claramente que íbamos a querellarnos contra ellos si utilizaban la imagen de un menor.

Iraultz interrumpe a su madre para hacer una pequeña apreciación:

–Yo, sobre todo al principio, me sentía impotente ante sus mentiras. Decían que había tirado el cóctel cuando eso era falso. Después, cuando empezó todo el *boom*, comprendí que estaban utilizando mi historia para vender más ejemplares. Menos mal, que además de mi familia, conté con el apoyo de los compañeros.

–Yo también sentí una gran impotencia ante los medios de comunicación. –Vuelve a intervenir Maribel–. No tenía nada que ver lo que estaban contando con la realidad. Era falso todo lo que se escribía y siempre metían unas cuantas palabras de más en lo que publicaban. Los medios de comunicación nos utilizaron descaradamente.

–¿Qué te decía tu padre, Iraultz?

–Me preguntaba que cómo me encontraba. El hombre estaba pasado. Decía «pero, ¿esto qué es?, ¿qué pasa?». Sé que el hombre se comía la cabeza mogollón allí en la cárcel, así que intentábamos tranquilizarnos mutuamente.

–Cuando llegó el momento de los juicios, ¿cómo los afrontaste?

Iraultz sorbe de nuevo el refresco y se queda un instante pensativo:

–Yo no tenía ninguna esperanza en el primer juicio. No me fiaba. No sé cómo explicarlo, pero eso era así. Además, en todos estos casos siempre suelen ganar ellos.

Maribel aprovecha para puntualizar que «tal como había sido la campaña intoxicadora de los medios de comunicación, lo cierto es que yo tampoco albergaba ninguna esperanza».

–Ese pesimismo os lo vino a ratificar la sentencia condenatoria. ¿Qué sentisteis entonces?

A Maribel le aflora todavía una expresión de perplejidad recordando aquellos instantes:

–Me entró un terror terrible. A mí no me asustaban las 36 horas de trabajos sociales, pero me daban pánico los tres meses de reformatorio.

–Pero cinco meses después llegó la absolución por parte de la Sección Segunda de la Audiencia de Donostia.

–Iraultz tenía asumido lo de las 36 horas y yo, creo que también. Por eso nos llevamos una alegría enorme porque, al final, se había hecho justicia. Pero lo que resultó curioso fue la reacción de los medios de comunicación. Se limitaron a dar la noticia por televisión, al día siguiente los periódicos recogieron la sentencia y se acabó. Y, sin embargo, los medios de comunicación habían desempeñado un papel fundamental en nuestra vida, entraron a saco en ella e invadieron por completo nuestra intimidad. En el transcurso del caso, siempre se inclinaron del lado del poderoso. Primero daban la versión de Interior y después, ya en los párrafos finales, se limitaban a decir que «la familia denuncia...».

–Y tú, Iraultz, ¿cómo lo llevas ahora?

–Bien. Pero los zipayos continúan vigilándome. Me siguen cuando vuelvo a casa y después permanecen en las inmediaciones durante algún tiempo.

Tampoco con Valentín Lasarte se quedaron cortos los medios de comunicación a la hora de realizar un perfil biográfico. Columnistas y tertulianos compitieron desaforadamente para encontrar adjetivos descalificadores para referirse a su persona. Una publicación semanal incluso se atrevió a analizar las dos partes de su cara, con resultados evidentes: era un desequilibrado y el rostro, fiel reflejo del alma, le delataba como un asesino nato.

Pero quien más se esforzó en el retrato psicosocial de Balen fue una experta en estas lides, la omnipresente Carmen Gurruchaga. Lo hizo en el suplemento «Crónica» de *El Mundo* del 31 de marzo de 1996. Tras dedicarle íntegramente la portada, en la que se incluía una foto suya digitalizada bajo el título «El maestro del tiro en la nuca», el encabezamiento de las dos páginas interiores que ocupaba el reportaje destilaba intencionalidad por todos sus poros: «Valentín era el hijo bueno. El que trabajaba con sus padres en el bar, el que se había casado y había formado una familia».

Ya en el texto, Carmen no se recataba en admitir el arrojo de su personaje: «Valentín Lasarte Oliden, el miembro de ETA más buscado, el maestro del tiro en la nuca, los tenía bien puestos». La periodista explicaba seguidamente el motivo de su admiración: «La osadía de Lasarte, propia de los militantes 'liberados' de la organización terrorista vasca, era muy superior a la que habían ejercido sus antecesores. La policía conocía lo que los etarras han dado a llamar 'síndrome del armario', una reacción que consiste en no poder soportar estar encerrado sin salir durante mucho tiempo. Pero aquello resultaba excesivo».

Gurruchaga abundaba todavía en este aspecto: «Su propio caso era ya peculiar. Es insólito que un activista 'liberado' de ETA 'ejerza' en el mismo lugar en que se ha criado y en el que todo el mundo le conoce. Lo habitual es que cambie de provincia. En el caso de Lasarte, la cúpula de la organización le concedió esta 'licencia'. Pero él se extralimitó y actuó creyéndose impune».

Tras especular que «si hubiera que escribir un guión de cine, el protagonista de película de serie negra sería Valentín Lasarte», la periodista comienza una arriesgada incursión sobre Balen, sus deudos y su entorno: «La familia Lasarte era apreciada en la ciudad. No en vano, el padre había acumulado fama de antifranquista y durante la dictadura su establecimiento fue centro de tertulias políticas. Con estos antecedentes, el joven Valentín Lasarte lo tenía bastante fácil para que nadie sospechara de él. Compartía la barra del bar con su padre y era apreciado por todos los parroquianos habituales. Intervenía poco en las conversaciones, pero escuchaba mucho, una cualidad que los clientes suelen apreciar».

Ya metida en materia, la periodista de *El Mundo* entraba de lleno en las circunstancias personales de Lasarte: «A los ojos de los demás, siempre había sido abertzale, pero nunca espectacularmente abertzale. 'Le situarías donde le sitúas, en HB, pero había gente mucho más bronca en el curso, como, por ejemplo, el hijo de Txillardegi', comenta una compañera de colegio. Durante los años que pasó en este centro escolar, Lasarte no destacó por nada. Ni era un buen estudiante ni el peor, ni un buen deportista, ni pésimo, ni el más abertzale ni el que menos... una persona que pasaba desapercibida».

Carmen Gurruchaga vuelve a recurrir a la desconocida compañera de colegio, la cual recuerda que Balen «era un chico del país, tímido, majo, simpático, que se apuntaba a todas las cenas y que en BUP tuvo siempre la misma novia, una compañera de clase». La periodista, tras apostillar por su parte que «después estudió Psicología, pero no terminó la carrera», llega a una conclusión para ella evidente: «Con este 'currículum', nadie podía pensar que Valentín Lasarte fuera un activista de ETA». Y es que, como señalaba ella misma, Balen «era el bueno de los dos hermanos varones». Para indicar que el otro hermano, José Ramón, no se atenía a estos cánones, recurre esta vez a «una persona que conocía a la familia»: «Andaba metido en un mundo de rock, bebida, porros... incluso creo que tenía un conjunto musical», concluía tan peculiar fuente.

En el apunte final, la redactora de *El Mundo* no tiene que echar mano en esta ocasión de ninguna compañera de colegio o amiga de la familia de Balen. Lo suelta directamente, sin atribución de fuentes: «Valentín Lasarte tiene problemas de corazón y se medica diariamente. La Ertzantza no ha tenido más remedio que tratarle exquisitamente porque, cuando se le interroga, se pone nervioso y le sube la tensión».

Estaba claro que Balen era todo un personaje y así lo refleja Gurruchaga casi con admiración en su despedida: «En comisaría, Lasarte actúa con la misma 'profesionalidad' que imprimía a sus acciones cuando era legal. Permaneció callado 24 horas, el tiempo estipulado por sus jefes para que el resto de las personas que componen la estructura del *comando Donosti* pudiera huir».

Carlos Carnicero, en *Interviú*, escribía simultáneamente un artículo muy en su línea titulado «Orgullo de padre» en el que se hacía eco de la reacción de la familia Lasarte: «En el País Vasco de hoy, el parentesco con un animal como el que nos ocupa no produce vergüenza sino orgullo». La conclusión de Carnicero era evidente: «Para entender lo que ocurre en el País Vasco hay que recordar el clima social en la Alemania nazi».

A Balen, que es conocedor de toda la basura que sobre su persona han publicado los medios, lo que más le molesta es el intento de involucrar a su familia en los hechos. Lo narra prolijamente él mismo:

«Respecto al tratamiento que hizo la prensa de mí y de mi detención, se dijeron muchas burradas. Pero hubo una que me molestó de una manera especial, por ser además una mentira probada y comprobada. Cuando fui detenido, El Diario Vasco *publicó un artículo de página en-*

tera comentando la acción contra el cuartel de Arnedo, acompañado de una foto grande de una casa que tenía mi padre en Fitero (Navarra). En el texto del pie ponía: 'El comando se ocultó en esta casa', lo que era ratificado en el citado artículo, señalando que 'esa casa era del comando Donosti'.

Después de la accidentada fuga de Arnedo, es imposible que nos ocultáramos allí, pues emprendimos la huida de Arnedo hacia Calahorra y de ahí, a Gasteiz. Hubo ratos en que estuvimos controlados por la Policía y llegamos a cambiar hasta en tres ocasiones de coche. En Gasteiz se acaba la fuga motorizada. Somos interceptados por la Ertzantza y nos echamos al monte. Tras una semana de asedio total, sin comer y apenas beber, caminando de noche, llegamos a Otazu, en donde forzamos una caravana. Al día siguiente, requisamos el coche al dueño y nos vamos hasta Andoain. Por tanto, es totalmente imposible que esa noche nos ocultáramos en la casa de Fitero.

A los pocos días de la acción de Arnedo, la Guardia Civil cierra las cercanías de la casa de Fitero y realiza un registro de varias horas. Una vez que hubo concluido, pudieron comprobar que allí no había nadie y que tampoco habíamos estado nosotros en la vivienda.

Ese artículo de El Diario Vasco fue una auténtica canallada. No iba firmado, pero estaba dentro de la sección en que se incluyen las noticias políticas de Euskadi. Si no estoy mal informado, creo que como responsable de esa sección figuraba por aquel entonces Alberto Surio. Ese señor era cliente habitual del bar, me conoce personalmente y a mi padre también. Por lo tanto, para mí es todavía más grave el tema. A ese señor algún día le voy a pedir una explicación por esto. Me da igual si es ahora o dentro de veinte años, pero esa historia la tengo cruzada en mi mente y no se me va a olvidar. Le voy exigir una explicación y me la va a tener que dar.

Otra cosa que me molestó mucho fue que, tras la acción contra Poto Múgica, se me empezó a vincular con el atentado y en la Cadena Ser se llegó a decir que mi padre era 'un nacionalista moderado'. Sus periodistas fueron en caliente, ese mismo día, o al siguiente, a agobiarle, a buscar carnaza y, quizá, a tratar de arrancarle unas palabras reprobatorias contra mí. Mi padre puso en duda lógicamente que yo hubiera participado en el atentado y, además, manifestó textualmente: 'Él tiene sus ideas y yo, las mías. Él sabrá por qué ha hecho eso, si es que lo ha hecho él, claro'.

Eso fue suficiente para que se escandalizaran a su cuenta y para que en prensa, radio y televisión le pusieran a bajar de un burro. Y, también, *para que los 'demócratas' llamaran continuamente al bar profiriendo constantes amenazas. Se cebaron con mi familia sin que ellos tuvieran ninguna culpa. Y todo, por el simple hecho de que no podían cogerme. ¿Dónde está la libertad de ideas en este país? ¿Con qué derecho fueron al bar a provocar a mi familia?*

ABC *publicó uno o dos meses después de mi detención que la* Audiencia Nacional *investigaba posibles conexiones de mi hermano con el narcotráfico. Es decir, que daban por hecho que existían indicios de que era un narcotraficante. Y eso es totalmente falso. A mi hermano no le investigó para nada la* Audiencia Nacional *por ese tema. Mi hermano no tenía ninguna acusación concreta en la* Audiencia. *Sólo fue llamado a declarar en relación a una furgoneta que alquiló para mí a fin de que yo pudiera comprar 100 botellas de sidra y transportarlas. Y yo, sin el conocimiento de mi hermano, utilicé posteriormente esa furgoneta para otros fines. Mi hermano declaró acerca de esto en la* Audiencia *y, tras demostrarse su inocencia, quedó en libertad sin ningún cargo. Está sobradamente probado que ni está en mi sumario, ni tiene ninguna causa abierta por narcotráfico. Narcotraficantes son algunos de los colaboradores de* ABC, *como el general Galindo. Mi hermano, a lo sumo, fue en su día una de las miles de víctimas de estos asesinos múltiples que son los grandes narcos. Hoy en día, afortunadamente, se encuentra rehabilitado. Envenenan a nuestra juventud y, encima, la acusan después de lo que son ellos: narcos y asesinos, dicho así de claro.*

En cuanto a la presunción de inocencia, es escandaloso el papel de los medios de comunicación. Un ejemplo significativo es el siguiente: Televisión Española, Antena 3, Tele 5 *y* El Diario Vasco *afirmaron que el hermano de una compañera era el jefe del comando que atacó la casa cuartel de Arnedo, atribuyéndole de paso varias acciones más. Llegaron incluso a publicar su foto en los periódicos, que fue mostrada también en televisión. Parecía que se trataba de Jack el destripador. El caso es que el chaval se presentó en la* Audiencia Nacional *a iniciativa propia y quedó en libertad sin cargos. Su único 'delito' había sido dejarle el coche a su hermana para que ésta fuera a cenar con unos amigos. Eso fue suficiente para que los medios de comunicación le convirtieran en 'jefe' del* comando Donosti. *Ninguno de estos medios rectificó posteriormente su información acerca de Jabier Ceberio Arruabarrena. ¿Qué sucede con el daño que hicieron a su imagen? Es de vergüenza.*

Todos los medios de comunicación, menos Egin *y* Egunkaria, *dan por buenas, sin comprobarlas, las versiones y las explicaciones de Interior.* Sin *ir más lejos, han dicho en reiteradas ocasiones que Idoia Arrieta es mi compañera. Idoia Arrieta no es mi compañera ni lo ha sido nunca. Era mi acompañante en el momento de la detención.* Además *de esto, es una buena amiga.* Nada *más.* Bastó *con que* Atutxa *afirmase por televisión que era mi compañera para que al día siguiente todos los periódicos lo reprodujeran así, sin contrastarlo, sin importarles si era cierto o no.* Y, *lo que es más grave, dándolo por cierto tan sólo basándose en las palabras de un personaje como* Atutxa.

Interior *fabrica sus propias mentiras y la prensa las reproduce como una realidad incuestionable, sin ningún tipo ni rigor.* Mi *sensación personal es la de que los medios tienen total impunidad y que son utilizados por el poder como un altavoz para masificar la ideología dominante.* En *nombre de la libertad de expresión, estos esbirros de la pluma injurian, inventan, mienten y amenazan.* Esto *no sólo sucede con los militantes vascos, sino también con sus amigos y familiares.* Involucran *en supuestos comandos a gente totalmente desvinculada de los hechos y después, cuando se demuestra la falsedad de sus informaciones, nunca rectifican las noticias, incluso aunque el desmentido proceda de los mismísimos fiscales de la* Audiencia Nacional. *Eso sí, cualquier crítica la interpretan de inmediato como una amenaza».*

Lurdes Txurruka apenas llevaba seis meses en la cárcel cuando aquella mañana oyó que la citaba Iñaki Gabilondo a través de los micrófonos de la cadena Ser. No fue la mención de su nombre lo que le hizo sobresaltarse y que la angustia se apoderara de ella, sino las frases que el locutor de la cadena de Polanco acababa de repetir: «Aidor y Suar Aizpuru, sobrinos de los terroristas Ángel Irazabalbeitia y Lurdes Txurruka, el primero muerto a tiros en un enfrentamiento con la Ertzantza y la segunda actualmente en la prisión de Carabanchel, resultaron heridos de gravedad mientras manipulaban un artefacto explosivo que preparaban para cometer un atentado».

Las palabras de Gabilondo fueron premoritorias y la señal de salida para que, a partir de ese instante, todos los medios de comunicación se lanzasen sobre los dos jóvenes tratando de incriminarlos. No importaban tanto las circunstancias del hecho, sino su parentesco con Txorta y Lurdes. Una vez más, sería *El Mundo* el que iba a entrar sin contemplaciones en el asunto. En un comentario titulado «Euskadi: de generación en generación y tiro porque me toca» abordaba el tema desde su habitual doble moral:

«El suceso es menor por su peso específico, pero no por su significado último. Que tres jóvenes vascos de 16 y 17 años estuvieran en un caserío de Soraluze preparando un explosivo y les estallara puede tomarse a cruel beneficio de inventario, como otro fenómeno más de eso que Belloch llama, aludiendo a algunos sectores de la juventud vasca, 'la cultura de la violencia', por más que no se sepa qué pinta el término 'cultura' en semejante barbaridad. Pero cuando se sabe que dos de los críos implicados en el hecho son sobrinos de una militante del comando Bizkaia *recientemente detenida y el otro es sobrino de Ángel Irazabalbeitia, compañero sentimental de la anterior, muerto al enfrentarse a tiros a los agentes de la* Ertzantza, *el asunto cobra un sesgo muy diferente. Se convierte en una demostración palpable de que el conflicto vasco pasa de generación en generación. Y de por qué no tiene posible solución en el plano exclusivamente policial. Dos caen, tres los sustituyen y el odio y la venganza perdura. Quien no vea esto como un círculo infernal es que no quiere verlo».*

Casi tres años después, varios miembros de la familia se han reunido en torno a una mesa de su domicilio para rememorar aquellos instantes. Además de los padres, Atxito Aizpuru y Arantxa Txurruka, están presentes tres de sus hijos: Patxi, Suar y Aidor. Éste, sentado al fondo y con 18 intervenciones quirúrgicas desde entonces en su cuerpo, apenas intervendrá y asistirá como testigo mudo a las palabras de los demás.

Atxito: Recuerdo que fue un sábado sobre las doce de la noche. Arantxa y yo estábamos en Ondarroa y nos llamaron por teléfono urgentemente para informarnos de lo que había sucedido y cómo se los habían llevado al hospital de Mendaro. Además de Suar y Aidor, estaba también internado Zuhaitz, su primo, los dos últimos muy graves. Zuhaitz, por suerte, se recuperaría posteriormente muy bien y en mucho menos tiempo que Aidor. Allí me enteré de que los críos estaban haciendo un experimento en el caserío de la abuela. Siempre andaban con lo mismo.

Suar: Habíamos decidido ir aquella tarde al caserío y, cuando estábamos experimentando con pólvora de cohetes, resulta que hubo una explosión. En ese momento, aparte de nosotros, estaba también un amigo, Aritz. Fue justo llegar él y producirse la explosión. Él, mi primo y yo salimos de la cocina, pero inmediatamente nos dimos cuenta de que faltaba Aidor. Antes de entrar a buscarle le eché una manta encima a Zuhaitz porque le había prendido fuego en la camiseta. Inicialmente, Zuhaitz comentó que Aidor había salido corriendo, pero inmediatamente rectificó y empezó a gritar «no, está en la cocina». Entré y empecé a llamarle por su nombre, pero no obtuve respuesta. Así que, andando a gatas y tanteando, comencé a buscarle. Cuando lo encontré, tuve que sacarle con cuidado porque estaba todo quemado. Acto seguido, salió la abuela del dormitorio y se puso toda nerviosa. No sé cómo hice, pero conseguí meter los dedos entre los agujeros ennegrecidos del teléfono y llamé al 088 para que viniese una ambulancia.

Atxito: Aquello debió de ser de impresión porque en esos momentos se calcula que debía de haber allí una temperatura de mil y pico grados. Todo lo que era blanco se había puesto negro. Incluso una pareja de loros, que se quedaron todos tiznados y mudos. Cuando llegó la Policía, se puso a buscar otros elementos. El despliegue fue impresionante. Aparecieron con una furgoneta en la que había incluso un taller para analizar gases. El caso es que se organiza un cristo en todo el valle. Y como estaba comentando, mientras la ambulancia andaba deambulando por los caseríos sin saber a dónde tenía que ir, hacen acto de presencia los ertzainas. Toman todo el monte y cortan los accesos a Iturbe Zahar, el caserío. Cuando nosotros llegamos a Mendaro, a Aidor y Zuhaitz se los habían llevado a la unidad de quemados de Cruces. Así que nos volvemos a Soraluze para ver qué hay que hacer y cómo está la cosa. Nos traemos a Suar con nosotros porque el propio médico nos había dicho que padecía un fuerte *shock*. Además, tenía una pequeña herida en la ingle. Entonces es cuando me entero de que tienen Iturbe tomado y de que durante horas se dedican a inspeccionarlo a la búsqueda de pruebas para implicar a éstos.

Arantxa: Para ese entonces ellos ya sabían que era el caserío de Txorta y estaban convencidos de que iban a encontrar algo.

Atxito: Allí me encuentro con policías de paisano y uniformados. Uno de los primeros me pregunta «¿qué tal los hijos?». Le respondo que Aidor está muy mal y que Suar se encuentra algo mejor y que por eso lo hemos traído a casa. Mi interlocutor se va a todo correr a la cocina y, desde allí mismo, llama a Bergara. Poco después aparecen más colegas suyos, uniformados y vestidos como si fuesen a atrapar al mayor delincuente del mundo. Son los beltzas que vienen en varias furgonas y toman todo el pueblo, incluido el ayuntamiento. Yo no me encontraba en casa porque había subido a Iturbe por unas pastillas. Mientras tanto, vienen a nuestro domicilio, obligan a levantarse a Suar y se lo llevan tal cual está. Ni tan siquiera le permiten vestirse y, rodeado de policías, le meten en un furgón.

Arantxa: Les dije que yo me iba con mi hijo, pero me contestaron secamente, «usted, señora, no se mueva de ahí». Pero no les hice caso y me bajé a la calle con él. Sólo pude acompañarle hasta el furgón, porque, en ese momento me dieron un empujón y me gritaron «usted no entra ahí».

Atxito: Esto sucede a las tres de la madrugada y, cuando vuelvo de Iturbe, me cuentan lo que ha sucedido y salgo detrás de la furgona a toda velocidad hasta Bergara. Cuando les alcanzo, les pregunto si ya saben lo que están haciendo, que se trata de un chaval de 17 años recién salido del hospital y con un fuerte *shock*. No me hacen caso, por lo que a continuación hago dos cosas: llamar al médico y, simultáneamente, solicitar el *habeas corpus*. Pero entre que el juez se levanta de la cama y se pone en marcha todo el tinglado, me encuentro con que se me cita para el mediodía siguiente en Eibar.

Suar: Ese sábado me llevaron a la comisaría de Bergara, en donde permanecí hasta el domingo a la mañana, en que me trasladaron a su base de Eibar. Allí, entrando y saliendo continuamente del calabozo, me hicieron unos interrogatorios interminables sin la presencia en ningún momento del abogado. Se dedicaron a amenazarme y a vacilarme durante todo el tiempo. Incluso me llegaron a decir que tenía que terminar como mi hermano. Y cosas peores también me soltaron, metiéndose con mis familiares. Pero, además de eso, no me dejaban dormir, me encendían la luz y me amenazaban con partirme la cara. Así transcurrieron los dos días en que me tuvieron detenido. Y es que, además, no me dieron nada de comer. Tuve que ser yo mismo el que les pidiera algo al segundo día.

Atxito: Parece que el trato experimentó un cambio cuando se enteraron de que yo había solicitado que le aplicaran el *habeas corpus*. Yo, mientras tanto, quería hablar con el responsable de aquel desaguisado y, al final, uno que se hacía pasar por jefe se dignó acercarse y me preguntó «¿qué pasa?». Le dije que estaba interesado en saber qué iban a hacer con

Suar, momento en que aparece otro policía que me soltó a bocajarro: «Pues no sé cuánto tiempo va a tener que quedarse porque, si se confirman nuestras previsiones, el caso que nos traemos entre manos es muy grave, fortísimo». Y, según todos los indicios, ellos mismos se debieron de creer su propia historia porque, poco después, llegaron a las inmediaciones de Iturbe unos ertzainas uniformados como yo nunca había visto. Iban de gris, con unos buzos muy ceñidos, botas de media caña y un pasamontañas, también gris. Me llamó la atención que la pistola que llevaban era muy pequeña. Esta gente debió estar pateando todos los bosques de la zona, probablemente a la búsqueda de ese arsenal imaginario.

Patxi: Nosotros veníamos de París en autobús y nos encontramos con que en Malzaga había un control. Alguien dijo que sería de alcoholemia, pero le respondimos que era una alcoholemia muy rara, con los ertzainas armados de escopeta y equipados con chalecos antibalas y pasamontañas.

Atxito: Pero cuando el tema comienza a tomar dimensión es cuando intervienen los medios de comunicación. El domingo se habían limitado a recoger el suceso de la explosión que, según decían, había afectado a unos chavales de Soraluze. Pero el lunes, Calleja entra ya a saco con el tema en el *Teleberri* del mediodía. Él ya orienta la información en el sentido de decir que lo que había estallado en Iturbe era un artefacto y que los jóvenes heridos se trataban de sobrinos de Txorta y Lurdes Txurruka, todo ello con el vídeo de los sucesos de Loiu de fondo. Desde ese mismo momento, empieza una carrera informativa contrarreloj y ya entran en la historia las demás televisiones, emisoras de radio y periódicos

Arantza: Era un abrase diario.

Atxito: Era tan agobiante que incluso la abuela mandó a hacer puñetas a un equipo de Antena 3 de Televisión. Hay cosas que nunca podré olvidar en la vida, como cuando José María Carrascal, tras informar de la puesta en libertad de Suar y Aritz, añade que «confiamos en que la Policía sabrá con que gente está tratando y les hará un seguimiento». Sus frases coinciden en el tiempo con las de Belloch que, ante el auge de la *kale borroka*, se despacha con unas declaraciones sobre lo sucedido en Iturbe afirmando que «son unos descastados y lo peor de cada pueblo». El *Diario Vasco* se siente en la obligación de sumarse a esta marea intoxicadora y se despacha con una información absolutamente sesgada e increíble, hasta el punto de que el propio corresponsal del pueblo tiene que llamar a la redacción central en Donosti y preguntarles de dónde habían sacado los datos. Entre otras cosas, les dice que su hija va todos los días en el mismo coche con Aidor y Suar al instituto a Arrasate y que para nada coincide el relato que hacen de ellos dos con lo que aparece en el periódico, que se trata de dos chavales modélicos.

Arantza: Pero peor es lo de Calleja, que sigue insistiendo y llega a enviar a una redactora a Cruces, en donde está internado Aidor. La periodista se planta delante de la cámara y no se le ocurre decir otra cosa que «las vueltas que da la vida. Hace dos semanas que Jon Ruiz Sagarna ingresó en este hospital con graves quemaduras producidas por el lanzamiento de un cóctel molotov en Rentería y ahora, pared con pared, está internado en el mismo centro un joven de Jarrai abrasado por un artefacto que él mismo manipulaba».

Atxito: Esa periodista era Begoña Zubieta. Pero peor fue lo que sucedió con Josefina, mi cuñada.

Arantza: Mi hermana Josefina ya no aguanta más y llama un día a Calleja para reprocharle el tratamiento que le está dando a la información. «¿Te gustaría que un día trataran a tu hijo como tú estás tratando al nuestro?». Calleja se puso hecho una hiena y le respondió textualmente que «mi hijo nunca se verá metido en una de éstas».

Patxi: Pero el tipo no debió de conformarse con esa contestación sino que, por encima, se armó de valor y le preguntó a Josefina qué opinaba del secuestro de Aldaia. «¿Qué me dices del secuestrado?», la increpaba desde el otro lado del teléfono. A Josefina le pareció tan alucinante la historia, que sólo se le ocurrió decir «si me estás acusando de que le he secuestrado yo, pues igual tengo que pensar que lo tienes tú escondido». El otro no se esperaba esa salida y se puso a vociferar como un loco. Está claro que en este caso, Calleja marcó la pauta que después siguieron los demás.

Atxito: Y a todo esto, Aidor estaba medio muerto en la UVI de Cruces. Tenía el 58% de su cuerpo quemado y todos los días expulsaba alrededor de 12 litros de agua. Salió con vida de milagro y por su fortaleza. Cada una de las 12 operaciones que le hicieron en aquellos días era una continua lucha a muerte y tener el corazón en un puño. Pero lo más duro fue que, estando en esas circunstancias, aparecen seis policías que nos dicen que tienen que estar junto a nosotros porque Aidor estaba detenido. No podíamos acercarnos a él y teníamos que contemplarle desde detrás de un cristal. Pero no son sólo ellos, sino que también nos encontramos con unos médicos que no paran de hacer equiparaciones. «Jon está mucho peor», dicen. Y otros que pasaban de largo, no sin antes dejar caer para que se oyera «ahí está el jarraitxu». La situación era muy tensa porque, además, Sagarna tenía una escolta continua de cuatro ertzainas que, sobre todo a las noches, rompían el silencio con el sonido de sus walkys. Los ponían a tal volumen que, desde allí, nos enterábamos de todo lo que estaba sucediendo en Bilbo. Por ello hay una cosa que tengo que subrayar y que nunca olvidaré. Y eso fue la postura de la gente de Herri Batasuna. Eran personas de Portugalete y de esa zona. Desde el primer día hacen acto de presencia y nos dicen «venga, vosotros para casa, que las guardias las hacemos nosotros». Y ahí tienes a seis tíos plantados continuamente, no un día, ni dos, sino varios meses hasta que desaparece la Policía. Las situaciones de tensión y los altercados con los ertzainas fueron bastante frecuentes en esa temporada. Las cosas llegan a tal extremo que, en una ocasión y con motivo de un desplazamiento de Sagarna en el propio hospital, éste coge una infección y se nos intenta responsabilizar a nosotros. Un médico nos llegó a decir que le habían movido apresuradamente por culpa nuestra. Pero nuestra gente no se callaba e incluso la sección de LAB de Cruces mandó una carta a los periódicos denunciando el trato discriminatorio que se nos estaba dando. Por ejemplo, los ertzainas disponían de una llave y entraban a ver a Jon las veces que querían. Nosotros, en cambio, teníamos que pedirles autorización a ellos para pasar. Hasta que, entre la nota de LAB y nosotros que nos plantamos, conseguimos que se nos atendiera de manera similar. Y a todo esto, Aidor y Sagarna estaban separados por una mampara en el mismo cuarto. Cuando entrábamos nosotros a ver al hijo, ellos nos ponían un biombo para que no pudiéramos mirar al ertzaina. Así que la tensión no disminuía. Además, la periodista de ETB que antes mencioné, Begoña Zubieta, entrevista al padre de Sagarna y al hombre no se le ocurre decir otra cosa que «todos éstos deberían estar muertos». Cuando yo me cruzo con él en el pasillo, y eso sucedió numerosas veces en este tiempo, la tensión se podía palpar en el ambiente. Además, por esa época incluso hubo delante de Cruces manifestaciones de los del lazo azul. Y, claro, la gente de Herri Batasuna también empezó a manifestarse en el mismo lugar.

Patxi: Pero también hicieron acto de presencia los de Hemen Gaude.

Atxito: Pero, junto a todo esto, estaba también el flanco judicial. Hay un dato curioso y es cómo la prensa y los jueces descartan al unísono a Zuhaitz, el primo de éstos. Y es que, claro, el crío tenía tan sólo 13 años y a ellos mismos les debió de parecer muy fuerte incluir en su montaje de *kale borroka* a semejante criatura. «Nada, éste no encaja y desentona en esta película» y, sin más, lo quitan de en medio. De esa forma Zuhaitz es el chaval «que pasaba por allí», mientras que estos dos son los gamberros. Ésa es la versión que difunden. Existe otra anécdota en torno a Zuhaitz, que es un chico muy listo y muy vivo. Mientras los llevaban en la ambulancia hechos un cristo, pudo oír cómo a uno de los asistentes se le escapó su odio respecto a la gente de Herri Batasuna.

Arantza: Dijo: «Estos batasunos cada día empiezan a hacer antes las bombas».

Suar: Y añadió: «No hace mucho todavía que a un batasuno que se me puso tonto lo tiré en una curva».

Atxito: Y esto se lo dice a un chaval de 13 años que va muy grave, con el 18% de su cuerpo quemado. Para más inri, la ambulancia era de la Cruz Roja. Pero eso ya ha pasado y ahora les queda hacer frente al juicio. Y, aunque no debería inquietarnos, es preocupante que haya periodistas, como Carlos Carnicero, que insistan en la necesidad de una «sentencia ejemplar». El tema se puede alargar porque a Aidor le quedan todavía unas diez operaciones más. Mientras, ellos siguen estudiando: Suar, en Gasteiz, haciendo Filología vasca, mientras que Aidor está con su tercero de BUP.

Arantza: Él era el mejor estudiante de todos, pero tras el accidente del caserío tiene algunos pequeños problemas de memoria. Le cuesta retener algunas cosas.

Atxito: Sí, pero curiosamente ha mejorado en matemáticas, que antes eran su punto débil.

El asunto Mikel Otegi movió océanos de tinta, tanto cuando se produjo, como, sobre todo, tras la sentencia absolutoria de su protagonista. Los medios de comunicación de Euskal Herria y del Estado español, salvo mínimas excepciones, dispararon enfurecidos sus dardos contra todos aquellos que, de una forma u otra, se habían interpuesto en el camino de lo que era ya una sentencia previamente aceptada: Otegi era culpable y la única duda estribaba en la cantidad de años que le podrían corresponder en función de si el jurado apreciaba o no alguna circunstancia atenuante en su conducta. Por eso, cuando el fallo absolutorio se hizo público, la furia ciega de los media quiso llevarse por delante no ya tan sólo al propio Otegi, sino a cuantos formaban parte de su entorno, empezando por su propia familia y concluyendo con su abogado defensor. Pero quizá quienes más invectivas tuvieron que soportar fueron los componentes del jurado que se habían atrevido a no incriminar a aquel joven que, armado de una escopeta, se había llevado por delante la vida de dos ertzainas que se habían acercado hasta su caserío en Itsasondo. Los nueve componentes del jurado se vieron satanizados y a ellos les dedicaron los media toda clase de epítetos insultantes, episodio que concluyó con la revelación de forma desvergonzada de su identidad. La última tormenta, todavía con aparato eléctrico intermitente, la desencadenó la desaparición de Otegi. Fue entonces cuando las espadas se dirigieron definitivamente contra el letrado Miguel Castells, al que no sólo se le increpaba desde las columnas de los periódicos y desde las tertulias radiofónicas, sino que los insultos cruzaron definitivamente el umbral de la intimidad.

En el caso Otegi fueron muchos los que perdieron los papeles, desde el presidente de la Audiencia donostiarra –y titular también de la Sección Primera, a la que le correspondió juzgar el caso–, que dio una lacrimógena rueda de prensa una vez hecho público el veredicto absolutorio, hasta los representantes políticos, pasando por los allegados de los dos ertzainas muertos. Pero quienes quedaron una vez más en fuera de juego resultaron ser los medios de comunicación, que proporcionaron un espectáculo vergonzante de falta de ética y demostraron que su tan cacareada neutralidad es una argucia. Añagaza que se convierte en juegos de artificio con los que tratar de deslumbrar a la opinión pública, mientras se siguen al pie de la letra las instrucciones del patrono de turno, en este caso la Consejería autonómica vasca de Interior.

En este cúmulo de tropelías, el papel preponderante lo iba a desempeñar una vez más *El Mundo* que, fundamentalmente a través de su redactora Carmen Gurruchaga, ejerció una persecución implacable contra Otegi. El joven de Itsasondo fue acosado en sus comparecencias judiciales, hasta el extremo de que el periódico puso a dos fotógrafos sobre la pista dedicados *full time* al tema. Cuando finalmente fue fotografiado, al autor de la instantánea se le gratificó con 50.000 pesetas. Sobre Otegi se especuló hasta la saciedad con sus circunstancias más personales y se le anatematizó definitivamente cuando se puso fuera de su alcance.

Quizá la pieza más espectacular entre tanto despropósito corresponde a la publicada por Gurruchaga el 22 de abril de 1997. Tras vanagloriarse ya en el antetítulo que «*El Mundo* había localizado a los protagonistas de la sentencia y reconstruir «la deliberación que desembocó en la absolución del simpatizante de HB que mató a dos ertzainas», el periódico titulaba en primera página sin ningún tipo de sonrojo que «La mayoría del jurado creía que su veredicto enviaba a Otegi a la cárcel». Lo que seguía a continuación era una ficha personalizada de cada uno de los componentes del jurado, incidiendo fundamentalmente en sus supuestos credos ideológicos. El reportaje ocupaba dos páginas en las que se ampliaba la ficha individual de portada, haciéndose eco de lo que habrían sido los debates previos al veredicto.

El texto que sigue, extraído de una de esas páginas, es una de las mejores muestras del descaro periodístico en el intento de criminalizar a unas personas curiosamente indefensas y abandonadas a su suerte de forma vergonzante por la propia administración de justicia:

«*Cuando finalizó la selección, la composición del jurado –ocho mujeres y un hombre– era para echarse a temblar. Las tres figuras estelares fueron Izaskun, una mujer que había sido candidata electoral de* Herri *Batasuna y que está casada con un alcalde de la coalición (dato que ja-*

más mencionó); Yolanda, la madre de un insumiso que acabó convirtiéndose en la líder del grupo y convenció al resto de que debían aplicar a rajatabla el principio in dubio pro reo *(ante la duda, a favor del acusado); y el hombre, José Antonio, que desempeñó el papel de presidente, y que también está vinculado a la izquierda radical vasca. El resto está compuesto por una mujer, Inmaculada, que apenas si entiende el castellano y a la que traducía al euskara la candidata de Herri Batasuna; Amalia, que lo que no entendía era el lenguaje jurídico de las preguntas que se le formularon; Sandra, que no dijo ni esta boca es mía durante las deliberaciones; Alicia, que era jurado a su pesar porque no logró librarse; María José, que por lo único que se la recuerda es por sus divertidas anécdotas personales; y Sagrario, que vivió durante el juicio en permanente tensión porque parte del público (simpatizantes de* HB*) la conocía».*

El texto aún contenía algunas otras perlas de no menor fuste. Desde afirmar que un fiscal no determinado «había visto a uno de los jurados charlando con un familiar de Mikel Otegi», aunque la denuncia «no pudo probarse», hasta asegurar que entre varios de los jurados «la confusión llegó a ser absoluta». El texto había comenzado señalando en sus primeras líneas que «Otegi, el joven abertzale que mató a dos ertzainas en su caserío de Itsasondo estaba libre y muchas de las nueve personas que le habían juzgado, perplejas. Se había consumado un gigantesco disparate». Y concluía en el mismo tono apocalíptico: «Cuando entraban (los jurados) en sus viviendas, desencajados, la televisión daba ya cuenta de la noticia. Otegi estaba libre y ellos eran los responsables».

Cuando dos meses después, el recurso ante el TSJV dio sus frutos para sus intereses, *El Mundo* titulaba a toda página que «El Tribunal Superior ordena repetir el juicio a Mikel Otegi con jurado popular y en San Sebastián». Pese a todo, el periódico tenía que admitir, incluso en sus titulares, que el Tribunal «reconoce la 'tensión ambiental', pero asegura que los miembros del jurado no tuvieron 'temor racional ni fundado». Y ya con con el joven de Itsasondo fuera de su control, *El Mundo* recogía en el mes de julio las palabras acusadoras del presidente del PNV: «Arzalluz responsabiliza al jurado popular de la desaparición de Otegi». La última aportación de Gurruchaga a este ensañamiento particular es a través del suplemento *Crónica* del 15 de marzo de 1998. Con el título «Huyendo del fantasma de Otegi», describe cómo «Los hermanos de una de sus víctimas relatan su miedo ante el nuevo juicio». La intencionalidad de la periodista queda patente ya en la entradilla del reportaje: «Quieren que el asesino cumpla su castigo pero temen que nunca llegue a hacerse justicia. La decisión del Supremo de que vuelva a repetirse el juicio contra Mikel Otegi ha despertado sentimientos contradictorios en las familias de sus víctimas».

Habría de ser una publicación nada sospechosa de connivencias con la izquierda abertzale como *El País* la que publicaría el 16 de enero de 1988 una información que ponía en cuestión las tesis generales sobre el caso, de las que *El Mundo* había sido la punta de lanza: «Un informe del Poder Judicial dice que el veredicto del 'caso Otegi' no es 'descabellado». El texto, firmado por Julio M. Lázaro, se hacía eco del trabajo de los magistrados Miguel Carmona Ruano y José Manuel de Paúl Velasco que, por encargo del Consejo General del Poder Judicial, habían confeccionado un informe para el Congreso de los Diputados en el que se analizaban las 76 causas con intervención de jurado habidas hasta entonces.

Según la información de *El País*, los analistas concluían que «explicar el veredicto absolutorio 'en términos de miedo o coacción' por parte de los jurados, o utilizarlo como arma arrojadiza contra la institución 'es un ejercicio de inconsciencia o de manipulación». Los magistrados consideraban que la resolución del jurado del caso Otegi era «mucho menos sorprendente» de lo manifestado por los medios de comunicación que, en su opinión, habían realizado «una información claramente parcial sobre el caso, en el doble sentido de incompleta y sesgada».

Los dos redactores del informe desmenuzaban las circunstancias del asunto y eran, siempre según *El País*, «rotundos al afirmar que la absolución es 'perfectamente comprensible'. (...) A renglón seguido, argumentaban en contra de que el veredicto fuera 'sorprendente': (...) 'En honor a la verdad, más sorprendente hubiera sido que prosperase la calificación de las acusaciones, incluso con la matización que introdujeron en las conclusiones definitivas».

Miguel Castells conoce perfectamente este dictamen y le llena de orgullo profesional, pero también de prudencia. En la sala de visitas de su bufete, minutos antes de acceder a su despacho, tengo la oportunidad de hojear la revista *Hika* de diciembre de 1997. En ella se le realiza una entrevista al propio Castells que, a la pregunta de «¿cuál es el peso de los medios de comunicación en toda esta evolución?», responde premonitoriamente: «Si se habla de la Administración de Justicia, hay que hablar también de la prensa, ya que en estos últimos años se ha demostrado que en la Administración de Justicia la prensa es uno de los primeros poderes. Tiene un poder enorme y lo ejercita de una forma absolutamente parcial y partidista, censurando el acceso a la misma de determinadas opciones y personas. La prensa lanza campañas contra determinadas personas y causas, y censura cualquier posibilidad de defenderlas dentro de la propia prensa. La censura ejercida por los directores de los medios funciona a tope y las campañas de prensa tienen un poder arrasador, crean un ambiente determinado que pesa muchísimo en los jueces y sobre todos los demás: el propio acusado, el abogado defensor... Ante esas campañas te encuentras totalmente indefenso. A mí estas campañas me recuerdan vívidamente las campañas de prensa del franquismo, las que Fraga lanzó contra Bergamín por encabezar la lista de intelectuales que denunciaron las torturas a los mineros asturianos y por la que se tuvo que exiliar; la que se lanzó también contra los asistentes al denominado 'contubernio de Munich'... La única forma de contrarrestarlas eran la vietnamita y Radio París, pero el poder de réplica a través de estos medios era reducidísimo en comparación. Hoy en día, salvando las distancias, estamos en una situación parecida».

Ya en su despacho, el tema central de la conversación es el papel de los media en el caso Otegi. Pero previamente a ello, Castells quiere contextualizar el asunto:

–Hay una persona acusada de disparar y matar a dos miembros de la Ertzantza en una acción que, lamentablemente y de manera análoga, se ha producido históricamente en distintas partes del Estado español y del mundo. Me estoy refiriendo a situaciones desde el punto de vista subjetivo del autor, del condicionamiento subjetivo en que se encontraba Mikel Otegi. Uno se coge la colección del Aranzadi y se encuentra con que hay bastantes casos en los cuales alguien causa un homicidio, mata a una o más personas, y resulta absuelto en base al estado de inimputabilidad en que se encontraba. Puede que se encontrara bajo los efectos de la droga o porque tenía una situación de trastorno mental permanente o transitorio, causado quizá por una sustancia etílica que en ese momento le privaba completamente de sus facultades. Así, que no estamos hablando de una sentencia insólita, sino relativamente frecuente en las colecciones de sentencias. Todas ellas concluyen, además, con la absolución del acusado porque no actúa en plenitud de sus facultades mentales. Y no se produce ningún escándalo. Comprendo que pueda doler a las familias de las víctimas que, de algún modo, albergan un sentimiento de venganza. Pero la sociedad tiene otro planteamiento y admite estos casos. Estamos a finales del siglo veinte y, hoy en día, al que realiza un acto en estado de sonambulismo o al niño que hace un acto imprudente y arde un caserío, no se le castiga. Ni tampoco al loco se le condena como asesino, ni tan siquiera como homicida. La sociedad ha avanzado y para castigar a una persona exige que su acción sea consciente y voluntaria, no vale simplemente la actuación meramente mecánica o física del ser humano que realiza un acto negativo. Tiene que ser un acto querido, voluntario, consciente y, por supuesto, libre. Entonces, ¿por qué hay esta reacción en el caso Otegi? Simplemente porque existe un problema político de por medio. Hay unos intereses políticos para explotarlo y utilizarlo. Existen además unos grupos de presión fortísimos y unos importantes poderes fácticos muy concretos que se vuelcan en el tema. Y es entonces cuando aparecen los medios de comunicación, que son unos instrumentos que manejan los grupos de presión y los poderes fácticos, y que se prestan por completo a ser utilizados.

–¿Desde qué momento notas su intervención?

–Desde el principio. Las primeras tergiversaciones se producen ya al poco de ocurrir los hechos. La prensa e Interior se vuelcan con el tema y los medios se encargan de difundir una versión de la Consejería que no se atiene a la realidad más evidente. Hay datos, evidencias y, sobre todo, diligencias judiciales que contradicen totalmente a Interior. Pero la prensa se ciñe a la versión oficial, por lo que los abogados defensores intentamos salir cara a la opinión pública para dejar las cosas en su sitio. A mí me preocupaba que se intoxicase a la ciudadanía porque, tal cual se desarrollaban los acontecimientos, estaba claro que éste iba a ser un caso para jurado. Bueno, pues convoco a cuatro medios de la provincia y el de mayor difusión tergiversa totalmente lo que he dicho. Y eso que yo me he limitado a puntualizar las cosas y ni tan siquiera doy mi versión. Es entonces cuando me doy cuenta de lo que va a pasar después.

–¿Cuál es la imagen que han dado los medios de Otegi?

–A Mikel lo han retratado como a un mata-ertzainas. Y, claro, el jurado veía claramente por sus propios ojos que no era así. Yo se lo expuse creo que nítidamente: a ver, cómo se explican ustedes que, si este señor es un mata-ertzainas, se quede tranquilamente aguardando a que vengan otros policías a detenerle. Mikel, que tenía tres coches a su disposición, da instrucciones a los de su casa para que avisen a la Ertzantza y permanece allí a la espera. Los ertzainas tardaron media hora en llegar, tiempo en el que él pudo haber huido de sobra. Y yo, a los mata-ertzainas que he conocido en la cárcel, huyen para poder seguir matando. Porque, si se queda, un mata-ertzainas sabe que no va a poder hacerlo porque lo detendrán y le será imposible continuar con su actividad. Claro, entonces no tiene ningún sentido que se quede. Y ante esto, ¿qué hacen los medios de comunicación e Interior? Intentan transmitir la imagen de que Mikel es del entorno de ETA, cuestión que, por cierto, no se discute a lo largo del juicio en el que para nada se plantea el tema ideológico. La única que lo sacó una vez a relucir fue la acusación particular. Se lo planteó a un ertzaina del Goierri que acudió como testigo, al que le preguntó por la vida social de Otegi en la zona y si estaba fichado. La respuesta fue muy concluyente: contra Otegi no había nada en ese sentido. Pero, en cambio, fuera de la sala se propala por los medios de comunicación la idea de que Mikel pertenece al entorno de ETA y que es un mata-ertzainas.

–Entonces, ¿ése es el mensaje que se lanza?

–Exacto. Ése es el planteamiento de la consejería de Interior. Mikel tiene la mala suerte de que su actuación se produce en un contexto en el cual hay una confrontación política muy radical. La Ertzantza mantiene unas determinadas posturas y, frente a ella, existe una determinada organización que defiende otras. Además, hay muertos de por medio. Entonces, uno de los bandos utiliza estas dos muertes para colocarlas como un acto de servicio. Lógicamente, la persona que ha llevado a cabo las muertes tiene que estar en el bando contrario y debe ser utilizado como chivo expiatorio. Sobre él hay que descargar todas las culpas y atribuirle todos los males. Ésa es una situación que se ha repetido en el transcurso de la historia. A lo largo de los tiempos nos encontramos con chivos expiatorios significativos. Lo fueron Nicola Sacco y Bartolomeo Vanzetti, la caza de brujas o el matrimonio Julius y Ethel Rosenberg. Ahí está también el caso de la primera parte del juicio Dreyfus, en que se intenta simbolizar al enemigo como el mal. Y para reprimir el mal se monta una campaña terrible. El problema está en que la Administración de Justicia es una institución humana, vive dentro de la sociedad y no en una torre de marfil. Los jueces no ponen las sentencias en campanas de cristal vaciadas previamente. Por lo tanto, toda esa presión, toda esa campaña, siempre con los medios de comunicación por detrás, afecta al caso. Antes, el tema se resolvía quemando una bruja, pero ahora es más complicado y ahí están los medios para allanar el camino.

–¿Cómo vivió Mikel todo esto?

–Estoy totalmente convencido de que si Mikel en estos momentos no está haciendo una vida normal es por la campaña tan fuerte que se orquestó contra él. Porque, desde que sale de la cárcel, Mikel tiene que vivir oculto. La primera amenaza de muerte contra él se produjo ya durante el desarrollo del juicio, amenazas que, al igual que a su abogado defensor, se reprodujeron después mediante llamadas telefónicas o pintadas. Itsasondo, por ejemplo, se llenó de pintadas. Además, *El Mundo* logra fotografiarle en una de sus comparecencias ante el Juzgado. Consecuencia de todo ello es que tiene que cambiar de domicilio. Y hay otro problema añadido, que es el trato que dan en los juzgados a sus denuncias. Diariamente se vulnera su derecho al honor, las televisiones públicas no se cansan a diario de llamarle asesino y de vituperarle impunemente.

–¿Qué hacen los demás medios de comunicación ante esto?

–Ignorar que se están produciendo amenazas contra nosotros. Pero eso no es nada nuevo. Ya durante el juicio mis intervenciones se recogían muy parcialmente. Y, posteriormente, con Otegi desaparecido, se distorsionan de forma descarada mis palabras.

–¿Habéis presentado muchas querellas al respecto?

–Algunas, sí, pero sólo las referidas a las agresiones físicas. Pero, por lo demás, nos es imposible. Éste es un despacho artesanal que no se puede dedicar en exclusiva a un caso. Y aunque lo hiciera, necesitaríamos tener un bufete muy amplio con muchos compañeros dedicados al tema para poder abarcar tantas agresiones cotidianas. Y es que, además, si no se cumple con cuestiones evidentes, no vamos a aventurarnos con procesos civiles que pueden demorarse hasta cinco años.

–¿A qué cuestiones evidentes te refieres?

–Por ejemplo, a la denuncia presentada por las amenazas de muerte que, en pleno juicio, los familiares de los ertzainas realizan contra Mikel y contra sus abogados defensores. Según se producen, el presidente de la Sala ordena que consten en acta y, acto seguido, las manda al juzgado que está de guardia. El juez de instrucción que está de guardia se considera competente en el caso y abre unas diligencias para, a continuación, dictar un auto en el que afirma que, no pudiendo reconocerse a los autores, esas mismas diligencias se sobreseen provisionalmente. Nosotros comparecemos y conseguimos su reapertura. Pero nuevamente se han vuelto a sobreseer, con lo que hemos formulado un nuevo recurso ante el mismo juzgado de instrucción, que nos lo ha desestimado, y ahora estamos en el trámite de apelación. Resulta absolutamente kafkiano y brutal que, sin realizar ninguna diligencia, se sobresea el caso porque, según el juez, no constan quiénes son los autores de las amenazas, realizadas en plena vista oral y delante de las narices de otros jueces. Lo peor es que esto mismo está sucediendo en casi todos los juzgados en los que existen procedimientos abiertos como consecuencia de ataques a Mikel Otegi. A mí todo esto me suena a una historia ya vivida.

–¿Estás hablando de los tiempos de la dictadura?

–Sí, me refiero a cuando durante el franquismo todos los poderes públicos se doblegaban ante Franco. Y el poder judicial no era una excepción. Te encontrabas con algún ejemplo honrosísimo. Aquí en San Sebastián sólo recuerdo el caso del juez Serrano Pórtolas que supo mantener la dignidad de la judicatura. Hoy se dan algunas salvedades como la de Serrano, pero mínimas. Son muy escasos en la actualidad los jueces que están dispuestos a aguantar el embate del poder político.

–Te he preguntado por Mikel Otegi, pero tu, Miguel, ¿cómo viviste el caso? Porque a ti también te atacaron desde varios flancos.

–La campaña contra mí se incrementa a raíz de que se les ha escapado Mikel. Antes había estado recibiendo llamadas, pero tras la desaparición de Mikel, dan un paso más e incluso la familia de uno de los ertzainas me amenaza de muerte y me insulta en público. Después, la prensa tergiversa de una forma canallesca unas palabras mías en un informe forense. Yo hago unas referencias muy concretas que son cambiadas por los medios de comunicación y lo que trasciende a la opinión pública es que yo he afirmado que Mikel está de vacaciones y que por eso no comparece a una citación judicial. Yo no he dicho eso en absoluto y así lo recogen posteriormente algunos periódicos haciéndose eco de mi rectificación. Pero sale en letra pequeña y, en algunos otros, ni tan siquiera eso. El Colegio de Abogados de Gipuzkoa termina por actuar y lo hace a favor mío, defendiendo mi intervención y ratificando que ha sido correcta. Incluso se publica en ese sentido un anuncio pagado en *El Diario Vasco*.

–El listado de agravios de los medios informativos en este caso es amplio. Un periódico llegó a facilitar la filiación de los componentes del jurado.

–La Justicia tenía que haber actuado de oficio. Ha sido lamentable cómo se ha comportado la Administración de Justicia con los miembros de ese jurado. No sólo no ha intervenido, sino que les ha dejado indefensos y no ha protegido el honor de estas personas. Eso me ha dolido mucho. Porque el que me ataquen a mí lo tengo asumido. Es algo que ha sucedido ya con antelación cuando un abogado se ha atrevido a defender a un disidente. Eso históricamente siempre ha sido así. En la Grecia de los coroneles a los abogados que defendían a la oposición les deportaban a una isla. Y en la guerra de Argel, llegó un momento en que no había abogados árabes para hacerse cargo de la defensa de los acusados de pertenecer o colaborar con el FLN. Sólo se podían encontrar abogados de la Argelia francesa. Recuerdo la versión que dieron las autoridades galas diciendo que un abogado argelino se había caído por una ventana durante un registro domiciliario de la policía. O de otro que, supuestamente al intentar fugarse del *jeep* en que le llevaban detenido, las autoridades dijeron que se vieron obligadas a disparar. O sea, que los abogados que representan a los disidentes lo terminan pagando. Pero lo que resulta inadmisible es lo sucedido con los miembros del jurado del caso Otegi, que han quedado marcados para siempre de forma intolerable.

4
Sexo, GAL y una cinta de vídeo

Mónica Crespi Heredia aún no ha cumplido la treintena. Aparenta guapa, pero su juventud se ha marchitado tempranamente. Le delata una mirada opaca. Es triste y en sus ojos no hay brillo. El caballo ha hecho un trabajo eficaz y, además, ha introducido en su mente secuelas imposibles de borrar para el resto de su existencia. Su hermana Ada ya hace tiempo que no está. Era heroinómana también y había contraído el Sida. Ella y su compañero se fueron uno detrás de otro, silenciosamente, pero dejando las cuencas de los ojos de Raquel, su madre, marcadas para siempre con un rictus de dolor que ya nunca desaparecerá.

Raquel Heredia es periodista y, años atrás, incluso alcanzó cierto renombre en las páginas del diario *Pueblo*. Era una ágil y despierta reportera, con bastante predicamento dentro de la propia profesión. Pero Raquel, al igual que otros muchos periodistas, vio truncada repentinamente su carrera profesional cuando el PSOE decidió privatizar, o cerrar, varios medios de titularidad pública agrupados en el organismo Medios de Comunicación Social del Estado (MCSE), la antigua Prensa del Movimiento. Su destino fue a partir de principios de los ochenta un puesto burocrático en la Administración pública, en donde su función consistía en vegetar para el resto de sus días.

Raquel era una mujer liberal y llena de coraje que llevaba años separada cuando se encontró, de frente y en solitario, con el drama brutal que supone tener una hija politoxicómana. Intentó con su mejor voluntad todas las terapias posibles. Pero el éxito no acompañó a sus buenas intenciones. Entre otras cosas, porque Ada no estaba por la labor. Ada era, además, madre de dos niñas. Cuando su hija se murió, Raquel se encontró al cuidado de aquellas criaturas.

Mónica fue un consuelo y una ayuda en unos momentos tan duros. Su hija tenía, al menos, muy claro el tema de las drogas. Incluso Raquel le había reprochado más de una vez su beligerancia e intransigencia con su hermana mayor. Ahora Raquel sondea en su memoria y, aparte de hacerse cruces, no sabe explicar cuál fue el ignoto mecanismo que puso en marcha la adicción de Mónica hacia la heroína. Quizá parte de la culpa la tuviese aquel profesor universitario vasco con el que Mónica convivió durante algún tiempo y que, cobarde hasta para procurarse por sí mismo las dosis de cocaína que esnifaba, utilizaba a la chiquilla de cabeza de puente. Pero lo cierto era que de la noche a la mañana se encontró ante la terrible tesitura de que su segunda hija era también una yonqui y que, por si no fuera suficiente con eso, estaba terriblemente enganchada al jaco.

Pepe Navarro aparenta ser el prototipo del *self made man*. A él le gusta, además, presumir de ello. Nacido en la localidad cordobesa de Palma del Río, demostró siempre tener agallas para hacerle frente a cualquier situación laboral, por peliaguda que fuera. Sus padres emigraron a Catalunya, lo que le valió a él para aprender el idioma catalán en Sabadell, donde sus progenitores habían fijado su residencia.

Pepe comenzó ya de muy joven a trabajar de peón en la empresa Tubos y Forjas. Después, tras unos primeros escarceos profesionales en televisión y en una emisora de radio de su Sabadell adoptivo, se lió la manta a la cabeza y, sin pensárselo dos veces, se fue a Miami, en donde aprendió en una emisora local de televisión muchos de los recursos en los que años más tarde fundamentaría su carrera profesional.

Ya de vuelta en el Estado español, y después de pasar por varios *talk shows* de mañana y tarde en distintas cadenas televisivas, su eclosión profesional vino dada por el programa *Esta noche cruzamos el Mississipi*, que se emitía un poco antes de la medianoche en Tele 5.

A sus 46 años, su futuro profesional estaba más que estabilizado en la cadena Antena 3, a donde se había trasladado con todos los bártulos para continuar liderando la programación nocturna, con la única salvedad de que ahora el espacio se llamaba *La sonrisa del pelícano*. Pero lo que no entraba en los planes de Pepe Navarro era el resquemor que arrastraba un poderoso enemigo suyo, Pedro José Ramírez, en esos momentos defendiéndose como gato panza arriba en medio de un escándalo sexual que amenazaba con poner fin a su influyente carrera periodística. Uno de los zarpazos desesperados de Pedro J. habría de llevarse a Navarro por delante.

Exuperancia Rapú Muebake es, al comienzo de los ochenta, una agraciada mujer guineana que vive en Basakato, un pueblo de la etnia bubi. Sus paisanos son enemigos declarados de los fangs, la tribu a la que pertenece el presidente Teodoro Obiang. Pero Exuperancia, que no está por la labor de involucrarse en luchas tribales, tiene desde niña la nacionalidad española y, con este pasaporte en el bolso y con veinte años recién cumplidos, se olvida de las miserias de su patria de origen y se va a la búsqueda de fortuna en la capital de la antigua metrópoli. En el viaje le acompaña su entonces novio, James Norberto Echuaca Noah, empeñado en hacerse un nombre como cantante.

Exuperancia y Norberto llegaron a Madrid a mediados de la década de los ochenta. Pero la vida es dura en la capital del Estado español y la fama no llega tan rápido como la pareja había soñado. Norberto se hace pasar por cantante jamaicano de *rap*. Pero ni aún así sus «bolos» en discotecas de tercer orden en la periferia de Madrid o en pubs de mala muerte dan para subsistir. Rapú comienza a buscarse la vida como buenamente puede, frecuentando discotecas de Madrid, fundamentalmente Caché, en donde algunos clientes con posibles dan muestra de su generosidad a muchachas en apuros.

Esta actividad le proporciona ingresos abundantes y, también, conocimientos insospechados. Tanto es así que incluso logra para su protegido participar en una gala radiofónica en Antena 3 Radio, en donde es jefe de contrataciones artísticas un personaje que posteriormente ocuparía un puesto clave en la trama que iba a urdirse en torno a su persona. Se trata de Domingo Martorell, tiempo atrás el segundo de la lucha contra ETA en el Ministerio de Interior español y que, tras participar en el rescate del padre del cantante Julio Iglesias, comenzó una fulgurante ascensión profesional.

Pedro José Ramírez Codina es un controvertido periodista riojano que, ya desde sus tiempos de estudiante de periodismo en la universidad navarra del Opus Dei, se adivinaba tan polémico como protagonista. Nada más dar sus primeros pasos en la profesión, se pudo concluir, sin lugar a dudas, que él iba a ser la «gran esperanza» de la derecha española. Sus artículos en ABC eran absolutamente vitriólicos para la disidencia y apuntalaban la mayoría de las veces las tesis más reaccionarias surgidas desde la caverna hispana.

A Pedro J., que de esta manera le gusta llamarse a sí mismo ya de joven, le pudo desde siempre la egolatría y le encantó desde los primeros momentos el protagonismo. Su ascensión fue tan vertiginosa como zizagueante. Convertido de la noche a la mañana en director de un agonizante *Diario* 16, supo implantar en las páginas del rotativo un sesgo de denuncia sensacionalista que fue inicialmente aplaudido por unos y otros. Hasta que se topó con el GAL.

Pedro J. entendió de inmediato que el tema de la guerra sucia podía ser el gran filón con el que minar el entonces apabullante rodillo del PSOE. En función de ello puso todo su ardor y no le importó aliarse conyunturalmente con quien fuere necesario, por muy lejos que estuviera de sus planteamientos ideológicos.

Por esa época departía sin ningún tipo de trabas con el entonces eurodiputado abertzale Txema Montero, o se acercaba a Euskal Herria para, a través de los más insospechados contactos, poder conseguir alguna entrevista con la cúpula de la organización ETA. Pedro J. se entrevistó finalmente en algún lugar de Argelia con Eugenio Etxebeste Arizkuren, *An-*

txon, publicando en exclusiva y con gran despliegue informativo la conversación mantenida con el entonces interlocutor de ETA. Pedro J. fue incluso más allá y abogó en las páginas editoriales de su periódico por la necesidad de negociación entre ETA y el Estado español. Eran los tiempos de Argel y soplaban otros vientos.

Pero la cúpula de Interior, como se vería posteriormente al conocerse la verdadera dimensión de Rafael Vera, uno de los negociadores que simultáneamente desempeñaba funciones cruciales en el entramado de la guerra sucia, no estaba por la labor de llegar a acuerdos y Pedro J. se convirtió de pronto en la bestia negra de aquellos matarifes. Fueron sonadas sus diatribas con el ministro José Luis Corcuera, que forzó lo indecible para que Pedro J. cambiara su rumbo informativo o, en su defecto, abandonara el barco de *Diario* 16. La situación económica del Grupo 16 había sido tradicionalmente deficitaria y las presiones gubernamentales atacando la línea de flotación empresarial dieron su fruto.

Ramírez y sus más allegados optaron, ante la marejada que se avecinaba, por abandonar su hasta entonces centro de trabajo y poner en marcha el proyecto de *El Mundo*. Además de aportar al capital social lo conseguido con sus indemnizaciones, Pedro J. y los suyos lograron que se subieran al carro de su nueva empresa diversos industriales de tipo medio y algunos profesionales de la comunicación, como José María García.

El principal acierto de la nueva publicación fue continuar la línea de denuncia iniciada en *Diario* 16 y, ya sin ataduras empresariales, encadenar una serie de exclusivas informativas que, una tras otra, fueron haciendo una enorme mella en la credibilidad del Gobierno del PSOE. Los casos Juan Guerra, Ibercorp y, sobre todo, Filesa colocaron entre la espada y la pared a González y su gabinete que, a su vez, se defendían ardorosamente con el inestimable y entusiasta apoyo de *El País* y alguna otra publicación afín.

Pero lo que más minó las posiciones gubernamentales fue el tema GAL. La denuncia de sucesivas implicaciones de altos cargos de Interior y, especialmente, la conexión con el Cesid fueron dejando sin recursos y sin línea de defensa a los prebostes del PSOE. El asunto se complicó ya definitivamente para González y su *troupe* cuando las denuncias periodísticas se vieron ratificadas judicialmente. Los primeros en tirar de la manta fueron el subcomisario José Amedo y el inspector Michel Domínguez, a los que una decisión personal del ministro Juan Alberto Belloch había dejado sin el ingreso mensual de medio millón de pesetas que cada uno de ellos percibía por tener la boca cerrada. Abierta la espita, las acusaciones se sucedieron en cascada y, de esta manera, fueron implicándose los unos a los otros: el comisario Hierro, el todopoderoso Paco Álvarez, el secretario de Estado Vera, el subsecretario Sancristóbal, hasta llegar a Barrionuevo, dispuesto a hacer de apagafuegos del jefe González.

El Mundo, con privilegiadas terminales en la Audiencia Nacional, iba dando cuenta puntual y exhaustiva de ello, al tiempo que crecía imparable su difusión. De los cien mil ejemplares en los que se había colocado en su primer año de existencia, las últimas cifras lo situaban ampliamente por encima de los doscientos mil y su poder era cada vez mayor en los círculos políticos. Pedro J. estaba endiosado y no tenía la menor duda de que estaba siendo el martillo de los herejes *sociatas*.

Los pocos escrúpulos de José Emilio Rodríguez Menéndez eran ya ancestrales cuando ejercía su profesión de abogado. Lo mismo defendía a policías corruptos, cruzando frecuentemente la frontera que separa al patrocinado del patrocinador, que se hacía cargo de los intereses jurídicos de El Dioni, un guarda jurado metido a atracador de una furgoneta blindada que transportaba decenas de millones de pesetas y a quien popularizó el cantante Joaquín Sabina. O representaba a La dulce Neus, una rubia matrona catalana que, en unión de sus hijos, le dio pasaporte eterno al hombre que convivía legalmente con ella desde hacía años.

El currículum de Rodríguez refleja una biografía patibularia. En su haber cuenta con diversos procedimientos judiciales por estafa, falsedad, intrusismo y alzamiento de bienes. Sus desmanes fueron de tal calado que llegó a constituirse incluso una Asociación de Víctimas de Rodríguez Menéndez. En una sinopsis biográfica ofrecida por el diario *El Mundo*, se le calificaba de «histriónico, mitómano, desafiante, charlatán, ingenioso y tosco». El periódico de Pedro J. añadía más adelante que su proceloso historial había comenzado en Santiago de Chile, «donde pisó por primera vez la cárcel por ser condenado por estafa, por bigamia y por ejercicio ilegal de las profesiones de abogado y psicólogo».

Pero donde José Emilio cimentó realmente su fama, al margen de los casos de la Dulce Neus y Dioni, fue como abogado de las mafias policiales, especialmente con la siniestra Brigada Antiatracos de Madrid, entre cuyas aportaciones, a la de ya por sí impresentable historia policial española, tiene en su haber la desaparición de Santiago Corella, *El Nani*.

Instalado en la fama, Rodríguez Menéndez aparece mezclado con cuantos casos tenebrosos se dan en el mundo judicial, tales como la Ucifa o Nécora, ambos relacionados con el mundo del narcotráfico oficial, en donde Rodríguez Menéndez es toda una autoridad. La Ucifa significó la involucración de la elite de la Guardia Civil en asuntos de droga, siendo condenados sus máximos responsables, el comandante Pindado y el teniente coronel Quintero San Juan a penas de veinte años de cárcel. Otro guardia civil, cliente de José Emilio, fue la punta de lanza por la que, a través de sus confesiones y su semiarrepentimiento, el juez Baltasar Garzón pudo tirar de la manta y desmantelar aquella unidad corrupta.

Con ambos casos como muestra indiciaria de su conocimiento del hampa de la droga, el abogado-policía se hizo un nombre entre los clanes del narcotráfico. Cualquier capo que tuviera pudientes, se encomendaba sin dudarlo a los oficios de Rodríguez Menéndez. Y éste, previa suculenta minuta, tenía arrestos para enfrentarse a lo que fuere menester.

Raquel ya fue más tajante en la segunda oportunidad. Había aprendido con Ada que el cariño más responsable implica el enfrentar al ser amado ante su propia realidad. La única posibilidad de recuperar a esa persona es la de que ella misma se encare a su verdadera realidad y decida libremente qué pretende hacer con su existencia: si quiere seguir sumergida en el cenagal de la droga o, si por el contrario, opta por vivir. La mayor parte de las veces la respuesta es desalentadora y muchas de las personas sumergidas en el cieno de la heroína o cocaína, sucumben a ella, incapaces de sacudirse la basura que les asfixia.

La nueva toma de postura de Raquel implicó que Mónica dejara de usar su domicilio como retaguardia de sus cabalgadas con el caballo. Es decir, que puso a su hija de patitas en la calle. Para buscarse la vida, el recurso de los yonquis no tiene muchas alternativas. El jaco exige un desembolso diario importante y para recaudar fondos hay muy pocas disyuntivas. Lo normal es que sus más habituales consumidores trapicheen con droga e inviertan sus beneficios en procurarse dosis para ellos mismos. Y si no, como procedimiento más dramático, está el de dar el palo o, ya en una escala superior, atracar joyerías o entidades bancarias. Pero para eso hace falta cierta dosis de valor o, también, mucha desesperación. El último recurso, con el individuo ya totalmente desesperado, es recurrir a la prostitución. Los burdeles y las carreteras que circundan las grandes urbes están llenas de prostitutas y chaperos que venden cotidianamente su cuerpo para procurarse algún gramo con el que hacer frente a su enfermedad. Mónica se inclinó por esta salida. Era agraciada y enseguida se dio cuenta de que el dinero no iba a ser un problema para ella.

Comenzó a trabajar en prostíbulos frecuentados por gente pudiente y a asistir a fiestas que concluían en orgías y en las que, además, circulaba abundantemente la cocaína. Allí conoció a Pedro José Ramírez, quien inicialmente no le desveló su condición de periodista afamado. Mónica le cayó en gracia desde un primer momento al director de *El Mundo*, que terminó encaprichándose de ella. Lo suyo no fue un romance, porque Pedro J. quería emociones más fuertes, y Mónica disponía de una extensa agenda de colegas que, al socaire de la generosidad desmedida del periodista, no pondrían ningún tipo de problemas a los requerimientos de éste.

El principal mérito de Pepe Navarro había sido saber adaptar al gusto hispano, primero en el *Mississipi* y después en el *Pelícano*, los programas populares de éxito en las televisiones norteamericanas. Sus años en Miami le habían proporcionado la soltura necesaria para tener las suficientes tablas y desenfado delante de las cámaras, lo que, unido a cierto desparpajo particular, le habían convertido en un espécimen un tanto atípico frente a los acartonados presentadores españoles.

Pero lo que realmente le llevó a triunfar y barrer en el *share* de la programación nocturna fue el «estilo Mississipi». El programa era una mezcolanza de sexo, sangre, morbo y temas de denuncia, siempre por ese orden de preferencia. El *Mississippi* venía a ser una reedición del *Interviú* de finales de la década de los setenta, sólo que con televisión en color y todavía con mucho más atrevimiento. Por lo demás, Pepe Navarro había sabido rodearse de un buen equipo de profesionales y, cada uno en su especialidad, resultaban de lo más competente.

Así, para los temas de sexo contaba con un equipo de «rastreadoras» que, sin ánimo de emular a las «visitadoras» de Vargas Llosa, venían a ser unas cualificadas expertas en la faceta de husmear en los aspectos más sórdidos del sexo marginal. Ellas sabían en cada momento dónde encontrar a aquel necrófilo convencido o a la madura *madonna* que se lo montaba con su pareja de caniches. O, mismamente, a personajillos desinhibidos que no tenían inconveniente alguno en ensalzar los gozes que les proporcionaban la coprofagia o la lluvia dorada. El circo sexual de Navarro no reparaba en medios y, por supuesto, no existían áreas restringidas. La norma era que cuanto más escandaloso fuese el tema, mejor.

Navarro disponía también de un excelente equipo de guionistas capaces de fabricar figuras populares más o menos chabacanas, pero siempre bastante pegadas a la idiosincrasia y costumbres dominantes en la sociedad española. Y de esta manera fueron pasando por su programa, uno tras otro, personajes interesadamente intencionados, como Rambo, doña Reme, Lucas Grijander, Krispín Klander o Pepelu. Navarro también tenía un sentido especial para detectar qué elementos podían tener calado entre la opinión pública. El alucinante Álvaro Baeza o la desmedida Cristina, *La Veneno* fueron dos de sus mejores hallazgos.

Baeza era, sobre todo, un osado que años atrás había editado por encargo varios trabajos para el empresario jerezano José María Ruiz Mateos hablando sobre el tenebroso mundo del Opus Dei. Pero Baeza, que es un tipo vivaracho, se dio cuenta del filón que podía representar para él inmiscuirse en el terreno informativo del todo vale, sin que ello le supusiera descrédito en su labor profesional y, especialmente, sin necesidad de ningún rigor. ETA y la izquierda abertzale eran un campo abonado para publicar cuanta basura le viniera en gana porque nadie en el Estado español iba a preocuparse de desmentir sus aseveraciones. Un elemento sin escrúpulo alguno como Baeza se lanzó a publicar por su propia cuenta en la editorial ABL S.L. (Álvaro Baeza López, Sociedad Limitada) unos peculiares folletones con pastas de color amarillo, en un mal remedo de las guías comerciales de Telefónica. Las páginas de los libros estaban llenas de nombres y lugares resaltados en letra negrita, que el autor colocaba incontroladamente a lo largo de textos kilométricos. El papanatismo de una ciudadanía ideológicamente desestructurada y la predisposición de ánimo fomentada por los demás medios de comunicación, habían creado el caldo de cultivo suficiente para que un individuo como Baeza se convirtiese de la noche a la mañana en el máximo «experto» sobre ETA y sus circunstancias. Libros como ETA *nació en un seminario*, *Terrorista* o *Guerra sucia* son un perfecto exponente de cómo la calumnia sistemática, la falta del más mínimo rigor informativo y el todo vale contra la disidencia vasca son permitidos sin ningún tipo de sonrojo por parte de la clase política e intelectual del Estado español. Porque, al margen de su desfachatez, Baeza es un ser que no resiste la más liviana auditoría cultural. Más aún, se trata de un personaje bufo de opereta que, pertrechado de la arrogancia de los insensatos e ignorantes, sólo puede tener calado y audiencia en una sociedad en grave crisis.

Pero Navarro, también con una incultura importante a cuestas, no reparó en esas circunstancias. Su mirada se dirigió al índice de audiencias y comprobó asombrado cómo aquel individuo canoso y de gafas, con más morro que un buey gallego, había arrasado la noche anterior en el *share*. No se lo pensó dos veces y, tras verificar que Baeza era con mucho el superventas número uno en la sección de libros de El Corte Inglés, decidió convertirle en asiduo en su programa. Desde ese momento, Baeza comenzó una escalada todavía mayor en sus alucinaciones. Él sabía de todo y para todo tenía respuesta: en el fallido atentado de Palma de Mallorca contra el Rey, por aludir a una de sus innumerables peroratas, habría habido de por medio unos traficantes árabes con misiles. Oyéndole, daba la impresión de ser una terminal de la CIA o del Mossad. Pero para darle pábulo había que prescindir del más elemental atisbo crítico.

Curiosamente, habría de ser otro elemento de su calaña, el ex subcomisario de Policía José Amedo, quizá celoso del protagonismo del orate, quien pusiera coto a tales desmanes, cuestionando en directo sus afirmaciones y fuentes. «Usted no ha estado con nadie de ETA en su vida», le espetó a bocajarro una noche el policía a Baeza mientras el «autor» repetía por enésima vez su monocorde latiguillo de que acababa de entrevistarse «en la catedral de Baiona» con militantes de la organización vasca. La «catedral de Baiona», «Iparralde» y «los comandos de ETA» eran una constante en el vocabulario de Baeza. Éstas u otras palabras similares se habían convertido, de Bibriesca para abajo, en lenguaje referencial de aquel chiflado caradura para el papanatismo hispano. Posteriores embestidas de Amedo, otro de los fijos de Navarro, y la propia catadura de Baeza fueron calando en el descrédito del personaje. La patada final se la dio el propio Navarro, que había visto reflejado en el *share* lo que era ya una evidencia a todas luces: Baeza estaba acabado y, lo que era peor, su continuidad amenazaba con acabar con el programa. Además, fueron trascendiendo algunos de los trucos más habituales del elemento, como empezar la presentación de sus libros por la edición decimoséptima. Pero Navarro aún aprovecharía la estela dejada por Baeza, creando al año siguiente un sosia de ficción que repetía incansablemente los latiguillos más habituales del autor-editor. Ésa fue la muerte pública definitiva de aquel tipo impresentable.

Con La Veneno sucedió tres cuartos de lo mismo. La Veneno era una travestí andaluza deslenguada, con mucho descaro y un físico explosivo que hacía la calle en las noches de Madrid. Tan ignorante como atrevida, La Veneno se metió a Navarro en el bolsillo cuando en un programa comenzó a despotricar a diestro y siniestro, adornando su vocabulario de frases soeces y expresiones escandalosas. Además, la curva de audiencias reflejaba un alza impresionante que dejaron a Navarro ensimismado en su nuevo descubrimiento. La

Veneno habría de protagonizar, a partir de ahí, escenas increíbles ante las cámaras de televisión que, con el tiempo, serían uno de los motivos de los detractores de Navarro para poner fin a su andadura en las noches de Antena 3.

A Navarro también le pasaría factura otro de sus éxitos en la faceta que, curiosamente, menos le atraía y con la que andaba con más pies de plomo: la del periodismo de investigación. Su tema estrella sería el truculento caso de la muerte de las niñas de Alcásser. Las historias narradas por uno de sus redactores, Juan Ignacio Blanco, al que le gustaba presentarse como periodista-detective, y el padre de una de las crías, Fernando García, arrasaron durante muchas noches en la audiencia, hasta llegar a situarse cerca del 40% en el *share*. Blanco y García, con datos inéditos de primera mano en su poder, comenzaron por poner en cuestión la versión oficial. Sus aportaciones hacían rechinar las investigaciones realizadas hasta el momento, tanto por el juez instructor como por la Guardia Civil, hasta el extremo de convertir al *Pelícano* en una segunda sala de vistas, aunque sin togas, en donde se desarrollaba un juicio paralelo.

Pero Juan Ignacio y Fernando midieron mal sus pasos y, quizá presionados por la competividad que el programa llevaba implícita, sacaron a antena un tema tabú: la posibilidad de que las tres niñas hubieran muerto a manos de una poderosa mafia que, entre sus esparcimientos macabros, figuraba el de violar menores. La pareja Blanco-García aún fue más allá y dio en directo los nombres de los miembros de ese hipotético clan. Los supuestos implicados eran, en efecto, gente muy pudiente, entre ellos el gobernador civil de Alicante, Alfonso Calvé, y el ex director general de Seguridad del Estado, Francisco Laína. En el listado aparecían entre otros el productor de cine Bermúdez de Castro, amén de un primo de los Solana, Hernández Madariaga. Todos ellos saltaron como impelidos por un resorte. Pero no sólo hicieron eso. Presentaron contra el *Pelícano* y los dos propaladores del hecho una querella de muchos cientos de millones de pesetas. El *feeling* existente hasta entonces entre Pepe Navarro y el tándem Juan Ignacio Blanco y Fernando García empezó a resquebrajarse. Se culpabilizaron mutuamente, ninguno quería responsabilizarse directamente de los hechos y, al final, la sociedad saltó hecha añicos.

En Antena 3 Radio Exuperancia traba también conocimiento con otro personaje cualificado, Pedro J. Ramírez, con el que comienza a mantener esporádicos encuentros en los que ella se hace llamar Emma. El dinero de la «segunda actividad» de Exuperancia Rapú le permite hacerse con dos discotecas en Madrid y Alicante, ambas con el original nombre de Noah-Noah, que Rapú y Echuaca controlan a través de una sociedad mercantil pomposamente denominada Grupo Hostelero Noah, S.L. Los negocios van aparentemente bien en el inicio y durante ocho años la pareja mantiene su romance. Se instalan en un piso de lujo de la Castellana de Madrid, mientras que en Alicante lo hacen en la calle Alberola Romero, en donde un coche con chófer solía esperarla a la puerta de su residencia.

Simultáneamente, los encuentros entre Exuperancia y Pedro J. se prolongaban en el tiempo. El piso de la Castellana no era, por razones obvias, el lugar más adecuado para los furtivos encuentros amatorios, que se producen en lugares de las afueras de Madrid. Uno de los lugares elegidos es el apartohotel El Jardín, en la carretera de Burgos, en donde el precio de la habitación por noche supera las veinte mil pesetas. El mecenas periodístico no sólo atiende a Exuperancia sentimental y económicamente, sino que promociona el negocio de su amante. La discoteca Noah-Noah aparece en «Metrópoli», el semanario de ocio de *El Mundo*, que publicita sus «cumbias, merengues y salsa auténtica».

Pero la profesión más lucrativa de la guineana se ve afectada por el lógico impacto del paso de los años en su físico. A Exuperancia le cuesta cada vez más mantener el tipo. Y no son sólo metáforas porque, literalmente hablando, se decide incluso a hacerse una liposucción para eliminar adiposidades antiestéticas. En el año 1995 se agudizan los problemas, de lo que se resienten las discotecas. Mientras Norberto se queda en Alicante –en donde su figura vestida de pantalón de chándal, camisetas y sandalias se hace muy conocida–, ella intenta salvar el local madrileño, que va a ser objeto incluso de un intento de embargo. Es entonces cuando Exuperancia recurre a los servicios de un joven abogado, Jacobo Teijelo.

El director de *El Mundo* nunca llegará a reconocer, ni tan siquiera a las personas que le son más próximas, que la relación con la guineana fue puramente venal. Pedro J. se afanó durante bastante tiempo en aparentar que con Exuperancia Rapú Muebake había mantenido una historia sentimental y de cariño. Todo muy típico de la idiosincrasia particular de Ramírez: él puede tener una novia, pero jamás pagar a una prostituta.

Ramírez nunca había dejado trascender públicamente los asuntos de su vida privada. A lo más, se le podía ver en algunos actos públicos acompañado de la excéntrica diseñadora de modas Agatha Ruiz de la Prada. Por lo demás, Pedro J. tenía la costumbre de utilizar un tufillo ligeramente moralizante en sus habituales proclamas oratorias. Él no se limitaba tan sólo a dar argumentos, sino que también impartía doctrina. Sus rivales políticos, a falta de otros razonamientos para menoscabar su figura, le habían bautizado con el alias de El predicador.

Por eso, cuando tuvieron noticia de la existencia del vídeo de Exuperancia Rapú, ellos mismos se restregaban incrédulos los ojos. Sus terminales periodísticas habían indagado previamente todo lo imaginable a la búsqueda de cualquier *affaire* truculento de Ramírez, pero sus pesquisas concluían siempre con resultado negativo. La suerte de sus antagonistas comenzó a cambiar el 6 de marzo de 1997. Ese día Exuperancia se inmortaliza con Pedro J. en un cuarto de un hotel y, a partir de ahí, los acontecimientos se desmandan. Antes de Semana Santa comienzan las transacciones para la venta del material videográfico, y para el 14 de abril, día de la República, los mandamases del GAL ya están al corriente de los hechos. Para ese entonces José Luis Corcuera, ex titular del Interior, no se puede contener y anuncia exultante a varios periodistas la buena nueva: se está gestando un escándalo que va a obligar a Pedro J. a abandonar el Estado español. Pero los tentáculos informativos de Ramírez también permanecían continuamente alerta y se percataron de que alguna maniobra de gran calado se fraguaba contra su persona. Cuando Pedro J. tuvo constancia de que el hecho era ya imparable, lanzó una primera andanada en su periódico, anunciando lo que a partir de ahí sería su línea argumental: el GAL arremetía contra su persona y quería convertirlo en la víctima número 29.

Con el transcurso de los años, Rodríguez Menéndez fue ascendiendo también en el escalafón parapolicial. Se le pudo ver defendiendo a uno de los implicados en la muerte de Santi Brouard y, desde entonces, fue uno de los fijos en la mesa de los GAL cuando éstos hacían su aparición colectiva en público. José Emilio estuvo en la cena de homenaje a Rodríguez Galindo y se le podía encontrar habitualmente en las inmediaciones de su protector Rafael Vera. Se había convertido en un hombre de confianza de los padrinos de la guerra sucia y, a distinto nivel de su colega Jorge Argote, iba a prestar grandes servicios a esa causa.

Quemado y desechado *Diario* 16 como portavoz oficioso de los hampones del GAL, Vera, Galindo y los suyos eligieron el *Ya* como nueva plataforma pública en donde verter todas las excrecencias generadas desde sus amplísimas cloacas. El asalto al antiguo periódico de los obispos españoles fue una operación en toda regla llevada a cabo por la siniestra caterva del GAL y sus adláteres. Además, José Emilio Rodríguez Menéndez y sus patrocinadores iban a contar en sus intentos con la colaboración desinteresada de otros medios de comunicación pretendidamente serios que, con la misma comunión de intereses, contribuirían descaradamente a propalar la inmundicia generada por el clan de los GAL. *El País* y diversas publicaciones del Grupo Zeta ocuparían lugares estelares en este nuevo capítulo de la infamia periodística.

Rodríguez Menéndez engañó inicialmente nada menos que a Antonio Álvarez Solís para que dirigiese el engendro del *Ya*. Pero el que fuera primer director de *Interviú* duró sólo 72 horas al frente de la publicación después de una sonada agarrada con aquel impresentable abogado. Con él se fueron los pocos periodistas que tenían una mínima ética profesional. Los que permanecieron, o eran de la ralea de Rodríguez o no les quedaban más tragaderas económicas que pasar por el aro. El *Ya* había atravesado una serie de visicitudes económicas en los últimos años que habían dejado a muchos de sus trabajadores contra las cuerdas. Porque, tras la defección de los obispos, el periódico había estado controlado sucesivamente por el Grupo Correo, que se limitó a vender las instalaciones de la calle Mateo Inurria en Madrid, trasladando el rotativo a un polígono de las afueras; por Lito Delgado, un cuñado del ex presidente Adolfo Suárez y, por último, por unos siniestros empresarios mexicanos. Aparte de ello, los propios trabajadores habían subsistido durante un largo tiempo como cooperativa, con la consiguiente economía de medios y con la aspiración constante de ver surgir cuanto antes un mecenas que rescatase de la miseria a aquel periódico años atrás boyante y que había ocupado un lugar preeminente en cuanto a difusión en la prensa del Estado español.

Por eso, cuando llegó Rodríguez Menéndez los trabajadores estaban ya exhaustos. Apenas ofrecieron resistencia y se encomendaron a su suerte. Vieron atónitos, una vez más, las primeras deserciones en redacción y cómo empezaban a llegar becarios de la universidad que, por un plato de lentejas, prestaban sus servicios profesionales a aquel malandrín. Rodríguez Menéndez les mintió desde el principio sobre el desembolso de capital realizado por Ediciones Universales Siglo XXI, la empresa editora. Pero sus verdaderas intenciones quedarían de manifiesto cuando instaló en la dirección y en la subdirección del rotativo a Javier Bleda y Gustavo Morales. Este último era nada menos que secretario general de Falange Española y ex director de la revista facciosa *Nosotros*. El director también cojeaba del mismo pie.

Sus primeras escaramuzas y su concepto de lo que era la ética periodística quedaron de manifiesto cuando, en su afán por remontar las ventas, José Emilio Rodríguez se inventó un falso Anglés en Argentina. Antonio Anglés, contra el que existe una orden internacional de búsqueda y captura por su supuesta participación en la muerte de tres niñas en la localidad valenciana de Alcásser, lleva años desaparecido y los medios de comunicación han especulado sobre la suerte que puede haber corrido: le han dado por muerto, le han situado en Portugal, a bordo de un trasatlántico y, finalmente, dijeron que había escapado a Irlanda, diluyéndose su pista por aquellas verdes campiñas. Rodríguez Menéndez no tuvo demasiados escrúpulos para atribuirse una exclusiva que él suponía definitiva para el relanzamiento de su medio: Anglés residía en Argentina y *Ya* le había localizado, publicando incluso a toda portada una foto suya. El texto del único titular de primera no dejaba lugar a dudas: «Anglés: 'Fui yo».

Pero la revista *Interviú* se tomó la molestia de enviar a sus reporteros Andrés Sánchez y Ramón Mourelle a Buenos Aires y descubrió el pastel. El tal Anglés resultó ser Walter Fabián

Medina, un parado argentino de 25 años con cierta similitud al desaparecido y que, por hacer el paripé, cobró 6.000 pesetas. Medina explicaría desde la capital bonaerense al enviado especial de *Interviú*, su convencimiento de que las fotos estaban destinadas para un *casting* publicitario..

Raquel estaba al tanto lógicamente de la trayectoria profesional de Pedro J. Ramírez, pero nunca había hablado con él en persona. Por eso no reconoció su voz cuando Pedro José empezó a llamar a su domicilio. El tono de aquel hombre era ligeramente atiplado y, además, Raquel no entendía qué quería. Él preguntaba insistente y machaconamente por una tal Elisabeth. A la enésima llamada, Raquel empezó a intuir que se trataba de un ligue de Mónica. Pero su hija se encontraba aquella temporada fuera de casa. Cuando asomó de nuevo las narices por el hogar materno, una de las primeras preguntas que Raquel le formuló fue si sabía algo de un tipo, pesado como el plomo, que no dejaba de dar la tabarra preguntando por Elisabeth. Mónica no pudo reprimir una efímera sonrisa en su rostro machacado por la droga: «¡Ya sé de quién se trata!». Pero el comentario que añadió a continuación dejó todavía más desconcertada a su madre: «Además tú le tienes que conocer. Es Pedro J., el director de *El Mundo*». Raquel se evitó el doloroso trance de inquerir cerca de su vástaga en qué circunstancias había conocido a tan singular periodista. Tampoco fue necesario, porque la propia Mónica le explicó con todo lujo de detalles las peripecias y aventuras sexuales del susodicho.

Tiempo después, cuando estalló el escándalo de su vídeo porno, Pedro J. no se cortó un pelo en llamar nuevamente al domicilio de Raquel para preguntar por el paradero de Mónica. Había llegado hasta sus oídos que varios programas de televisión andaban detrás de la joven para que desvelase ante sus cámaras las andanzas del director de *El Mundo* por los lupanares elitistas de Madrid. Pedro J. fue así de explícito y directo. Pero Raquel estaba *in albis* y no pudo darle ningún tipo de razón a su prepotente y descarado colega. Eso sí, la periodista se dijo a sí misma que no le aventuraba las ganancias a Pedro J., sobre todo si Mónica estaba de mono y sin dinero. En esas circunstancias, Raquel sabía que su hija era capaz de vender no ya sus memorias, sino su propio carnet de identidad si alguien le proporcionaba dinero suficiente para un chino.

La «fórmula Navarro», por muy difícil que pudiera parecer, era todo un éxito televisivo y los personajes más importantes de la escena político-mediática del Estado español se peleaban por ser llamados a su programa. Y eso lo mismo valía para cantantes de éxito, para directores de cine con ansias de promocionar su última película, autores consagrados o banqueros en apuros. Fueron más de una las veces que el ínclito José María Ruiz Mateos o el mismísimo Mario Conde en persona se sentaron en el sillón de enfrente a Navarro para entrar al trapo de la actualidad.

Pedro J. Ramírez fue uno de los esos personajes que no se sustrajo al influjo de la moda del *Mississipi*. Pepe Navarro hacía mucho tiempo que deseaba llevarle al programa y, por una razón u otra, el director de *El Mundo* siempre se había retraído a la hora de dar su aquiescencia. Cuando por fin apareció, el *share* de aquella noche desbordó las mejores expectativas de uno y otro: más de siete millones de espectadores habían presenciado la conversación entre ambos comunicadores. El GAL, la situación de los medios de comunicación y las corrupciones varias existentes en el Estado ocuparon los largos minutos que duró la entrevista. Ambos quedaron más que satisfechos del encuentro y se hicieron firmes promesas de volver a encontrarse.

Pero Pedro J. tenía sus propios planes respecto a Navarro. Quería atraerle a su terreno en las tesis políticas e informativas que mantenía. Más o menos sutilmente, Pedro J. hizo llegar sus planteamientos al jefe del *Mississipi*. Pero Pepe no estaba por la labor y él tenía otras aspiraciones profesionales. Lo suyo era reinar por las noches y, consecuentemente, aumentar los ingresos, cercanos a los quinientos millones de pesetas anuales, de su Compañía Europea de Ideas para el Éxito (CEDIPE). El presentador había firmado un acuerdo, primero con Tele 5 y después con Antena 3, según el que, en función de la audiencia del programa, sus honorarios se incrementaban. A una curva más alta correspondían unas tarifas más elevadas en los anuncios publicitarios, participando Navarro directamente en el reparto del pastel. Pedro J. calculó mal su estrategia y pinchó en hueso. Ante la disyuntiva que presentaba el director de *El Mundo* o el *share*, estaba claro que Pepe Navarro se quedaba con La Veneno.

Pero Ramírez no es persona que admita facilmente un revés y, a través de su cronista de televisión Carlos Boyero, empezó a fustigar duramente al *Mississipi* desde las páginas de *El Mundo*, presentándolo como paradigma de «programa basura». Tanto, que llegó a saturar los límites de la paciencia de Navarro, por lo demás crecido en su arrogancia ante los resultados que arrojaban los *rankings* de audiencia. No se lo pensó dos veces y puso a su equipo a trabajar para descubrir algún flanco débil del todopoderoso Pedro J. Ramírez. Finalmente, tuvieron que ser sus eficaces «rastreadoras» las que, después de olisquear concienzudamente en los bajos fondos madrileños, se encontraran con un sorprendente *scoop* sobre la vida sexual del director de *El Mundo*.

La situación de Exuperancia Rapú había comenzado un declive imparable y, tras abandonarla Norberto Echuaca Noah porque ella es ya incapaz de mantenerle, la en otro tiempo «relaciones públicas» del frustado cantante intenta suicidarse y, tras tomar varias ampollas de un tranquilizante, acaba siendo ingresada en el hospital de La Paz. Se recupera y Emma-Exuperancia vuelve a sus hábitos, entre ellos el de unas maratonianas sesiones de bingo. Es allí donde conoce a José María González Sánchez-Cantalejo, un antiguo empleado de Iberia y que ahora regentaba un pequeño negocio de relacciones públicas. Con él inicia una ilusionada relación sentimental.

Exuperancia se sincera con su nuevo amor y éste, tan poco escrupuloso como anhelante de dinero, se da cuenta de que el historial de su nueva amante puede ser un filón comercial bien explotado. Ella ha mantenido relaciones sexuales con personas conocidas de la vida pública, a ninguna de las cuales les gustaría que tal circunstancia trascendiese a los ámbitos en que habitualmente se desenvuelven. Del amplio repertorio expuesto por Exuperancia, Pedro J. es el primero de los personajes elegido. Además, las características de los servicios tan peculiares exigidos por el cliente convierten al ilustre seleccionado todavía en más chantajeable. Pero para llevar a cabo la extorsión es necesario disponer de pruebas con que atemorizar o impresionar a la víctima. Entonces es cuando Exuperancia provoca, el 6 de marzo de 1977, un nuevo encuentro, en el que quedan una vez más de manifiesto todas las inclinaciones sadomasoquistas de Pedro José Ramírez. Sánchez-Cantalejo, desde dentro de un armario, graba en vídeo la sesión.

Con la cinta en su poder, Emma se dirige a Pedro J. en primer término y le manifiesta muy explícitamente su petición: de entrada, quiere un millón de pesetas. Ramírez decide ignorar su solicitud, lo que plantea a la pareja una ardua disyuntiva: si no es a Pedro J., ¿a quién podría interesarle aquel vídeo tan cutre? Entonces es cuando Exuperancia se acuerda de Domingo Martorell.

El policía, cuando tiene conocimiento de lo que la guineana se trae entre manos, concluye que tiene un patrón y una devoción, aunque quizá ambos sean compatibles. Así que, al mismo tiempo que pone una vela a su Dios (Antonio Asensio, el mandamás de Antena 3 Televisión), enciende un cirio al Diablo (sus antiguos jefes en Interior). Los mecanismos que se activan a partir de ese momento son múltiples. Y, mientras por una parte representantes de Asensio negocian con Sánchez-Cantalejo, éste mantiene varias entrevistas, fundamentalmente en el madrileño hotel Aitana, con el abogado parapolicial Emilio Rodríguez Menéndez.

Finalmente, Sánchez-Cantalejo y los representantes de los antiguos jefes de Interior, hoy acusados de ser los jefes de los GAL, llegan a un acuerdo económico y el original del vídeo le es entregado a la antigua cúpula del Ministerio de Interior español. La cifra pactada oscilaría entre los cincuenta y los trescientos millones de pesetas, con una generosa entrega inicial. Los contratantes han ideado ya su estrategia y, para redondearla, quieren presentar como una denuncia lo que no era nada más que un vil chantaje. De entrada, le hacen firmar a Exuperancia un texto manuscrito en el que, con una caligrafía infantiloide, la guineana realiza una extraña «declaración de intenciones»:

«Yo, doña Exuperancia Rapú Muebake, con DNI número 07241850, movida a ello por razones estrictamente personales que no deseo en este documento detallar, sin que haya mediado presión ni coacción alguna sobre mi persona y en pleno uso de mis facultades, manifiesto lo siguiente:

1º.) Que este documento se realiza para dar fe de la veracidad de las imágenes que se recogen en una cinta 8 mm. grabada con una videocámara de aficionado en la que se pueden observar distintas escenas de sexo entre dos personas, una mujer y un varón.

2º) Que la grabación comienza con la imagen de un hombre disfrazado, tumbado y atado y boca abajo en una cama; y una mujer con camisón blanco que le da azotes manuales en sus partes traseras y las primeras palabras que en ella se recogen son después de unos gemidos del varón:

Mujer: di soy una puta.

Varón: soy una puta.

3º) Que en el desarrollo de la grabación se pueden observar distintos planos sin imagen, fruto de las precauciones que se tomaron para su realización y ante el temor de ser descubiertos.

4º) Que la última escena de la grabación consiste en una «lluvia dorada» que la mujer realiza sobre el varón travestido.

5º) Que a continuación, ya sin imágenes, la videocámara siguió grabando el sonido, por lo que se puede escuchar la conversación mantenida en otra habitación y que acaba con la siguiente frase:

Ruido de cisterna de váter.

Mujer: ¿Quién habrá ganado el partido?

Varón: ¿... del Barcelona?

Mujer: Sí. ¿Habrá terminado ya?

Varón: No lo sé.

6º) Que la duración es de 22 minutos y 30 segundos, en los que se incluye la primera parte (imagen y sonido) de 11,10 segundos y la segunda parte (sólo sonido), de 11,10 segundos.

7º) Que las personas que aparecen en la grabación son: yo misma y don Pedro J. Ramírez.

8º) Que la grabación se llevó a cabo en mi domicilio particular y con mi consentimiento. El domicilio fue C/ Sor Ángela de la Cruz, 22.

9º) Que la grabación no ha sufrido manipulación de ningún tipo, ni por mi parte ni por parte de terceros, en el momento de ser entregada.

10º) Que la cinta se entrega íntegra y contiene unos 24 minutos iniciales con escenas personales previas al tema referido y que deben ser borradas en mi presencia en el momento de la entrega por no ser más que de mi personal interés y no tener nada que ver con el asunto anteriormente expuesto.

Quiero también dejar claro que esta carta únicamente autentifica la grabación original, que responde a las características tanto técnicas como de contenido anteriormente referidas, lo que hago para evitar cualquier tipo de manipulación o montaje posterior.

Asimismo digo: que autorizo al poseedor o poseedores de este documento a que hagan el uso que estimen oportuno de la grabación a la que me vengo refiriendo.

Con la única salvedad de que no podrá hacerlo hasta cinco días después de que el presente documento haya sido firmado.

1 de octubre de 1997. Exuperancia Rapú».

Al día siguiente, atendiendo las instrucciones de sus patrocinadores, la guineana y su nuevo amor salen precipitadamente de Madrid rumbo a Tenerife para ponerse fuera del alcance que el previsible estallido del *affaire* va a provocar. Tenerife es la primera escala de un viaje por el Caribe, que durará hasta el día 17, en que la pareja regresa de nuevo a las Canarias.

Aparte del ejercicio de egolatría que significa querer equiparar su esfínter con los restos mortales de Lasa y Zabala, Pedro J. apostó fuerte en el nuevo frente que se abría ante él. Un titular en primera página del 2 de octubre de 1997 lo dejaba bien a las claras: *Vera y los abogados del* GAL *preparan falsos dossieres y vídeos contra el director de* El Mundo, apuntaba el periódico que, seguidamente, trataba de buscar personajes de la conspiración. Los subtítulos eran también suficientemente explícitos: «Cobo del Rosal, Argote y Goñi Tirapu son los 'cerebros' de una trama cuyo brazo ejecutor es el actual editor del *Ya* Emilio Rodríguez Menéndez» y «Vera es el que paga todo', declaró ayer a *El Mundo* una persona cercana a la operación. Rodríguez Menéndez apunta, sin embargo, que su apoyo viene de más arriba».

Ramírez había demostrado lo muy sensibilizadas que estaban sus conexiones periodísticas porque la información surgía al día siguiente de haberse firmado entre un ex representante de Interior y Exuperancia Rapú el contrato del vídeo. Pero lo que desbordó absolutamente al director de *El Mundo* fue la celeridad con que la cinta se extendió entre todos los círculos sociales y el impacto que habría de tener en la opinión pública de todo el Estado español.

Pedro J. aún intentó una última maniobra basada en sus buenas relaciones con cierto sector del poder judicial. A través de la jueza Ana Revuelta, titular del Juzgado de Instrucción número 28 de Madrid, pretendió paralizar los envíos masivos de aquellas cintas de vídeo. En la misma estafeta de Correos de Chamartín logró que la magistrada diese orden de retener una nueva remesa, pero este hecho espoleó aún más a sus adversarios, que confirmaron a través de las reacciones impetuosas del director de *El Mundo* cómo el hecho le había impactado fuertemente. A partir de ahí, la circulación del vídeo ya fue imparable y, de norte a sur y de Catalunya a Galicia, las copias circulaban a toda velocidad y las cintas se reproducían como conejos.

Ramírez y su círculo familiar y profesional encajaron el golpe. Hubo unos días de denso silencio en los que distintos círculos, incluidos algunos columnistas del propio *El Mundo*, barajaron la tesis de la autoeliminación. El inefable Martín Prieto llegó a especular incluso con ello en un artículo titulado *Entre suicidas y asesinos*. En los mentideros madrileños, tomó cuerpo de naturaleza la noticia de que la modista Ruiz de la Prada había abandonado a su hasta entonces triunfante pigmalion.

Pero Pedro J. no es un personaje que se amilane fácilmente y, recuperado del primer impacto, se preparó a fondo para la contraofensiva. La señal de que su determinación estaba ya tomada fue cuando una tarde, al hacer su entrada en la redacción de *El Mundo*, sintió sobre su nuca la incómoda sensación de ser el centro de todas las miradas. Su voz sonó tan metálica como siempre, aunque con un punto de inflexión más agudo de lo habitual: «Sí, el del vídeo soy yo», gritó, para, a continuación, tomar nuevo impulso y ordenar de forma imperativa: «Y ahora, todo el mundo a trabajar».

La asunción de su protagonismo en el vídeo la realizó el propio Pedro J. ante su plantilla redacional que, más o menos cariacontecido, trataba de minusvalorar los efectos de la cinta tristemente célebre. Como si hablase de una tercera persona, alguno de los subdirectores se permitió una pequeña disertación sobre la tolerancia moral de la sociedad hispana, divagando sobre que «las cosas ya no son como antes». Incluso otro de los subdirectores tuvo el arrojo de planteárselo directamente: «¿Pero tú eres el del vídeo?». La contestación de Pedro J. les dejó a todos helados: «No lo sé, pero puede que sí». El director de *El Mundo*, con el ánimo inhabitualmente abatido, se permitió entonces una pequeña debilidad personal y se enfrascó en una serie de circunloquios sobre las repercusiones que en el ámbito de su vida privada podía tener la historia. «Sobre todo tengo miedo de la reacción de Agatha», reconoció.

Pero la diseñadora también estaba por cerrar filas y en una de sus apariciones públicas, se acercó hasta los micrófonos de la SER y se lo dijo en directo a Iñaki Gabilondo: «Estoy profundamente enamorada de Pedro J. y es una mentira, como tantas muchas otras, que yo me haya marchado de casa». Y a continuación dejó para el recuerdo de las fonotecas unas afirmaciones no menos gloriosas: su compañero Pedro J. era un ser excepcional al que se lo disputaban las mujeres y no tenía necesidad alguna de recurrir a los servicios de «aquella pobre chica negra».

Pero Pedro J., además de buscar la cohesión entre sus fuerzas, había puesto en marcha sus mejores esfuerzos informativos para tratar de desmontar lo que él denominaba trama GAL. Tuvo que esperar un tiempo hasta que, por fin, sus reporteros estrellas dieron con la clave de tal ignominia. El domingo 16 de noviembre de 1997 Pedro J. pudo denunciar *urbi et orbi* la buena nueva: «Vera, Tirapu y un ex ayudante de González, implicados en el montaje contra el director de *El Mundo*». Ésa era la exclusiva que, firmada por Antonio Rubio y Manuel Cerdán, traía el periódico en primera página. Lo cierto es que Pili y Mili no habían tenido que esforzarse mucho en esa ocasión porque la información procedía directamente del Juzgado de la juez Revuelta tras haber declarado ante ella –y quedar en libertad a continuación– la guineana Rapú Muebake. Los subtítulos, precedidos de una coletilla indicativa de que «la banda de los GAL sigue actuando», no dejaban lugar a dudas: «Según la implicada, Vera proporcionó 50 millones de pesetas, sobre un precio final pactado de 300, como adelanto por la entrega del vídeo. El ex gobernador Goñi Tirapu hizo de intermediario. Ángel Patón, estrecho colaborador de Julio Feo, coordinó toda la operación. El autor de la grabación, José María González Sánchez-Cantalejo, se presentó como asesor de la Seguridad del Estado». *El Mundo* tiene desde su fundación la costumbre de incluir a diario justo debajo de su cabecera una cita textual de algún personaje célebre. La de ese día no era precisamente muy sutil: «Muy pronto se sabrá a qué dedica el tiempo libre el director de *El Mundo* (Rafael Vera. Lunes 29 septiembre)».

Pedro J. Ramírez había puesto ya en circulación de nuevo su querida teoría de la conspiración contra su eximia persona, estando de fondo, una vez, más los inexcusables «fontaneros» de Interior y Presidencia. Cerdán y Rubio continuaban al día siguiente profundizando en la brecha abierta y, siempre bajo el lema «La banda de los GAL sigue actuando», proporcionaban más material justificatorio a su director: «El coordinador del montaje contra el director de *El Mundo* trabajó seis años a veinticinco metros de González. Ángel Patón es el titular del contrato de alquiler del apartamento en el que vivió Rapú Muebake hasta que fue detenida. Durante las semanas anteriores a la difusión del vídeo mantuvo numerosas reuniones con el autor material del delito. Según cuenta en sus memorias Julio Feo, Patón fue durante cinco años –incluidos los de los 28 asesinatos de los GAL– el filtro de las visitas de González. También era quien, dentro de la Unidad de Apoyo del Presidente, manejaba los informes 'superrestringidos' del Cesid. Tras la salida de Feo de la Moncloa, Patón pasó a depender de Piluca Navarro, secretaria personal del presidente. En la actualidad, continúa asociado al ex secretario general de la Presidencia».

El director de *El Mundo* aún hizo una cosa más, muy querida por otra parte por su persona: abrir la espita al capítulo de las adulaciones. No hubo periodista «demócrata» que se preciase que no mostrase de forma inequívoca su adhesión inquebrantable a Pedro José Ramírez Codina. Uno tras otro los contertulios más afamados y las primeras plumas españolas se prestaron a un doble ejercicio laudatorio para el agraviado y denigrante para los del contubernio de Interior. Eso fue lo que hicieron Antonio Herrero, Carlos Herrera, Manuel Martín Ferrad, Víctor Márquez Reviriego, Pilar Cernuda, Ramón Pi, César Alonso de los Ríos, Carlos Dávila, Luis del Olmo y, por supuesto, el imprescindible Iñaki Gabilondo, que se despachó con una frase para la historia: «La suma de vilezas está componiendo una atmósfera envilecida que hace mucho tiempo hemos denunciado y que no nos apetece, en absoluto, alimentar. Trataremos de mantener la antena limpia». Hasta la santa madre Iglesia católica se sintió llamada a terciar en el conflicto: «Los obispos rechazan las 'inadmisibles' intromisiones en la vida íntima», se congratulaba *El Mundo*.

Después de lo del falso Anglés, estaba claro que a nivel periodístico podía esperarse cualquier cosa de José Emilio Rodríguez Menéndez y los suyos. El primer aviso de que iban a ser el desagüe favorito de Interior lo proporcionaron con una información en que trataban de denunciar las supuestas actividades irregulares de Pedro J. Ramírez. En este sentido, llegaron a titular que *Pedro J. se convierte en el 'Roldán' del periodismo*, dando cuenta de cómo el director de *El Mundo* tenía dos sociedades instrumentales, P.J. Inversiones y Pejuma Inmobiliaria, a través de las cuales se dedicaría a reducir al mínimo las tasas legales con las que hacer frente a sus débitos a Hacienda. Otra información en la misma onda señalaba que Pedro J. había comprado su residencia a José Luis de Villalonga y a su esposa Syliane Stella. El *Ya* se mostraba muy sorprendido, no de que la mujer tuviese nacionalidad monaguesca, sino de que Villalonga, biógrafo oficioso del rey español, figurase inscrito en el registro de la propiedad número 14 de Madrid «de forma sorprendente y anticonstitucional, como de nacionalidad civil catalana».

Pero el golpe de gracia definitivo de Rodríguez Menéndez y del *Ya* habría de venir a través de la historia del vídeo de Exuperancia Rapú y Pedro J. Ramírez. El domingo 9 de noviembre, el citado diario informaba con todo lujo de detalles y con una redacción muy peculiar sobre los hechos. Partiendo de los titulares (*La novia del director* El Mundo *ingresa en Carabanchel por orden judicial* y *Pedro J. Ramírez reconoce ante el juzgado a su compañera de perversiones sexuales y la mete en la prisión de*

Carabanchel), la pieza del *Ya* era todo un documento para la posterioridad de cómo se las gastan los matarifes de la guerra sucia y el nivel de degeneración que puede alcanzar el periodismo español. En el texto se señalaba que «la Policía procedió a la detención de Exuperancia Raquí (sic), acusada de revelar públicamente la actividad sexual anómala de Pedro J. Ramírez», quien la habría reconocido ante la juez «como su compañera de juegos sexuales escabrosos». El *Ya* daba por hecho que Ramírez reconocía explícitamente con ello la autenticidad del vídeo. Y para que no hubiese lugar a circunloquios, Menéndez y sus chicos se extendían con todo lujo de detalles: «El propio Ramírez es quien ha reconocido su sodomización, la felación 'golosa' que realizó a un consolador y la petición expresa a su 'amiga' sexual para que le orinase en la boca, mientras él calificaba esa 'lluvia dorada' como 'agua bendita', según se demuestra en la banda sonora del vídeo». La «noticia» concluía señalando que «con este episodio 'premia con la cárcel' las acciones repulsivas que él mismo contrató y exigió a una mujer cuya pobreza manifiesta la abocó al mundo de la prostitución». La «exclusiva» finalizaba tan burdamente como había comenzado: «La prostituta es ahora encarcelada por su propio cliente pervertido. A pesar de que la noticia ha sido mantenida en el mutismo, ocultándose hasta ahora, diversos sectores del Partido Popular han mostrado su consternación y desconcierto ante la acreditación de la veracidad del vídeo sexual de Pedro J. Ramírez».

Pero quien también le estaba ocultando la realidad de los hechos a sus escasísimos lectores era el editor del *Ya*, que no sólo omitía su condición de abogado de la propia Exuperancia Rapú, sino que también pasaba un tupido velo sobre su participación directa en las negociaciones para conseguir el citado vídeo. José Emilio Rodríguez Menéndez había estado desde el principio en el centro del huracán. Cuando los periodistas de *El Mundo* Cerdán y Rubio llamaron a González Sánchez-Cantalejo al hotel Aitana, de Madrid, el letrado se encontraba allí en esos momentos. Más aún, Rodríguez Menéndez fue junto al ex gobernador civil de Gipuzkoa, José Ramón Goñi Tirapu, el epicentro operativo de toda la trama.

De esta forma, el *Ya* iría recogiendo puntualmente los

episodios más cutres de la historia, publicando artículos infumables en los que, al mismo tiempo que denostaba a Pedro J. Ramírez, se llevaba por delante a cuantos intentaban obstruir su burda estrategia. Javier Bleda, un fascista paranoico, llegó a escribir perlas tan sonadas como la siguiente: «Yo tengo un gran consuelo en el *Ya*, no un consolador como otros directores de este mundo». O, «dicen que Pedro Jota tiene una formación muy católica, con lo que me descoloca más todavía, porque yo también tengo formación católica y lo que en la catequesis me enseñaron fue que lo que había que beber era la sangre de Cristo, no otras cosas». Bleda tampoco libraba de su particular escabechina a Agatha Ruiz de la Prada: «Esta señora pierde para mí su condición como tal cuando afirma que 'cada uno haga su vida personal y que haga con ella lo que le dé la gana. Me parece terrible que se metan en la vida personal de la gente. Pero si Pedro Jota se quiere ir con una señora, tiene las señoras más alucinantes de este país. No hace falta que se vaya con esta chica, pobrecilla». El *Ya* recogía en un suelto aparte la presencia de Ruiz de la Prada en los estudios de la Cope. Según este diario, la diseñadora implicó directamente al presidente del Grupo Prisa en las polémicas imágenes del vídeo de su marido: «Detrás de esto está Jesús de Polanco. Es una intuición femenina».

En pleno dislate, Bleda y sus secuaces salpicaban de títulos enloquecidos las páginas de «Nacional» del *Ya*. Tan pronto daban cuenta de cómo «Exuperancia pudo ser comprada», hasta que «El Gobierno de Aznar se calla en el caso Ramírez», pasando por el insulto hecho por un ex ministro de Interior al director de *El Mundo*: «Barrionuevo llama sicofanta a Ramírez». Y cuando el juez Gómez de Liaño tomó cartas en el asunto ante la presencia de otros elementos del GAL en la turbia historia del vídeo, Bleda arremetió contra el magistrado sin pararse en barras. «Te estoy esperando, Liaño», titulaba en la página editorial del periódico. «Si además de aprendiz de juez, eres hombre, ven a detenerme tú personalmente, Javier Gómez de Liaño, y así te puedo mirar a la cara y decirte que me parece de cobardes y de hombres sin honor la actuación que mantienes para defender a tu niño bonito o (niña) Pedro J. Ramírez», desafiaba bravucón el director del engendro aquel bajo la apariencia de periódico.

Amparándose en una frase de Francisco Umbral en *El Mundo* en la que el escritor-columnista afirmaba «bienaventurados los empadronados en Sodoma y Gomorra», Bleda tronaba apocalíptico: «Exactamente eso es este país en este momento, una bacanal en la que se defiende a los degenerados y pervertidos y se permite que ellos sí puedan manipular la realidad social del mismo, atentando contra la intimidad con total impunidad».

El iracundo facha no dejaba títere con cabeza en su espermatorrea dialéctica: «¿Está buscando Liaño un vídeo de Garzón esnifando coca en un burdel? Pues que se lo pida a los servicios secretos del Estado que, en caso de existir, cosa que no lo creo, lo deben de tener ellos. ¿Está buscando tal vez unos vídeos de Pedro J. abusando de menores? Pues que busque por si los encuentra, porque en los dos que yo he visto, el tipo era clavadito a Pedro J., pero no me consta que fuera él, esas cosas primero hay que contrastarlas para garantizar su veracidad por si se trata de un montaje. ¿Está buscando Liaño un vídeo del Rey, perdón de Bárbara Rey? Pues que se lo pida a Pedro J., que dicen que lo tiene él. ¿Está buscando Liaño un vídeo de una persona que se deje manipular y que manipule a su vez los fundamentos más sagrados que le puedan quedar a la Justicia, suponiendo que le pueden quedar alguno? Pues que me regale una cámara de vídeo y yo mismo le filmo cuando venga a detenerme?».

El último de los párrafos de la proclama de Bleda era ya puro histrionismo: «¿Los articulistas defensores de que la orina de Exuperancia se derramase en la boca del director de *El Mundo* van a escribir en defensa del asco que da que sobre nuestras bocas caigan las heces judiciales de Liaño? Nada de todo esto va a ocurrir porque a los mencionados les provoca tanto placer ver cómo su dóberman con toga nos ataca (aunque a mí me parece un caniche, de ésos que se usan para ciertas prácticas sexuales que seguro Pedro Jota conocerá) que puede que ya estén preparando sus propias cámaras de vídeo para filmarse en el momento del clímax y luego poder intercambiarse las cintas».

La versión íntegra de los hechos la supo Raquel Heredia algún tiempo después por boca de la propia Mónica. Su hija no sabía cómo, pero un día se le presentaron en su lugar de trabajo dos periodistas del programa de Pepe Navarro en Tele 5, *Esta noche cruzamos el Missisipi*. También ignoraba de qué manera, pero las reporteras se habían enterado de sus escarceos amatorios con Pedro J. y querían que ella lo contase ante las cámaras. Mónica se lo pensó un par de veces y su respuesta estaba cantada cuando interpeló a sus dos interlocutoras: «¿A cambio de qué?». El trueque fueron unos cuantos miles de duros, suficientes para cubrir las mejores expectativas de la joven, en contrapartida a unas pocas horas de grabación. Fue así como Mónica Crespi Heredia apareció en escena. Algo menos de 300.000 pesetas resultaron argumentos más que convincentes para que la joven yonqui fuera desgranando ante las cámaras del *Missisipi* las sevicias sexuales del ahora enemigo encarnizado de Navarro. Las aficiones por el sadomasoquismo de Pedro J. y sus inclinaciones hacia la gente joven constituyeron parte de un amplio relato que Navarro almacenó en un vídeo con el que pensaba dar la campanada informativa en una noche próxima. Allí, con pelos y señales y adornándose en la faena, Mónica fue desgranando uno tras otro los secretos hasta entonces inconfesables, de Pedro J. Ramírez.

El día 9 de noviembre de 1997, domingo, con el asunto del vídeo de Pedro J. convertido ya en tema de conversación cotidiana en todas las tertulias del Estado español, el propio director de *El Mundo* llamó una vez más al domicilio de Raquel para preguntarle si ella sabía algo sobre una cinta en la que aparecería él junto a Mónica. Su voz sonaba seca, impersonal, fría. Ramírez, sin embargo, le estaba ocultando a Raquel que el día anterior había estado en un juzgado de la madrileña plaza de Castilla para interponer una querella contra los autores de otro vídeo en el que se le contemplaba a él en situaciones embarazosas junto con la súbdita guineana Exuperancia Rapú Muebake. A pesar de toda la repugnancia que le causaba tanto su interlocutor como el asunto, Raquel tuvo todavía arrestos para recomendarle que se cuidara porque, según le había oído a su propia hija, en Tele 5 tenían una grabación muy explícita sobre sus desaforadas y peculiares apetencias sexuales.

Pero entre el almacenaje y la emisión del vídeo pasó un tiempo, suficiente para que su existencia trascendiera fuera de los ámbitos del *Mississipi*. Uno de los que estuvo husmeando en el asunto fue el periodista Eusebio Bayo. Casado con la feminista Lidia Falcón, Bayo es un extraño personaje que años atrás había tenido cierto poder en la revista *Interviú*, en donde presumía de su pasado anarquista. Sin embargo, redactores del semanario manejaban datos que le colocaban muy próximo a las cloacas del Ministerio de Interior y de la guerra sucia. Desaparecido misteriosamente de *Interviú*, se sabía de su estancia en México, en donde había vuelto a contraer nupcias con una acaudalada ciudadana local. Un hijo suyo, con su mismo nombre, se había destacado en los últimos meses en las páginas del último y enloquecido *Diario 16* de Juan Tomás de Salas, publicando cuanta basura tenían a bien suministrarle los antiguos poceros del GAL, especialmente Vera y Barrionuevo. Pero Bayo mostró su verdadera imagen ante la opinión pública cuando se prestó a poner su firma a un panfleto impresentable en forma de libro titulado GAL. *Punto final*, en el que se hacía una apología encubierta de los crímenes de Estado y se exculpaba de los mismos a sus patrocinadores. En el acto de presentación estuvo arropado, entre otros, por los ilustres Galindo, Vera, Barrionuevo y Corcuera.

Navarro gozaba de bastante independencia a la hora de emitir sus programas, pero un mínimo de prudencia y la conveniencia de estar a bien con los dueños de la cadena, le llevaban a comentar con ciertos responsables de Tele 5 aquellos aspectos más vidriosos o problemáticos del *Mississipi*. El vídeo de Pedro J. fue uno de ellos. La noche en que estaba prevista su emisión hicieron acto de presencia en el estudio de grabación Aletxu Etxeberria y Mikel Lejarza, representantes en la cadena del accionariado del Grupo Correo. Ambos venían con un mensaje muy concreto: el vídeo no se iba a emitir. Y ante un asombrado Navarro, los dos gerifaltes fueron explicando que el veto no venía tanto por no desestabilizar a Pedro J. en sí, sino al periódico *El Mundo*, objeto de deseo de su poderoso grupo. Navarro, que, sobre todo, es una persona práctica, se envainó el tema y esperó a una mejor oportunidad.

El escándalo del vídeo de Exuperancia y Pedro J. es ya imparable y se encamina hacia su apogeo. Los antiguos mandamases del GAL han puesto la cinta en circulación selectivamente a través de una serie de esbirros de segundo nivel. Políticos, abogados y periodistas son los primeros en recibir por vía postal un paquete en el que, además de la cinta, se contiene la declaración autógrafa de Exuperancia, acompañada de un texto en el que se transcriben los diálogos íntimos mantenidos entre la guineana y el director de *El Mundo*. La explicación que se da para ello es obvia: «La audición no es perfecta. Se trata de una transcripción de lo que se oye más claramente en la reproducción del vídeo». El texto es infame y está salpicado de términos escatológicos a lo largo de su folio y medio de contenido.

El envío se hace además con recochineo y alevosía. El remitente es nada menos que Unidad Editorial S.A, curiosamente la empresa editora de *El Mundo*, mientras que la dirección que figura al dorso es la del número 42 de la calle Pradillo en Madrid, sede central del periódico.

Para justificar tanta miseria, los distribuidores del vídeo se creen obligados a añadir un tercer texto en el paquete:

«*Ha realizado el vídeo su protagonista femenino. Es de su propiedad y quiere la difusión de lo que se vio forzada a hacer, bien por la coacción del dinero o del poder y las influencias del otro protagonista. Está atemorizada, el personaje que aparece en la grabación tiene demasiado poder político, demasiado peso social y demasiada influencia. Parece un hombre capaz de todo, sin escrúpulos, sin frenos morales o éticos; y es evidente que tiene los medios para hacer mucho daño. Tal vez la seguridad de la protagonista se encuentre en el conocimiento general de este vídeo*».

Pero el éxito de difusión del vídeo está fuera de toda duda y se convierte en el tema central de tertulias y de chascarrillos en los medios de comunicación. La revista satírica *El Triangle*, que reproducía dos fotogramas de la cinta –en uno, se ve nítidamente el rostro de Pedro J. mientras realiza una felación a un vibrador y, en el otro, se le contempla ataviado con un corpiño que después sería célebre-, definía muy bien la situación creada en un artículo titulado *El vídeo de primera* y cuyo texto es suficientemente explícito:

«*Presentamos dos fotogramas de la película española de más éxito y crítica de los últimos tiempos. No se puede ver en los cines ni la alquilan en los videoclubs y, en cambio, se trata de la cinta más solicitada por todo aquel que conoce su existencia.* Como *en los mejores tiempos de la clandestinidad, la noticia corre de boca en boca y las copias se reproducen a la velocidad de los conejos.* Más *de una sesión de trabajo ha estado súbitamente interrumpida para dar paso a su visionado, más de uno, estupefacto y horrorizado, se ha quedado meditando sobre la insoportable ligereza del ser después de hacerlo.* Dicen *que en la simplicidad argumental, la magistral actuación de sus únicos protagonistas (una mujer haciéndose pasar por un hombre y un hombre haciéndose pasar por una mujer) y la credibilidad de los hechos que se explican (al final, la mujer certifica documentalmente su autenticidad) radica su éxito.*

Con la contraofensiva en marcha, Pedro J. se permitió algunas displicencias, como comentar a sus más próximos a modo de chanza y para distender la situación que el presidente de Telefónica en persona, Juan Villalonga, le había acompañado a Londres a comprarse el famoso corpiño rojo con el que aparece en el vídeo de Exuperancia. Incluso ya no eludía a los demás medios de comunicación y su actitud esquiva de los primeros días del escándalo, dio paso de nuevo a su habitual locuacidad. Ramírez entra decididamente por uvas allá donde le llaman y, en una entrevista en el programa *Zoom* de Tele 5, se explaya a gusto y define así el polémico vídeo:

«Estamos *hablando de un montaje político encaminado a intentar destruir mi reputación, a intentar neutralizar políticamente la voz crítica de* El Mundo *y de su director, de un montaje realizado por algunas de las personas que son responsables y están imputadas por los asesinatos cometidos en los años ochenta por la banda de los* GAL. Nuestra *tesis es que la banda de los* GAL *sigue funcionando. Yo creo que la investigación de los hechos está comenzando y aquí hay otras implicaciones que irán apareciendo y quedando en evidencia.*

–¿Entonces *el vídeo es falso?*

– Es *que a mí me da vergüenza entrar en ese aspecto. Yo lo que digo es que el vídeo es delictivo y, por lo tanto, creo que ni a lo largo de estos veinte años de transición, ni tan siquiera en los años más negros de la dictadura alguien había recurrido a este tipo de operaciones para intentar desacreditar a una persona. Creo que hay que remontarse al nazismo, a los tiempos de los secuaces de* Hitler *y de las* SS *para encontrar algo parecido. Yo he recibido en muchas ocasiones fotografías, documentación, ví-*

deos y todo tipo de elementos informativos referidos a veces a la vida sexual de una persona. Y sistemáticamente he tirado ese material a la basura, nunca me he preguntado si era verdadero o falso. Me parecía verdaderamente innoble que alguien intentase perjudicar a una persona mostrando ese sancta sanctorum *de su intimidad. La declaración de la mujer que utilizaron y que realizó ante el juzgado número* 28 *está llena de referencias al papel del señor* Patón. *En definitiva, que nos encontramos ante un siniestro montaje político destinado a neutralizar al diario* El Mundo *de cara al juicio de los* GAL. *Si tuviera que resumir en dos palabras el tema, diría que los* GAL *mataron a* 28 *personas en la década de los ochenta y, en un sentido civil y metafórico, ahora me han intentado matar a mí.* Ellos *han pretendido que yo fuera el cadáver número* 29 *de la banda de los* GAL. *Afortunadamente, lo único que supera su tenebrosa maldad es su estupidez y, como ya les pasó entonces, encima han ido dejando un rastro delator verdaderamente elocuente*».

El periódico de Pedro J. seguía, mientras tanto, suministrando material para poner en evidencia la supuesta conspiración criminal número 29 de los GAL. Titulares a cinco columnas eran el alarde tipográfico habitual para tratar el tema: «Declaración ante la juez de la mujer utilizada en el montaje contra el director de *El Mundo*: «El señor Patón le dijo a la declarante que el dinero había sido recogido en el domicilio del señor Vera. Según el testimonio de Rapú, Goñi Tirapu le repitió dos veces que 'no sabía el bien que había hecho por el país'. Sánchez-Cantalejo le dijo a la declarante que Patón le había comentado todo lo del vídeo al ex presidente del Gobierno Felipe González».

Mientras, los acólitos de Pedro J. tampoco perdían el tiempo. Martín Prieto se lanzaba a tumba abierta y no tenía reparos en hablar del *Kamasutra de Pedro* J. Tampoco se cortaba un ápice Raúl del Pozo, aquel ex eurocomunista reconvertido en «progre» de las tertulias madrileñas, para salir en defensa de Pedro J. y titular con *La banda* su columna habitual. «El caso GAL no es nuevo, ni tampoco la grabación de la vida privada de los adversarios políticos. La historia humana es un inmenso matadero», decía en el texto. También Gabriel Albiac razonaba sobre el tema abiertamente en el artículo *Madrid confidencial*: «Vera supo hacer de la lucha de ETA una gran tapadera: aquello bajo la cual se gestaron súbitas fortunas milagrosas. Algo está claro hoy: quienes se enriquecieron en las brumas del terrorismo del Estado harán lo que sea antes de que pueda ser tocado un céntimo de su botín. Por él, mataron entonces. Por él, volverán a hacerlo, si es preciso. Eso fueron: policías corruptos y artistas de la extorsión. Siguen libres. Da miedo». Finalmente, Melchor Miralles, el chico de confianza por excelencia del jefe, titulaba significativamente a toda página *El armario de la vergüenza*.

Lo que Gómez de Liaño se encontró en el registro del despacho de Rodríguez Menéndez, en la calle número 7 de Madrid, fue de lo más sorprendente. Tras una denuncia formulada por Alfonso Rodrigo, con importantes labores directivas en la administración del *Ya* y al que inmediatamente le otorgó la condición de testigo protegido, el juez se encaminó al despacho de Menéndez. Allí de lo primero que se enteró fue de que él mismo, junto con otros magistrados, podrían haber sido objeto de grabaciones de ciertos momentos íntimos. Y, aún no repuesto del susto, Liaño supo que Rodríguez Menéndez había recurrido a los más conspicuos elementos parapoliciales para involucrarles en otras tramas, siempre con los vídeos chantajistas de fondo. Entre los esbirros reclutados por el abogado estaban los galosos Daniel Fernández Aceña y Juan José Rodríguez Díaz, *El Francés*.

Al juez Gómez de Liaño, visto lo visto, no se le ocurrió otra cosa que dictar un auto en el que mantenía la existencia de «un grupo dirigido a neutralizar los procesos de los GAL». En el escrito, añadía que «cada miembro del grupo tiene un nivel asignado», puntualizando que «uno de sus procedimientos es el de desacreditar profesional y personalmente a quienes han investigado sus hechos delictivos».

Esta noticia fue acogida con el lógico alborozo y parabienes en las páginas editoriales de *El Mundo*, mientras que le sirvió de argumento inexcusable a *El País* para entrar desaforadamente en el asunto. El buque insignia del Grupo Prisa había mantenido hasta entonces una postura ambiguamente calculada en el tema del vídeo, limitándose a recoger las noticias judiciales que el asunto iba generando. Tanto *El País*, como la Ser y Canal Plus no introducían información de su propia cosecha, pero se hacían eco exhaustivamente de cuanta novedad se daba sobre la cinta. Y si el 29 de septiembre la Ser servía como plataforma especulativa al ex secretario de Estado de Interior Rafael Vera sobre las intimidades de Pedro J., el propio diario de Polanco daba cabida a un amplio artículo del diputado del PSOE y ex presidente de la comunidad autónoma de Madrid Joaquín Leguina, en el que bajo el título de *La procesión y el vídeo*, arremetía frontalmente contra Ramírez: «O sea, que el gran desvelador de secretos ajenos, el muñidor electoral de Aznar, el mejor asesor de Villalonga, el paladín de la transparencia... quiere ocultar sus secretillos. Él, sostenedor con irrefutables argumentos de que los hombres públicos no tienen vida privada, remueve y moviliza Roma con Santiago, justicia y policía, que parecen estar a sus órdenes, porque hay unos vídeos. Pero ¿en qué le involucran? ¿en qué posturas han retratado a este san Antonio? (...) Se trata de un asunto sicológico o siquiátrico. De una actitud que explica muchas cosas de las que hace este señor cuando se quita el uniforme y ejerce de predicador».

Ya en plena refriega, *El País* decidió quitarse la careta y, en una editorial titulada «El vídeo», hacía una descarga cerrada contra el director de su periódico rival: «A lo que no tiene derecho es a convertir sus propios y peculiares problemas en cuestión de Estado, por mucho que el director de *El Mundo* sea un asesor frecuente de la política del Gobierno en el terreno de la comunicación y quizá en otros. Y, sin embargo, el Estado, con todo su poder, se ha mostrado en este caso dispuesto a defender la dignidad violada con una contundencia que para sí quisieran los ciudadanos corrientes y molientes a la hora de ver defendidos sus derechos». *El País* no se paraba en barras y calificaba de «bochornoso» el hecho de que «la coprotagonista del vídeo fue encarcelada en prisión sin fianza durante una semana y sólo salió de la cárcel cuando se mostró dispuesta a declarar conforme convenía a las tesis de Pedro J. Ramírez».

La línea informativa del Grupo Prisa iba a estar a la par de la editorial. Tras echar por delante que «los dirigentes del PSOE acusados por el diario (de Pedro J.) niegan su implicación», *El País* titulaba explícitamente que «*El Mundo* convierte en una conspiración política la difusión de un vídeo sexual de su director». La pretensión del juez Gómez de Liaño de equiparar la historia del vídeo con las andanzas de los GAL, fue también vapuleada sin contemplaciones: «Liaño abre un procedimiento para unir el vídeo sexual del director de *El Mundo* al caso GAL», «El abogado Rodríguez Menéndez recusa a Liaño por su 'amistad íntima' con Pedro J. Ramírez», «El testigo protegido 'eligió' a Liaño en el caso del vídeo de Pedro J. Ramírez, según Cardenal», «Dos fiscales se oponen a Liaño y afirman que el vídeo del director de *El Mundo* no compete a la Audiencia» y «Fungairiño da marcha atrás y desvincula de los GAL el vídeo de Pedro J. Ramírez». La Ser y Canal Plus iban a mantener similares comportamientos informativos a lo largo de todo el escándalo.

Pero la investigación judicial llevada a cabo por la titular del juzgado 28 de la plaza de Castilla, Ana Revuelta, daba sus frutos y, uno tras otro, varios de los elementos de la cúpula de Interior fueron desfilando ante ella en calidad de imputados. En el transcurso de las diligencias quedó más que suficientemente probada no solamente la involucración de la jefatura del GAL, sino también la de algunos periodistas-editores, como el ya citado nefasto tándem Bleda-Rodríguez Menéndez. Y algún otro «tapado» que estaba por aparecer todavía.

Raquel Heredia publicaría tiempo después un libro que llevaba años preparando. Lo tituló *La agenda de los amigos muertos* y fue todo un éxito de ventas que impactó fuertemente en la opinión pública. El título del libro lo había sacado de una conversación mantenida con Ada, ya en sus años finales y con el virus del Sida activado. En su intento de reanimar el alicaído espíritu de su hija, Raquel le había recomendado que echara mano de su agenda y llamara por teléfono a alguno de sus amigos. «¿Qué amigos?», le contestó Ada. «Todos los que figuran en la agenda llevan ya bastante tiempo muertos. A ellos se los llevó el Sida antes que a mí». En el transcurso de sus páginas, Raquel narraba con dolor de madre, pero también con mucha clarividencia, el calvario que sufrieron ella y Ada hasta su muerte. Por supuesto, no hacía ni la más mínima mención a los tristes episodios en los que Pedro J. Ramírez había aparecido en su vida.

Mónica, por su parte, prosigue su loca y desesperada cabalgada con las drogas. Su relación con el director de *El Mun-*

do había sido absolutamente profesional y en su herido corazón no había lugar para el recuerdo y, ni mucho menos, para el cariño hacia aquel personaje que sólo había visto en ella un objeto de placer furtivo.

Pedro José Ramírez ha borrado para siempre de su agenda el teléfono de Raquel y Mónica. Pasado el chaparrón, ahora continúa impávido con sus intrigas palaciegas y hablando con la misma voz monocorde por teléfono.

La idea de Navarro, ahora en Antena 3 y ya fuera del control del Grupo Correo, era la de realizar un docudrama y escenificar las circunstancias que concurrieron en la grabación de la famosa cinta. Incluso había diseñado ya el escenario y seleccionado a los personajes para llevarlo a cabo. Era el 1 de diciembre de 1997 y, además del tema del vídeo Rapú-Ramírez, el *Pelícano* tenía en cartera una entrevista con Mario Conde tras su primer día de juicio. El programa venía arrastrando desde días atrás un gran éxito de audiencia a cuenta de ciertas revelaciones sobre las circunstancias que concurrieron en el misterioso secuestro de una farmacéutica de Olot, caso que había impactado fuertemente a la opinión pública. Pero esa misma mañana algunos directivos de Banesto ya habían interpelado a unos atónitos redactores del programa preguntándoles si estaban seguros de que esa noche iba a emitirse lo de Mario Conde. Y la alarma se disparó ya a media tarde cuando, desde la propia sede de *El Mundo*, se llamó a alguna de las personas de confianza de Navarro para decirle tajantemente que esa noche la telebasura estaba dando su últimas bocanadas.

Eran las ocho y media de la tarde cuando un abogado enviado por José María Más, presidente de Antena 3 y el hombre que representaba en la cadena los intereses del mandamás de Telefónica, Juan Villalonga, les confirmó a los aturdidos componentes del *Pelícano* que cesaran en sus actividades porque ya nunca más iba a emitirse el programa. Posteriormente, una confusa nota de la dirección de Antena 3 hablando del código ético de la emisora para suprimir ese espacio era la pobre explicación que se daba a la opinión pública. Lo cierto es que tras ello se adivinaba la larga mano de Pedro J. Ramírez y sus socios gubernamentales del Partido Popular, que ahora controlaban Antena 3 a través de Telefónica. Esta alianza de intereses había logrado finalmente su propósito de impedir que el escándalo del vídeo de Exuperancia Rapú Muebake siguiera batiendo todos los índices de audiencia conocidos hasta ese momento.

La escena final de la salida de Pepe Navarro y su gente de los estudios de Antena 3 se inscribe en el capítulo de las miserias humanas. Técnicos de la cadena apagan de inmediato los focos del estudio y, antes de abandonar el edificio, los guardas de seguridad van registrando uno por uno a los redactores. En algunos casos les son retenidos inicialmente algunos vídeos que, sólo tras ser visionados, se les devuelven. Por último, cuando Navarro –que también es cacheado– abandona su despacho, uno de los guardas lo precinta. Acto seguido, y mientras el presentador se encamina hacia la salida, el armario uniformado aquel se cruza de brazos en la mitad de lo que habían sido los dominios del *Pelícano*, dispuesto a que nadie holle ese espacio hasta nuevo orden.

Nada más comenzar 1998, Pepe Navarro presenta una demanda contra Antena 3, a la que acusa de incumplir el contrato suscrito con él, por lo que le reclama 1.700 millones de pesetas. El acuerdo pactado con la ahora emisora de Teléfonica contemplaba la emisión de 162 programas, para cada uno de los cuales se fijó una cantidad de 15 millones de pesetas. Como se emitieron tan sólo 44, la cifra resultante es la que solicita ahora el presentador y sobre la que decidirá el Juzgado de Primera Instancia número 18 de Madrid.

Exuperancia Rapú y José María Sánchez-Cantalejo reaparecen en Madrid el día 27 de octubre. Ella es detenida el día 5 de noviembre por la Policía acusada de «descubrir y revelar» secretos íntimos de Pedro José Ramírez. La noticia la publica a tres columnas el día 10 de ese mismo mes *El País* bajo el sugerente título de «Encarcelada una mujer por 'revelar' secretos íntimos del director de *El Mundo*». El texto no tiene desperdicio.

«*Una mujer ingresó el viernes en la prisión de* Carabanchel (Madrid) *acusada de descubrir y desvelar secretos de la intimidad del director de* El Mundo, *que ya había solicitado anteriormente la intervención ju-*

dicial de una partida de vídeos cuyo contenido considera gravemente perjudicial para su imagen.

La detenida, Exuperancia R.M.*, se encuentra a disposición de la juez* Ana Revuelta, *titular del* Juzgado de Instrucción *número* 28 *de Madrid, quien –tras ver uno de los vídeos– ordenó a la policía el pasado* 16 *de octubre que interviniese las grabaciones en la oficina de* Correos *de la estación de* Chamartín. *Allí, los agentes lograron hacerse con varias decenas de copias.* Los *vídeos, que estaban envueltos en sobres de gran tamaño, iban destinados a diversos personajes de relevancia pública, jueces, periodistas y políticos entre ellos.*

Para la intervención de los vídeos, la juez Revuelta *se basó en el artículo* 197 *del nuevo* Código Penal, *que castiga hasta* 4 *años de cárcel a quien descubra o revele los secretos de intimidad de otra persona sin su consentimiento.*

El *apartado cinco de ese artículo castiga entre dos y cuatro años de prisión a quien revele 'la ideología, religión, creencia, salud, origen racial o vida sexual' de otro.*

Cristina Peña, *abogada de* Pedro J. Ramírez, *aseguró a media tarde de ayer que no tenía noticias de la detención.* La *investigación sobre los hechos denunciados por el director de* El Mundo *depende de la* Unidad *de* Policía Judicial *adscrita a los juzgados de plaza de* Castilla, *de* Madrid, *que recibe órdenes directas de la juez de* Instrucción *número* 28».

Exuperancia Rapú Muebake es internada en el módulo 4 de mujeres de Carabanchel, en donde se muestra esquiva con el resto de las presas y sólo mantiene conversaciones fugaces con una compatriota guineana. Ocupa una celda en solitario, muy próxima a la garita de las funcionarias. Finalmente, muestra su intención de prestar voluntariamente declaración y renuncia a la defensa de José Emilio Rodríguez Menéndez. En su nueva testifical lo hace asistida de un viejo conocido, el letrado Jacobo Teijelo. Concluida su comparecencia, es puesta en libertad el 15 de noviembre. Una vez oído el testimonio de Exuperancia, a la juez Revuelta no le quedó duda alguna de lo larga que puede ser la mano de la guerra sucia.

Pero lo que nunca podría haberse imaginado Exuperancia es que su vídeo con Pedro J. se convertiese en un fenómeno social de tal magnitud, hasta el extremo de que las copias proliferasen por todo el Estado, llegando a ser vendidas en el Rastro madrileño a mil pesetas cada cinta. De lo que no hay constancia a ciencia cierta es de cuántas copias pusie en circulación sus promotores. Porque, mientras algun fuentes reducen el envío a 40 cintas, otras hablan de una remesa de hasta 30.000 unidades.

Ramírez, en tanto, continuaba analizando las circunstancias del caso y planeando el futuro más inmediato que le incumbía. Se mostró algo descorazonado cuando comprobó que en el mismo número 27 de la calle Fernando el Santo, en donde tenía su centro neurálgico Ángel Patón Gómez, estaban radicadas también una serie de empresas como Euman S.A., tras las que se intuía la alargada sombra de Mario Conde. Incluso el 3086901, el teléfono de Consejeros de Comunicación de Dirección, la empresa de Patón, coincidía con el de Euman, sociedad tras la cual aparecían unos cuantos testaferros del ex presidente de Banesto. ¿Quería Conde sacárselo de en medio? A abonar la teoría de que Pedro J. le sobraba a la derecha española vino oportunamente la revista *El Siglo*, con indudables sintonías con el PSOE. Según esta publicación, «Pedro Jota estaba en la picota», añadiendo que «el PP le sustituye como su hombre fuerte en los medios». A lo largo de un extenso texto, el reportaje daba cuenta de cómo «la ruin y terrible videocampaña a la que se ha visto sometido, ha desplazado a Pedro J. Ramírez en la carrera por encumbrarse al frente del multimedia del PP. Los promotores de la alianza mediática ya barajan otra candidatura, la del presidente del Grupo Recoletos, Juan Kindelán, como nuevo hombre fuerte, aunque el aludido no pretende tal cargo. Al tiempo, el escándalo del vídeo ha contribuido poderosamente a parar la entrada indirecta de Telefónica en el capital de *El Mundo*, con lo que se ha frustrado una de las expectativas de Mario Conde de cobrar lo que viene exigiendo en sus sucesivos chantajes».

Ramírez concluyó que había que cortar de raíz todo este desgraciado asunto y presionó cerca del Gobierno para que tomara cartas en el asunto. El propio Pedro J. se había tomado muy en serio su propia e interesada convicción de que la sociedad hispana había modificado sus hábitos y que había digerido como un hecho sin mayor trascendencia las rocambolescas visicitudes que se podían contemplar en la famosa cinta de vídeo. El mandamás de *El Mundo* comprobó satisfecho, además, que en ningún momento, incluso en los peores instantes, se había cortado el hilo directo con La Moncloa y Aznar siempre se ponía al teléfono, sin ningún reproche explícito o implícito por parte del presidente del Gobierno.

La ofensiva de Pedro J. se dirigió a partir de esos instantes a apagar los últimos rescoldos que quedaban del escándalo. Presionó a su amigo Villalonga para que se hiciera con el control de Antena 3 de Televisión, con lo que mataba dos pájaros de un tiro: neutralizaba a Antonio Asensio y a su Grupo Zeta y, de paso, le ponía el cascabel al gato del incontrolado Pepe Navarro. La adquisición de Antena 3 TV por parte de Telefónica desestabilizó la asociación formada por Prisa y Zeta para el control del fútbol televisado y, también, supuso una inflexión en el panorama informativo. Veintisiete mil millones de pesetas y la seria admonición de ejercer acciones judiciales ante el enorme y sempiterno agujero en las finanzas de Zeta, resultaron argumentos suficientes para que Antonio Asensio abandonara su juguete favorito.

Cuando Ramírez se enteró de que Pepe Navarro preparaba un docudrama sobre el vídeo con Exuperancia Rapú, llamó a su amigo Villalonga que en esos días se encontraba en Nueva York. Éste, sin despeinarse, dio orden inmediata de «volar la cabeza» al presentador. Días antes, Ramírez había utilizado a José Manuel Lorenzo, director general de la cadena, para echarle una bronca épica a Navarro a causa de una encuesta realizada en *La sonrisa del pelícano* en la que se planteaba el dilema de si el vídeo en cuestión era una clara invasión de la intimidad de Pedro J. o si en la guerra política vale todo. Curiosamente, las respuestas obtenidas indicaban que las dos opciones estaban muy a la par entre los seguidores del programa.

El 1 de diciembre, día de autos, Lorenzo se encontraba en México cuando se tomó la decisión de matar al *Pelícano*. Tras hablar en Nueva York con Villalonga, Pedro J. le comunica al mediodía a su gente de confianza que el programa se había acabado. En el colmo de la desfachatez, desde la propia redacción de *El Mundo* se telefonearía a los estudios de grabación para solicitar la nota de censura emitida por la dirección de Antena 3 contra el programa de Pepe Navarro. Fue entonces cuando el consejero-delegado de Antena 3, Juan José Nieto, se vio en la enojosa situación de tener que reconocer vergonzosamente a otros directivos de la casa que la nota no había sido redactada allí.

Pedro J. no tendrá mayores inconvenientes para garantizar, a través de Lejarza y Etxeberria, los «vascos» de Tele 5, que *Crónicas marcianas*, que se había quedado sin la competencia del *Pelícano*, no vuelva jamás a referirse al enojoso asunto del vídeo. Algo que, por lo demás, está sobradamente garantizado en la gubernamental TVE que controlan sus amigos del Partido Popular. Pedro J. había eliminado de un plumazo a todos los que se habían atrevido a sacar a relucir sus intimidades. Pero lo que ya nunca podrá evitar son los rumores, algo más que extendidos, en torno a su supuesto protagonismo en otros vídeos de similares características. En este sentido, el abogado Rodríguez Menéndez amenazó y fantasmeó ante diversos periodistas de tener vídeos de Ramírez con menores.

A Pedro J. ni tan siquiera le consuela que, al socaire de su caso, hayan salido a relucir otros aspectos no menos hilarantes de personajes del circo carpetovetónico. Incluso él mismo no pudo disimular una sonrisa cuando le contaron la afición de un muy renombrado conductor de magazines radiofónicos matutinos. Según el relato, al subsodicho le gusta travestirse de mucama y que una severa ama le azote sus nalgas. O ya, de sopresa en sorpresa, la historia de aquella diva televisiva a la que le iba también la marcha sádica. Pero, chascarrillos al margen, Pedro J. sabe mejor que nadie que ya nada será igual en el futuro y que, muy a su pesar, la moral dominante en los predios en donde gobierna su amigo Aznar no es tan tolerante como a él le hubiera gustado. Al menos, por lo que en sus circunstancias se refiere.

Pero todavía quedaban por surgir algunas sorpresas. El nombre del actual director de *Interviú*, Agustín Valladolid, era quizá la más sonada de ellas. Según reconocería más tarde el propio interesado ante la juez Revuelta, había estado metido desde tiempo atrás en las negociaciones para la adquisición del vídeo después de una oferta realizada por Sánchez-Cantalejo ya en el mes de abril de 1997. Valladolid, que había sido jefe de prensa de Interior durante los mandatos de José Barrionuevo y José Luis Corcuera, admitió que sólo hasta la tercera entrevista mantenida con los extorsionadores pudo saber que el vídeo, según él, presentado inicialmente como «material sensible», estaba relacionado con Pedro J. Ramírez. Valladolid reconoció también que había requerido la ayuda de Joaquín Martorell, jefe de contrataciones y de seguridad de Antena 3 de Televisión y uno de los policías que torturaron hasta la muerte al militante vasco Joseba Arregi. La presencia de Martorell estaba destinada a evitar una estafa y, tras pagar cinco millones de pesetas, Valladolid terminó accediendo al visionado de la cinta. El hombre de confianza de Barrionuevo y Corcuera, que durante el tiempo que duró la negociación de la cinta mantuvo contactos telefónicos diarios con Rafael Vera, negó en cambio con vehemencia que él fuera el autor del guión que acompañaba a las copias del vídeo, según había manifestado con anterioridad ante Ana Revuelta la propia Exuperancia Rapú.

Pero, pese a sus desmentidos, el papel de Valladolid en la oscura historia del vídeo fue mucho más importante. Él sirvió de puente entre su editor Antonio Asensio y los mandamases del GAL, con los que tiempo atrás compartió secretos y fondos reservados. Su presencia en el tema de los fondos reservados iba a ser un capítulo más en un largo historial cuajado de incidencias, siempre a la vera del terrorismo de Estado y sus mentores. Valladolid, que procede de la extrema derecha, estuvo apadrinado desde joven nada menos que por el general golpista Alfonso Armada, contando también con el apoyo incondicional de otro amigo del general, Enrique Múgica, quien lo embarcaría en la aventura del PSOE de crear un *pool* de prensa a partir de varios diarios andaluces. Tras fracasar en la revista *Actual*, próxima a las tesis de Ferraz, algunos círculos le sitúan en Argelia como uno de los asesores en las negociones con ETA. En Interior, además de cobrar de los fondos reservados, Valladolid tenía acceso a dossieres y fichas de periodistas y políticos. En Zeta, tras pasar por la agencia OTR, terminó dirigiendo finalmente *Interviú*, llevándose con él a su brazo derecho en Interior, Alberto Pozas, y contratando a varios de los defensores periodísticos de los GAL como, entre otros, Juan Antonio Galván, Juan José Fernández y Alberto Gallo.

En esta guerra mediática no hubo medios o personas honorables. Ni el Grupo Prisa, ni Agustín Valladolid, ni Zeta, y ni, muchísimo menos, Pedro J. Ramírez. Al director de *El Mundo* sus rivales en el fragor de la batalla le recordaron cómo siendo director de *Diario 16* y en su campaña por defender a Miguel Boyer, entonces ministro de Economía, contra los ataques de José María Ruiz Mateos, recién expoliado de Rumasa, Pedro J. llegó a acusar de adulterio al empresario jerezano. Según *Diario 16*, Ruiz Mateos habría mantenido relaciones sexuales con Misericordia Miarnau, la esposa de su mejor amigo. Ello le valió a Pedro J. una condena, ratificada incluso por el Tribunal Supremo, de tres meses de inhabilitación, un mes de cárcel y una multa de 1.765.130 pesetas.

5
La sumisión

El Estado español es el paraíso por antonomasia de la prensa del corazón. Ya desde los tiempos de la dictadura, las revistas del *cuore* alcanzaban en la geografía ibérica tiradas que hacían envidiar su difusión a los otros medios escritos de información. El H*ola* de la familia Sánchez era de lectura obligada en aquellos hogares de moral católico-tradicionalista, en donde a falta de libertad de información y, por contra, con una agobiante represión sexual, se podía, en cambio, estar al corriente de todos los chismes, dimes y diretes y andanzas de los mamelucos, soplagaitas y demás *epatantes* de las decadentes cortes europeas. Eso sí, la portada y las mejores páginas estaban reservadas en aquel entonces para la saga dominante de los Franco Bahamonde. Por aquella época, Carmen C*ollares*, la señora del generalito, solía mostrar su resplandeciente dentadura nacarada en las páginas de huecograbado del H*ola* en sus incursiones para desvalijar joyerías o tiendas de antigüedades. También Carmencita Franco, la hija, y su macarra consorte, el extinto marqués de Villaverde, tenían un lugar de honor en el papel *couché*. En las hojas pares, la entonces princesa Sofía no se reprimía en disimular su cara de mal café en las celebraciones secundarias que le dejaba el boato oficial dominante.

En la actual democracia borbónica la caricaturesca situación de la prensa rosa no sólo no ha disminuido, sino que ha ido a peor. No hay espacio de televisión que se precie ni cadena que quiera competir en el *share* que no tenga su correspondiente programa rosa. Su capacidad de congregar ante la pantalla un alto número de televidentes es todo un síntoma de cuál es el verdadero estado intelectual de la población. *Gente* (TVE), tiene una audiencia del 29.2, lo que equivale a 2.993.000 espectadores; *Corazón, corazón* (TVE), con un 28.2, 2.227.000 espectadores; *Qué me dices*! (Tele 5), con un 18.4, 2.014.000; *Extra Rosa* (Antena 3), con un 23.2, 2.467.000 y, el que menos entusiasmos despierta, *En Antena* (Antena 3), un 18.6, y 1.767.000 espectadores.

El predicamento de las revistas, según la primera ola de encuestas del Estudio General de Medios (EGM) correspondiente al primer trimestre de 1997, no es menos significativo. Según estos datos, *Hola* tendría 3.178.000 lectores; *Pronto*, 3.163.000; *Lecturas*, 2.165.000; *Diez Minutos*, 1.915.000; *Mía*, 1.327.000... Y todo ello, sin entrar a valorar la difusión de publicaciones mensuales «femeninas» como *Elle*, *Woman*, *Patrones*, *Prima*, *Dunia*, *Marie Claire*, *Belleza y moda* y un largo etcétera más que suponen otros cuantos cientos de miles de ejemplares.

A la vera de estas publicaciones y nacidos al amparo de las atosigantes tertulias radiofónicas, habitan una especie de locuaces chisgarabís dedicados a despellejar hasta a su santa madre si se tercia, al servicio de unos medios de comunicación sin norte y sin ética. Esos zancandiles mediáticos son los responsables de traer al primer plano de la supuesta actualidad los ligues de unas y otros y de contar hasta la extenuación las aventuras de toda esa pléyade de insustanciales que conforman la farándula y el circo español. Personajes inocuos como Marta Chávarri, Mar Flores, el conde Lecquio o Ana Obregón se han convertido en elementos referenciales y de presencia continua en estos espacios rosas.

Pero, junto a estos titiriteros de opereta, se les proporciona un lugar destacado a las reliquias andantes de las decadentes casas reales europeas. En la prensa española, como en ningún otro sitio, ocuparon lugares de honor las andanzas y concupiscencias varias de Carlos de Inglaterra, su ex consorte Lady Di, su cuñada Sara Fergusson, toda la saga

Windsor, Carolina de Mónaco o los novios de su hermana Estefanía. La revista *Interviú* llegó incluso a editar un millón de ejemplares de un vídeo en el que se veía cómo Daniel Ducruet, primero guardaespaldas y después esposo de la menor de las princesas monaguescas, le ponía los tubulares con una corista contratada al efecto de nombre Fili Houteman.

Pero la avalancha rosa, también con espacios diarios importantes en la pretendida prensa «seria», como *El País* o *El Mundo*, llega al final de trayecto cuando se topa con la familia real española. Entonces sólo está permitida la alabanza y no se escatima ningún tipo de parafernalia. La propia Zarzuela no repara en medios y, llegado el caso, tira la casa por la ventana. Su pervivencia le va en ello. Tal sucedió con la boda de las dos infantas, que acapararon la atención de una audiencia bobalicona, previamente preparada para tal «evento». Y así sucedió que, llegado el día, con la «progre» Pilar Miró haciendo su último servicio a la causa real, la retransmisión del casorio del balonmanista Iñaki Urdangarín y Cristina de Borbón alcanzó el 4 de octubre de 1997 una audiencia máxima de 11.500.000 teleespectadores.

Pero frente al despelleje foráneo ya citado y el ejercicio laudatorio antedicho, la estación término de la independencia informativa surge cuando los medios de comunicación se encuentran ante la primera figura de la Casa Real española. Ahí la pluralidad, la objetividad y la independencia informativa de los profesionales se convierte en vergonzante vasallaje, del cual es mejor salir mirando hacia otro lado, ignorando la enojosa situación personal y colectiva a que se ven sometidos los medios de comunicación por su claudicación moral.

Informar críticamente sobre las circunstancias que afectan a la Monarquía española constituye todo un ejercicio de valentía –o de osadía– profesional. Los medios de comunicación del Estado español dedican habitualmente sus mejores espacios a glosar hagiográficamente el *currículum* de cada uno de los miembros de la Casa Real, fomentando la vanidad de La Zarzuela y la estupidez de sus lectores. Lo cierto es que los periodistas hispanos están entrenados en el ejercicio de la coba a los jefes de su Estado. Ya en tiempos del dictador Franco, se deshacían en elogios sobre cómo el milico ferrolano pescaba los mejores salmones en el Sella o cómo capturaba enormes atunes en aguas del Cantábrico. La sumisión de la prensa española es tal que son muy pocos, por no decir ninguno, los profesionales que se atreven a dar cuenta de las «limitaciones» del Borbón, su señora y sus vástagos. Así, se justifica la torpeza innata del Monarca que le lleva a esnafrarse en una pista de esquí en los Pirineos achacándolo a la irrupción de un fantasmagórico personaje. Pero lo paradójico del asunto es que, al día siguiente, fueron numerosas las personas que llamaron a los medios de comunicación, especialmente los radiofónicos, para irrogarse como los genuinos «metepatas» que se habían interpuesto en el falso descenso real en la nieve. Y la súbita aparición en escena del Rey con un brazo en cabestrillo, es disimulada con tal de ocultar que Juan Carlos se ha ido de bruces contra una puerta de cristal dejándola hecha añicos. Eso, por no mencionar su proverbial «locuacidad» en el arte de la oratoria, incapaz de articular un discurso sin recurrir a las cuartillas preceptivas, con la habitual sensación de que tiene la boca llena de harina. En el mismo sentido, en los mentideros de Madrid los dedos suelen hacérseles huéspedes a las cotillas cortesanas hablando de la «fogosidad» de la Infanta mayor, ahora duquesa consorte de Lugo o, también, sobre su capacidad intelectual. Pero, tiempo después, todos harán piña delante del televisor viéndola a ella vestida de faralaes o de blanco satén a la vera de la Giralda sevillana. Y para hablar sobre las supuestas causas por las que el sucesor de la Corona no contrae matrimonio, la prensa española alcanza el cenit de su intrepidez publicando una viñeta en el diario *El Mundo* en la que se ve a Felipe de Borbón dirigiéndose a su progenitor. En el primero de los cuadros, el príncipe le dice a un sorprendido Juan Carlos: «Papá, te voy a dar dos noticias: una buena y otra mala». La explicación que sigue es bastante evidente: «La buena, es que me voy a casar; la mala, es que va a ser con Alberto de Mónaco».

Los rumores sobre el ingente apetito sexual del Monarca español, por lo demás muy en la línea de la saga Borbona, son *vox populi* en los círculos políticos y periodísticos madrileños. Más de una vez se han contado chanzas sobre las correrías y juergas del Rey. Incluso los responsables de imagen de la Casa Real se diría que no ven con malos ojos la leyenda extendida entre la «plebe» de las artes amatorias del Jefe del Estado. Eso sí, queda terminantemente prohibido especular tan siquiera con los motivos de la inopinada presencia en la India de Sofía de Grecia, suceso solventado oficiosamente con la vaga explicación de que se encontraba allí visitando a su hermana Irene, la cual estaría atrapada por la mística de los gurús, marginando cualquier atisbo de que se tratase de un viaje precipitado tras algún incidente conyugal. Y no habrá profesional de la información que se atreva a profundizar sobre las causas de que Juan Carlos sea visitante asiduo durante una época determinada de su vida de cierta localidad suiza. Y el que menos miedo muestre, como el ultraderechista Jaime Campmany en *Época*, lo hará utilizando elipsis y ditirambos, procurando tentarse las ropas: «A Suiza se puede ir a esquiar, al banco, al hospital o a echar una cana al aire».

Para la saga real borbónica sólo hay lugar para los elogios. Y el que ose transgredir esa norma sabe que su lugar es el infierno profesional, lo que es decir lo mismo que el paro. O, cuando no, la represión pura y dura a manos de la peculiar justicia española. La historia periodística está llena de casos aleccionadores al respecto. Porque Juan Carlos no llevaba todavía un año ejerciendo como monarca, cuando en junio de 1976 la revista *Cambio* 16 publicó en su número 235 una caricatura «amable» de su persona en portada. El Rey se había desplazado en un viaje a Estados Unidos y los chicos de Juan de Salas optaron por salirse de las normas del incipiente protocolo oficial. La consecuencia fue que en La Zarzuela se consideró el dibujo como ofensivo y se le abrió un expediente a la publicación, llegándose a estudiar un posible cierre.

Y poco más de un año después, cuatro periodistas del semanario *Saida* dieron con sus huesos en la cárcel tras la publicación de un artículo titulado «¡Viva la República!» firmado por el colectivo «Ramón Collar» y que precedía a un amplio informe sobre la monarquía en general, pero también sobre Juan Carlos en particular. En el texto se señalaba que las monarquías eran «un factor de continuismo y de estabilidad para los manejos políticos de la burguesía». Unos párrafos más adelante se añadía que mientras «las formas republicanas de gobierno se han identificado con el progreso, las monárquicas lo han sido con la reacción». Después precisaba que «esta monarquía fue engendrada en las entrañas mismas del fascismo, creció en ellas, juróles fidelidad, acató sus desmanes». El artículo concluía diciendo que «corremos francamente el peligro de que el Rey nos salga rana». El Juzgado de Instrucción número 16 de Madrid citó a declarar, además de a Miguel Bayón, director de *Saida*, a los componentes del colectivo: Eugenio del Río, Andoni Hernández Arana, Carlos Tuya y Miguel Romero. A todos ellos se les acusó de «un delito de presuntas injurias al Jefe del Estado». Tras prestar declaración, el juez fijó una fianza de un millón de pesetas para los cuatro últimos, que ellos se negaron a abonar, por lo que el magistrado dictó su inmediato ingreso en prisión, yendo a parar a las mazmorras de Carabanchel. Una imponente movilización popular (tiempos aquellos en que hasta Txiki Benegas y Enrique Múgica se solidarizaron con los cuatro periodistas y pidieron su excarcelación) hizo que el juez rectificara su auto inicial y decidiera ponerlos en la calle sin tener que abonar un céntimo. El 7 de marzo de 1978 *Saida* escribía una nueva editorial: «La combatividad da sus frutos». Pero desde La Zarzuela se había marcado ya claramente el futuro que les esperaba a cuantos intrépidos o insensatos osasen poner en tela de juicio la institución monárquica o criticasen a sus representantes.

Y por si había alguna duda, otra revista de contenido radical de esa época, *Crash*, que se atrevió a publicar textos e ilustraciones cuestionando las figuras de los reyes, su legitimidad o su función, fue secuestrada en su décimo número. Ello provocó su cierre, mientras que al director se le aplicó la Ley Antiterrorista.

El siguiente incidente tiene lugar en enero de 1981, cuando Radio Televisión Española se retira de una coproducción con la BBC sobre la figura de Juan Carlos, intentando posteriormente sin éxito censurar su contenido. Pero el punto álgido de la falta de libertad para escribir sobre el monarca español tiene una fecha concreta: el 13 de febrero de 1981 cuando agentes de la Policía española secuestran el número 212 de *Punto y Hora*. La revista en su portada había disfrazado de toreros a Juan Carlos I y a Adolfo Suárez, entonces presidente del Gobierno español. En páginas interiores incluía el artículo «El paseillo y la espantá». Javier Sánchez Erauskin, director de la publicación pero no autor del famoso artículo, fue juzgado por injurias en la Audiencia Nacional. La petición fiscal de más de cuatro años de prisión se quedó finalmente en seis meses de cárcel. Pero Sánchez Erauskin, que tenía otra condena pendiente, terminó ingresando en Langraitz, en una de cuyas celdas permaneció casi un año.

Los escarceos ya han pasado a mayores y a finales de enero de 1984 el periódico madrileño *El País* alude a una «campaña difamatoria» del empresario José María Ruiz Mateos contra el Monarca español.

Continuando esta dinámica represiva, en octubre de 1985 componentes de La Crida catalana acaban ante la Audiencia Nacional de Madrid por un supuesto delito de propaganda ilegal. Varios de sus militantes habían osado colocar unas pancartas que decían «Juan Carlos I no es nuestro Rey» con motivo de un viaje del Jefe del Estado a Barcelona. Ese mismo año fue secuestrada la revista satírica *El Cocodrilo* por presuntas injurias al Rey.

Las relaciones de la Casa Real con la prensa no atravesaban sus mejores momentos cuando en agosto de 1986 la Policía expulsó de los aledaños del palacio de Marivent a los fotógrafos que cubrían la habitual estancia veraniega de la familia borbónica en Palma de Mallorca.

La siguiente sentencia condenatoria llegaría hasta el año siguiente. Y, como no podía ser de otra forma, recayó en un periodista vinculado a una publicación de la izquierda abertzale. La víctima fue Juan José Fernández Pérez, por un artículo publicado en *Punto y Hora*. En el texto se hablaba del «pasado fascista» del Borbón. En noviembre de ese año el Tribunal Supremo consideró injuriosa para Juan Carlos tal información. Fernández tuvo la fortuna de que el 16 de febrero de 1990 el Constitucional revocara la sentencia. Un mes más tarde, y ya en plena racha, tres periodistas de *El Cocodrilo* se sentaron ante el banquillo de los acusados para ser juzgados por injurias al Rey, aunque fueron absueltos en una sentencia dictada el día anterior a Nochebuena de ese mismo año.

El de 1988 fue un año pródigo de incidentes. Ya en febrero, la Policía requisó carteles contra la visita de los Reyes a Nafarroa, deteniendo a miembros de Herri Batasuna que intentaban pegarlos. La escalada había comenzado y resultaba imparable: en abril llegó hasta los Tribunales un presunto delito de injurias por la difusión de un cartel del partido independentista catalán Moviment de la Terra (MDT), en el que aparecía Juan Carlos en las rodillas de Jordi Pujol. Afortunadamente para los de MDT, el juez determinó que aquello no era delito.

También en abril, concretamente el día 21, fue juzgado el miembro de Eguzki Irratia José Javier Fabo Legarda, al que se le acusaba de haber permitido durante una emisión radiofónica que se profiriesen lo que los magistrados entendían como injurias contra el Rey. Quinientos jóvenes de Iruñea se solidarizaron con Fabo y se autoinculparon en el juzgado. El juicio se celebró en octubre y el fiscal solicitó siete años de prisión para el locutor. La sentencia, dictada a finales de noviembre, fue absolutoria.

Anteriormente, en mayo de ese año, fue condenado a ocho meses de cárcel el cocinero Marciano Delgado Francés por insultar a Juan Carlos durante una parada militar, pena que cumplió en su totalidad. Mejor librado salió el capitán del Ejército español Jesús Sancho Piedras, absuelto pese haber inferido insultos contra su Capitán General.

En julio de 1989, el marinero ceutí Abdelauhab Buchai Laarbi fue condenado a seis meses de prisión por pronunciar «injurias leves» al Rey cuando viajaba en un autobús. Y, en plena fiebre represiva monárquica, en noviembre de ese mismo año se presentó una denuncia contra el profesor de Derecho Político Sigfrido Hillers por cuestionar en sus clases la figura del Monarca. Juan Carlos no podía ser puesto en evidencia de ninguna de las maneras y, para ello, Televisión Española llega a cortar el 8 de septiembre la retransmisión en directo de la inauguración del Estadio de Montjuich para evitar que se oyesen los silbidos y abucheos nacionalistas al Rey.

La censura alcanzaba ya situaciones de esperpento y José Espallargas lo probó en su propia carne cuando en los primeros meses de 1990 un fiscal solicitó contra él seis años de prisión por injurias al Rey. Su supuesto delito había sido realizar un dibujo calificado de «obsceno» sobre un sello del Borbón en una carta que le enviaba a su novia. La sentencia se quedaría afortunadamente para él en un mes de arresto mayor.

El hoy parlamentario abertzale Iñaki Antigüedad, que solía firmar con el seudónimo de *Prontxio* en *Egin* y contra el que pesaba una petición fiscal de siete años de cárcel, fue condenado en el mes de febrero a un año de prisión por la publicación de una columna titulada *Joan Carlos, ¡oan kanpora*! Antigüedad manifestaría al respecto que «considero a la monarquía como uno de los puntales de los sistemas sociales hoy establecidos y que están por encima de las ideologías, con todo lo grave que eso es. (...) Aquí uno puede hablar del Athletic, de esto y de lo de más allá, pero asuntos como la autodeterminación, el rechazo a la Constitución o, por supuesto, la monarquía son temas intocables».

A punto de terminar el año, concretamente el 17 de diciembre, el Congreso español autorizó el procesamiento contra otro diputado abertzale, en este caso Jon Idigoras, acusado también de injurias al monarca Borbón.

Viajar en autobús y tener sentimientos antimonárquicos es peligroso en la geografía española. Porque si ya el ceutí Buchai Laarbi había ido a parar a prisión con tal motivo, ahora iban a ser otros tres ciudadanos extranjeros los que terminarían siendo detenidos en idénticas circunstancias acusados de insultos al Rey y de gritar «España es una mierda».

La casuística represora es mucho más amplia y, sobre todo, más sutil. José Camarassa, concejal de Esquerra Republicana de Catalunya (ERC) en la localidad ilerdense de Tárrega, fue denunciado por retirar un retrato del Rey del salón del plenos del ayuntamiento exigiéndosele una explicación al respecto. Desde entonces, el futuro político de Camerassa estuvo sentenciado. Y a medida que la aquiescencia mediática sobre la figura del Borbón iba en aumento, también aumentaba progresivamente la represión. No era ya sólo en Euskal Herria en donde se cuestionaban –y, por tanto, se castigaban– las protestas por las visitas de Juan Carlos. El 3 de mayo de 1994 fueron detenidas varias personas en Santa Cruz de Tenerife por gritar consignas independentistas en presencia del propio Rey. Y así, hasta el dislate final con la historia de Bárbara Rey, cuyo último episodio puede ser el veto desde la Casa Real de la presencia de la *starlette* en el programa *Tómbola* que producía la Televisión Valenciana y que era difundido también por Canal Sur y Telemadrid.

Cuando los medios de comunicación se atreven a entrar

en el proceloso mundo que rodea al monarca Borbón lo hacen ya no de puntillas, sino con babeante sumisión. De esta forma, cualquiera que ose referirse a la figura regia o a sus deudos de forma no laudatoria se encuentra de inmediato expuesto al linchamiento público por parte de la tropa mediática. Cuando en septiembre de 1988 salieron a la luz atisbos de un escándalo provocado por la aparición de Juan Carlos en unos folletos publicitarios en que se promocionaban la venta de parcelas en Costa Doñana, las reacciones abarcaron desde un *Deia* que titulaba sumisamente «IU denuncia la utilización del nombre del Rey», hasta el inefable ABC, que aludía a «La Expo, contra una firma que utilizó el nombre del Rey». Y cuando en el verano de 1990 la revista *Tribuna* publicaba un anodino reportaje sobre «Los líos de la Corte de Mallorca: aristócratas, financieros y políticos rodean a la familia real», seguido de otro no menos hilarante «El verano de Mallorca da sus últimos coletazos» de el «Magazine» de *El Mundo*, la contestación inmediata vino de la mano de *El País* que titulaba a toda página: «El ministro de Cultura considera a la prensa uno de los problemas pendientes de la democracia».

El rey español, permanentemente acostumbrado a las lisonjas periodísticas, no encajó nada bien la insignificante desviación mediática hacia su persona. Este malestar lo puso de manifiesto en la noche del 24 de diciembre de ese año en su tradicional y monocorde discurso navideño: «Una democracia avanzada no se entendería sin el equilibrio entre la veracidad de la información y el mayor respeto a la libertad de expresión, derecho consagrado por nuestra Constitución y a cuyo perfeccionamiento hemos de dedicar, también, nuestros desvelos. Si la libertad de expresión implica por parte de todos capacidad para aceptar las críticas y las opiniones diversas, el derecho a la información veraz exige de los medios de comunicación social la máxima profesionalidad y responsabilidad en el ejercicio de su tarea. Si hay que pedir comprensión ante las críticas a quienes las reciben, es legítimo pedir también mesura y respeto a la verdad a quienes las hacen».

Cuatro días después, con motivo de la publicación del número cinco mil de *El País*, el monarca agradecía a sus fieles plebeyos los servicios prestados: «Siempre he estado seguro de que, como Rey, podría contar con *El País* en cada ocasión en que la historia reciente lo requería, es decir, cotidianamente, en los momentos más graves y más livianos».

La sumisión de los medios de comunicación españoles a la dinastía borbónica llega a tales extremos que, cuando en 1995 la revista italiana *Novella* 2000 publica unas fotos del Rey desnudo, *Interviú* las compra y no las publica.

Pero el caso de Bárbara Rey es el mejor y más significativo ejemplo de todo lo anteriormente escrito.

Bárbara Rey es un conocido personaje de la farándula que tuvo su momento estelar en los inicios de la denominada «transición» política española. En aquel entonces hacían furor las películas de destape serie «B», una especie de porno cutre en que, como malos remedos de *Deep throat* (Garganta profunda) y con música ambiental de fondo «duduá-duduá», las porno-starlettes hispanas hacían sus primeros pinitos «artísticos». Bárbara Rey (María García García), ex miss Madrid como todo reclamo artístico, fue la musa de esta filmografía tan peculiar. La señorita García García alcanzó la cima de su carrera en escenas seudoeróticas junto a porno-sementales italianos u otras «estrellas» femeninas de su mismo rango y nivel cinematográfico como Rocío Dúrcal o Laura Gemser, más conocida como *Emmanuelle Negra*. Tales retozos eróticos debieron calar muy hondo en las meninges, o lo que sea, de determinados elementos de la clase política española que, desde entonces, comenzaron a frecuentar a María García.

Bárbara Rey, a falta de virtudes interpretativas, se dejaba querer. En esas épocas ya empezaron sus relaciones con gente importante, y desde un principio fue cogiendo el hábito de grabar y guardar como recuerdo sus conversaciones íntimas, tanto en directo como telefónicas.

Después de un fugaz y tormentoso matrimonio con el domador Ángel Cristo, el circo sentimental lo llevó por otros derroteros. Sus momentos estelares en las luminarias iban quedando paulatinamente atrás y ahora se le conocía por sus renqueantes y cada vez más esporádicas apariciones en las pantallas de televisión. Nadie entendía cómo aquel mostrenco larguizambo y de voz ronca tenía un espacio reservado en los *prime time* de las cadenas públicas, pero la realidad era tozuda y allí estaba María-Bárbara diciendo sandeces y marcando pasos desacompasados de claqué mientras el *share* arrojaba un paupérrimo 11% de audiencia, cuando lo habitual a esas horas era sobrepasar holgadamente el 20%. La explicación vendría tiempos después.

La ya de por sí sobresaltada y peculiar vida política de Madrid intuyó una conmoción cuando el jueves 27 de junio de 1997 algunos medios de comunicación se hicieron eco de una denuncia presentada por María-Bárbara ante la comisaría de Policía del distrito de Tetuán. El diario *El Mundo*, siempre en la frontera del quiero y no puedo, incluía una foto en portada de Bárbara con su hijo Ángel saliendo de su domicilio en Boadilla. El titular del periódico era bastante expresivo: «La actriz Bárbara Rey denuncia a Manuel Prado por el robo de 'documentación comprometida». Los subtítulos incidían en la misma línea: «Fuentes gubernamentales creen que se trata de un intento de chantaje», «La artista se entrevistó con Conde a finales de enero» y «El ex banquero declara que se limitó a informar a los afectados».

A partir de ahí, y sabiendo las conexiones de Prado con La Zarzuela, fue el desiderátum. Máxime, cuando trascendió el contenido de la denuncia que María García García había interpuesto ante la Policía. Pese a la peculiar literatura tosca de la madera, había suficientes sobreentendidos para que el personal se percatase de que allí había gato encerrado. O, mismamente, Borbón tratando de eludir un agua que escaldaba. El texto íntegro de la denuncia es el que sigue:

«*Ministerio de Interior*

Dirección General de la Policía

Registro de Salida número: 6537

Comparecencia:

En Madrid, y en la Comisaría de Distrito del Cuerpo Nacional de Policía de Tetuán, siendo las 00.31 *horas del día* 13-06-1997.

Ante los funcionarios del referido Cuerpo con categorías de Inspector y Policía, y carnets profesionales números 18.989 *y* 75.979, *habilitados respectivamente como Instructor y Secretario para la práctica de las presentes.*

Comparece:

En calidad de denunciante María García García, con D.N.I. *número de* 23192274, *domiciliada en la calle Isla Cristina* 4, *Boadilla del*

Monte, Madrid, teléfono 63218 27, nacida el día 03 de febrero de 1950 en Totana/Murcia, hija de Andrés y Salvadora.

Y manifiesta:

Que la presente es ampliatoria a las diligencias número 6082 del 01-06-97 de esta Comisaría.

Que el pasado día 25 del mes de mayo, denunció en estas dependencias un robo en su domicilio de documentación personal, la cual implica a personas importantes de este país por ser comprometedoras para ambos.

Que el día 5 del presente mes se ausentó de su domicilio y su hijo entró en su casa en la madrugada del día 9, notando el día 10 que personas extrañas habían entrado en el domicilio sustrayendo del mismo carretes fotográficos sin revelar, cintas grabadas de varios autores, una agenda personal, todo esto propiedad de su hijo, tres cintas de casette, cinco de vídeo, 20 diapositivas, todas ellas comprometedoras para ambas partes y propiedad de la declarante, especialmente relevantes para esta persona importante de la cual no desea en estos momentos decir su identidad.

Que sospecha que las personas autoras de este hecho han podido ser mandadas a su domicilio con el fin de retirar toda la documentación comprometedora para dicha persona por el señor Manuel Prado y Colón de Carvajal, así como un tal Eladio García Suárez, ya que estas personas se pusieron en contacto con ella queriendo obtener información de tales documentos, así como involucrar a la declarante en un negocio supuestament legal, el cual, por grabaciones obtenidas por esta persona se tiene la sospecha de que el mismo no es legal, o bien la querían involucrar aportando cheques supuestamente de ventas ilegales, para luego implicarla si la operación salía mal.

Que la denunciante, ante todo, quiere salvaguardar el nombre de la persona con quien mantuvo relaciones, sintiéndose utilizada para que, en caso de problemas, aparezca la culpable del daño que se le pueda producir a esta persona a través de estas operaciones, para lo cual ha sido robada en su domicilio, intentando ser estafada, así como amenazada de muerte, tanto ella como a sus hijos, acusándola mediante llamadas telefónicas de haberse desecho de dicho material y puesto en circulación en prensa.

Que quiere hacer constar que tiene en su poder cintas magnetofónicas grabadas por la denunciante, en las que se demuestra el intento de involucrar en una operación financiera mencionada anteriomente, así como ponerla en contacto con Luis Anasagasti, a quien considera Prado y

Colón de Carvajal una persona de su entera confianza y a quien la denunciante hace mención en su primera denuncia.

Que por todo lo expresado anteriormente, teme hacia la declarante y sus hijos cualquier tipo de daños físicos, producidos por estas personas o por personas mandadas por ellos, dado que hasta la fecha a la declarante ya se le han producido desde mucho tiempo atrás daños irreparables profesional, moral y humano, así como boicots en su medio profesional.

Igualmente, teme que a través de la denunciante, se utilice a la persona con la que ésta mantenía una relación para hacerle un daño irreparable.

Que en este acto, solicita la presencia de Gabinete de Policía Científica para que se personen en su domicilio y poder identificar a los posibles autores del robo.

Y no teniendo nada más que manifestar, firma la presente en señal de conformidad con lo en ella escrito, en unión del Instructor, de lo que como Secretario cerfitico».

La prueba de fuego para la independencia profesional del periodismo español estaba servida. Pero qué va. Desde ese mismo momento entró en funcionamiento una nueva modalidad informativa, consistente en la utilización de toda gama de circunloquios para evitar ir al meollo de la cuestión. El término «alta personalidad» fue a partir de ese entonces la expresión más recurrente para denominar a quien de forma habitual se suele llamar Juan Carlos I de Borbón, Rey de España.

El tema adquirió caracteres folletinescos cuando simultáneamente se puso en circulación por todas las redacciones madrileñas un panfleto de siete hojas en el que, con un lenguaje entre cutre y hortera, se especificaban más ampliamente las circunstancias que concurrían en el *affaire* Bárbara-Juan Carlos. El texto no es precisamente un dechado de virtudes estilísticas, pero la intencionalidad que trasluce desde el primer párrafo está netamente conseguida. Más aún, si hubiese un prototipo de literatura de chantaje el libelo que seguidamente se adjunta sería firme candidato a premio:

«En la primavera de 1996 se distribuyó por todos los medios de comunicación de este país un panfleto en el que se hablaba de una relación que había existido durante varios años entre Su Majestad el Rey y Bárbara Rey, dando incluso detalles de la misma y acusando a Bárbara de

chantaje a su Majestad ya que, como prueba de tal relación, Bárbara había grabado un vídeo a cambio del cual pedía 400 millones, consiguiendo al final un contrato multimillonario con televisión. Por conversaciones mantenidas con Manuel Prado y Colón de Carvajal, hemos sabido que el comunicado fue emitido por él, resultando incomprensible que alguien que se honra de ser amigo personal del Rey se dedique a difundir falsedades e injurias.

Si bien es público que Bárbara y el Rey se conocen, en el caso de que hubiera existido una relación sentimental y que hubiera pruebas de la misma, sólo las personas implicadas tendrían derecho a hacerlo público, pero de todos es conocido que Bárbara Rey, al margen de su matrimonio jamás ha hecho ningún tipo de comentario sobre su vida privada, ni se le conocen escándalos, ni vive a costa de explotar su vida íntima.

Desde 1992 Bárbara viene siendo objeto de presiones y maquinaciones por parte de Manuel Prado y Colón de Carvajal y personas de su entorno, que han perjudicado gravemente la imagen de Bárbara Rey, tanto profesional como personalmente, llegando incluso a estar vetada en medios de comunicación.

Coincidiendo con el cese de Sabino Fernández Campos, aumentaron las presiones sobre Bárbara, llegando ésta a recibir amenazas. Ante lo irracional de esta situación, lejos de asustarse, decidió defenderse con los medios de que dispone y se reunió con Manuel Prado y Colón de Carvajal.

Sabiendo que Bárbara, como resultado de las gestiones que él había realizado en la sombra, estaba sin trabajo, le propone un negocio en participación con él y un tal Eladio García Suárez, que, «casualmente», se había puesto en contacto con Bárbara en Marbella.

Los tres se reunieron en varias ocasiones en los hoteles Villamagna y Convención de Madrid y Princesa Sofía de Barcelona para estudiar el negocio. Bárbara siempre insistió en la legalidad del mismo y ellos aseguraron que era perfectamente legal e incluso Prado dijo textualmente: «Yo jamás me metería en un negocio sucio».

Pese a todo, tras varias contradicciones en las conversaciones, Bárbara empezó a sospechar y averiguó que Eladio García había estado detenido varias veces por estafa. El historial de Prado está publicado.

Bárbara obtuvo puebas de que se trataba de un negocio ilegal, con el que pretendían deshacerse de ella, e inmediatamente abandona su participación en el mismo.

Durante los cuatro meses que duraron las negociaciones, que en teoría iban a ser rápidas, pero que se alargaron cada vez más, unas personas *intentaron sobornar al servicio de* Bárbara *para que les diera acceso a la casa (claves de alarma, cajas fuertes, etc.) bajo excusas increíbles.* Los *empleados de* Bárbara, *asustados al ver que se trataba de algo muy extraño y muy alejado de las propuestas que suelen recibir de las revistas del corazón, se lo comunicaron a ella e inmediatamente se realizó una denuncia en la* Guardia Civil *de* Boadilla del Monte, *dándome (sic) tan sólo un resguardo y no una copia con los contenidos completos de la denuncia, pese a solicitarlo insistentemente.*

La Policía *se personó en el domicilio de* Bárbara Rey *y tomó declaración al servicio. La* Policía *propuso entonces que se realizase una nueva entrevista entre el empleado y las personas que querían entrar en la casa, a la cual asistiría provisto de micrófono y con cobertura policial, realizándose una grabación de vídeo y fotografías, a fin de que* Bárbara *pudiera examinarlas y quizás identificar a alguien.*

U*na vez realizada la entrevista, la* Policía *se quedó en poder de todas las grabaciones y carretes.* El *empleado que portaba la grabadora, al llegar a casa, se la entregó a* Bárbara *que empezó a escuchar la cinta; en ese momento llegó la* Policía *que se la arrebató.* Cuando Bárbara *quiso acceder al material, se lo denegaron.*

Al *día siguiente le dijeron que las cintas se habían borrado o no se habían grabado. Si bien es cierto que ella llegó a escuchar el principio de la cinta de audio, (se le dijo) que las fotos estaban veladas, que los coches tenían matrícula falsa, que el número de teléfono móvil, donde el empleado se ponía en contacto con esas personas era inexistente, aunque en esa época no había tarjetas activas y, en resumen, que no había constancia alguna del encuentro. La denuncia original no prosperó.*

Después supimos, por fuentes más que fidedignas, que las personas que se habían entrevistado con el servicio pertenecían a la seguridad del Estado.

Ante *la imposibilidad de hacer nada, y siguiendo vigilada, sus teléfonos intervenidos, vetada en su trabajo y recibiendo esporádicamente amenazas anónimas,* Bárbara *intentó ponerse en contacto en reiteradas ocasiones con* Manuel Prado. Él, *finalmente, respondió a sus llamadas y le propuso reunirse con un tal* Luis Anasagasti, *que ella no conocía, pero que él dijo que es de total confianza y que podía ayudarla a reanudar su actividad profesional, ya que él conocía la difícil situación en la que* Bárbara *se encontraba, si bien fingía no tener nada que ver con ello.*

Bárbara *acudió a la cita con* Anasagasti *en el hotel* Chamartín *y al llegar allí se encuentra con un hombre cuyo aspecto no se correspondía con el de las personas habituales del círculo de* Prado. En *lugar de hablar de trabajo, le dijo que si algún día esa relación se hacía pública por cualquier motivo y por cualquier fuente, ella y sus hijos lo pagarían con su vida. Bárbara se marchó inmediatamente.*

Desde entonces, Bárbara trató de ponerse en contacto con Prado, cosa que no consiguió y también trató de contactar con otras personas allegadas al Rey para que le informen de lo que está sucediendo. No recibió respuesta alguna e intentó seguir adelante con su actividad profesional, encontrando todo tipo de dificultades.

A primeros de mayo de este año, Álvaro Luis, del programa Caliente y Frío, *de Radio Nacional de España llamó a Bárbara para que fuera a su programa donde se le entregaría el Bombín de Plata el día 20 de mayo. Le resultó extraño que se le entregase después de tantos años, pero, obviamente, aceptó.*

El día 17 del mismo mes, Cristina, condesa de Ruiz del Castillo, a la que Bárbara conocía pero con la que no mantenía contacto desde hacía años, le llamó insitiéndole para que fuese a cenar a su casa esa misma noche, ya que habría varios invitados que Bárbara conocía y que tenían mucho interés en verla. Pese a la negativa inicial, ya que los fines de semana los dedica a sus hijos, Cristina insistió hasta que consiguió que accediese.

En la cena se encontraban presentes sólo dos personas más, muy amigos de Cristina, pero que Bárbara no conocía. Durante la velada, que se desarrollaba en un tono distendido y agradable, se empezó a hacer alusión al panfleto de Prado, ante la extrañeza de Bárbara que no tenía ningún interés en hablar de algo que sólo le está trayendo problemas.

El día 18 la condesa llamó dos veces a Bárbara para venir a visitarla a su casa a ver a sus hijos, que no veía desde hacia años. Llegó ya muy tarde e insistió otra vez en el mismo tema de la cena, diciendo que ella podía ayudar a Bárbara, ya que todo lo que sucedía era una injusticia, etc.

Cristina fue varias veces a la cocina, donde las llaves están colgadas y, posteriormente, al aseo de invitados.

La condesa le dijo que, debido a su amistad con Álvaro Luis, ya sabía que le iban a hacer entrega del Bombín de Plata y que le gustaría acompañarla al acto. Bárbara le comentó que antes iba a ir al concierto de José Manuel Soto y, tras la actuación, irían a la entrega del premio.

En el programa de radio, Álvaro Luis la obsequió con un Ford Ka para que lo utilizase hasta el final del verano y que se le entregaría al día siguiente. Al finalizar el programa, en torno a las dos de la madrugada,

Cristina sugirió que fuesen un rato a jugar al casino. Bárbara le dijo que no le apetecía, pero accedió ante la insistencia de la condesa.

Puesto que Bárbara apenas llevaba dinero, lo perdieron rápido y quería irse, pero Cristina sugirió que buscasen a algún conocido suyo que les prestase algo de dinero y pudieran quedarse un rato más jugando, pero Bárbara no accedió, ya que eran las cinco de la madrugada.

Pese a que Bárbara vive muy cerca del casino y Cristina en Madrid, ésta le pidió que la llevase hasta su casa en la calle Marqués de Cubas. Una vez allí, sin salir del coche, estuvo hablándole hasta las siete de la mañana de temas intrascendentes, pero Bárbara, por educación, esperó hasta que ella se despidió.

El día 22 le hicieron entrega a Bárbara del coche de la promoción y firmó tres documentos que le dijeron que eran la aceptación de la entrega y para el seguro. Ante las prisas, firmó sin revisar dichos documentos. Al ir a colgar la llave del coche se dio cuenta de que le faltaba la llave de la entrada principal, que había utilizado por última vez el sábado, ya que normalmente entra por el garaje con el mando a distancia. Le preguntó al servicio y su hija le comentó que faltaba ya desde el lunes, cuando ella fue a utilizarla y no estaba, pero creyó que la tendría su hermano o su madre y por eso no había comentado nada.

El domingo día 25, Bárbara abrió su caja fuerte y descubrió que cierto material que ella tenía y cuyo contenido puede ser muy comprometedor para ella y una tercera persona, había desaparecido y sido sustituido por otro similar, para que no se notase que faltaba; por ejemplo, negativos que se llevaron fueron sustituidos por otros velados, es decir, con la intención de que no notase su falta de manera inmediata. Igualmente, toda la información de sus cuentas bancarias había sido revisada.

Para entrar, accedieron por la puerta, que no se forzó, desconectaron la alarma, y abrieron, que tampoco forzaron, una caja fuerte con combinación de dieciocho dígitos más llave. Se dejó todo lo demás como estaba, cerrado y colocado.

Inmediatamente, Bárbara le comunicó este hecho a Prado, el cual respondió que estaba clarísimo que era una maniobra de Mario Conde y Javier de la Rosa, ya que estaban intentando conseguir todo tipo de material que ellos creían que podían tener valor de cara a sus gestiones referidas a sus situaciones actuales.

Cuando Prado respondió a la llamada de Bárbara y ella le comunicó su intención de presentar una denuncia, Colón le exigió que no lo hiciera y la amenazó con represalias contra ella y sus hijos. Bárbara, ya asusta-

da por el hecho de que su casa hubiese sido asaltada tan limpia e impunemente y sintiéndose indefensa tras los ocurrido con la primera denuncia, hizo lo que Prado y Colón de Carvajal le exigió.

En esos días, la única persona que había estado en casa, aparte del servicio, que no había tocado la llave, había sido la condesa Ruiz de Castillo.

Bárbara llamó a Cristina y le comentó que le habían robado y que iba a presentar una denuncia. Le contestó que consideraba inútil presentar una denuncia que no iba a prosperar y se ofreció ponerla en contacto con un abogado de confianza que le llevaba a ella todas sus cosas. Bárbara fue a verle y en la entrevista él dijo que apenas conocía a la condesa. Por lo tanto Bárbara, desconfiando, no volvió a este abogado.

Unos días después Bárbara recibió un mensaje en el buzón de voz de su teléfono móvil de Luis Anasagasti, acusándola de haber vendido el material robado y amenazándola con que se atuviera a las consecuencias que ella, sus hijos y un amigo de éstos, iban a sufrir por su implicación. Bárbara no sólo se asustó sino que, ya más calmada, se extrañó al pensar en la llamada, puesto que ella le había comunicado el robo sólo a Prado y a Cristina.

Inmediatamente, Bárbara se puso en contacto con un sacerdote de toda confianza de la persona que también podría salir perjudicada si ese material se difundía, para que le informase de todos los nuevos acontecimientos. Le hizo escuchar la amenaza de Anasagasti por el buzón de voz y él la conminó a presentar una denuncia inmediatamente, antes de que se borrase el mensaje, ya que se eliminan automáticamente a las veinticuatro horas.

Habida cuenta lo ocurrido con la denuncia anterior, Bárbara fue a presentarla al juzgado de guardia de la plaza de Castilla, donde le indicaron que se dirigiese a la comisaría de Tetuán.

La denuncia se presentó el día 1 de junio a las 00:24 horas. Al presentar la denuncia le indicaron que no era preciso dar excesivos detalles, ni quisieron escuchar la amenaza que aún se podía reproducir en su buzón de voz, alegando que era suficiente con que ella lo dijera y que tan sólo se limitara a los hechos y a nombrar a las personas de las que sospechaba. Bárbara solicitó que vinieran a su casa a tomar huellas dactilares y, una vez allí, que buscasen huellas en el material que estaba junto al que se habían llevado y en el que habían dejado, ya que, por fuerza, tenían que haberlo tocado para tener acceso al que habían sustraído. La Policía dijo en el acto que no había ninguna huella en ese material. Ni siquiera las de Bárbara, que sí lo había tocado al percatarse del robo. Re-

sulta extraño que no encuentren en su casa y en su caja fuerte ni sus propias huellas.

El día 2, Bárbara llama al sacerdote que le había dicho que pusiera la denuncia y éste le contestó que no tenía ningún mensaje que darle de la persona que supuestamente podría salir perjudicada y que, lamentablemente, no podía ayudarla.

El día 4 Bárbara se fue de viaje a Murcia para presentar la gala del día de la Región de Murcia. Todo el pasaje del avión estuvo esperando una hora para embarcar. Una vez a bordo, el comandante explicó que el retraso había sido porque faltaba un pasajero, con lo cual había sido preciso identificar los equipajes. Resulta increíble que puedan saber que falte un pasajero, si no se había embarcado y por otra parte, no se realizó la identificación del equipaje por parte de cada pasajero, como resulta obligatorio, según las normas internacionales de Aviación Civil.

Al llegar a Murcia, las maletas de Mari Trini, de Bárbara Rey y de su agente habían sido abiertas. Lo único que faltaba era el original de la denuncia que había presentado Bárbara el día 1 y que llevaba consigo, por miedo, tras lo ocurrido en Boadilla.

El jueves día 12 por la noche, Bárbara regresó a su casa. Al llegar sus hijos le comunicaron que habían vuelto a robar, ya que a su hijo le faltaban una cintas y unos carretes de fotos sin revelar. Inmediatamente, Bárbara se dirigió a su habitación donde había escondido concienzudamente cierto material relacionado con el que ya se habían llevado y comprobó que sólo (faltaba) eso, cuando en el mismo cajón había joyas y otros objetos de gran valor que no tocaron. De nuevo toda la documentación bancaria fue revisada.

Al momento se dirigió a comisaría de Tetuán, donde presentó otra denuncia. En la entrada se encontraba el comisario, que parecía estar esperándola y la saludó con un «Hola María, pasa por aquí. ¿Vienes a ampliar la denuncia o a poner un nueva?».

Bárbara presentó en esa comisaría a las 0.31 horas la denuncia que se adjunta. En la denuncia no se hizo alusión a otras personas de las que Bárbara sospechaba, puesto que no tenía pruebas, pero sí comentó al comisario que en su teléfono móvil había recibido una amenaza de Prado y que en la memoria del mismo constaba la recepción de una llamada desde su número, el 909/02 61 59, si bien Bárbara, con los nervios, se había dejado el teléfono en casa. El comisario dijo que le llevase el teléfono otro día que él estuviera de servicio, para hacerlo constar en un anexo a la denuncia. Dos días después, Bárbara llamó a ese número y un contestador decía que no correspondía a ningún cliente. Quien conozca al Sr. Prado sabrá que ése ha sido su número, al menos, durante dos años.

Bárbara llamó entonces a Cristina para comentarle que le han vuelto a robar, para ver su reacción. Ésta volvió a insitir en que es inútil que siga poniendo denuncias, puesto que un tal Miguel Ángel Díez, que pertenece a un cuerpo especial de Policía, le había dicho que se iba a paralizar cualquier gestión que Bárbara iniciase y que vea a un abogado de confianza y le recomendó otro, diferente del primero, y se ofrece a organizar una reunión con él en su propia casa, insistiendo en que tenga lugar en su casa y no en ningún otro sitio.

La reunión con el abogado Javier Márquez y Fernández de Córdoba tuvo finalmente lugar en casa de Cristina, si bien Bárbara se dio cuenta de que estaban grabando toda la entrevista, ya que nombraban a personas importantes, tratando de comprometerla y ella les siguió el juego. Tras la reunión, el abogado se fue y Cristina le pidió a Bárbara que se quedase a tomar algo con ella, ya que era tarde. Cuando se ausentó para dar orden al servicio, sonó el móvil de Cristina y Bárbara, contestó. Al tener ambas la voz bastante grave, quien llamaba debió pensar que ella era la condesa y dijo: «Hola, soy Anasagasti. Te llamo para confirmarte que hemos grabado toda la reunión. Con esto y los papeles que firmó cuando le llevaron el coche, ya la tenemos». Bárbara, asustadísima, colgó inmediatamente. Cuando volvió Cristina, preguntó quién había llamado, pero Bárbara le dijo que se había cortado.

Días después llamaron a Bárbara desde Ford para reclamar por qué no ha devuelto el coche. Ella explicó que le habían comunicado que el coche se lo cedían todo el verano y Ford aclaró que no era así. Bárbara dijo que quizás se aclararía en los documentos que firmó. El Sr. Ribera, De Ford dijo que sólo había un fotocopia de un documento con un firma y no tres, que le había enviado la persona que le había hecho llegar el coche, Jesús Obispo, que entregó el coche con un día de retraso respecto a lo planificado.

Ésta es la situación a fecha de hoy.

Ante la indefensión e insoportable tensión de la que está siendo objeto Bárbara, las personas que nos preocupamos sinceramente por ella hemos decidido que se distribuya este documento para hacer saber a todos los medios y hasta donde sea posible llegar, la situación insostenible de que está siendo víctima: además de teléfonos intervenidos, seguimiento de sus movimientos e incluso el acceso impune a su casa y hasta al contenido de sus cajas de seguridad en bancos, empezamos ya a temer por su integridad y la de sus hijos. Nos preocupa especialmente el que se hayan sustraído documentos, por parte de suponemos quién, pero cuyo uso no podemos ni adivinar y tememos que se inculpe a Bárbara.

La indefensión llega a tal extremo que, según la propia Policía nos ha informado, había llegado orden desde instancias superiores de no realizar ningún tipo de investigación relacionado con la segunda denuncia, cuando ella acusó directamente a Anasagasti. Lo cual nos hace pensar que ha ocurrido lo mismo con las otras. Los que conocemos bien a Bárbara sabemos que esta situación kafkiana la está llevando al límite de su resistencia. Ha soportado presiones, humillaciones y amenazas más allá de lo imaginable, cuando lo único que desea es poder llevar una vida normal con sus hijos y que su imagen pública y su carrera profesional sean restituidas.

No está sola y hay personas con sólidos recursos que también la apoyan incondicionalmente y que no van a tolerar que personas sin moral medren a costa de buscar la desgracia y el desprestigio de Bárbara.

Por el bien de todos esperamos que la resolución de este problema sea inmediata».

El panfleto fue la señal de salida para la puesta en marcha de un nuevo modelo periodístico en que, por primera vez en la historia de este oficio, los autores de los textos se estaban refiriendo a una persona concreta innominada que, se debería sobreentender, los lectores sabían de quién se trataba. Todo un diálogo para besugos.

Bárbara Rey, interpretando posiblemente el mejor papel de su vida, adoptaba el rol de dama ofendida y, por si era poco, acosada por las fuerzas del mal. La «prensa rosa» no sabía a qué palo quedarse y tan pronto recurría a los padres de la actriz recogiendo sus lamentos («Estamos destrozados»), como hacía reaparecer en escena al olvidado y antes denostado Ángel Cristo («Que nadie se atreva a tocar a mis hijos o a Bárbara», afirmaba rotundo el domador). Pero quien más claro parecía tenerlo era la gente de la calle («Pienso que Bárbara necesitaba dinero», declaraba en *Diez Minutos* un kiosquero de la plaza Mayor de Madrid) y, por supuesto, la propia María García García, que en la revista *Lecturas* asomaba tímidamente sus garras: «El asunto está ahora en manos de mis abogados, quienes emprenderán las acciones legales pertinentes».

Pero Bárbara Rey, que es más lista que el hambre, tenía trazada su propia estrategia y, piano piano, empezaba a soltar lastre. «Yo sólo he dado cariño a quien lo necesitaba», decía a título de declaración de intenciones en Telemadrid, para entrar seguidamente en materia: «Yo tengo fotografías en mi casa y en todo momento esas personas sabían que estaban siendo fotografiadas o filmadas sin mayor problema». La cuestión empezaba a estar clara y, por si había dudas, María las despejaba: «A lo mejor no es que lo sabían, sino que las fotografias y los vídeos las han hecho ellos mismos». Y, para ir dejando atrás la calculada ambigüedad, añadía un elemento nuevo: «A mí me matarán. Espero que no se atrevan con mis hijos, porque entonces Dios me dará una segunda vida para cargarme a quien haga falta. Yo llego hasta el final y la gente sabrá quién me ha matado».

La *starlette* había introducido en escena el factor distorsionador que ella pretendía y algunos medios se iban a encargar de servirle de altavoz, pero siempre dentro de un orden. De esta forma, *Interviú* afirmaba en una de sus páginas de cotilleo que «la cara oculta de la historia del gallinero nacional que nunca conoceremos está llena de confesores importantes que ejercieron y ejercen de maquiavelos y negociadores en trascendentales asuntos. Jaime Peñafiel, uno de los periodistas que más sabe del entorno de la familia real, cuenta que Bárbara Rey habló durante tres horas con el padre Bartolomé, el confesor dominico del Rey». Karmele Marchante, una de las más acreditadas comadres de la crónica de sociedad, escribía en *Tiempo* que «Bárbara Rey lloró en Valencia lágrimas de dolor y rabia. No pudo explayarse en el programa *Tómbola*, a pesar de que se subió a un avión con el contrato en la mano y dispuesta a cantar *La parrala* aunque fuera a las puertas de Canal 9. Tengo la impresión de que para contar sus propias barbaridades tendrá que salir de España».

Bárbara Rey aprovechaba cuantas oportunidades se le daban y, pese a su fallido manifiesto televisivo en *Tómbola*, lanzaba en el periódico valenciano *Levante* una nueva carga de profundidad. Tras explicar que había sido vetada horas antes de emitirse el programa y que «la orden ha partido de alguien de muy arriba», entraba al trapo que el periodista le tendía indisimuladamente:

–¿Algún día dará el nombre de la persona relevante de la vida española que mantuvo una dilatada relación con usted?

–Creo que en la vida todo tiene un límite. Siempre he sido muy discreta, pero todos tenemos aguante hasta cierto punto. Sí puedo decir que las personas cuyo nombre he mantenido en secreto y no desvelo que, desde luego, conmigo no se están portando bien. No he recibido ningún tipo de respuesta, ni atención por parte de nadie, ni siquiera una llamada telefónica, ni de esa persona ni de nadie.

–Aclare el plazo de la caducidad de su silencio.

–No tengo un plazo. Depende de cómo evolucionen las cosas. Si siguen atacándome de esta forma, habrá un momento en que tendré que defenderme.

La última pregunta del periodista de *Levante* desvelaba una faceta inédita del personaje: «Soy murciana. Tengo convicciones políticas que no he manifestado nunca por hacer favores a otras personas. A mi padre lo fusilaron en Badajoz. Era rojo y yo lo sigo siendo, aunque tenga fama de ser muy de derechas. Aprecio la justicia y la libertad».

El siguiente paso estaba cantado. La aparición pública del nombre del Cesid lo hizo curiosamente una revista de chismorreo. Fue *Diez Minutos* la que sorprendentemente informó, haciéndose eco de las palabras de la *vedette*, de la irrupción en el caso de la central de inteligencia militar española. Por muy disparatado que parezca, ésa era la realidad: «Tengo micrófonos en mi casa. Soy una víctima más del Cesid. Me siento perseguida. No me dejan vivir. Siempre he hecho el bien y, cuando he querido a alguien, ha sido de verdad», declaraba trepidante Bárbara. La revista añadía de su propia cosecha que su entrevistada «si bien se siente desprotegida por la justicia, sigue teniendo documentación muy importante y muy comprometedora que usaría como seguro de vida si fuera necesario».

Era el *desiderátum* y el escándalo estaba servido. Hasta el *Hola* se hacía eco del caso y titulaba «¡Como una película de espías! El misterioso caso del 'material comprometedor' robado a Bárbara Rey en su casa». *Lecturas* no le iba a la zaga: «Habla Bárbara Rey: Me han amenazado de muerte. Me han utilizado para hacer daño a la persona que vivió conmigo una relación de afecto de 17 años. Pretenden que me marche del país, pero no pienso hacerlo. Recibí un paquete anónimo con fotos en la que estaba yo y otras personas». La denominada «prensa seria» no iba a la zaga en el asunto y, así, Leopoldo Alas llamaba en *El Mundo* a Bárbara Rey «la espía que le amó». Incluso la propia Aurora Pavón (Pablo Sebastián) hacía alusión en el mismo periódico a los «años de espionaje del Cesid por casas y alcobas de media España, sin pararse en rango o condición. (...) Mejor una vez colorados que cientos amarillos, y así nos ahorramos el contrato del vídeo de Bárbara Rey, que si se entera Ángel Cristo del pelotazo se come un león». Incluso el derechoso director de *Época* Jaime Campmany le dedicaba su sección «Los Episodios Nacionales», que titulaba escuetamente «Bárbara Rey». Escribía Campmany: «Después de las declaraciones de Bárbara Rey en algunas cadenas de televisión y en otros medios, toda España se pregunta por el nombre del 'personaje muy importante'. Precisamente la discreción y el misterio que rodean ese nombre hace más picante y audaz la adivinanza. A estas horas, el nombre que Bárbara oculta se ha convertido en un secreto a voces. Es muy posible que se trate de una historia vieja que sale ahora a la luz vaya usted a saber por qué, por quién y con qué intenciones. De todas maneras, lo que yo únicamente quería decir aquí que lo bueno y lo malo de mi paisana, la guapísima totanera Bárbara Rey, es, además del nombre, el apellido».

Pero, pese a la obviedad, Campmany tampoco citaba el gentilicio maldito. La única referencia concreta de que «el personaje muy importante» era el Rey de España aparecería en la revista *Tribuna* el 14 de julio de 1997, eso sí, después de un título previo tan espectacular como desaforado: «Oscuras maniobras contra los poderes del Estado». En la entradilla del reportaje, explicaba su peculiar visión de la noticia: «La historia del chantaje es tan vieja como la de la humanidad. Para que exista, es necesaria la presencia del extorsionador, pero aún lo es más la de la persona cuyas debilidades son convenientemente explotadas por el chantajista. El oscuro asunto de las presuntas amenazas a Bárbara Rey y el supuesto robo de unas cintas de vídeo y unas fotografías que, según la propia actriz, 'implican a personas muy importantes' tiene toda la apariencia de un montaje. A las repetidas declaraciones de la actriz –que todavía no ha justificado por qué tenía en su poder este material comprometedor para una persona a la que dice querer– hay que añadir la existencia de elaborados informes repartidos generosamente por las redacciones. Decir que sobre este rocambolesco episodio vuelve a planear la sombra de Mario Conde no resulta gratuito. El propio ex banquero ha reconocido que se entrevistó con la actriz con el supuesto propósito de 'informar a los afectados'. Sin embargo, tras estas benéficas intenciones, el ex banquero ha conseguido que todo el mundo, especialmente los afectados, sepan que él ya se encuentra detrás del asunto». En ese mismo texto, perdido al final de un párrafo, Manuel Hermógenes, autor de la información, daba por fin la clave del tema, aunque para ello se escudara en lo publicado por un diario extranjero: «El periódico italiano *La Reppública* lo tuvo muy claro en el titular que encabezaba la crónica de su corresponsal en España, Carlos Elordi: 'Complotto sexy contra Juan Carlos».

En este guirigay sólo faltaba la aportación de la sempiterna e incombustible Pilar Urbano que, en su libro, *Yo entré en el Cesid*, proporcionaba una visión muy *sui géneris* sobre el caso. «¿Dónde está el vídeo maldito de Bárbara Rey?» titulaba el capítulo decimoséptimo de su última obra:

«*Abre la puerta de la salita donde me dejó. Hace un amago de saludo cortesano con reverencia, en broma. Observo que ahora en vez de* El País *lleva un ejemplar de* El Mundo.

–*¿Qué trae hoy* El Mundo *para que tú te pases a la competencia? –le digo.*

– *¿No lo has leído...? 'Bárbara Rey denuncia por robo a* Prado *y* Colón *y* Carvajal'. *Y aquí abajo trae un curiosa referencia a* Mario Conde.

Salimos, vamos desandando los largos pasillos que recorrimos al llegar. Y antes de que me examine él a mí acerca de lo que he visto en el álbum, tomo la iniciativa de examinarle yo:

–Supongo que si te pregunto por un chalé en la calle Sextante número 6, me dirás que no sabes no contestas.... ¿O puedes responder?

–En el Cesid, ni en tiempos de Manglano, ni ahora ni nunca ha habido chalés o pisos para montar juergas. En el de la calle Sextante ha dormido mucha gente: algún miembro importante del KGB, algún príncipe árabe, algún agente operativo extranjero al que había que guardar y proteger. Ha sido un chalé para reuniones de inteligencia de alto nivel, y con huéspedes. Pero yo te garantizo que jamás desde el Cesid se dio orden de grabar ni de filmar nada. No había cámaras instaladas en las habitaciones. Y si las hubo, fueron fraudulentas.

–El vídeo maldito de Bárbara Rey ¿no se hizo en Sextante?

–Yo no tengo noticia de que Bárbara Rey haya estado en el chalé de Sextante. Y voy a decirte más: si Bárbara Rey ha grabado a empresarios, a políticos, o al maharajá de Kapurthala, al presidente de Estados Unidos o al rey de Prusia... se lo ha montado cierta tienda de artilugios sofisticados que está por Alcalá. Son amigos. El dueño de la tienda está en muy buenas relaciones con BR. Desde hace tiempo. Ella ha grabado a todo el mundo... Y pensamos que ha sido ese hombre, el de ese establecimiento, quien le ha instalado el sistema de grabación de sus juergas con personajes. ¿Y dónde? Pues en la casa de su amiga Cristina Ordovás o en su propio chalé. ¿Por qué no lo tienes en cuenta? Lo que yo te puedo asegurar es que esos vídeos no se han grabado en el chalé que el Cesid tiene en Sextante.

–Estás admitiendo que existen los vídeos, y que sabes cómo se han hecho y quién ha podido instalar el sistema...

Efrén calla. Así, en silencio, caminamos un trecho.

–Esa mujer está organizando un buen cirio –le insisto-, porque se ha quedado sin copias... ¿Sabes tú quién le ha quitado esas copias... o ese original?

Sigue sin responder. Bajamos dos tramos de escaleras. De pronto, cuando ya no lo espero, me suelta:

–¿Quién? Alguien con mucha habilidad, mucha paciencia, mucho oficio operativo... No unos detectives cualquiera. No unos crolles. Ese tipo de 'operaciones' sólo pueden hacerlas profesionales muy bien seleccionados, muy silenciosos, muy discretos, muy expertos, muy cuidadosos... y muy leales.

–¿Y cómo? Háblame de eso.

–Te hablo, pero sólo como 'hipótesis de trabajo'.

–Vale. Hipótesis de trabajo: ¿dónde está el vídeo maldito, matarile, rile, rile?

–Todo 'supuesto', ¿eh?... el operativo dura semanas. Hay que conocer bien a los habitantes de ese chalé de Aravaca-Pozuelo, que es donde vive BR. Y sus costumbres. Sus hábitos y horarios de entradas y salidas. Hay que seguirla a ella y a los dos criados dominicanos a toda hora. Y a los dos hijos, niño y niña, en los fines de semana, que es cuando vuelven a casa. Eso requiere un dispositivo largo, paciente, muy disimulado, muy bien camuflado en la zona, para la observación y la espera. Hay que estudiar también si los criados, aprovechando que la señora no está en Madrid o que va demorarse en el regreso a casa, se toman una cerveza o se van un rato a un café por ahí. Los viajes de BR, en este caso, son muy interesantes. Tú puedes saber que ha estado en París, en Zurich, en Niza, en Barcelona, en Luxemburgo, en Bruselas, en Totana de Murcia, en la Costa del Sol...

–No, no, yo no lo puedo saber, no tengo medios. Lo sabrás tú si es que la sigues....

–O podéis haber coincidido al entrar o salir de un banco, o en el momento de abrir ella su caja fuerte. Tiene dinero en metálico, dinero negro, claro, en Bruselas, Luxemburgo y Zurich.

–¿Y perro? ¿Tiene perro? Porque un perro dificulta la cosa cantidad...

–No, no tiene perro. El vecino, sí. Antes de entrar se ha fotografiado todo desde fuera, para saber qué tipo y qué marca de cerradura y de alarmas electrónicas tiene la vivienda. Hay que averiguar con qué sistema o con qué empresa de seguridad tiene contrato. Lo de la alarma es muy latoso: conviene hacerse con una igual que la de ella. Desmontarla y ver cómo se desactiva; pero sin cortar cables, para que en la central de control de la empresa que le proporciona el servicio de seguridad no noten que está desconectada. Un truco es dejar algo virtual, simulando que sigue activa y en conexión. Cada alarma es un mundo de técnica electrónica muy precisa. Cuando se ha estudiado el exterior, se decide si entrar de día o de noche. En ese tipo de urbanización, de día hay menos controles. Hay más vigilancia de noche. En cambio, de día hay más tráfico, más movimiento de gente, más bullicio... más bollo. O sea, son preferibles las horas de actividad diurna. Una operación como ésta te obliga a entrar seis o siete veces. Siempre en total silencio, sin comunicarse entre sí los que han entrado. Ah, y buscando unos objetos (vídeos, fotos, cintas magnetofónicas) que no irradian luz, que no emiten sonido, que no huelen, que no tienen un color fosforencente, que no son llamativos de aspecto. Incluso pueden ser de tamaño muy pequeño: una cinta de minivídeo, una minicasete de audio...

–'Hipótesis de trabajo: chalé de BR'. Entras, y ¿qué?

– Entras y es un chalé de tres plantas atiborrado de muebles, cuadros, lámparas, chismes, fotografías, objetos y cachivaches de vitrina... Cuando una persona esconde algo, lo puede tener en sitios insospechados: dentro de un colchón, en los cojines de un sofá, detrás de un mueble... Tú no puedes andar desgarrándolo todo. Al contrario, no se debe notar que has estado ahí. Tienes que ir con cuidado, por si ha puesto algún 'testigo', un trocito de celo o un hilo en la alfombra, sobre las manillas de la puer-

ta.... Algo inapreciable a simple vista, pero que te delate ante ella. Entras cuando está despejado el campo. Por la noche los dominicanos se van a una fiesta caribeña en Alcorcón. Los sigues. Les montas ese control con un equipo de operativos, que conectan contigo por radio y dicen 'éstos siguen bailando' o 'siguen bebiendo', o '¡alerta!, que se levantan y se van de aquí'. Dentro de la casa ha habido siempre más de una persona: dos, tres o cinco. Hombres y mujeres, se suman, enriquece mucho una observación de esta naturaleza... La mujer aquilata el detalle, lo pequeño. El hombre ve lo que hay, la mujer nota lo que falta... Vamos con los lugares donde BR pudo haber escondido sus escabrosos tesoros: detrás de un cuadro, en el jardín, dentro de una bolsa de plástico, enterrada bajo el césped; en la piscina: ahí se esconden bien las cosas, donde está la depuradora o junto a los contenedores de basura; bajo unas tablillas del parqué que se levantan; muebles de la cocina. Ahí puede haber unas fotografías o una minicasete. BR, seguro, sabe esconder bien, es más astuta y más lista de lo que la gente cree. ¿Qué ocurre con el 'supuesto BR'? Pues que se busca un vídeo y resulta que ella tiene muchísimos vídeos: toda una vida artística, actuaciones, premios, fiestas, entrevistas, programas de televisión... Más lo que han hecho otras personas famosas, que a ella le gustan o que aborrece. ¡Tiene la casa llena de vídeos! ¡Y cientos de cintas magnetofónicas!

–Chesterton, en La esfera y la cruz, *tiene una salida ingeniosa de puro elemental: '¿Dónde esconder una cruz? Entre muchas cruces'.*

–¡Exacto! Un buen escondite para un vídeo es una videoteca. Hay otra posible astucia de mujer: grabar esas escenas que a ella le interesan en un vídeo ya usado: un inocente vídeo de sus hijos, o de rocieras, o en una película erótica, o en medio de una larga entrevista de Ana Obregón... Ella ha grabado cosas de todo el mundo: de Colón de Carvajal, de un empresario que se llama Luis Anasagasti, las entrevistas que le han hecho a ella misma o a otras artistas. Por algún motivo que no sé, las guarda...

–¿Sabes que graba a todo el mundo? ¿No sabes por qué lo guarda? ¿Sabes? ¿No sabes?

–Quedamos en que todo era un supuesto, una hipótesis. De lo contrario, no sigo... ¿Dónde esconder una foto? En un álbum, detrás de otra foto grande con sus cantoneras puede estar la foto maldita. Y una diapositiva comprometedora, revuelta entre cientos, miles, de diapositivas. Una de las condiciones, por tanto, era trabajar in situ. *Llevar un magnetoscopio, un reproductor de vídeo que tiene una pequeña pantalla de 8x10, más o menos del tamaño de media postal. Habrá que ir viendo cinta por*

cinta, pasándolas a velocidad rápida: pero hay que verlas todas, porque un vídeo puede empezar con los niños jugando en la playa y al poco, zas: el vídeo escabroso. Ella *seguramente pensó: '*Unos *detectives, unos policías o unos del* Cesid, *si ven el principio lo dejarán de lado creyendo que es un vídeo infantil'.* Otro *punto importante: aunque a una mujer como* BR *alguien le diera, qué sé yo, mil millones de pesetas, no hay modo de tener la certeza, con pruebas, con evidencias, de que no se ha quedado otra copia.* Y *sería el cuento de nunca acabar.*

–¿Por *qué no se le anulan o se le borran todos...?*

–Siempre *hay servicios amigos:* BND, CIA, Mossad... *que pueden hacer el trabajo de búsqueda.* Sobre *todo, si lo tiene escondido en una caja fuerte fuera de* España. Y *existe el electroimán, con el que alteras el orden molecular de los sonidos o de las imágenes grabadas, y de un barrido puedes borrar todos los vídeos que hay en esa casa.* También *las cintas de audio.* Y *el vídeo maldito.* Pero... *en este 'supuesto de trabajo' hay un patrón.* Y *ese patrón quiere tener ese material: fotos, diapositivas, carretes negativos, cintas de magnetofón, vídeos, películas.* Lo *que haya.* Todo. Es *una operación que exige un rendimiento positivo a toda costa.* O *sea, no cabe fracasar.* Ah, *además, los que esconden cosas tienen la horrible obsesión de la inseguridad y se pasan el tiempo inventando nuevos escondrijos, cambiando sus 'joyas' de sitio.* A *veces no recuerdan dónde las guardaron la última vez.* Y *salen denunciando '¡*Me *han robado!'.* Pero *no hay tal: simplemente han olvidado dónde las pusieron.*

–Estamos *ya en la videoteca, y con un reproductor portátil...* ¿Qué *más?*

–Para *una acción de esa clase te llevas varios reproductores de audiovídeos portátiles con pantalla* 10x8. Vas *pasando rápido, sin sonido, para que no te oiga nadie.* Cuando *das con el videoclip de marras, a lo mejor te percatas de que la carátula tiene una pequeñísima marca: un triángulo, tres puntos...* Entonces *sacas el contenido.* Dejas *el continente y sustituyes un vídeo clip por otro tan inocente como...* Independence´s Day. Al *menos, así salen ganando los niños».*

El medio que más se aproximó a narrar la realidad de lo sucedido fue la revista *Interviú* que, curiosamente, en una entrevista realizada en su número 4 del 10 de junio de 1976 le dedicaba dos páginas a Bárbara Rey de la que hacía una sucinta biografía: «¿Es 1976 el año del *boom* Bárbara Rey? Veamos: antes hay ocho años de esforzado trabajo de actriz. Algo de café-teatro y mucho cine. Algo así como 40 películas. Bastantes papeles estelares. La belleza de Bárbara tampoco ha quedado inadvertida: un título de miss Madrid; una buena clasificación de miss Mundo. Ha habido también pasto chismográfico para la prensa del corazón a propósito de su amistad con Alain Delon. Y un pleito sonado con un periodista a propósito de cierto libro. En esos años anteriores, empero, Bárbara no ha traspasado los límites normales de la fama entre la gente de su profesión». En esa extensa entrevista existe un dato supuestamente irrelevante y, con el tiempo, casi profético. A la pregunta de cuál es para ella «la figura política actual con más atractivo», la ex miss Madrid responde sin dudas: «No sé si se podrá poner... el Rey. Juan Carlos I. Para mí no tiene rival».

El nuevo texto del reportaje publicado tras el escándalo está lleno de insinuaciones y aproximaciones al meollo del asunto. Es el que sigue:

«*Bárbara Rey montó en su chalet de* Boadilla del Monte (*Madrid*) *un nido de espionaje con trampas para hacer filmaciones y grabar conversaciones íntimas. Para ello camufló una cámara en el ángulo superior de las cortinas del dormitorio. No se trata de una película. Es la trama que dos personas cercanas a la* vedette *desvelan a* Interviú.

Bárbara Rey ha disparado un escándalo de amor, espías, amenazas y chantajes tras manifestar que ha mantenido durante diecisiete años una relación con 'una alta personalidad del Estado*'. Esta noticia llegaba a los medios de comunicación por medio de un informe anónimo de siete folios, con todo lujo de detalles, que se adjudica al 'ángel de la guarda' de Bárbara Rey, aunque lo niega. En dos semanas no ha desmentido ninguno de los aspectos del citado informe recogido por la prensa, e incluso ha corroborado no pocos datos. El dossier iba acompañado de la última denuncia en comisaría* (13-6-97) *presentada por la conocida* vedette, *en este caso contra otro personaje famoso,* Manuel Prado *y* Colón de Carvajal. *Bárbara ya había cumplimentado otras dos denuncias* (25 *de mayo y* 1 *de junio*) *en el mismo contexto del robo de 'tres cintas de casete, cinco de vídeo y veinte diapositivas' todas ellas comprometedoras para la 'alta personalidad', y amenazas de muerte contra ella y sus hijos por parte del citado diplomático y financiero, quien estudió querellarse por este motivo contra su persona.*

Pero esta historia arranca en 1994, *cuando Bárbara llega a la conclusión de que los años no perdonan. Según los testimonios recogidos por* Interviú, *es entonces cuando decide realizar fotos y cintas de vídeo comprometedoras. Al parecer, el capítulo de conversaciones grabadas ya lo tenía cubierto desde hacía tiempo. Así ha podido contrastarlo esta revista en el círculo de amistades de la* vedette *que han hablado para* Interviú.

Según estas versiones, Bárbara urde la encerrona y se hace con el equipo técnico apropiado. Objetivo: cazar a su acompañante en actitudes 'cariñosas', con la menor ropa posible y en las conversaciones más comprometidas. Así lo cuenta Ramón Marín Ibáñez, quien fue contratado en su día por la actriz para que le sirviera de intermediario: 'Bárbara acudió a La Tienda del Espía, en la calle Alcalá de Madrid, para que le instalasen en su dormitorio una cámara de vídeo. Ella les metió un rollo a los dependientes de que tenía un novio y que estaba convencida de que cuando salía de gira, él le ponía los cuernos en su propia habitación'.

La pequeña cámara de vídeo, según el mismo relato, fue instalada por un técnico italiano durante un fin de semana, aprovechando que libraba el personal del servicio de la casa. La cámara, de unos diez centímetros de alto, fue ocultada en los pliegues del vértice del ángulo superior de la cortina, para captar la diagonal con la cama. El sistema de audio se conectó mediante cableado al reproductor de vídeo que había en el dormitorio. De esta forma, la cámara registraba cualquier imagen y el vídeo grababa directamente en cinta.

A partir de este momento, es cuando se producen los teóricos encuentros. Bárbara da a Ramón Martín suficientes detalles de la reunión para que éste negocie. Se toman fotos en el jardín, en la barbacoa en la que se había preparado una paella. Las instantáneas las realiza un pariente de Bárbara, según la versión de Martín, y de un tercer personaje, vamos a llamarle H, que siempre ha estado muy próximo a la vedette*. Arriba, en la habitación, el vídeo hará el resto. La conversación será conducida por los terrenos más escabrosos: familia, amistades, negocios, pasiones..., según la versión del testigo H, que manifiesta haber visto incluso el vídeo. El material para un supuesto chantaje ya existe. Siempre según estas fuentes, desde un principio Bárbara quiere aparecer como víctima y utiliza a Ramón Martín para que haga de portavoz de un grupo extranjero con el que aparentemente no tiene relación. Martín ha de pedir telefónicamente por las fotos varios miles de millones de pesetas. Bárbara, según estas fuentes, incluso habría aprendido a revelar fotografías, para tener, de ese modo, todo controlado.*

El intento de chantaje se pone en marcha. 'Somos un grupo extranjero que tiene en su poder el material. Bajo el felpudo de la casa de Bárbara Rey hay una muestra'. Salta la alarma y llegan al 'lugar de los hechos' un grupo de personas que dicen ser agentes de un servicio de inteli-

gencia. Siete de ellos se instalan en el chalet. En los cuatro primeros días, Bárbara, fiel al guión, da muestras de una gran sangre fría. Graba incluso las conversaciones con los supuestos espías. Les graba igualmente cuando tiempo después les llama a un número que le habían dado. Interviú ha podido oír parte de una de las conversaciones que supuestamente grabó la propia Bárbara Rey, en la que se muestra muy nerviosa, porque cree que le han puesto un punto de escucha y vigilancia en la casa de su vecina, la actriz Lleny Llada, lo que demostraría, en todo caso, que los servicios de inteligencia sospecharon desde el primer momento que la vedette podía estar detrás de todo.

–Ha venido un amigo mío y me ha puesto un aparato y he escuchado lo que estaban hablando –dice Bárbara a su interlocutor–. Y es una persona mandada por vosotros y no quiero nombrar a nadie.

–Escucha, escucha te voy a dar una prueba de confianza. Como comprenderás, ¿cómo vamos a hacer nosotros eso?

–Un amigo mío me ha dado las ventosas y las he puesto.

–No tiene nada que ver con nosotros. Confía en mí.

–Yo me salgo de esta historia y que se apañen como sea, lo que está clarísimo es que mi vida no me la soluciona nadie. Porque yo, desde que estoy con esto, no tengo noticias de nadie... Si estáis pendientes de llegar a algún arreglo o queréis llegar a algún arreglo... yo para eso ya no.... la cabeza a mí ya no me da. Porque si tanto se me quiere y se me aprecia después de tantísimos años de fidelidad etcétera etcétera... y si me pasa algo a mí ¿qué? Saben perfectamente algunas personas que les tengo mucho cariño y mucho aprecio. Pero yo no estoy viendo esa muestra de carino por la parte contraria y no me da la gana. Es mucho tiempo y muchos años, y bueno, sé latín, ¡Lo que me ha enseñado la vida a mí!

Ramón Martín Ibáñez ha ofrecido algunos detalles de lo que sería un supuesto intento de chantaje en el que habría participado en el verano de 1994, junto a Bárbara y el citado H.

El día de los enamorados, el 14 de febrero de 1996, Manuel Prado se entrevista en el hotel Villamagna con Ramón Martín, y éste se descubre como el cómplice que puso la voz en las negociaciones, además de alertar a Prado de la existencia del vídeo y de las cintas. La situación para Bárbara va a cambiar diametralmente, porque ya nadie se fiará de ella. A la semana siguiente, el 23 de febrero, Bárbara Rey sufre un extraña enfermedad en medio de la grabación de su programa de televisión Esto es espectáculo. La dolencia, según Martín, no es otra que el *anuncio de que alguien está buscando en casa de sus padres, en* Totana (*Murcia*)*, el vídeo y las cintas grabadas.* El *pastel se ha descubierto*».

Pero la información de *Interviú*, con ser con mucho la que más se aproximaba a la realidad de lo acaecido, dejaba numerosas lagunas sin cubrir. De entrada, obviaba el gentilicio del Innombrable: Él, Juan Carlos I de Borbón.

Sin embargo, una cosa era conocer los hechos y otra contar la realidad, un ejercicio crudo y duro en la España borbónica de hoy. El elemento que *Interviú* tenía guardado de la manga, Ramón Martín Ibáñez, era un antiguo espía del Cesid ahora metido a chantajista. Y la persona que la revista denominaba como H no debería ser otra que una tía madrina de la propia Bárbara Rey, Hortensia. Entre los tres, con el material vídeo-fotográfico en sus manos, urdieron el chantaje y pusieron en marcha la estrategia para lograr un «pelotazo» que les supusiera el final de todas sus calamidades en su mundanal existencia.

María García García, *Bárbara Rey*, según el relato que Martín Ibáñez fue contando a *Interviú* y otros medios de comunicación que quisieron oírle –y pagarle–, mantenía desde años atrás relaciones íntimas con Juan Carlos de Borbón. Los encuentros amorosos con el monarca español se habían dividido en dos etapas, después de que la *starlette* hubiera tenido unos escarceos previos con el hoy duque de Suárez, en aquel entonces jefe de Gobierno español con la UCD. A lo largo de ese tiempo, la Rey de apellido y el Rey en ejercicio tuvieron oportunidad de mantener diálogos de toda índole. *Interviú* ya señala en su información que en el último encuentro grabado en vídeo María García había conducido la conversación por «los terrenos más escabrosos: familia, amistades, negocios, pasiones...». La información de la revista dice también que «al parecer, el capítulo de conversaciones grabadas ya lo tenía cubierto desde hacía mucho tiempo». Por ejemplo, alguna llamada en la mañana del 23-F u otros avatares sobre su situación financiera.

Lo del vídeo, siempre según Martín y la tía-madrina, ya fue más duro: con la regia figura entrando de plano en el ángulo de la minúscula cámara de vídeo, la porno-actriz metida ahora a hábil entrevistadora, va planteando cuestiones de la más estricta intimidad, desde cómo se lo monta el aludido con su egregia consorte hasta sus intereses en las Baleares. El vídeo fue grabado en el chalet de la Rey. El «familiar» que realiza las fotografías mientras Bárbara prepara un plato típico levantino y Juan Carlos le hace arrumacos es el propio hijo de la actriz, Ángel Cristo García.

El visionado del vídeo alienta las expectativas del trío chantajista, que establece en once mil millones de pesetas la cantidad a solicitar. La espoleta del plan consiste en colocar debajo del felpudo del chalet las fotos tomadas previamente, mientras Bárbara y Juan Carlos realizan uno de sus habituales encuentros.

Cuando las fotos salen de su escondrijo, Juan Carlos se reconvierte entonces en un hábil velocista y tarda segundos en desaparecer del escenario de los hechos. En su lugar hacen acto de presencia agentes del Cesid que, pertrechados de los más sofisticados aparatos de tecnología punta, ponen en marcha su labor investigadora. No tardan en descubrir el montaje. La primera pista viene dada por el propio hijo de María García.

Entonces comienza ya una segunda fase: se trata de localizar las pruebas y, en el peor de los casos, negociar. Bárbara Rey aparece misteriosamente presentando un programa semanal de televisión en hora punta por el que cobra un millón de pesetas por cada una de sus actuaciones y, a tenor de los datos facilitados a los medios de comunicación por el ex agente del Cesid y la tía-madrina, exige una serie de contraprestaciones económicas, que incluyen el abono de las cuotas mensuales del colegio de sus hijos en el extranjero. María García y sus interlocutores llegan por fin a algún tipo de acuerdo, en el que se pacta una fuerte cantidad económica y la entrega de todo el material fotográfico.

Con el vídeo de Bárbara Rey se ponía una vez más en entredicho la independencia de los periodistas del Estado español. Estos profesionales, fuese cierta o no la versión difundida por Bárbara Rey, su tía-madrina y el espía Ramón Martín Ibáñez, era evidente que se habían negado a profundizar e investigar en un escándalo que, durante varios meses, conmovió a la opinión pública. Su sumisión llegó a tal extremo que, aún a fecha de hoy, ninguno de los profesionales españoles de la comunicación se ha atrevido a explicar a sus lectores que la «alta personalidad» no era otra que el actual Jefe del Estado. La sumisión, una vez más, estaba servida.

El 19 de noviembre de 1997, en pleno escándalo del vídeo de Pedro J. Ramírez, con la mitad de la península Ibérica haciendo chanzas a cuenta del corpiño rojo del director de *El Mundo*, una noticia sacudió las redacciones de Madrid. El mensaje que se filtró era tan escueto como amenazante: «Ocho altas personalidades del Estado han recibido el vídeo del Rey con Bárbara Rey». ¿Ustedes lo han visto? Y es que el sistema puede permitirse algunas displicencias y jugueteos como los de Pedro J. Ramírez. Pero tiene muy claro que con las cosas de comer no se juega.

Bárbara Rey, la otra protagonista de esta historia, ha pasado ahora a un segundo plano y su ya maltrecha estrella se ha eclipsado definitivamente. En su chalet de Boadilla del Monte los portafotos que antes enmarcaban el rostro de Él, exhiben ahora una instantánea de otro galán otoñal y sonriente, Robert Reford. Ella dirige de vez en cuando su mirada hacia los marcos y, arrellanándose en los mullidos sofás, deja escapar un lamento indefinido. Aunque quizá también pudiera ser un suspiro de melancolía.

6
Editores, banqueros, piratas

Controlar la información fue siempre el sueño de todos los tiranicidas. Aquel que tiene en sus manos los mecanismos para transmitir su particular e interesada visión de los hechos sabe que existe una muy amplia posibilidad de que, al menos durante cierto tiempo, gran parte de la población crea la historia que el emisor le está narrando. Por eso, una de las principales preocupaciones de todos los sátrapas que en el mundo son y han sido es la de manejar a su antojo los mecanismos que en teoría sirven para comunicar noticias a sus semejantes.

Antiguamente, por contradictorio que pudiera parecer, existían más posibilidades de difundir voces y razones alternativas a la verdad oficial. Mantener entonces un medio de comunicación resultaba bastante menos oneroso que en la actualidad. La figura del periodista-tipógrafo, que armado de un chibalete componía páginas a mano con tipos móviles, constituía algo habitual antes de la asonada militar de 1936 en que el fascismo se entroncó definitivamente en el Estado español. Las publicaciones semanales eran por aquella época en Euskal Herria mucho más abundantes y diversas que en la actualidad, siendo difícil no encontrar en todas las poblaciones de cierta importancia uno o varios medios impresos en donde se recogía la riqueza ideológica de una sociedad plural.

Las nuevas tecnologías han arrasado con esa variedad y, cada vez más paulatinamente, la concentración de medios es la tendencia dominante. En nombre de un supuesto progreso, los amos de la información preconizan la necesidad de poner en unas pocas manos la titularidad de los medios de comunicación, consolidando esos grupos multimedia que, tanto en el Estado español como en Euskal Herria, son ya una realidad. A partir de ahí, la otra realidad, la que vivimos cotidianamente, se convierte cada vez más en un hecho virtual que aleja al receptor de la información de las verdaderas claves de las noticias.

Los periodistas son progresivamente instrumentos sumisos en manos de los todopoderosos patronos de los multimedia. Éstos a su vez, y en contra de lo que pudiera parecer dado su protagonismo mediático, no son en realidad más que los tapados de los verdaderos poderes fácticos que controlan el conjunto de la sociedad.

Basándose en los propios datos que certifican los multimedia, se puede concluir sin margen de error que, por lo que se refiere a la prensa escrita, tres grandes grupos copan más del 40% de los casi tres millones y medio de ejemplares de periódicos que se difunden a diario en el Estado español. Prisa, Comecosa y Zeta suman a diario entre ellos solos más de un millón y medio de ejemplares. En el sur de Euskal Herria, la proporción de ejemplares de prensa en manos de un solo grupo (Comecosa, con alrededor de 240.000 ejemplares diarios) es de casi dos tercios frente a un tercio (entre las restantes cinco cabeceras y sumados también los periódicos de Madrid que se distribuyen en territorio vasco no alcanzan los 130.000 ejemplares).

Casi todo el mundo sabe, después de numerosas presencias y diatribas en los medios de comunicación, que Jesús de Polanco y Juan Luis Cebrián son los *alma máter* de Prisa (*El País*, la Ser y Canal Plus entre otros). También es sobradamente conocido el papel estelar que desempeña Antonio Asensio en Zeta (*Interviú*, *Tiempo*, *El Periódico de Catalunya* y Antena 3 de Televisión hasta hace poco). Menos proclive a las bambalinas y luminarias de la fama es Santiago de Ybarra y Churruca, factótum del Grupo Correo o Comecosa (*El Correo*, *El Diario Vasco* y nueve publicaciones cotidianas «regionales» más por todo el Estado, además de Tele 5). Pero, con ser todos ellos personajes capitales en sus respectivos *pools* empresariales, no serían nada sin la presencia de los grandes patronos de la banca a sus espaldas. La multimilmillonaria guerra de la televisión digital, de la que el fútbol televisado fue uno de sus más enconados capítulos, destapó nítidamente la verdadera realidad de quiénes eran los amos de la comunicación, tanto en el Estado español como en Euskal Herria. Fue entonces cuando se quitaron las caretas y, uno tras otro, fueron mostrando sus garras el Banco Bilbao Vizcaya, el Santander y el Central Hispano. La afirmación que sigue pudiera parecer una extrapolación exagerada, pero la fría realidad económica reflejada en los consejos de administración de los medios de comunicación demuestra que, sin temor a dudas, Emilio Botín, el prohombre del Santander, y Emilio de Ybarra, del BBV, son las dos personas que más poder tienen actualmente en los medios de comunicación que se leen, ven u oyen tanto en Euskal Herria como en el Estado español.

Jesús de Polanco, Antonio Asensio y Santiago de Ybarra son los tres editores más poderosos y conocidos de una larga pléyade de personajes entre los que, salvo una minoría honorable, aparecen frecuentemente otros sujetos con un currículum que en algunos casos haría palidecer a los forajidos más patibularios. En las procelosas aguas del mundo de la comunicación han navegado desde aventureros a estafadores, pasando directamente por elementos del GAL y sujetos asociados a los servicios de espionaje. Entre los eximios especímenes que han controlado medios impresos o audiovisuales están personas que han terminado por dar con sus huesos en la cárcel después de estafas sonadas que conmovieron a toda la opinión pública. Javier de la Rosa o Mario Conde son dos de los casos más recientes, pero también están Sebastián Auger, un tipo del Opus que en la década de los setenta erigió en Barcelona el Grupo Mundo, o el constructor-sobornador relacionado con el PP de Burgos, Antonio Méndez Polo, titular del *Diario de Burgos*. Algún otro, como Juan Tomás de Salas y su Grupo 16, se saltó sin ningún escrúpulo la línea divisoria que separa la ética del bandolerismo, con una defensa numantina de los implicados en el millonario pufo del «affaire Ibercorp», especialmente de su amigo y protector Manuel de la Concha, ex síndico de la Bolsa de Madrid. El caso extremo puede representarlo Emilio Rodríguez Menéndez, vinculado a los aparatos parapoliciales del Estado, que logró que el GAL mantuviera simultáneamente durante un mes dos cabeceras en Madrid, *Ya* y *Madrid hoy*. No es menos reseñable también la peripecia de Javier Godó, conde de Godó, que incluyó en la nómina de su diario *La Vanguardia* a dos destacados elementos del Cesid, el coronel Fernando Rodríguez y Mikel Lejarza Eguía, *El Lobo* (quien le había sido recomendado por el periodista Antonio Herrero), para controlar tanto las infidelidades de su parienta como las de algunos de sus directivos. En Euskal Herria, a mediados de los ochenta, Luis Fernando Rodríguez Marañón, otro tipejo parapolicial, tuvo la osadía incluso de promover Nort Press como agencia de noticias, cuando en realidad se trataba de una conexión entre la mafia policial bilbaína y el chantaje más puro y duro.

La desfachatez y el arrojo de todos estos personajes es sólo equiparable a su falta de escrúpulos. Auger, que terminaría fugándose a un país latinoamericano, le aseguró a uno de sus más ilustres fichajes, Julián Lago, que «no me importa tu ideología con tal de que no seas comunista». Su periódico, *Mundo Diario*, sería con el paso de los años el portavoz oficioso del eurocomunista PSUC (Partit Socialista Unificat de Catalunya). Y Rodríguez Marañón tuvo el desparpajo de hacer una convocatoria pública en el hotel Carlton de Bilbo para dar a conocer su «agencia» a los medios de comunicación vascos y a los redactores aspirantes. Tras varios intentos de extorsión a líderes políticos, entre otros a Carlos Garaikoetxea, terminaría por pagarles a sus periodistas con billetes falsos de dos mil pesetas. Y en cuanto al inefable Emilio Rodríguez Menéndez, no se recató lo más mínimo en recurrir a los servicios de antiguos miembros del GAL, como Daniel Fernández Aceña y Juan José Rodríguez Díaz, *El Francés*, para proponerles que grabasen vídeos íntimos de personas vinculadas al mundo de la judicatura, la prensa y la política. Según declararía ante la juez Ana Revuelta algún tiempo después Javier Bleda, ex director de aquel engendro faccioso, el *Ya* era un montaje periodístico orquestado por la cúpula del GAL, tendente tanto a introducir elementos desestabilizadores en la vida pública, como a amparar a sus patronos. En Iruñea, el representante de Rodríguez Menéndez para estos menesteres fue Rafael Torres Arbizu, un antiguo jefe de seguridad del mexicano y ex presidente Trujillo, hoy reconvertido en tendero en la parte vieja de la capital navarra, que estuvo tratando de localizar desesperadamente ciertos vídeos en los que aparecerían en plena bacanal determinados elementos vinculados al PSN-PSOE de los tiempos de Urralburu.

Pero, con haber sido escandalosa la actuación de estos sujetos en cada uno de los casos, no se trata nada más que de polichinelas de opereta al lado de los grandes editores anteriormente citados. Cebrián-Polanco, Asensio e Ybarra son muy dados a discursos tan farragosos como grandilocuentes. A cada uno de ellos les gusta sobremanera usar un lenguaje solemne e institucional con que adornar sus intervenciones públicas. Oyéndoles o leyendo a sus exégetas, se diría de todos ellos que se trata de individuos sin mácula, eternamente preocupados por el bien público y el progreso de la humanidad. Sin embargo, cuando las biografías dejan de ser oficiales y no están escritas por sus respectivos lacayos, la realidad que transciende no está muy alejada de sus colegas de oficio anteriormente citados.

La prepotencia de Jesús de Polanco, un editor cántabro que hoy posee un poder omnímodo en Prisa, queda clara en dos de sus más afanadas afirmaciones. Y si la una no tiene desperdicio («los dos poderes más importantes de España son el Gobierno y Prisa, y al Gobierno lo hemos nombrado nosotros y durará hasta que queramos»), la segunda da muestra de hasta qué grado de altivez ha llegado la persona a la que sus numerosos adversarios denominan «Jesús del Gran Poder»: «No hay cojones a dejar a Prisa sin canal de televisión». La afirmación, de la que posteriormente Polanco renegaría, fue hecha con motivo de las adjudicaciones de las emisoras privadas de televisión, siendo Prisa el único que tendría derecho a un canal de pago. Cuando se consumó la profecía de Polanco, el entonces portavoz del Partido Comunista de España Andreu Claret declaró que «con este sistema preveo para el futuro que el mayor periódico, la mayor cadena de radio y la mayor emisora privada de televisión estén en las mismas manos. Y esto, que no ocurre en ningún país de Europa, es malo para la nación y para la libertad de expresión».

Pero Polanco, hoy presente –directa o indirectamente– en 250 sociedades, siempre supo bandearse hábilmente en la trastienda gubernamental. Ya fue así al comienzo de *El País*, cuando logró reunir a una serie de accionistas diversificados, todos ellos con grandes posibilidades económicas. El propio Polanco lo reconocía en el número 691 de *Cambio* 16 en febrero de 1985: «Al principio nadie creía en *El País*, ni siquiera los socialistas, es curioso. Sólo (creían) unos cuantos hombres de la derecha española, presumiendo más o menos de liberales, que habían creado una especie de club elegante, pero, club al fin y al cabo».

Polanco no le hacía ascos a nada. Todavía en las bocanadas finales de la dictadura franquista contó con el decidido apoyo de su paisano Emilio Botín que, a través del Banco de Santander, se volcó en el despegue del periódico. Esta buena entente se prolongaría con el tiempo y Juan Luis Cebrián, ya abandonada la dirección de *El País*, ocuparía el cargo de consejero delegado de Bankinter, una entidad bancaria filial del Santander.

El astuto negociante cántabro tan pronto le ponía una vela a Dios como otra al diablo. De esta guisa lo mismo lograba tener entre sus accionistas al más derechoso de todos los eurocomunistas, el economista Ramón Tamames, que contaba con el apoyo decidido del mismísimo Fraga Iribarne. La vinculación del ahora presidente de la Xunta galega con el mandamás de Prisa ya venía de antiguo. Polanco, que tiene la carrera de abogado, había iniciado su andadura profesional editando la revista *Aduanas*, negocio que simultaneaba con una difusora de libros especializada en textos jurídicos, Distribuidora Hispano-Americana. Su carrera fue vertiginosa a partir de ahí. Se especializó en libros de texto y, comenzando con la editorial Santillana, montó un impresionante emporio empresarial. Una tras otra fue haciéndose con el control de editoriales como Taurus, Alfaguara (adquirida a una familia navarra), Altea S.A. Ediciones, Mangold S.A. Editorial, Diagonal, Bidasoa, Distribuidora Itaca, Eurotrade, Teduca y Santillana del Pacífico, todas ellas nucleadas por el Grupo Timón.

La Editorial Santillana tuvo un auge espectacular en los años sesenta y, aparte de una reconocida profesionalidad, contó también con el apoyo decidido de la Administración pública española. En esa década de los sesenta, con el franquismo controlando férreamente cualquier actividad intelectual, los libros para menores de 16 años tenían que someterse obligatoriamente a la censura del Ministerio de Información y Turismo, cuyo titular entonces era Manuel Fraga. La tarea de censor máximo se la había adjudicado a su cuñado Robles Piquer, a quien había nombrado director general de Cultura Popular. Cuando a raíz del escándalo Matesa (la ficticia exportación multimillonaria a Europa de telares sin lanzadera), el Opus Dei, apoyado en el almirante Carrero Blanco, descabalgó a Fraga y al «sindicalista» José Solís del Gobierno, Robles Piquer encontró inmediato acomodo en el *staff* directivo de la editorial Santillana, de la que incluso tuvo unas acciones simbólicas. No mucho después, Robles Piquer fue nombrado director general de Coordinación Iberoamericana, puesto estratégico para entablar relaciones privilegiadas con los gobiernos latinoamericanos. Es por esa época cuando Polanco comienza su imparable penetración en el mercado de América del Sur.

Esta faceta comercial de Polanco tendría mucho que ver posteriormente con la línea económica y de opinión que seguirían sus negocios editoriales y periodísticos. A través del organismo público Focoex, Polanco tendría ya en los ochenta una importante adjudicación de compra de material educativo por parte del Gobierno colombiano para sus editoriales. Más recientemente, diversos medios de comunicación mencionarían los ventajosos créditos a bajo interés del Fondo de Ayuda al Desarrollo (FAD) que Polanco conseguiría para sus negocios en Latinoamérica. El entonces ministro de Comercio y Turismo, Javier Gómez Navarro, reconocería públicamente que una de las sociedades controladas por Polanco, Eductrade, se había beneficiado del 85% de las operaciones con cargo al FAD para suministro de equipamiento educativo, lo que suponía varios miles de millones de pesetas. «La concesión se debió al esfuerzo realizado por esta empresa en los últimos años para estar en el mercado latinoamericano y disponer de redes para exportar», explicó impávido Gómez Navarro. *El País*, por su parte, sería, a partir de su instalación en el mercado de América del Sur, de lo más complaciente con el corrupto Gobierno mexicano del PRI (Partido Revolucionario Institucional), pleitesía que trasladaría posteriormente a algún otro estado de Europa del Este, como Rumania, en donde incluso el posteriormente fusilado Ceaucescu contaría con entrevistas a toda página en el periódico de Prisa.

Pero Polanco, no satisfecho con ello, había trasladado a sus negocios mercantiles la máxima futbolística de que la mejor defensa es un buen ataque. Aupado en el endiosamiento, su beligerancia contra la competencia profesional fue épica y, mientras no tenía ningún incoveniente en arremeter contra las subvenciones públicas a la prensa, se embolsaba miles de millones de pesetas por ese mismo concepto. Sus rivales iban tomando nota y, ya en junio de 1981, se hacían eco de una noticia, desvelada inicialmente por el *New York Times*: una docena de periódicos en todo el mundo había recibido subvenciones por difundir artículos favorables a los programas de la organización de Naciones Unidas sobre el Tercer Mundo. Según el diario neoyorquino, las subvenciones procedían de una gran multinacional japonesa, líder en las construcciones navales, «interesada en divulgar un nuevo orden económico internacional».

Con motivo de la presentación en sociedad de Canal Plus, el canal privado de televisión que le había concedido el PSOE, el periódico *El Independiente*, dirigido por Pablo Sebastián, uno de los más acérrimos detractores de Polanco, publicó un artículo, acompañado de una fotografía en primera página, titulado «El régimen» que no tenía desperdicio y constituía un fiel reflejo de quiénes eran los «compañeros de viaje» del editor cántabro:

«Pero una cosa eran las empresas y las instituciones citadas y otra muy distinta los hombres, los protagonistas del éxito, del poder del nuevo régimen imperante y que Dios guarde por otros veinticinco años. Los redactores y fotógrafos no daban crédito al espectáculo. En la larga mesa, sentados, posando de pie y luego con champagne, estaba la clase dirigiente del poder. Una mano inocente los había llevado a una impresionante instantánea. Prensa, dinero y poder en carne y hueso, en pública sesión y con el rostro limpio y sonriente. Estaban casi todos los que son, y como el milagro no había hecho más que comenzar, cuando el negativo de la gran foto se mezcló con el fijador, un neutrón de la 'fusión helada' huido

de Italia, permitió que en nuestro revelado aparecieran todos los que son en sustitución de algunos suplentes ajenos al gran equipo. Y así obtuvimos la instantánea del poder del Régimen. De izquierda a derecha: Claudio Boada, Mariano Rubio, Pedro de Toledo, José Ángel Sánchez Asiáin, Carlos Solchaga, Miguel Boyer, Jesús de Polanco, Carlos March, Juan Luis Cebrián, Ramón Mendoza, Romualdo García Ambrosio, Alberto Alcocer, Enrique Sarasola y Alberto Cortina.

Polanco tampoco tuvo remilgos en ningún momento para mantener ciertos devaneos con algunos tiburones de la economía. En diciembre de ese mismo año de 1989, Mario Conde hizo negocios inmobiliarios con el hombre fuerte de *El País*. De esta forma, el Grupo Banesto, que controlaba el capital de La Unión y el Fénix, vendió el edificio central de esta aseguradora, en el número 32 de la madrileña calle de La Gran Vía, a Prisa por 3.500 millones de pesetas, mientras que Banesto Leasing adquirió el edificio de *El País* en la calle Miguel Yuste, 40, por 3.300 millones de pesetas.

Ése sería el primero de los negocios que mantendrían los dos depredadores de las finanzas. Conde habría de ser decisivo para que en 1992, Jesús de Polanco se hiciera con Antena 3 Radio, operación a la que coadyuvaron también Antonio Asensio y Javier Godó, lo que posteriormente se denominaría «pacto de los editores». Ello le supuso a Polanco controlar la cadena de radio que había desbancado a la Ser del primer lugar de audiencia en el dial. La irrupción de Polanco en Antena 3 Radio supuso la salida automática de Antonio y Luis Herrero, José María García y Manuel Martín Ferrand, todos los cuales terminarían aterrizando en la Cope, siendo incluidos algún tiempo después en las páginas de *El País* como miembros egregios del «sindicato del crimen».

Polanco ahora no quiere ni tan siquiera mentarlo, pero lo cierto es que la feliz asociación que por aquel entonces vivía con Conde llevó al editor, en unión de su esposa Mari Luz Barreiros, a pasar las Navidades de 1991 en el tinerfeño hotel Jardín Tropical, propiedad de la pareja, siendo sus invitados de honor el matrimonio formado por Mario Conde y Lourdes Arroyo.

Dicha armonía, que se prolongó en posteriores encuentros, saltó por los aires repentinamente. Algunos la atribuyen al estallido en febrero de 1992 del escándalo Ibercop, en el que aparecían involucrados varios amigos tanto de Jesús de Polanco como de Juan Luis Cebrián. Polanco no le perdonaría a Conde, siempre según esta tesis, que no hubiera impedido que *El Mundo*, en el que el banquero tenía un fuerte peso específico a través del capital que controlaba vía Banesto, la publicación de aquel golpe bajo a sus colegas más íntimos. Otras fuentes, sin embargo, se refieren a un oscuro suceso acaecido a bordo del yate de Mario Conde, permanentemente fondeado en el puerto deportivo de Palma de Mallorca, y en el que los protagonistas habrían sido Mari Luz Barreiros y el capitán del barco.

Pero Polanco, hoy principal adalid del PSOE, es un curtido veterano en el tema de los amores y los desamores. Un ejercicio de retrospección hacia 1985 permitiría contemplar el insólito espectáculo de cómo el actual y más ferviente defensor mediático de la cúpula de los GAL se enzarzaba editorial y judicialmente nada menos que con el entonces ministro de Interior, José Barrionuevo. Éste, por su parte, no se quedaba corto al definir a Juan Luis Cebrián, por aquella época director de *El País*: «Usted es un fervoroso partidario de la libertad de prensa, pero un decidido enemigo de la libertad de expresión». Y, por lo que respectaba al periódico, tampoco se andaba por las ramas: «Es un libelo que atenta contra los pilares de nuestro sistema democrático». Barrionuevo llegó incluso a llevar ante los tribunales de Justicia a *El País*, demanda en la que desfilaron como testigos contra el periódico de Polanco sus hoy protegidos Rafael Vera, subsecretario de Interior; Jesús Martínez Torres, comisario general de Información y José Antonio Saénz de Santamaría, director general de la Guardia Civil. A ellos se les unió Julio Fernández, un ex redactor de *El País*, pasado con armas y bagajes al entonces enemigo, que le había empleado como jefe de prensa. Medios periodísticos madrileños señalan que la animadversión de *El País* contra Barrionuevo procedía de tiempo atrás cuando, siendo éste responsable de seguridad del Ayuntamiento de Madrid durante el mandato de Tierno Galván, mandó cargar a la Policía Municipal contra un grupo de feministas que se manifestaban a las puertas del ayuntamiento. Una de las masacradas fue la entonces compañera sentimental de Cebrián.

Juan Luis Cebrián sería el gran sostén y hombre de confianza de Polanco en *El País* desde el primer momento. Cebrián, un ex alumno del elitista colegio madrileño de El Pilar, en donde ya dirigió la revista *Yo soy pilarista*, fue el primer director del periódico. Hoy, parcialmente retirado de la batalla informativa diaria, desempeña el cargo de consejero-delegado de Prisa.

Pero lo suyo fue una carrera meteórica. Hijo de Vicente Cebrián, uno de los más influyentes directores de la ex Prensa del Movimiento, aterrizó con 19 años en el diario *Pueblo*, dirigido por el faccioso Emilio Romero, que se encargaría de promocionar vertiginosamente su carrera. Dos años después de haber hecho prácticas y, tras responsabilizarse de la sección de información local, el joven Cebrián ya era redactor jefe.

Juan Luis Cebrián siguió en el terreno ideológico la doctrina que había mamado en los pilaristas y no se apartó un ápice de ella, al menos inicialmente. Sus primeros pasos en la política fueron de la mano de los democristianos del ex ministro franquista Joaquín Ruiz Giménez, posteriormente promotor de la formación Izquierda Democrática. Con el paso de los años, Cebrián se autocalificaría de «liberal de izquierdas».

De *Pueblo* dio el salto a *Informaciones*, en donde permaneció como subdirector algunos años, hasta que Pío Cabanillas, recién nombrado ministro de Información y Turismo por el ultramontano y último presidente franquista Arias Navarro, le llamó para dirigir los servicios informativos de Televisión Española. La estrella de Cebrián se apagó con el cese de Cabanillas. Entonces encaminó sus pasos hacia Manuel Fraga, quien ahora le recuerda al consejero-delegado de *El País* sus escarceos de aquella época: «El 27 de enero de 1976 pasó por Londres (Fraga era entonces embajador español en Inglaterra) Cebrián, el que iba a ser director de *El País*. Almorzamos juntos y luego tuvimos una larga conversación de lo que debía ser el periódico. Dos cosas quedaron claras que luego no se cumplieron. La primera, que él se embarcaba 'conmigo y por mí' en aquella empresa; la segunda, que el periódico sería liberal, pero que en él 'no entraría un sólo marxista». Es cierto que a Cebrián los ultramontanos que le habían amamantado no le perdonaron su deserción hacia posturas menos cavernícolas que las suyas, de ahí que terminaran por rebautizarle como El bebé furioso.

Alcanzado el éxito editorial, Cebrián hizo nuevas incursiones por los mundos de la literatura y de las finanzas. En la primera faceta, su fracaso sería sonado, pese a que su novela preferida, *La rusa*, terminase siendo llevada al cine, en donde también su adaptación fracasó de forma estrepitosa. En el terreno de los escualos económicos, Cebrián supo manejarse mejor, como demuestra su presencia en varios consejos de administración.

Antonio Asensio Pizarro era un perito mercantil con muchas ínfulas y ciertos atisbos horteras en su indumentaria que, mediados los setenta, dejó los incipientes y tambaleantes negocios familiares de fotograbado para meterse en la aventura de poner en marcha la revista *Interviú*. Eso sucedió el 22 de mayo de 1976 y el éxito que alcanzó aquella publicación desbordó por completo a uno de sus tres principales promotores. Los otros dos habían sido José Ilario Font, por aquel entonces maquetista de la editorial Bruguera, y Gerónimo Terrés, gerente del Grupo Mundo, de Sebastián Auger, que comenzaba ya a naufragar de forma irremediable.

Al Asensio de los primeros tiempos lo recuerdan los redactores de su revista ataviado con unos zapatos estrafalarios de alzas inconmensurables y con un esmoquin alquilado para los fastos que ya entonces le gustaba frecuentar en unión de su esposa Chantal Mosbach, a quien Santiago Miró, autor del libro *El imperio del zorro*, describe como una ex *pied noire*. Ambos se habían conocido en la discoteca 2001 (posteriormente la famosa Scala), en donde ella actuaba de *go-go girl* animando el ambiente, mientras que él solía aparecer por allí enfundado en abrigos de cuero que le llegaban al suelo, después de haber aparcado su aparotoso Ford Moustang descapotable a la entrada de la sala.

El despege definitivo de Interviú vino a raíz de la publicación de unas fotos totalmente en cueros de Pepa Flores, que por aquel entonces abandonaba ya su imagen pública de Marisol y sus películas acarameladas para menores que tanto hicieron babear a los jerarcas del régimen franquista. Por cierto, que Pepa Flores manifestaría tiempo después que la inclusión de esas fotos en *Interviú* había sido una mala jugada realizada por un antiguo amigo suyo, el fotógrafo César Lucas. Tal fue el éxito de *Interviú*, que Asensio se encontró con que aquella revista que había empezado tirando 100.000 ejemplares, de los que había vendido 80.000, estaba dos años después situada en 1.120.000 ejemplares y, lo que era más alucinante todavía, resultaba algo más que temida por la mayoría de los políticos, fascistas y empresarios mafiosos que pululaban por el Estado español.

La fórmula de *Interviú* era muy simple y estaba dividida en cuatro apartados simétricos, cada cual tan importante como el otro en el conjunto de la tarta: sexo, sangre, política y escándalos. Ese planteamiento se concretaba en reportajes de denuncia, algunas veleidades izquierdosas, el destape de tramas fascistas y paramilitares y, sobre todo, abundantes cuotas de pornografía, acompañadas a su vez de informaciones totalmente frívolas. Para llevar a buen puerto estos planteamientos, Asensio reunió en su zoo particular especímenes de todo tipo. Allí había desde gente procedente de la izquierda revolucionaria como José Luis Morales, a paranoicos sexuales como Luis Cantero, pasando por elementos sinuosos de trayectoria indefinida vinculados a los servicios de información españoles y extranjeros como Eliseo Bayo o, viejas glorias del periodismo franquista, como Yale.

Asensio aún tardó un tiempo en abandonar sus formas de patán de puticlub y solía impresionar a sus redactores y colaboradores íntimos con indumentarias en que, junto a tacones cubanos desmesurados, lucía trajes complementados con una corbata en la que estaba impresa la vera efigie de Marilyn Monroe. Su círculo más próximo recuerda al respecto cuando aterrizó en el aeropuerto barcelonés de El Prat el jefazo de la revista erótica *Penthouse*, acompañado de sus famosas *playmates*. Asensio, que se había adjudicado la exclusiva de la publicación para el Estado español, fue a recibirlo vestido de la misma guisa que su colega yanqui. Es decir, con una camisa desabrochada y luciendo medallones de oro colgados de su cuello. Pero la edición en castellano del *Penthouse* iba a ser tan sólo el inicio de la carrera en el mundo de la pornografía de aquel empresario ambicioso que comenzaba a emerger de forma imparable. Las publicaciones de estas características se suceden y, así una tras otra, van surgiendo *Lib*, *Blancanieves y los siete enanitos viciosos*, *Tarzán*, *Pinocho*, *Emma-*

nuel, Yes, Club privado... Simultáneamente produce vídeos pornográficos con títulos tan sugestivos como *La orgía* y *Cuarenta años de sexo*. Ya metido a tope en este mundo tan peculiar, Asensio no se corta en producir cremas que prometen hacer crecer el sexo masculino. Y visto el éxito de esta última promoción, Asensio se lanza al mercado de la venta por catálogo, y tan pronto pone en la calle unas pastillas adelgazantes, como un bronceador que asegura un espectacular moreno sin necesidad de ponerse al sol, al parecer basado en el poder milagroso de la zanahoria. Pero algo debió fallar en el producto porque por aquella época algunos directivos de *Interviú* lucían en su rostro un sospechoso y coincidente color naranja, que las malas lenguas atribuían a las famosas pastillas.

Pero Asensio, que durante su ya largo periplo empresarial habría de editar numerosas cabeceras de todo tipo, diversificando sus incursiones tanto en el campo de la actualidad como en el de los viajes, la moda o el corazón, no habría de colocarle a todas sus publicaciones la zeta del Zorro. Aparte de *Interviú*, sus dos productos más duraderos en el mercado fueron *El Periódico de Catalunya* y la revista *Tiempo*. El primero se nutrió en su base redaccional de periodistas procedentes del *Mundo Diario* de Santiago Auger. Bastantes de ellos se identificaban con postulados eurocomunistas, aunque con el tiempo terminarían por desembocar en las aguas más plácidas del PSOE o, cuando no, en el desencanto. El cierre de *Mundo Diario* supuso el despegue definitivo de *El Periódico*, que en la actualidad, siempre con el soporte de una maqueta ágil y la ligereza de sus textos, se ha colocado como el primer diario de Catalunya. *Tiempo* nació, al igual que *Sal y Pimienta*, dentro de *Interviú*. Al desgajarse de su progenitor tomó su propio curso de la mano de Julián Lago, hombre de confianza de Asensio y que alcanzaría simultáneamente el cenit y el ocaso de su carrera profesional con aquel lamentable espacio televisivo de *La máquina de la verdad*. *Tiempo* llegó a situarse bastante por encima de los 100.000 ejemplares de difusión, pero hoy, al igual que *Interviú*, languidece paulatinamente y, sólo a base de promociones comerciales que nada tienen que ver con la información, como cursillos de inglés por ordenador o difusión de vídeos, logra mantenerse en unos renqueantes 93.738 ejemplares, frente a los 168.780 de *Interviú*.

A Asensio le sobraba el dinero y lo invierte tanto en *Peta Zeta*, unos caramelos que al contacto con la saliva producían explosiones, como en las denominadas eufemísticamente casas de masajes, en donde se ejercía la prostitución. Entre los centros tutelados por Asensio estarían Explotación de Sauna S.A. y Comercial de Instalaciones Deportivas S.A, que controlaría las saunas conocidas como Maika y Salomé.

Asensio no tiene ninguna base cultural y mucho menos referencias ideológicas. Es un oportunista que se ha encontrado de repente con el éxito y que, a través de sus publicaciones y de sus actuaciones comerciales, está dando la verdadera talla de la persona que lleva dentro. En una de sus rimbombantes publicaciones titulada *Sal y Pimienta*, el periodista Mario Hirsch realizaba entrevistas en las que lo habitual eran preguntas como las siguientes: «¿Tiene usted la inteligencia de una gallina? ¿Con quién se acuesta? ¿Quién le toca el culo? ¿Cuántas veces se masturba? ¿Se tira pedos de noche? Cuando usted está en el váter ¿en qué piensa?». A la par, Luis Cantero, al que las feministas de Barcelona intentaron en alguna ocasión rociar su rostro con vitriolo, escribía en *Interviú* artículos cuyo título era ya de por sí suficientemente indicativo como «La vuelta al Mundo en 80 camas». Cantero acabaría operándose la nariz, que redujo a un ridículo adminículo, y presentando un programa nocturno de variedades en Antena 3 de Televisión.

Asensio pagaría a través de *Interviú* cantidades respetables por ciertas exclusivas de desnudos femeninos. Y si en 1985 ya abonó 13 millones de pesetas por las imágenes de Estefanía de Mónaco en pelota picada o le entregó 5 millones de pesetas a Lola Flores para que enseñara sus pechos, tuvo que elevar la cifra hasta 18 millones para que Marta Sánchez se dejara fotografiar tal cual vino al mundo, aunque el precio más alto abonado por la revista fue a Bibi Andersen, después de la operación por la que dejó definitivamente de ser Manuel Fernández Chica. Pero las fotos que más caras salieron a *Interviú* fueron las de Marta Chávarri y Judith Mascó. Ambas ganaron a la publicación sendas demandas al honor, por lo que la primera percibió 34 millones de pesetas, mientras que la segunda logró hacerse con 50 millones.

El jefe de Zeta (Miró dice que el anagrama de la publicación se debe a la afición de Asensio a leer novelas de aventuras de José Mallorquí, cuyo personaje principal era El Zorro, que solía marcar a espada a sus víctimas con una zeta) haría también un buen negocio con las fotografías inéditas. Al ex ministro de Transporte y Comunicaciones José Borrell le regaló unas fotos en que había sido sorprendido en cueros y por las cuales *Interviú* pagó cinco millones de pesetas, operación que a más alta escala y con Javier de la Rosa de intermediario repite con el Rey español, sorprendida su recia figura desnuda a bordo del yate *Fortuna*. El precio del obsequio fue de 12 millones de pesetas.

Pero Asensio era, sobre todo, un aventurero de las finanzas y sus relaciones con la gente peligrosa de ese mundo iban a ser una constante en su deambular profesional. José María Ruiz Mateos ayudó enormemente a Asensio en sus comienzos a través del Banco Condal, controlado por Rumasa. Y no menos decisivo fue para su despegue económico el polémico financiero y el ex hombre de Kio en el Estado español Javier de la Rosa, con quien llegó a ser propietario de una granja de cerdos y que, años más tarde, sería titular del 42% de *La Gaceta de los Negocios* (Asensio controlaba el resto del capital) y que, en un gesto de amistad personal hacia su ex socio, terminaría por venderle por una peseta simbólica la maquinaria de editorial Bruguera. El presidente del Banco Central Hispano, José María Amusástegui, le quedaría eternamente agradecido después de que el prohombre de Zeta se hubiera avenido a adquirir por 500 millones de pesetas Radio Intereconomía, una emisora que basaba su programación en denunciar las tácticas usureras de la banca española. Pero Asensio también mantuvo relaciones con grupos financieros como la ONCE, a la que adquirió la sede central de Zeta en el número 12 de la calle O'Donnell, en Madrid, por 1.300 millones de pesetas, o los empresarios periodísticos Jacques Hachuel, Gustavo Cisneros y Rupert Murdoch. Asensio no lehacía ascos a nada y tan pronto se asociaba con Jesús Gil y Gil, presidente del Atlético de Madrid y alcalde de Marbella, como con los hermanos Lao, los dueños de las tragaperras en el Estado español. Recientemente varios medios de comunicación se hicieron eco del enfrentamiento a golpes en un hotel de una capital latinoamericana entre Gil y Asensio, con motivo de una disputa por un negocio de varios cientos de millones de pesetas.

Pero el gran mecenas que le daría acceso a su paraíso soñado de la televisión fue Mario Conde, que a través de Banesto le permitió un pasivo de miles y miles de millones hasta el extremo de que la última cifra conocida se aproximaba a los 42.500 millones de pesetas. Según escribe Santiago Miró en su boicoteado libro *El imperio del zorro* –una obra de consulta imprescindible para conocer el mundo de Asensio y bastantes de cuyos datos han sido recogidos en este capítulo– «cuando, en 1993, llega Alfredo Sáinz del Vizcaya al Banesto, después de la expropiación o intervención del banco, se encuentra con que Antonio Asensio estaba casado con Conde de por vida. Tenía créditos para su grupo y para Antena 3 hasta el 2.010». El cañón de Asensio lo hereda el Santander, adjudicatario de la subasta promovida desde el Banco de España. Emilio Botín asume el pasivo, pero tiene bajo su férula otro importante medio de comunicación con el que consolidar su imperio.

Antonio Asensio aparece involucrado en unos cuantos tinglados financieros irregulares, como las facturas falsas del IVA. Pero él ha hecho de la osadía y la huida hacia adelante sus dos mejores compañeras y, llegado un momento, se convence a sí mismo de que ya no hay nada ni nadie que lo detenga. Eso piensa él al menos y, siempre con el arrojo y la inconsciencia empresarial como divisa, se prepara para competir denodadamente en la carrera por la televisión digital. Contrata con varios equipos por miles de millones de pesetas las exclusivas de retransmisiones de los partidos de fútbol de la Liga española de primera y segunda división. Y, no contento con eso, se hace incluso con el control de varias entidades deportivas, reconvertidas ahora, por la Ley del deporte, en sociedades anónimas. Tal es el caso del Sevilla o el Mallorca.

El Grupo Correo, pese al decidido apoyo bancario, era un proyecto bamboleante al comienzo de la década de los ochenta. Tan sólo el periódico entonces denominado *El Correo Español-El Pueblo Vasco* había logrado desbancar claramente a *La Gaceta del Norte*, publicación esta pertinazmente anclada en las cavernas ideológicas. Sin embargo, la publicación hermana *El Diario Vasco* no acababa de despegar y su estabilidad se veía comprometida periódicamente por huelgas promovidas fundamentalmente desde sus talleres, lo que causaba una gran zozobra tanto entre la patronal como entre el propio cuerpo de redacción. Los periodistas incluso habían actuado más de una vez de esquiroles y, apoyándose en los últimos avances tecnológicos, llegaron a sacar el periódico a la calle por su cuenta.

Un hecho estratégico iba a cambiar, sin embargo, el discurrir del grupo. Esa circunstancia providencial fue el cierre del diario guipuzcoano *La Voz de España*, tarea en la que tuvo mucho que ver precisamente Miguel Larrea, ex director del antiguo periódico de la Prensa del Movimiento, que desde finales de los años setenta había sido englobado en el organismo público Medios de Comunicación Social del Estado (MCSE) y cuyos trabajadores peleaban por reconvertir aquellos portavoces del fascismo en órganos pluralistas al servicio de toda la sociedad.

Larrea se había trasladado a la competencia de *El Diario Vasco* en 1977 con una clara promesa: «Colocaré al *Diario* por encima de *La Voz* y ésta terminará cerrando». La primera de las promesas no pudo cumplirla porque, pese a sus intentos denonados, *El Diario Vasco* no pudo superar nunca a *La Voz de España* mientras ésta permaneció abierta. Pero el segundo de sus vaticinios se realizó con nocturnidad y alevosía, tarea en la que encontró un fiel aliado en su antiguo superior Félix Morales, un ex director de *La Voz de España*, que posteriormente sería miembro honorífico de la Fundación Francisco Franco.

Morales se encargó desde su puesto en la Dirección Técnica de MCSE de bombardear a la Policía y a los servicios de inteligencia militar con informes escandalosos sobre el nuevo rumbo que había tomado *La Voz de España*. Según Morales, el periódico había sido asaltado por revolucionarios independentistas que habían dado un giro radical a la línea editorial de la publicación. Esta labor de zapa prolongada a lo largo de meses causó profunda inquietud en medios gubernamentales de Madrid, que decidieron finalmente que el rotativo dejara de editarse. Lo acordaron en un consejo de ministros presidido por Adolfo Suárez y la acción se llevó a cabo un domingo de febrero por la noche. Cuando la rotativa dejó de imprimir el último ejemplar de *La Hoja del Lunes*, ya nunca más volvería a trabajar. A la mañana siguiente, técnicos de Iberduero, acompañados por policías, cortaron por orden del Gobierno Civil el suministro de fluido eléctrico a las instalaciones. Pocas horas después, agentes antidisturbios de la Policía española desalojaban de las instalaciones a los trabajadores reunidos en asamblea. La promesa de Larrea se había hecho realidad y, por debajo de su bigote, el faccioso Félix Morales se congratuló de haber prestado un nuevo servicio a su causa ultramontana.

El Diario Vasco se quedó prácticamente sin competencia en Gipuzkoa y la mayoría de los lectores de *La Voz de España* lo eligieron como sustituto frente a las opciones que representaban *Deia* y *Egin*, dos periódicos de marcado carácter nacional frente al guipuzcoanismo del otro rotativo. Larrea vio de esta forma cómo, en tan sólo un mes, el *Diario* pasaba de unos escasos 30.000 ejemplares a más de 60.000, arrastrando consigo toda la publicidad local y general. Ése fue el punto principal de arranque de Comecosa que, a partir de ese entonces y con el respaldo permanente del Banco Bilbao Vizcaya, comenzaría un despliegue impresionante hasta convertirse en el primer grupo multimedia del Estado español.

El siguiente gran paso de Comecosa fue la adquisición de la decadente Editorial Católica (Edica), grupo que si bien mantenía holgadamente sus periódicos «regionales», no podía soportar en cambio la pesada losa que suponía su estructura central. Ni el diario *Ya*, absolutamente anquilosado ante la nueva situación política, ni la agencia de noticias Logos, ni muchísimo menos su departamento de libros podían sobrevivir en base al esfuerzo de sus publicaciones hermanas «de provincias». Cuando la Conferencia Episcopal Española decidió desprenderse de sus medios impresos, a los obispos les pareció que era Comecosa la que mejor podría garantizar la continuidad de una línea editorial de ley y orden.

Comecosa, que no tuvo ningún inconveniente, sino más bien todo lo contrario, en proseguir la conservadora línea de la Iglesia española, dio un salto espectacular al hacerse de una tacada con las cabeceras del *Hoy* de Badajoz, *La Verdad* de Murcia, y *El Ideal* de Granada. Intentó reflotar el *Ya* y encomendó esta tarea al que suponía su director estrella, Miguel Larrea, que en las páginas de *El Diario Vasco* presumía de haber duplicado las ventas del periódico en tan sólo un mes. Para la tentativa, Larrea contó con la colaboración decidida del grupo, que recurrió incluso a sus argumentos expansivos más queridos, como premiar a sus lectores con cartones de bingo. Pero Larrea tuvo que agachar las orejas y aceptar su fracaso. El *Ya*, después de varios intentos y de haber recurrido incluso a nombres de postín para colocar junto a la cabecera, como el de Fernando Onega, terminó aceptando las evidencias de que el mercado de la derecha estaba suficientemente cubierto en Madrid y, pocos años después, se deshizo de la publicación. Pero, antes de abandonar a los trabajadores a su suerte, Comecosa aún realizó una operación superrentable, que, financieramente hablando, justificaría por sí sola la adquisición del grupo Edica: vendió los locales del *Ya* en la calle Mateo Inurria, a tiro de piedra de la plaza de Castilla, y trasladó el viejo periódico de los obispos a un polígono industrial en las afueras de Madrid. Los beneficios originados por el trueque inmobiliario avalaban por sí solos todo aquel tinglado mercantil.

Poco a poco, el Grupo Correo fue extendiendo su imperio entre el norte y el sur de la península Ibérica. Se hizo en Santander con *El Diario Montañés*, que terminó desalojando del primer lugar de ventas en Cantabria al *Alerta*, otro ex periódico del Movimiento que se habían quedado los del PSOE. No menos ventajosa fue la operación realizada por Comecosa con otro antiguo rotativo de la Prensa del Movimiento, el diario *Sur* de Málaga, que se habían adjudicado en primera instancia los trabajadores en subasta.

La división periodística del Banco Bilbao Vizcaya apostaba fuerte y sus siguientes objetivos estratégicos serían el vallisoletano *El Norte de Castilla*, periódico dirigido años atrás por el escritor Miguel Delibes; *El Comercio*, de Gijón, que había resistido cómodamente los embates de la prensa de Oviedo y, finalmente, y ya más cerca de casa, *La Rioja*. Con el aval de estas diez cabeceras, el Grupo Correo se presentó en sociedad en el Palacio Municipal de Congresos y Exposiciones de Madrid el 9 de marzo de 1995. Su tarjeta de visita era rotunda: «El Grupo Correo está constituido por 10 diarios líderes en sus áreas de difusión formando, entre otros, el mejor paraguas español de comunicación. Conózcanos personalmente». El fasto contaba en su apartado gastronómico con la colaboración de seis de los más afamados restauradores vascos: Carlos Argiñano, Hilario Arbelaitz, Juan Mari Arzak, Genaro Pildain, Jesús Santos y Pedro Subijana. En aquella instalación del Campo de las Naciones, Santiago de Ybarra y Churruca, presidente del grupo, fue explicando satisfecho a los numerosos invitados las circunstancias internas de la casa, que, con 500.000 ejemplares diarios en la calle, competía con Prisa por la hegemonía de la prensa en el Estado español. De hecho, su *Suplemento Semanal* tenía una difusión total de 1.400.000 ejemplares, frente al millón escaso de *El País Semanal*. Lo que no desveló a nadie Ybarra, que poco tiempo después se haría también con el control de *La Voz de Avilés*, era que entre sus objetivos estratégicos figuraba como pieza de caza mayor el rotativo coruñés *La Voz de Galicia*, con una difusión consolidada por OJD por encima de los 100.000 ejemplares. Aunque el sueño de Comecosa sigue siendo una cabecera pujante en Madrid, por lo que *El Mundo* vendría a colmar todas sus aspiraciones. Pero *El Mundo* es en la actualidad, sobre todo, Pedro J. Ramírez y nada más que Pedro J. La diatriba en la que se debaten los amos del mayor grupo de prensa vasco-hispano es cuál de las dos opciones (con Pedro J. o sin Pedro J.) sería más conveniente. Por lo demás, el matrimonio Comecosa-*El Mundo* sólo parece cuestión de tiempo.

El Grupo Correo, que inicialmente no había concurrido al reparto de la tarta televisiva promovida por el PSOE, se aprovechó de las dificultades políticas y económicas atravesadas en los últimos tiempos por el empresario italiano Silvio Berlusconi para, siempre de la mano del BBV, desembarcar finalmente en la cadena Tele 5, con especial incidencia en el apartado informativo. Formalmente el grupo sólo controla el 25% del capital, pero su presencia y peso específico es mucho mayor, hasta el extremo de que Aletxu Etxeberria y Mikel Lejarza, este último fichado directamente de Euskal Telebista, son los dos hombres que defienden los intereses de Ybarra en esta televisión.

El flanco que le queda por cubrir al Grupo Correo es el de la radio, en donde hasta ahora sus tentativas se han saldado con el fracaso. Radio Correo y Radio Diario, pese al esfuerzo inversor, resultaron ser sendos fiascos y, salvo espacios puntuales, ambas emisoras se dedican a conectar con los servicios centrales de la Cope, como si fuesen dos emisoras más de la cadena. Pero Ybarra y el BBV no desdeñan el campo de la radiofonía y siguen barajando alternativas para introducirse con garantías en el sector. Si finalmente el grupo termina por adquirir *La Voz de Galicia* cabría que potenciase la incipiente cadena que supone Radio Voz, con emisoras en numerosos lugares del Estado, con el handicap de estar en el último lugar de las preferencias en el dial. La otra alternativa posible es una paulatina introducción en la Cope, con algunos obispos quejosos de verse involucrados en la actual guerra mediático-financiera. Sus eminencias tienen la experiencia de lo acaecido con la Edica en donde la aparición del Grupo Correo fue mano de santo para su males.

Pero la gran batalla que libran actualmente los multimedia es por el mercado de la televisión digital. Nada de extraño si pensamos que está en juego el reparto de una tarta de nada menos que 120.000 millones de pesetas. En esa guerra se han conocido todo tipo de estrategias, alianzas, conspiraciones, cuchilladas y golpes bajos entre personas supuestamente honorables que, al olor del dinero, no han tenido ningún problema ni recato en descuartizarse entre sí y sacar a relucir todas las miserias de unos y otros. En este espectáculo tan denigrante no se ha librado ninguno de ellos, mostrando por fin el verdadero rostro de cómo son los amos de la información en el Estado español y cuál es su talla ética y moral.

Las escaramuzas se iniciaron nada más anunciarse la irrupción de la televisión digital. Al tiempo que se hacían augurios incipientes sobre quiénes iban a controlar un mercado que se anunciaba espectacular, se facilitaba información exhaustiva sobre aquel maná que iba a inaugurar un nuevo concepto de ver la televisión, pero que, simultáneamente, supondría una serie de ventajas añadidas. El teleespectador no sólo tendría la posibilidad de elegir entre centenares de cadenas, sino que mediante la señal digital podría realizar a través de las pantallas la compra en los supermercados, mantener vídeo-conferencias o entablar todo tipo de operaciones bancarias. Inicialmente, los medios de comunicación españoles se limitaron a informar sobre cómo en los países occidentales de Europa y en Estados Unidos la televisión digital causaba furor. Se le llamaba la «televisión a la carta», resaltando en este sentido la supuesta libertad que suponía que cada cual pudiera elegir en cada momento los programas que más le apeteciesen.

Eran muy pocas las voces que se atrevían a cuestionar si aquel invento iba a ser realmente un avance para el género humano o, una vez más, iba a contribuir a la alienación del televidente y, de paso, coadyuvar a multiplicar las ganancias de las multinacionales. Quizá por eso los medios mantuvieron entre nebulosas que tanta dicha televisiva tenía trampa y que, previamente, para acceder a la programación de las cadenas digitales, era necesario abonar una cuota mensual. Cuando al fin se decidieron a ello, optaron por denominar en inglés al negocio. El *pay per view* (pagar por ver) se convertiría con el tiempo en la palabra de moda en su nueva jerga.

La toma de posiciones sobre el futuro digital motivó que en noviembre de 1996 se presentase en sociedad la denominada «plataforma pluralista» en la que, además de Telefónica, participaban otros canales televisivos. Según *El País*, cuyo grupo promovía Canal Digital, «las televisiones dependientes del Gobierno del Partido Popular (RTVE, Tele Madrid, Canal 9 y TVG) suman el 59% del accionariado». Telefónica y Canal Digital se anunciaban ya como los mayores gallos de la pelea por el gran pastel de la televisión digital. Con el tiempo, el término «anticonstitucional» sería la palabra más recurrente desde las filas de Polanco para referirse a la competencia. En tanto, la plataforma de Telefónica iba sumando socios tan dispares como la Cope, la revista *Época* y los diarios *El Mundo*, *Las Provincias*, de Valencia, y *Crónica*, de León. Algo más tarde se apuntaría el Grupo Recoletos, editor del periódico deportivo *Marca* y el económico *Expansión*. La cadena mexicana Televisa también había optado por participar en la tarta.

Pero Polanco no se iba a quedar atrás en esta *pelea a navajazos* entre empresarios y, un mes más tarde, se daba a conocer un pacto entre «Jesús del Gran Poder» y Antonio Asensio para repartirse el negocio del fútbol en la televisión digital. La noticia sentó a cuerno quemado en las filas gubernamentales que, a través de *El Mundo* y sus medios afines, soltaron de inmediato sus primeras andanadas: «El acuerdo entre Polanco y Asensio, tan sólo en lo referente a la gestión de los derechos audiovisuales de los clubs de fútbol, podría incurrir en prácticas monopolistas. El Ejecutivo ha decidido tomar cartas en este asunto para comprobar si con este pacto se podría llegar incluso a adulterar la competición. También tiene intención de investigar la relación accionarial que mantienen Antena 3 y Antonio Asensio con algunos clubes de primera y segunda división». José María García, *Butanito*, hasta entonces asesor deportivo de Antonio Asensio, anunció a bombo y platillo que «ya no estaré en su barco», añadiendo que se sentía «decepcionado» por el acuerdo entre Antena 3 y Prisa. Y explicaba así sus razones: «Este acuerdo supone el aumento del gran monopolio nacional que es el imperio Prisa. Y yo, esté donde esté, lucharé contra todo monopolio y las injusticias en la medida de mis fuerzas».

El Mundo saludaba el acuerdo entre los dos editores señalando que «Asensio entrega a Polanco el control de la TV digital en un pacto secreto». Agregando que «a cambio de unificar los derechos de fútbol en una sociedad presidida por él, Asensio acepta venderlos a una nueva plataforma en la que Polanco tiene el 85% y en ningún caso bajará del 50%». *El Mundo* le confería rango de acontecimiento al asunto, llegando a calificarlo como «la crisis de Nochebuena». En su intento de demostrar que se trataba de un pacto contra natura, el periódico de Pedro J. hacía una ligera visión retrospectiva de las relaciones habidas hasta ese momento entre los dos nuevos socios. «Antonio Asensio llegó a acusar a Jesús Polanco de 'prostituir la democracia». En este mismo sentido, *El Mundo* informaba de las escaramuzas mantenidas hasta entonces: «La guerra del fútbol entre los dos magnates de la telecomunicación en España, Jesús Polanco (Canal Plus-Grupo Prisa) y Antonio Asensio (Antena 3 TV-Grupo Zeta) estaba ya en los tribunales, pero no había saltado a la arena política. Ese día, el diario *El País*, propiedad de Prisa, dedicaba una página en su sección de España con el siguiente titular: «Jordi Pujol, el poder detrás de Asensio. La guerra del fútbol llega a la política». La tesis del artículo, sin firma, era la siguiente: existe una alianza entre Asensio, Pujol y Aznar para debilitar al Grupo Prisa en favor de Zeta y Antena 3. A cambio, el Gobierno catalán y el de Madrid estarían aprovechando la debilidad financiera de Antonio Asensio para garantizarse el apoyo de sus medios».

Meses atrás, Prisa había llevado a los tribunales a Antonio Asensio por lo que consideraba una competencia desleal en el tema del fútbol televisado. Otras de las diatribas entre Asensio y Polanco habían surgido tiempo antes, tras publicar *El País* que Antena 3 TV había fichado al el ex comisario de Policía Joaquín Martorell, del que informaba era uno de los elementos que habían torturado hasta la muerte al militante vasco Joseba Arregi. La reacción de Antena 3 fue furibunda, afirmando a través de su portavoz Manuel Campo Vidal que eso significaba «echar en manos de ETA» a su nuevo empleado. *El País*, por su parte, daría cuenta de que «las deudas consolidadas de Antena 3 TV eran en esos momentos de 70.000 millones de pesetas».

La batalla de la televisión digital estaba sólo en sus albores y la denominada «guerra del fútbol» no era nada más que un capítulo secundario dentro de un combate más global. Pero para dar una idea de su alcance quizá valga tan sólo este dato: tanto Asensio como Polanco habían ofertado a la Liga de Fútbol Profesional española 200.000 millones de pesetas por quedarse en exclusiva, entre 1998 y el 2003, con los derechos del fútbol televisado, cebo con el que atraer a sus cadenas digitales a millones de telespectadores de pago. Porque el gran secreto apenas desvelado era que, previamente para acceder al fútbol o las películas de estreno que ofrecerían esos canales, había que darse de alta en cada grupo y después pagar mensualmente una cuota.

Por lo tanto no es de extrañar que *El Mundo* insistiera en su teoría del «Pacto de los editores» que, según dicho periódico, habría ayudado a ganar las elecciones de 1993 al PSOE. En su suplemento dominical *Crónica* bajo el título de «El Golpe (segunda parte)», el diario daba cuenta de «cómo Asensio rompió con el guión de la película diseñado desde la Moncloa» para contrarrestar el poder del Polanco, y éste salió más fortalecido que nunca con la televisión digital. En el mismo reportaje insistía en los desacuerdos habidos entre los dos grupos: «La batalla entre Antena 3 y Prisa ha sido antológica. Los abogados de ambos grupos han estado sobrados de trabajo. (...) A mediados de este año, Antena 3 presentó una nueva denuncia, esta vez contra la Ser. Se quejaba Asensio de los comentarios 'ofensivos' de esta emisora, para algunos de cuyos periodistas la televisión de Asensio tenía más agujeros que un queso gruyére».

La revista *El Siglo* también asomaba su hocico en medio de las hostilidades y narraba que «los políticamente turbulentos años 94-95 obligan a Asensio a redoblar sus precauciones con el poder. Al tiempo que introduce como consejeros a Miguel Blesa, amigo personal de Aznar y hoy presidente de Caja Madrid, y Javier Figaredo, pariente de Rodrigo Rato, mantiene fluidas relaciones con el vicepresidente del Gobierno, Narcis Serra, y difunde algunas sonadas entrevistas con Felipe González. Y, aunque no tenga nada que ver, recibe un crédito del ICO (Instituto del Crédito Oficial) por 14.000 millones de pesetas. Con el PP instalado en la Moncloa, Asensio corta amarras con el PSOE y colabora con el partido de Aznar en frenar la expansión de Prisa en la televisión por cable, recibiendo diferentes concesiones municipales para este negocio en ayuntamientos controlados por los populares».

Otras publicaciones como *Tribuna*, señalaban que «Polanco se hace con el control de la televisión digital en un golpe de mano navideño», añadiendo que «la operación de Polanco y Asensio ha asestado un golpe de gracia a la plataforma digital diseñada por Miguel Ángel Rodríguez». Esta revista daba cuenta significativamente de que el prohombre del Santander, Emilio Botín, había apremiado recientemente varias veces a Asensio para que saldase sus deudas. Desde esta perspectiva, *Tribuna* informaba que «la operación anunciada recientemente de venta al Banco de Nueva York de un 15% de las acciones de Antena 3 TV por un montante estimado en 12.000 millones de pesetas, parece ser el enésimo intento del editor catalán por tapar los agujeros que las deudas dejan en el casco de su nave televisiva».

El País lo entendía todo ello desde otra clave. Y el mismo domingo 26 de enero lo enfocaba en su suplemento informativo semanal bajo una perspectiva catastrofista: «Objetivo: acabar con Polanco». Y para que no quedaran dudas de lo contundente de sus afirmaciones, añadía: «Aznar ha montado desde su llegada a la Moncloa una operación política contra el Grupo Prisa». A continuación hacía un amplio resumen de las invectivas lanzadas por todos sus rivales contra su excelso patrón. En este intento sacaba a pasear a todos los demonios particulares de Prisa y, uno tras otro, iban desfilando Miguel Ángel Rodríguez, Álvarez Cascos, Pedro J. Ramírez, ABC, *Época*, Antonio Herrero y Federico Jiménez Losantos. De este último reproducía un artículo publicado en *Época*, para dar idea de la beligerancia mantenida contra su gran patrón: «En este caso, la empresa que trabaja las prevaricaciones, el cohecho, la financiación ilegal, el tránsito de dinero negro y demás delitos habituales se llama Ferrer Europa y su hombre fuerte es el mexicano Eulalio Ferrer, amigo y socio de don Jesús de Polanco. (...) No es la primera vez que don Jesús se ve sorprendido en tratos de favor con el Gobierno socialista –ahí están Eductrade y Sanitrade, Focoex y la señora de Solchaga como cajera dadivosa–, pero nunca se le había pillado en un pringue tan cutre».

Las estrategias estaban ya perfectamente trazadas y, nada más iniciarse el año 1997, las primeras diatribas trascendían a la opinión pública. *El País* informaba alarmado el 27 de enero que «el Gobierno quiere controlar la lista de clientes y los precios de la televisión digital». Según informaba Joaquín Prieto en las páginas de *Comunicación*, «la estrategia gubernamental para el control de la televisión digital quedó ayer al descubierto. (...) El Gobierno podrá exigir a los operadores que aporten sus listas de clientes; y se someterán a autorización gubernamental las tarifas que aquellos apliquen a los programadores». Canal Satélite Digital, la empresa auspiciada por Polanco, se revolvía enfurecida y pedía audiencia ante el Consejo de Estado para evitar lo que calificaba de «perjuicio irreparable».

La guerra estaba declarada y, simultáneamente, *El Mundo* saltaba a la palestra con un titular no menos expresivo en su primera página: «El PSOE sale en defensa de los intereses multimillonarios de Polanco», puntualizando que «Izquierda Unida aplaude la iniciativa del Gobierno sobre la TV digital y anuncia una proposición de ley para proteger el pluralismo de los medios».

Mientras tanto, el secretario de Estado para la Comunicación, Miguel Ángel Rodríguez, era entrevistado en ABC por su periodista estrella, la permanentemente malencarada Isabel

San Sebastián, que lo presentaba así: «Comparte con Rasputín la poblada barba negra, la mirada penetrante, que en su caso es azul, y la reputación. Porque dicen (y a juzgar de quien lo dice debe de ser verdad) que Miguel Ángel Rodríguez, es hoy por hoy, uno de los hombres más poderosos de España: es 'sólo' secretario de Estado de Comunicación, pero manda y controla más que la mayor parte de los ministros». Lo que se callaba San Sebastián al lado de esas expresiones tan encomiásticas era que Rodríguez, también conocido por *Milikito* en sus tiempos de Valladolid, había mamado los entresijos de las bambalinas del poder y de la corrupción desde su más tierna edad y que ahora, a sus treinta y muy pocos años, era todo un avezado *condottiere* a la hora de repartir prebendas entre los amigos y correligionarios. Tenía buenas razones para ello porque, no en vano, en sus años más mozos, él mismo se había beneficiado a través de empresas paralelas de subvenciones oficiales. La comparecencia de Rodríguez en ABC, además del ejercicio de lustre y coba habitual por parte de un medio de comunicación sumiso, era para hablar sobre el nuevo maná de la comunicación: «La televisión digital es la libertad de expresión en estado puro», proclamaba solemne el nuevo gachupín. Seguidamente, retrotrayéndose en el tiempo y añorando pasadas gestas de sus antecesores, soltaba la siguiente frase para la posterioridad: «Aquí se trata de que España haga con unos satélites algo que ya hizo para todo el mundo hace quinientos años con unos barquitos. Es cuestión de ambición nacional y es obligación del Gobierno darle a este país ambiciones». Sería quizás por ello que, basándose en las palabras proféticas del secretario de Estado, *El Mundo* titulaba a todo lo ancho de su página: «RTVE lanzará ocho canales de TV Digital en 1997 dirigidos al mercado de habla hispana».

Otra batalla épica librada dentro de esta guerra por el control multimilmillonario de la televisión digital se desarrolló cuando elementos de la ultraderecha española, en plena sintonía con el Gobierno de Aznar, denunciaron la práctica gangsteril que supuestamente suponía el que Canal Plus utilizase los depósitos que realizan sus clientes al darse de alta en la televisión por pago como si de fondos de inversión se tratara. La querella fue adelante merced a la denuncia presentada por Jaime Campmany, el *factótum* de la revista *Época* y del que no cabe ninguna duda sobre su adscripción a las tesis políticas más ultramontanas. El asunto tomó nuevos rumbos de escándalo cuando fue a parar al Juzgado de Instrucción Central número 1 de la Audiencia Nacional, en donde el juez Javier Gómez de Liaño tuvo la osadía de procesar e imponer una fianza multimillonaria a Jesús de Polanco, entre otros mandamases del canal digital de Prisa. La reacción de *El País* fue furibunda y, a partir de ese momento, Gómez de Liaño se convirtió en objetivo a batir por las huestes de Polanco. El asunto ha pasado finalmente de la Audiencia Nacional a un juzgado de la plaza de Castilla, mientras que la querella interpuesta por Polanco contra el magistrado, que había osado incluso impedirle viajar al extranjero, lleva camino de apartar de la carrera judicial al titular del Central.

Otra escaramuza de no menor calado dentro de la confrontación mediática fue cuando el Gobierno Aznar decidió poner en práctica una estratagema legal, según la cual los descodificadores utilizados por el grupo de Polanco no se ceñían a las características exigidas, lo que dio lugar a una nueva batalla de recursos y contrarrecursos, con los tribunales de la Comunidad Económica Europea de fondo. El 1 de febrero de 1997 el *Boletín Oficial del Estado* publicó un decreto ley sobre televisión digital en el que establecía un sistema de descodificador abierto y compatible, que dejaba fuera de la norma el que venía siendo utilizado por Canal Satélite Digital, un *simulcrypt*. Paralelamente, comenzaba la tramitación de un proyecto de ley de televisión digital. Según lo aprobado en el Parlamento español el 17 de abril de 1997, en el supuesto de que los operadores no llegasen a un acuerdo en dos meses sobre el uso de un descodificador *simulcrypt*, debería utilizarse el sistema universal o *multipript*, por el que se decantaban Telefónica y sus socios. Sin embargo, el 22 de julio de 1997, el Tribunal Constitucional admitía a trámite el recurso presentado por el PSOE contra la Ley de Televisión Digital. A la vez, la Unión Europea rechazaba desde Bruselas el 24 de julio las alegaciones presentadas por el Gobierno sobre la ley de televisión digital y le concedía un mes para que cambiase la normativa porque «viola el derecho comunitario». El periódico *Cinco Días*, del Grupo Prisa se hacía eco de la decisión comunitaria bajo el elocuente título «Una infracción de armas tomar». A lo largo del texto señalaba que «en el caso de la ley de televisión digital española, el comisario de mercado interior, Mario Monti, ha entendido que existía ese riesgo de perjuicios irreversibles. El motivo es la disposición que concede dos meses para adecuar los descodificadores a las exigencias de la ley. (...) El Gobierno tiene ahora tiempo hasta finales de la próxima semana para responder satisfactoriamente a los requerimientos de Bruselas. Si no lo hace así (...) la Comisión pediría a los jueces una suspensión de la ley mientras estudian el fondo de la cuestión».

Asensio ya había inaugurado con mal pie la legislatura del PP. Unas declaraciones suyas aludiendo a amenazas realizadas por Miguel Ángel Rodríguez contra su persona indicándole que acabaría en la cárcel dieron lugar a un nuevo escándalo en Madrid. El PSOE se subió inmediatamente al carro de la denuncia y, desde el eterno empalagoso Jesús Hermida hasta el flequillo perenne de Pepe Oneto, los más afamados periodistas de Zeta y Antena 3 TV salieron a la palestra para defender a su patrón. Ésa fue la primera señal de debilidad de Asensio que, desde entonces, sería el eje sobre el que pivotarían todas las conspiraciones mediáticas en torno a la televisión digital. La débil situación de aquel filibustero de la comunicación le convirtió en la permanente barragana de todos los intrigantes.

Por eso, cuando pocos meses después, concretamente el 25 de julio de 1997, Asensio dio una nueva vuelta de tuerca y vendió todos sus derechos en Antena 3 TV a Telefónica, nadie se rasgó las vestiduras. La operación se saldó con la entrega de cuatro cheques del BBV y uno de Caja Madrid por un total de 23.500 millones de pesetas. El hombre de Zeta iba a disponer de dinero líquido durante una gran temporada con el que poder dar rienda suelta a todas sus fantasías de nuevo multimillonario y el Gobierno y un sector de la banca, especialmente el Santander, amarraban todavía más el control de los medios de comunicación y, de paso, ponían en práctica su finalidad fundamental: hacer dinero.

La operación se desarrolló de la siguiente manera: Telefónica se quedaba con el 25% de Antena 3, otro 25% era para el Banco Central Hispano y otro 25% para el Banesto-Santander. El 25% restante estaba muy diversificado, haciéndose con el 4% la empresa Endesa y siendo propietario de un 5% el productor José Frade. Los socios estimaron el total de Antena 3 en 95.000 millones de pesetas. A la par, Asensio cedía el 51% de las acciones de Gestora de Medios Audiovisuales (GMA), sociedad que controlaba los derechos de fútbol, por 18.500 millones de pesetas. De esta forma, Telefónica pasaba a ser mayoritaria también en la sociedad audiovisual Sport y dejaba en minoría al grupo Sogecable de Polanco.

En un despiece del reportaje *El desquite*, el periódico de Pedro J. hacía una muy interesante aportación sobre la última razón de esta denonada batalla. Bajo el título de «Banca y Televisión», escribía que «la irrupción avasalladora de la Banca en los medios de comunicación fue producto de la estrategia diseñada en su día por Mario Conde cuando era presidente de Banesto. Precisamente la participación que tiene ahora el banco en Antena 3 es fruto de esa política de penetración. Aunque sin el apetito de Conde, la mayoría de los grandes bancos tienen hoy en día una importante participación en los medios. BCH está presente en Antena 3 TV con un 25% de capital (hace unos meses vendió su 15% en el Grupo Zeta a cambio de acciones de la cadena TV). El grupo Santander está presente a través de Banesto en Antena 3 TV, mientras que el BBV tiene participación en Canal Plus e indirectamente (a través del Grupo Comecosa) en Tele 5. Bankinter y Caja de Madrid también participan en Canal Plus. Aunque no es una participación directa, La Caixa tiene prestados 6.000 millones a *El Periódico de Catalunya* y otros 6.000 a *La Vanguardia*, con garantía pignoraticia de sus acciones».

La compra de Antena 3 por parte del grupo de Telefónica suponía de hecho el control del fútbol televisivo de pago. *El Mundo* describía perfectamente la nueva situación: «Siete meses después de que Asensio rompiera sus compromisos con la plataforma liderada con Telefónica y se llevara con él y con Polanco los derechos televisivos del fútbol, Villalonga se ha tomado el desquite. Con la compra de la mayoría de Antena 3, Telefónica será parte y juez de la batalla digital».

El periódico de Pedro J. se regodeaba indisimuladamente con el acuerdo, del que su propio periódico saldría beneficiado (*El Mundo* es accionista de la plataforma de Telefónica), haciéndose eco de la reacciones llenas de ira del Grupo Prisa: «Polanco había obtenido el 24 de diciembre de 1996 un triunfo sin precedentes al conseguir que Asensio rompiera su alianza con Telefónica y firmara un acuerdo con Sogecable, que ponía en sus manos los derechos de retransmisión de los equipos de primera y segunda división. Ésa era la clave del éxito de su apuesta más arriesgada: Canal Satélite Digital. Los derechos de los clubes de fútbol suponen un desembolso de 240.000 millones de pesetas al año. La mejor forma de rentabilizar esa gigantesca inversión es tener el monopolio de los derechos en el pago por visión (*pay per view*). Tras el llamado 'Pacto de Nochebuena', Polanco había logrado algunos éxitos como arrebatarle a Vía Digital (en la que están presentes, además de Telefónica, RTVE y el grupo mexicano Televisa como accionistas más destacados), acuerdos sonados con suministradores de películas, como el firmado con Time-Warner, que supone un desembolso de 120.000 millones. Polanco también ha conseguido acuerdos con Disney y con la productora de Spielberg. Sin embargo, la clave del éxito de la televisión digital, el elemento que va a hacer que cientos de miles de personas paguen todos los meses una cuota por ver decenas de canales nuevos, es, sin duda, el fútbol. De hecho, ha sido el fútbol lo que ha permitido a Canal Plus enjugar sus fuertes pérdidas y convertirse en una empresa rentable».

Establecidas definitivamente ya las posiciones de cada cual en el frente de batalla, los canales digitales comenzaron finalmente a emitir. Ahora se trataba de deslumbrar al cariacontecido ciudadano de las ventajas de acceder a la televisión por pago. En este sentido, ambos bandos contendientes se pusieron de acuerdo en ensalzar las bonanzas del producto en general, reservándose lógicamente cada cual las exclamaciones más entusiastas para su propia mercancía. «España, a la cabeza de la televisión del futuro con el comienzo de emisiones de Vía Digital», titulaba triunfalmente ABC en septiembre de 1997, añadiendo que el espectador podría disponer de «diecinueve géneros diferentes en cincuenta canales». El diario ultraconservador daba cuenta también de que Vía Digital basaba su oferta en «deportes, cines e informativos».

Pero pese a tanta dicha para los respectivos operadores, las batallas previas habían dejado sus secuelas en unos y otros. La denonada competencia por lograr un lugar de honor en las ondas había llevado a ofrecer cantidades milmillonarias a equipos de fútbol que, según la propuesta, se habían ido decantando fundamentalmente por Asensio o Polanco. Ahora resultaba que, llegado el momento de la verdad, los interesados tenían que hacer encajes para televisar los partidos en función de con quién se hubiese comprometido cada equipo. La «Liga de las Estrellas», pomposo autocalificativo que se otorgó el fútbol español, había pasado a disponer de miles de millones de pesetas en base a la oferta del fútbol televisado. Había equipos que multiplicaron por cuatro su presupuesto anterior y, en base a ello, se gastaron esos miles de millones de pesetas en contratar a los astros más rutilantes del firmamento futbolístico. Se le había puesto el caramelo en la boca al público y ahora se daba la paradoja de que, entre unos y otros, las dos operadoras digitales no sabían cómo sacarles el envoltorio. *El País* lo explicaba nítidamente el 12 de septiembre de 1997: «El presidente de Vía Digital reconoció que sólo podrá seleccionar aquellos encuentros en los que participen equipos de Gestora de Medios Audiovisuales de Fútbol –empresa de Telefónica y Antonio Asensio-, y esta selección no resulta sencilla. No siempre juegan entre sí equipos de GMAF y, además, Vía Digital tendrá que elegir partido después de las autonómicas, Canal Plus y Antena 3». La solución a este nuevo encono vino de la mano de un personaje tan peculiar como Jesús Gil y Gil, presidente del Atlético de Madrid y alcalde de Marbella. Lo anunciaba *El País* el 18 de diciembre 1997: «Acuerdo de Telefónica, TV-3 y Sogecable para el fútbol de pago por visión de la Liga 97/98. Canal Satélite y Vía Digital transmitirán partidos en 'igualdad de condiciones». El texto era suficientemente aclaratorio: «La paz del fútbol televisado quedó sellada para la temporada con el acuerdo difundido ayer por Telefónica, TV3 y Sogecable, los tres socios de Audiovisual Sport. En virtud de este pacto, desde el próximo domingo Canal Satélite y Vía Digital podrán ofrecer fútbol en pago por visión en igualdad de condiciones».

El actual estado de alianzas mediáticas puede variar tranquilamente mañana mismo en función del único norte ideológico que hoy predomina en los medios de comunicación: la ley del libre mercado. Es decir, el capitalismo puro y duro. Por eso, como ya se ha visto a lo largo de estas páginas, si mañana Asensio vuelve de nuevo con Polanco o si el Grupo Correo se asocia con Prisa, que nadie piense que se va a convulsionar el panorama informativo en el Estado español o en Euskal Herria. En todo caso, serían los mismos perros con distintos collares.

Los grandes patronos de la banca, además de un negocio más que rentable, han logrado configurar en el Estado español y en Euskal Herria un modelo informativo al que tienen fuertemente domesticado y asido a través de sus bridas económicas. Los balances de gestión habían arrojado tan sólo en lo referente a los periódicos de circulación diaria unos resultados favorables en 1996 de 18.736 millones de pesetas, cifra que sería de más de 8.000 millones de pesetas en las grandes cadenas de radio y de casi 33.000 millones en las televisiones privadas. En todo caso, unos beneficios en torno a los 60.000 millones de pesetas anuales, lo que descarta cualquier espíritu altruista y samaritano de los empresarios de la comunicación. El negocio en ciernes de las televisiones digitales promete multiplicar por diez estos beneficios en un espacio de muy pocos años. Porque, junto a las macrocifras anteriormente citadas, hay que referirse al gran pastel publicitario que, ya en 1995 supuso en prensa, radio y televisión en el Estado español una cifra por encima del medio billón de pesetas.

Pero, con ser imprescindible para los amos de la comunicación en el Estado español y en Euskal Herria unos balances más que saneados, un segundo objetivo tan importante como el anterior quedaba definitivamente cumplido: el absoluto control informativo, impidiendo cualquier tipo de disidencia y, de paso, silenciando las verdaderas claves del acontecer cotidiano. De esta manera, sin tener acceso a la libre difusión de noticias e ideas, la ciudadanía se convierte en rehén de los poderes fácticos del sistema, uno de los cuales, la gran banca, garantiza de paso el silencio cómplice para no desvelar aquellas informaciones que podrían cambiar el curso de la historia y que, merced al secuestro de la verdad por parte de los poderosos, las noticias pasan a ser secretos de un Estado prepotente y corrupto.

De esta manera será difícil que los ciudadanos puedan saber nunca el verdadero alcance de la gigantesca estafa que unos de los principales y supuestos valedores de la libertad de expresión, el Banco de Santander, realizó a través del asunto de la cesión de créditos. El juez de la Audiencia Nacional, Miguel Moreiras, llegó a imponer por ello una fianza de ocho mil millones de pesetas al propio Emilio Botín. La operación consistía en que el banco vendía a una tercera persona el crédito previamente concedido a un cliente, que, de esa forma, cobraba parte de los intereses, mientras que la entidad lograba una liquidez absoluta al recuperar el dinero prestado. El Santander, para ocultar el fondo de la operación, enviaba a Hacienda los nombres de unos compradores que no se correspondían con los auténticos, ocultando con ello a los verdaderos titulares que, de tal guisa, cometían un fraude gigantesco al fisco. Moreiras estimó que las operaciones ilegales promovidas por el banco debieron de ser en torno a las 45.000.

La gente de la calle también ignorará que unos de los principales clientes del Santander son los hermanos Fernández Espina, a quienes diversas publicaciones y la Fiscalía Antidroga de Asturias conectaron con los grandes capos del narcotráfico internacional, algunos de cuyos esbirros lavaron miles de millones de pesetas a través de las cuentas del banco de Botín. Pero es difícil que esa información trascienda a la opinión pública cuando en los consejos de administración de las empresas de los Fernández Espina figuran desde un ex general de la Guardia Civil hasta un antiguo director de Patrimonio del Estado y, unos y otros, cuentan con el paraguas protector del todopoderoso Santander, una entidad bancaria con importantes ramificaciones y tentáculos en diversos países de América Latina.

El Bilbao Vizcaya impedirá también a través de su gran fuerza mediática averiguar negocios tan turbios en los que su actuación rayó en la extorsión financiera pura y dura. Los casos de las empresas vascas KAS, Garabilla y Bodegas Bilbaínas son algunos de los ejemplos en los que los ejecutivos neguríticos del BBV entraron a sangre y fuego.

Tampoco nadie investigará cómo en Luxemburgo y en otros paraísos fiscales tienen radicadas estos prohombres algunas de sus tramas financieras más lucrativas. Y la normativa internacional para denunciar los movimientos sospechosos de dinero del narcotráfico a través de las cuentas corrientes se convierten en una broma macabra cuando están de por medio los grandes patronos de la banca española. Los banqueros hispanos permiten, con la aquiescencia de sus honorables consejos de administración, que ese negocio asesino siga segando anualmente miles de vidas humanas, al tiempo que mejoran paulatinamente sus fortunas personales.

Todo es posible en estos fariseos, supuestos amparadores de la libertad y la democracia que, como reto más inmediato antes de la entrada en vigor del euro, se encuentran con la tarea añadida de tener que emerger al mercado legal los miles de billones de pesetas de dinero negro, probablemente diez y medio, que circulan actualmente en el Estado español. Ya se inventarán algo de lo que, por supuesto, no nos enteraremos nadie gracias a sus medios de comunicación.

Índice

Colección «ORREAGA» Saila

1. ETA. *Historia política de una lucha armada* / Luigi Bruni.
2. EUSKADI. *La renuncia del* PSOE
   Tasio Erkizia, Martín Garitano, Esteban Baigorri, José Luis Cereceda, José Antonio Egido, Justo de la Cueva. Prólogo de Javier Sádaba.
3. *La escisión del* PNV / Justo de la Cueva.
4. *La Autovía en el Espejo* / Jonan Fernández.
5. *Herrera. Prisión de guerra* / Anjel Rekalde.
6. *Foz de Lumbier. Antecedentes y crónica de unas ejecuciones*
   Ricardo Zabalza. Prólogo de Patxi Larrainzar.
7. El GAL *o terrorismo de Estado en la Europa de las democracias*
   C.E.D.R.I. Prólogo de Denis Langlois.
8. *Pega, pero escucha* / Patxi Larrainzar.
9. *Operación Mendi* / Manuel Blanco Chivite.
10. *La Cloaca Vasca. De las razones de Estado a los sumideros de Euskadi* / Pepe Rei.
11. *Gudari: Una pasión útil. Eli Gallastegi* (1892-1974)
    José María Lorenzo Espinosa.
12. *Adiós Monseñor* / Patxi Larrainzar.
13. *Dorregarai. La casa torre* / Anjel Rekalde.

14. *Ertzantza: ¿Héroes o villanos? Pasado y presente de la Policía Autónoma vasca* / Txema Ramírez.

15. *Los días de Argel. Crónica de las conversaciones* ETA-*Gobierno Español.* / Iñaki Egaña-Giovanni Giacopuzzi.

16. ETA *Historia política de una lucha armada. 2ª parte* Giovanni Giacopuzzi.

17. *Por la libertad vasca* / Eli Gallastegi, *Gudari*.

18. *Viaje a la nada. Principio y fin de* Euskadiko Ezkerra José Antonio Egido.

19. *El Desertor* / Patxi Larrainzar.

20. *La Red Galindo* / Pepe Rei.

21. *En estas casas ya se sabe* / Álvaro Reizabal.

22. ¡SECUESTRADOS! 117 *días en la encrucijada vasca* Ricardo Zabalza.

23. TXABI ETXEBARRIETA. *Armado de palabra y obra* José María Lorenzo Espinosa.

24. EL NUDO CORREDIZO. *Euskal* Herria *bajo el primer franquismo* Javier Sánchez Erauskin.

25. *El jesuita* / Pepe Rei.

26. FÉLIX LIKINIANO. *Miliciano de la utopía* Pilar Iparragirre Lazkano.

27. *Sombras del alba* / Anjel Rekalde.

28. *Regresar a Sara. Testimonio de un deportado vasco* Alfonso Etxegarai.

29. *Carabanchel* / Pepe Rei.

30. *Tomo* III. *Historia de Euskal* Herria. *El nacimiento de una nación* José M.ª Lorenzo Espinosa.

31. *Tomo* II. *Historia de Euskal* Herria. *Del hierro al roble* Xosé Estévez.

32. *Tomo* I. *Historia de Euskal* Herria. *Los vascos de ayer* José Luis Orella.

33. *Potosí. Andanzas de un navarro en la guerra de las naciones* José Mari Esparza.

34. *Diccionario histórico-político de Euskal* Herria II. *Tomo* I Iñaki Egaña.

35. *Diccionario histórico-político de Euskal* Herria II. *Tomo* II Iñaki Egaña.

36. *Intxaurrondo, la trama verde* / Pepe Rei.
37. *Carta a un fantasma* / Iñaki Gonzalo Casal.
38. *Marc Légasse. Un rebelde burlón* / Amaia Ereñaga.
39. *Mugalaris. Memoria del Bidasoa* / Anjel Rekalde.
40. ETA *pm. El otro camino* / Giovanni Giacoppuzzi.
41. *Deportación. El mal menor* / Pilar Iparragirre.
42. *Francia y la cuestión vasca* / Patrick Cassan.
43. *Colegas* / Pepe Rei.

Aurkeztu dizugun liburuaren edukia, itxura edo inprimaketari buruzko iritzirik izatekotan, bidal iezaguzu; zinez eskertuko dizugu.

La Editorial le quedará muy reconocida si usted le comunica su opinión acerca del libro que le ofrecemos, así como su presentación e impresión. Le agradecemos también cualquier otra sugerencia.

EDITORIAL TXALAPARTA S.L.
Navaz y Vides kalea 1-2
78. Postakutxa
31300 TAFALLA
Nafarroa
Tfnoa.: (948) 755260
Faxa: (948) 755012
txalaparta@eusnet.org
http://www.txalaparta.com

Este libro,
Colegas,
Se terminó de imprimir en junio de 1998,
en los talleres de Gráficas Lizarra
sobre papel ahuesado de 90 g./m^2.
Utilizándose para su composición
la versión para fotomecánica del tipo Novarese
creado por Aldo Novarese en 1980.